中国广播电视社会组织联合会学术研究系列丛书

城市广播电视改革发展
（2019）

国 家 广 播 电 视 总 局 办 公 厅
中国广播电视社会组织联合会　编
扬 州 广 播 电 视 台

中国广播影视出版社

图书在版编目（CIP）数据

城市广播电视改革发展.2019／国家广播电视总局办公厅，中国广播电视社会组织联合会，扬州广播电视台编.--北京：中国广播影视出版社，2020.12

ISBN 978-7-5043-8543-7

Ⅰ.①城… Ⅱ.①国… ②中… ③扬… Ⅲ.①广播事业—体制改革—中国—2019—文集②电视事业—体制改革—中国—2019—文集 Ⅳ.①G229.2－53

中国版本图书馆 CIP 数据核字（2020）第240174号

城市广播电视改革发展（2019）

国 家 广 播 电 视 总 局 办 公 厅
中国广播电视社会组织联合会　编
扬 州 广 播 电 视 台

责任编辑	王　波	
封面设计	贝壳学术	
出版发行	中国广播影视出版社	
电　　话	010-86093580　010-86093583	
社　　址	北京市西城区真武庙二条9号	
邮　　编	100045	
网　　址	www. crtp. com. cn	
电子信箱	crtp8@ sina. com	
经　　销	全国各地新华书店	
印　　刷	北京佳未印刷科技有限公司	
开　　本	710毫米×1000毫米　1/16	
字　　数	454（千）字	
印　　张	22.5	
版　　次	2020年12月第1版　2020年12月第1次印刷	
书　　号	ISBN 978-7-5043-8543-7	
定　　价	88.00元	

编选说明

　　由国家广播电视总局办公厅、中国广播电视社会组织联合会、扬州广播电视台联合举办的第四届扬州广电杯"城市广播电视改革发展"主题征文活动已于 2019 年 8 月 25 日截稿，总计来稿 206 篇。《中国广播电视学刊》编辑部对参赛作品进行初评，定评会于 2019 年 12 月 14 日在北京举行。共评选出一等奖作品 10 篇、二等奖作品 20 篇、三等奖作品 30 篇，优秀奖作品 42 篇。现将获得一、二、三等奖的作品结集出版。

《中国广播电视学刊》编辑部
2020 年 7 月

目 录

一等奖

二等奖

三等奖

一等奖

杭州电视台"工地 Wi – Fi + 电视融媒体"创新实践

王明华

2018 年 1 月 9 日，《人民日报》的文章《蹭网意外走红！他说，那是一天中"最幸福的时光"》报道了建筑工人老葛的故事。1 月 3 日晚，上海下着冬雨，气温接近零摄氏度，因为蹲在地铁里蹭网，只为和家人视频说话，建筑工人老葛被人拍视频上网，一夜间走红了。老葛说，他上班的工地离地铁站有 7 公里多，工地里既没有无线 Wi – Fi 也没有电视，生活枯燥。老葛虽然可以用 4G 手机，但每月的流量只有 500M，与家人视频聊天流量大，不够用。因为舍不得花更多的钱，无论到哪个城市打工，老葛都习惯了随手"搜一搜"，看看什么地方有免费的 Wi – Fi，用视频与家人聊聊。老葛的故事一经媒体报道，温暖了全国的读者与网民，而老葛作为千万外出务工的一员，他对共享低成本、高质量的信息化服务的需求道出了这个群体的共同心声。

一、对美好生活的追求，不该有遗忘的角落与缺席的人群

老葛的故事，在温馨与感动之余，却充满了尴尬与心酸，同时也显示了强大的警示力量。习近平总书记在十九大报告中强调："我国社会主要矛盾已经转化为人民日益增长的美好生活需要和不平衡不充分的发展之间的矛盾。"在杭州这个以互联网闻名的创新城市，大家都深切地感受到了互联网带来的便利。不过在这座城市，还有数百万流动人口。他们工作在城市的无数公共场景，但生活在城市的角角落落，根本无法也无权享受城市居民的各种权利与福利。在这些流动人口中，建筑民工无疑是一个庞大的群体。而大部分的建筑工地往往是一个个信息孤岛，与外界与世隔绝。在前互联网时代，他们还可以用农村的传统娱乐方式，打发闲暇时间。但随着 90 后甚至 00 后的加入，民工群体逐步年轻化。这一群体对电视、网络的需求在不断提升，并逐渐成为生活与精神的必需。而事实上，由于工地的特殊性，互联网的信号覆盖远远滞后，建设期的信息盲点，成为非常普遍的现象。为了满足这一部分群体对于美好生活的需求，2017 年 8 月起，杭州

2

电视台联合杭州市城乡建设委员会全面推进杭州智慧工地建设工程，为符合要求的工地进行网络设施建设，推广"工地 Wi-Fi+电视融媒体"项目（后简称"工地融媒体"项目）。杭州电视台充分发挥广电自身优势，打破了传统电视收看方式，为民工群体提供了更便捷的网络与电视服务。

2014 年 8 月 18 日，中央全面深化改革领导小组第四次会议审议通过的《关于推动传统媒体和新兴媒体融合发展的指导意见》指出，通过传统媒体与新兴媒体的融合发展使我们的主流媒体科学运用先进传播技术，增强信息生产和服务能力，更好地传播党和政府的声音，更好地满足人民群众的信息需求。作为城市主流媒体，杭州电视台的融媒体发展之路在注重顶层设计的同时，充分发挥基层的首创作用，鼓励多主体、多形式地开发融媒体产品。近年来，杭州电视台融媒体建设按两条主线来推进：一条是以"新闻+服务"为城市台核心资源，传统电视频道与广播频率在互联网平台开发"两微一端"（微信、微博、客户端）新媒体产品。目前在全国具有一定影响力的新媒体产品有"杭州之家"App 客户端，91.8 微信公众号；投入上千万的杭州电视台融媒体播控中心（又称"中央厨房"）今年已经正式进入测试运营阶段；另一条主线是鼓励频道、频率进行垂直细分行业的融媒体平台开发。例如交通经济广播的"开吧"App 主要针对汽车行业，为听众提供汽车维权服务；而"工地融媒体"项目则是基于杭州电视台独有的无线数字发射与传播资源，抓住建筑行业的需求与痛点，垂直服务于行业与用户的融媒体产品。

为城市遗忘角落的被遗忘人群建设高质量、低消费、即时性、属地化的"工地融媒体"项目由此拉开了序幕。

二、"工地融媒体"项目立足社会基本矛盾，找发展不均衡、不充分的短板，服务细分人群，传播党和政府声音，满足信息需求

"媒体融合"（media convergence），最早由尼古拉斯·尼葛洛庞蒂提出，美国马萨诸塞州理工大学教授浦尔认为媒介融合是指各种媒介呈现多功能一体化的趋势。"媒体融合"或"融媒体"，其概念应该包括狭义和广义两种。狭义的概念是指将不同的媒介形态"融合"在一起，形成一种新的媒介形态，如电子杂志、微信新闻等；而广义的"融媒体"包括一切媒介及其有关要素的结合、汇聚甚至融合，不仅包括媒介形态的融合，还包括媒介功能、传播手段等要素的融合。也就是说，"媒体融合"是信息传输通道的多元化下的新作业模式，把电视、电台传统媒体，与移动互联网为代表的智能终端有效结合起来，资源共享，集中处理，衍生出不同形式的信息产品，然后通过不同的平台传播给受众。杭州电视台"工地融媒体"项目更多强调的是在信息传输通道上实现运营商的通信网与广电无线电视网的融合，通过移动互联网手机终端，为建筑工人在其生活区提供网络与电视服务。"工地融媒体"产品开发的逻辑起点是十九大报告中提及的对目前社会基本矛盾的判断：人民日益增长的美好生活需要和不平衡不充分的发展之间的矛盾。杭州是一座互联网高度发达的城市，互联网以及有线电视几乎已经覆盖到了居民的家家户户。但就是这样一座以"数字杭州"为傲的城市，其信息化水平也存在发展不均衡、不充分的短板。据统计，2017年杭州人口构成中，户籍人口950万，流动人口580万。这580万流动人口分布在各行各业，为美丽杭州建设增光添彩，这其中很大一部分是常年住在工棚的建筑工人。新一代的建筑工人尽管大多数来自农村，但很多人也是伴随着互联网成长起来的"互联网原住民"，他们平常也习惯了打开"淘宝"购物，用"微信"和家人视频，用"优酷"追电视剧。然而工地中缺少Wi-Fi信号，大部分人又舍不得用数据流量来刷手机，很多工人的生活非常乏味。在实地调研的过程中，一位24岁的90后民工小王告诉我们，他一个月尽管包了3G的流量，但是要用这些流量来和家人视频或者是痛快地看视频他还是"舍不得"，所以只能经常下班后跑到附近的一些有网的地方"蹭网"。小王的典型意义在于，他们的那么一点点对"小美好"的追求，总是在"供给不平衡"的现实面前，显得无可奈何；建筑工人享受信息化需求的渴望，遇到了电信运营商、有线电视服务商服务不均衡、不充分的矛盾。对标"人民有需求，我们有回应"，经过认真的调研、考察、论证，杭州电视台形成基于责任与义务的"工地融媒体"的详细规划与实施计划。

三、电视网与通信网协同，移动端优先，用共享、开放的理念，解决建筑行业、建筑工人群体信息需求问题

按照传统的思路，如果要解决建筑工地工人收看电视问题，必须有两个先决条件：一是有线电视光缆铺设到工地；二是每个工棚宿舍配备电视机。针对第一个条件，由于建筑工地大都在郊外，有线电视光缆前期铺设需要投入成本，在工地有线电视收费主体不明确的情况下，有线电视运营商不愿意投入。针对第二个条件，由于建筑工人的集体宿舍是按标准化建设的工棚，一个工棚一般住6~8个人，一台电视机很难满足多个民工的个性化收视需求，所以工棚内一般也不配备电视机。可见，用有线电视来解决建筑工人看电视问题基本不可能。至于建筑工地的通信网络问题，杭州所有工地4G已经覆盖，但Wi-Fi却没有覆盖，建筑工人用手机打电话、发信息基本没有问题，但如果用手机进行视频聊天或者看电视、电影就会遇到流量问题，包月的4G流量无法满足大部分民工的日常上网的需求。

需求满足与低资费使用成为"工地融媒体"工程的关键。

杭州目前正处于建设的高速发展期，房屋开发、地铁建设、亚运工程都离不开建筑工人群体。据杭州市城乡建委统计，2018 年杭州有近 3000 个项目正在施工建设，按平均每个工地 200～300 名建筑工人核计，每天有 60 万至 90 万建筑工人忙碌在杭州的工地上，他们的网络与电视需求却无法得到满足。"数字杭州，共建共享"口号虽然已提出多年，"品质之城""国际化城市"也在不断扩大其外延与内涵，但事实上，杭州现代化进程中，"普惠"与"人性关怀"确实存在空白点和盲点。基于此，从去年 7 月起，杭州电视台联合杭州市城乡建委选择了 100 个工地，为这些工地宿舍安装了 Wi－Fi 设备，同时通过电视信号接收设备采集地面无线数字电视信号，各信源经数据集成后，通过无线设备传输到建筑工人的手机终端。目前，这 100 个工地的建筑工人可以在工地自由上网，并通过智能手机收看到中央一套、浙江卫视、杭州综合频道等二十多套电视节目。由于"工地融媒体"平台的电视信号使用的是内网，不占用外网的带宽，几百个建筑工人同时用手机看电视，也不影响收视效果。"工地融媒体"平台投入使用后，广受建筑民工欢迎。杭州电视台把党与政府的声音送到了工地，民工可通过手机收看到《新闻联播》，及时了解党和政府的各项政策，同时也可上网、看电影，极大丰富了业余生活。"工人们无需下载 App，只要一连上 Wi－Fi，就能通过移动设备看电视。不用拉线也不用买机顶盒，在宿舍里随时都能看这么多的频道，真的很方便！"建筑工人小王这样说道。

四、多样化服务和收费模式的互联网化，进一步解决项目公益立场与市场经济之间的平衡问题

建筑工人群体作为杭州流动人口的重要组成部分，为这座城市的建设和发展做出了巨大的贡献，理应和城市居民共同享用数字杭州的创新成果。根据项目组规划，未来"工地融媒体"平台将为建筑行业、建筑工人提供三类服务。首先从建筑工人用户端需求出发，满足建筑工人上网、看电视的基本信息需要。其次"工地融媒体"平台将链接建筑行业管理部门，为行业指导管理及为建筑工人提供相关的专业培训教程、安全知识普及、法律援助、生活小常识等提供相应的入口与平台。"工地融媒体"项目不仅是一个无线覆盖的网络，还是一个专注服务民工群体的综合公共服务平台：在工地向建筑工人宣传党的十九大精神，让建筑工人更多了解杭州的各项大政方针及风土人情、衣食住行，让他们在这座城市有存在感、融入感、归属感，对建筑工人进行安全生产教育。在"互联网＋"时代，在建筑民工人手拥有智能机的时代，"工地融媒体"平台为行业主管部门进行数据化管理，都提供了充分的可能。目前"工地融媒体"平台在内容设置上增加了"十九大精神进工地""民工学校"等板块，让建筑工人的碎片化时间得

到充分使用，使得国家推广的工地"农民工再教育"计划推进的过程更便利、内容更丰富、信息更及时。未来"工地融媒体"平台还将围绕建筑工人的生活，导入一些商业运用平台，例如农村电商、美团外卖、洗衣等服务，满足这一群体的生活需求。服务模式的创新，也是"工地融媒体"平台的运营关键。用服务模式的多元化来解决收费模式多元化问题，未来"工地融媒体"平台希望通过争取多渠道的资金来源，实现项目在公益与市场之间的平衡，最大限度、更加优惠地满足建筑工人的各种信息化需求。

五、发挥杭州移动支付之城无现金交易的优势，降低交易成本，确保项目可持续发展

对建筑工人来说，"工地融媒体"平台最大的好处是资费优惠。每天可以免费使用 10 分钟，包月一天只需一元钱，即可无限享用网络信号和二十多套电视内容，而且即开即用。"妈，以后不用打我电话了，直接视频就行啦！"电话这头，建筑工人小吴兴奋地和母亲说道。对于流动性极大的民工群体而言，这样的资费价格相当实惠。正因如此，像小吴这样热衷经常刷手机获取信息的年轻民工，一个月只需花二三十元钱，和家庭宽带一年动辄上千的资费相比，这样的价格已经相当"亲民"了。"价廉"的同时，"物美"也是受欢迎的重要原因，相对于市面上其他的网络信号，"工地融媒体"项目没有其他捆绑套餐和消费陷阱，这对于互联网安全防范意识不强的民工群体而言，上网更加安全省心。在服务收费模式上，"工地融媒体"平台实行无现金支付，全部通过微信、支付宝转账移动支付。项目投资方的这种小额高频交易，通过移动支付，既方便了用户，又大大降低了交易成本，项目可持续性发展的可能途径正越来越明晰。

六、前景展望：用产品、服务、组织架构的标准化思路解决项目的行业与地域复制问题

普惠 Wi-Fi 电视进工地，不仅降低了民工群体获取网络信息和电视内容的成本，更提高了城市互联网的普及率，进一步消除了城市互联网和广电服务覆盖的死角，得到了众多建筑企业、建筑工人的认可和好评。"工地融媒体"项目紧紧抓住杭州电视台拥有的核心资源，垂直服务行业、服务社会，让流动人口更便捷地分享杭州这个互联网城市科技创新带来的成果，让他们逐步融入城市，并在城市生活中找到自己的精神家园。目前，项目组正在对产品、服务及公司组织架构进行标准化重建。例如在工地前期的勘测选择上，在确保服务更多建筑工人的同时减少项目投资风险，工地项目选择从工地区位、附近公共交通配套、项目建设年限、建筑工人数量、宽带接入能力等多因素进行考量，按要素权重打分排位，决定工地进场施工顺序；在服务的推广上，制定了一系列的营销宣传方案以

及多种资费套餐，满足建筑工人流动的需求。在公司组织构架上，放弃传统电视台的部门化设置，按照内容产品与服务供给、用户类型进行组织建构，采用互联网时代广泛运用的事业部制，垂直发展，目的是通过项目的标准化实现未来平台项目的可复制性，最大限度地满足城市不同角落（如医院、高校）被遗忘或被暂时遗忘人群对电视的需求。

一个项目的探索与实践，需要时间的检验，需要用户的体验及评价的不断收集与总结，经过不断修正、完善并形成一套成熟的运营模式，再加以推广、复制。目前，项目组正在对产品、服务以及公司组织架构进行标准化建设，等待项目成熟后，将尝试进行行业与区域的复制。我们有理由相信，作为政府媒体，只有心中有人民，积极研究市场，寻找需求"痛点"，以公益之心、责任担当，不断解决人民对美好生活的追求与供给不充分不平衡的矛盾，"工地融媒体"必将创造媒体融合创新的新奇迹。

（作者单位：杭州文化广播电视集团）

论当下城市台节目运行管理的思维优化

沈炳忠

城市台因为其本土性、贴近性，被称为"老百姓身边的媒体"，一直在中国媒体格局中占据着独特而重要的位置。但近年来，受到互联网新兴媒体的强势冲击，以及央媒、省级卫视的不断挤压，城市台的处境逐渐趋于窘迫。在CSM2017年针对116个城市的调查中，市级频道整体份额从11.5%同比下滑到10.1%，91个城市呈现下跌，占总数的近八成，城市台总体市场份额下滑明显。① 与这个趋势相伴随的，是在城市台群体中普遍产生焦虑浮躁、迷茫悲观、消极观望等心态，反映到节目建设上，存在投入不足、样态单一、管理粗放、受众流失、影响弱化等问题。面对新的形势，城市台如何迎难而上，加强节目运行管理，巩固和提升传播力、引导力、影响力和公信力？笔者认为，思路决定出路，故从思维优化的角度，谈一些粗浅看法。

一、强化政治思维，把提升舆论引导力作为首要责任

城市台作为地方主流媒体，"是党和政府的宣传阵地，必须姓党。"② 因此，在全体采编播人员中强化政治思维，牢记党媒姓党，是日常节目管理的首要任务，更是提升新闻舆论引导能力和水平的根本保障。

（一）狠抓全平台、全流程的导向管理

"新闻舆论工作各个方面、各个环节都要坚持正确舆论导向"③。为确保导向管理的全覆盖、零差错，就要确保横向各平台、纵向各环节上不出差错。一方面要在广播电视传统平台之外，重点抓好新媒体平台的舆论管理，加强培养从业人员的政治意识，完善各项管理规定，将审稿审片、舆论监督、内容报送等规章制度覆盖至所属新媒体平台，确保所有平台都严守正确立场。另一方面，电视是一

---

① 王钦：《地面频道日播带状节目模式的竞争化优势及开发重点思考》，《CSM收视中国》2017年第12期。

② 2016年2月19日，习近平总书记在党的新闻舆论工作座谈会上的讲话。

③ 2016年2月19日，习近平总书记在党的新闻舆论工作座谈会上的讲话。

个工种多样、工序复杂的媒介形态，应提前在主题的设定、议题的设置、采访对象的选择、作品细节的处理、报道结果的引导等环节贯彻导向要求，使得记者编辑、主持播音、摄像制作等各岗位均能主动把握大局意识，守好舆论宣传阵地，始终确保主流媒体正确的政治方向。

（二）突出主旋律、正能量，强化主题报道、典型报道

坚持团结稳定鼓劲、正面宣传为主，是宣传思想工作必须遵循的重要方针。但主题报道、典型报道由于主题重大、宏大，加上表现手法单一、抓新闻细节不够等因素，往往给人新闻性不强、说教味重等印象。为把主题报道（典型报道）做得既有宣传主题的高度和深度，又兼顾新闻报道的亲民和生动，既能深入、充分领会党委政府的精神指示，又能善于发现、挖掘与之相应的民生切口，我们必须强化策划能力，提前梳理和挖掘本地党委政府的年度、季度和月度的重点工作、特色亮点，深入浅出地放大政府工作与人民利益诉求的结合点，适时运用新闻行动、系列报道、蹲点报道、专题片等多种方式来契合主题需求，将党政决策部署与新闻传播规律相结合，努力让主题报道呈现权威、亲民、有感染力和影响力的传播效果。

（三）坚守新闻伦理，提升民生新闻品质

民生新闻一般都是城市台最接地气、最有收视率的节目类型。但也因为长期集中关注意外事故、婚恋矛盾、房产纠纷、打架斗殴、偷盗抢劫等鸡零狗碎的内容而饱受诟病。新闻媒体因受众广泛，媒体平台所出现的内容，都会对社会公众产生广泛影响。所以，民生新闻也应当讲究品质，在节目中融入爱国爱家、遵纪守法、惩恶扬善等价值导向，利用媒体传播的影响力凝心聚力、成风化人。这就要求我们对民生题材的选择上，要更多地从鸡毛蒜皮的"小民生"，转向教育、卫生、社会保障等"大民生"，多做政府公共服务的政策解读、操作指南。要善于抓住百姓琐事、民生百态中隐藏的"关联点"，由点及面，着力开掘具有普遍意义的新闻视角，运用媒体的力量，为百姓排忧解难，激发社会向善、有爱的正能量，最终提升民生新闻的价值品质。

二、进化市场思维，把扩大传播影响力作为核心目标

当前，传媒主体、传播渠道日趋多元和丰富，使城市台面临前所未有的传播竞争格局。长期以来，在媒体内部，一讲市场意识，就以为是广告经营上的事。其实不然，节目建设和运行，同样需要强烈的市场思维，因为受众就好比一个庞大的市场，我们的节目只有通过大力度的营销，才能在受众市场上树立品牌和口碑，才能真正形成传播效果。所以，进化市场思维，也是节目运营成功与否的关键所在。

一是要力推活动常态化。媒体活动因采取与受众面对面的直接互动沟通和推

介方式，使得相关的宣传更立体、更直观，具有见效快、影响大的优势。近年来，嘉兴台为拉近与观众听众的距离，每年举办以"走到一起来，有您更精彩"为主题的观众听众节活动，通过广场嘉年华活动、系列进社区活动、百名记者进万户等，以连续化、系列化、品牌化的活动方式在当地的受众群中获得广泛好评，极好地提升了节目栏目的影响力和美誉度。又比如，为提升新闻宣传的声势，围绕年度重点宣传主题，嘉兴台在近几年组织了"重走大运河""红色耀中国""寻找新地标""我是河长""潮起杭州湾"等大型新闻行动，以活动造势，以全媒体传播强影响，使各大新闻主题得到了全方位、融合式、大力度的呈现，很好地提升了传播效果。城市台活动的常态化，可以迅速提高在受众中的触达率和亲近度，对于扩大节目栏目的市场份额贡献明显。

二是要突出节目服务性。著名的普利策新闻奖设立至今已逾百年，奖项设置几经变化，但"优质公共服务奖"始终在所有奖项中排在首位。可见，新闻报道应有效服务公众需求的价值属性从未改变。城市台作为地方媒体，首先是地方的新闻信息枢纽中心，应当以本地群众的新闻信息需求为核心，做好地方新闻信息的收集、梳理、挖掘，通过专业的新闻呈现方式，使得老百姓通过城市台能够了解更多他们关心的、与他们的生活密切相关的、对他们的实际生活有帮助的新闻信息等。比如应当突出与衣食住行、教育医疗等相关的资讯服务，法律维权、民事调解、科普常识等有关的帮忙服务，确保"快速、详尽、真实、形象"的之外，始终贴近群众需求，突出新闻信息的实用价值。只有做到最大限度满足受众的需求，城市台的节目才能让受众走心入脑，从而增强媒体的市场黏性。

三是要提升传播亲和力。亲和力是一种让人觉得亲切、舒服、乐于接纳的相处能力。我们的节目要让受众喜闻乐见，就必须在节目风格上营造出足够的亲和力。这就要求，节目采编制播的相关人员要有换位思考的意识和能力，精准掌握受众的心理需求、情感需求、审美需求。在节目内容方面，要突出地方性、民生性、趣味性，多报道与百姓生活切实相关的内容。在节目形式方面，要多抓取同期声、新闻现场、新闻细节，多采用图表、动漫、3D 等表现手法，使新闻报道更加直观形象、通俗易懂。而播音主持作为一档节目最核心、最直观的环节，则要有真诚、平等、互动的交流心态，有深厚的语言表达功底，语调平和、中肯、自然，才能让受众在情感上更易产生共鸣，最终获得受众的喜爱。

三、精化工匠思维，把锻造内容优质化作为不变情怀

过度追求收视率，不惜以"三俗"内容去博观众眼球的做法，虽可能赢得一时的收视蹿升，却无法获得长期的关注和良好的口碑。全媒体时代，媒体形态、传播渠道虽然都发生了变化，但对于优质内容的需求却从未改变，甚至更加迫切。"从'笔耕火种'到'机器生产'，再到现在的'多屏互动'，新闻生产

的'游戏'规则始终没变，如同匠人手中的玉石，如切如琢。"① 对于受众群体相对固定和单一的城市台而言，更加需要用工匠的思维去打造精品内容、提升节目的品质。

（一）要有文化人的追求

媒体人本身就是文化人，担负着大众文化的传播者角色，应当具备较高的文化素养，在对社会的思想启蒙、价值引领、审美引导等方面发挥重要作用。无论是新闻宣传还是节目建设，都要坚守文化人的情怀和品质追求。"精华在笔端，咫尺匠心难。"尤其在当下这个充满浮躁心态和物欲享受的社会，媒体人应该有激浊扬清的勇气和担当，既把工作当成一份职业，更把工作当成一份事业，克服把每天的节目填满就完事的应付状态，努力多出精品佳作，积极实践传媒人的人生抱负和社会价值。要沉得下心来多思考，善于在策划上下功夫，提升报道和节目的气场气质；要俯得下身来走基层，善于在采访上下功夫，深挖报道和节目的鲜活细节；要耐得住寂寞添笔力，善于在表达上下功夫，巧构报道和节目的落点亮点。以文化人的秉性，塑造城市台的人文特质，让节目栏目在润物无声中"以文化人"，应成为我们共同的使命自觉。

（二）要有做产品的责任

"工匠精神"，自李克强总理 2016 年 3 月首次在政府工作报告中正式提出以来，一度成为各行各业热议的词汇。不仅手工业、现代工业、科学研究需要工匠精神，从事新闻创作、文化传播的广电行业也同样需要这种精神。"工匠精神"落实到新闻报道中，便是"一种对新闻采编制作孜孜不倦、精雕细刻的精神，一种摒弃浮躁、宁静执着的精神，一种永不满足、追求极致的精神。"② 古语有云，"天下大事必作于细"，对于广电人而言，每一档节目、每一次报道、每一件作品都是推向媒介市场的产品，必须用心打磨。这就要求每一位媒体人在职业追求中都要发挥精益求精的工匠精神，以创优要求来对标日常的新闻报道和节目管理，注重每件作品、每个细节的打造和提升，从采访对象、文句组织、视频剪辑、后期包装等每一个环节、每一个细节都要尽可能吻合主题、表现主题和升华主题，在所有创作、制作和播出流程、环节上，用负责到底的责任心精细加工，从而推出情理皆备、有口皆碑的优秀内容产品。

（三）要有满意度的评价

提升广电节目、新闻作品的品质，对于创作者而言，在创作过程中追求自我满意是个基础，把每一个报道、每一个节目（栏目）当作一次有意义的创作，

---

① 刘博智：《全媒体时代呼唤"新闻工匠"》，《青年记者》2015 年第 31 期。
② 赵振江：《守精品意识 做媒体"工匠"》，《中国记者》2016 年第 5 期。

把传播价值、社会反响当成最大的目标，是传媒人职业追求的最高境界。当然，仅有自我满意的评价是不够的，更重要的还是要建立外在的客观评价机制。这个机制，应当包含受众、专家和第三方收视（听）调查（含新媒体上的点击率）三个方面，可以按50%、30%和20%的权重分别计入，测算出每档节目（栏目）的总体满意度。受众的满意度调查，可委托当地统计部门下属的城乡调查队，设定一定量的样本户，采取上门面对面调查的方式进行，提高调查的精准性。专家的评价，可以选定业内部分专家，提前通知他们通过网络和客户端收听收看节目，再以在线填写并反馈满意度测评表的方式进行。每年应当对所有广播和电视节目（栏目）至少进行一次分类别的满意度排序，对排名靠后的予以警示，排名最后的应当淘汰。通过这样满意度评价机制，促进节目（栏目）的优胜劣汰，倒逼采编播人员用心做报道、办节目，从而真正形成城市台"以受众为中心"的节目生产格局，实现以用户满意的内容去占领和拓展市场份额，不断扩大城市台在当地的影响力。

四、深化融合思维，把激发媒体创新力作为高度自觉

当前，媒体融合的问题早已不是要不要融合的问题，而是如何深入地、有机地、有效地进行深度融合的问题。据 CNNIC 第 42 次《中国互联网络发展状况统计报告》显示，截至 2018 年 6 月，我国网民规模达 8.02 亿人，其中手机网民规模达 7.88 亿。互联网的发展日新月异，时代在要求城市台也要及时适应并紧跟变化和趋势，及时更新融媒理念，把激发媒体融合的创新力作为高度自觉。

（一）从理念上养成融合

媒体融合发展是一场全方位的革新，也是一场艰苦创业的征程。"它不同于以往的改版扩版和栏目调整，也不是在原有框架下修修补补，而是浴火重生。"①站在媒体发展前沿，就必须解放思想、大胆探索、锐意创新。理念的融合是变"要我融合"为"我要融合"的关键所在。面对日新月异的媒体新技术，传统媒体不能装"鸵鸟"，必须持开放合作态度，积极拥抱开放共享、用户核心等互联网理念，适应与新兴媒体平等交流、互动传播的特点，改变过去单向传播、受众被动接受的方式，注重用户体验，满足多样化、个性化的信息需求。我们必须从思想理念上克服融合是不得不为、随大流而为等被动融合的观念，养成融合是必然、要积极主动去融合的观念，习惯，是做好真正媒体融合工作的前提和基础。

（二）从机制上推进融合

媒体融合是革命性的"颠覆式创新"，是媒体生态系统再造和组织结构重

---

① 刘祖华：《媒体融合发展中的坚守与创新》，《传媒》2017 年第 7 期。

构。"决定广电融媒体发展的根本动力来自于体制机制变革，只有如此，才能从人才、资金、内容生产等多方面实现联动和融合，进而达到平台层面的融合发展。"① 要想有效、高效地推进媒体融合，体制机制的革新既是关键，也是基础。为建立符合全媒体传播规律和需求的运作机制，要突出运作的灵活高效，这就要求打破原有体制的条条框框，突破部门化、多层级、低效率的传统管理格局和生产模式，推进媒体内部组织结构系统化、指挥调度一体化、采编流程集成化、内容生产产品化、产品分发多端化，以及内部可自由组合的项目制团队等等。同时，制定和完善适用于广电融媒体发展的评价体系和激励机制，形成内生融合、有机融合的发展格局和体系，实现真正意义上的根本转型。

（三）从技术上引领融合

科学技术是第一生产力。当下火热的媒体融合亦是基于当前信息技术的突飞猛进。从 2013 年开始，国内传媒界已历经了"大数据元年""4G 元年""无人机元年""网络直播元年"等多个传媒新风向。科学技术的飞速进步，无疑正在迅速驱动着、深刻影响着广电行业的走向，并将继续引领新时代广播电视业态的创新发展。城市台也要紧跟时代趋势，树立技术引领发展的理念，用好新技术、新设备，提高媒体融合的技术保障能力。鉴于城市台的经济实力，在媒体融合的技术支撑上，不可贪大求洋，而应当以尽可能少的投入，引进更加实用、小型的"中央厨房"装备，加快内容生产的流程再造步伐，提升融合生产和融合传播的能力，真正发挥"中央厨房"在内容生产中的枢纽作用。同时要积极尝试运用大数据、云计算、移动互联、人工智能、虚拟现实等新技术，加快建设云信息平台，借助大数据处理平台，形成海量信息分类、精编、检索和深加工能力，进行数据挖掘、分析，实现对用户个性化需求的把握和定位，最终形成多层次聚合、分发、覆盖的智能化传播服务体系，不断提高城市台的节目生产力和传播力。

五、优化人本思维，把增强发展内生力作为基础工程

人是生产力中最活跃的因素，是关系到决策能否被执行、目标能否完成的最关键因素。当前，不少城市台既面临人才流失的尴尬，又面临着新生力量短缺的困境。所以，在节目运作管理中如何坚持以人为本的理念，最大限度发掘人才、激励人才、用好人才，就是一个特别重要而现实的课题。

一是激发动能。当前城市台的一线采编播人员，大多受过规范的高等教育，有专业、丰富的新闻工作经验，奠定了良好的人才基础。面对当前媒体竞争新格局，如何激发现有人才的动能就显得尤为重要。要盘活人力资源，在全台定期实

---

① 马铨、袁月明、董思成：《新型主流媒体如何从"相加"走向"相融"》，《电视研究》2017 年第 1 期。

行岗位流动机制，鼓励动态优化组合，让干事者有合适的平台、让能干事者有最好的平台，把事业留人落到实处。针对一线员工，要破除身份论，杜绝论资排辈，从考核导向上突出绩效考核、同工同酬，用一把尺子去衡量，从薪酬待遇、职业晋升等多方面形成奖勤罚懒、优胜劣汰的分配激励机制。同时，在全台上下营造向采编播一线倾斜的浓厚氛围，鼓励全台员工支持一线、服务一线，参与甚至投入到一线工作，确保核心业务、关键领域有最好的人才去充分开拓和发展，在全台上下形成团结一心、敢于挑战、善于创新、充满活力的良好局面。

二是挖掘潜能。每个人都有优缺点，如何人尽其才、才尽其用？关键是抓好个性化培养和针对性使用。要指导、推动采编制播人员建立自己的职业规划，了解、掌握他们的兴趣点、特长处，通过定期双向选择等办法，激励大家扬长避短去选择合适的岗位，努力干好本职工作，尽早打开职业上升通道。城市台虽然有不少经验丰富、水准专业的从业者，但面对新媒体的冲击和挑战，更新知识结构、完善业务能力同样刻不容缓，而新进的员工更需要强化实际的业务工作能力，所以，有必要针对不同人员类别，建立兴趣学习小组，实行师徒结对制等，拓展灵活又实用的职业提升途径，让一线采编播人员的职业素养能够始终跟上时代的要求、适应媒体传播的趋势、匹配实际岗位的需要，实现人才资源价值的最大化、最优化。

三是积蓄势能。一个单位，只有不断积蓄势能，才能具备可随时转换的发展动能，而要积蓄势能，最重要的就是加强以凝聚力为核心的企业文化建设。要实现谈心交流常态化，建立从台领导开始的、向下逐级进行经常性的交流谈心活动，畅通思想沟通、精神激励、诉求传递、情绪疏导的途径，形成全台上下积极向上、心情舒畅、合心合力的良好工作氛围。要实行文体活动常态化，注重开办员工健身场所、休闲书吧、母婴亲子室等，组织篮球、乒乓、棋牌、摄影、烹饪等各类满足员工兴趣爱好的体育休闲竞赛，通过文体活动让员工放松身心、陶冶情操，培养良好的团队精神。要建立员工关爱机制，坚持以人为本，从细节上营造尊重员工、关心员工和爱护员工的环境，尽最大努力提高后勤保障的精细化服务水平，实行重大节日加班和员工生日、生育、生病及家庭变故等节点上的慰问制度，推行员工及其家庭遇到实际生活困难的帮扶举措，从而让员工能安心、舒心、用心地投入到工作中去，为广电事业产业发展心甘情愿、不遗余力地贡献其聪明才智。

（作者系浙江省嘉兴市广播电视集团总编辑）

市级融媒体中心建设的探索与启示

唐　宁

今年1月25日，中共中央政治局就全媒体时代和媒体融合发展举行第十二次集体学习，中共中央总书记习近平发表重要讲话，指出推动媒体融合发展、建设全媒体成为我们面临的一项紧迫课题。

当下，县级融媒体中心建设正在如火如荼推进，取得了令人瞩目的成效，但就真正提升传播力、引导力、影响力和公信力而言，市级融媒体中心建设更具紧迫性和必要性。经历近3年的艰难探索，银川市新闻传媒集团在传统媒体与新兴媒体融合发展方面走在了前列，特别是其市级融媒体中心建设的策略、方法与路径对我们有许多启示。

有研究者认为，"'融媒体'，顾名思义，就是充分利用媒介载体，把广播、电视、报纸、网站、微信公众号、微博、移动新闻客户端等媒体，在人力、内容、采编、宣传等方面进行整合，实现'资源通融、内容兼容、宣传互融、利益共融'的媒体矩阵。"[①] 融媒体不能简单地理解成各媒介的整合，我们可能创办一个融媒体平台，建设一个融媒体中心，却无法创办一个融媒体，各媒体业态的特色与个性是客观存在的，各新老媒体之间生产手段、传播特性、用户消费习惯等方面的差异是明显的。媒体融合是各新老媒体之间实现内容与技术、生产与传播、传播与运营等不同领域的深度融合且产生化学反应的一体化改革。市级融媒体中心是指融合市属新闻媒体资源（含报业、广播、电视、新媒体等），融合生产、传播、运营，统一进行指挥、把关、监管、反馈，旨在提升新闻传播力、引导力、影响力和公信力的工作机构。银川市新闻传媒集团就是一家健康成长的市级融媒体中心。

"借势县级融媒体中心建设的春风，可以在体制机制、资金资源、场地人员、编制机构等县级媒体以往根本无法解决的问题上获得改革动力与支持，迎来

---

① 　何清：《探寻区县融媒体发展新路径》，《新闻研究导刊》2017年第15期。

县级媒体的大发展大繁荣，提升县级媒体传播'四力'，达成'引导群众、服务群众'的目标。"① 就县级融媒体中心建设而言，有借助市场力量进行产业化运作，采编经营两个效益十分突出的长兴模式；有从实践出发，以县级电视台为建设主体的玉门、邳州模式；还有与省级媒体技术及内容生产传播平台合作的分宜模式等。众多实践表明，"县级融媒体中心建设既要遵循顶层设计，又要因地制宜开展基层创新，制订更科学、更有效率、更符合新兴媒体和媒体融合发展规律的实施方案，这也是贯彻落实习近平总书记'要扎实抓好县级融媒体中心建设'指示精神的具体体现。"② 县级融媒体中心建设虽然推进迅猛，有些地区还取得了令人瞩目的成绩。一些地方已经在总结经验、创造模式，但各县级融媒体中心之间彼此分离、各自为政，连联合（联盟合作）都十分困难，就别说融合了。县级融媒体中心建设时间紧、任务重，要实现 2020 年底基本在全国全覆盖，让其真正建成主流舆论阵地、综合服务平台和社区信息枢纽，还需及早研究如何将各县级融媒体中心融合起来，切实加快推进市级融媒体中心建设。"互联网的开放式发展逻辑正在迫使媒介拆除彼此间的藩篱，在共生中寻求发展。在平台战略成为互联网主流发展模式以后，大平台嵌套小平台的模式正在成为主流。"③ 不仅大平台嵌套小平台是主流和趋势，为规避小而全、资源分散、各自为政、人才聚集度弱、重大战役性报道协同性差、融产品研发能力欠缺等问题，组建市级融媒体中心统筹市、区、县所有新闻资源、行政资源、人才资源等，组建高效集约的新闻生产传播机制，搭建较大融平台，主动嵌套中央及省级云平台等做法是大势所趋。

启示一：先难后易，力破体制机制改革瓶颈

2014 年 8 月后，传统媒体与新兴媒体融合发展上升为国家战略，各地都在积极探索。可以说，媒体融合是一场自上而下的改革，但这场改革为何在一些地区推进缓慢？有一位媒体负责人曾坦言，媒体融合"不动人"大家做不成事，但是"动了人"我就做不了事了。媒体融合首先要破解体制机制改革难题。体制机制改革必然要进行组织生态的变革，人的利益格局必然调整，如此，矛盾就难以避免。银川市新闻传媒集团给我们的启示之一是下决心在体制机制上寻求突破。

无论是以报业为主的融合模式，还是以广电为主的融合模式都改变、克服不

---

① 陈国权：《县级融媒体中心建设的历史渊源考察》，《新闻论坛》2019 年第 2 期。

② 杨明品：《县级融媒体中心加快推进：哪种模式更合理更管用》，《有线电视技术》2018 年第 11 期。

③ 喻国明等：《传媒的进化趋势与未来可能》，《北方传媒研究》2016 年第 3 期。

了同质化竞争、成本扩张、以整合代替融合等问题。一些县级融媒体中心建设的实践提醒我们："媒介融合行动会在行政体系的动员下迅速呈现出齐头并进、遍地开花的扩张态势"①，对此，我们应冷静观察。银川市传媒集团的融媒体中心建设恰恰克服了这一矛盾与问题。2016年12月，银川市将银川日报社、银川广播电视台全面融合组建成银川市新闻传媒集团，进行全媒体融合生产传播运营的探索。近3年来，这家集团首先进行体制机制改革。总编辑、副总编辑等都参与报社、电台、电视台的新闻值班，既有分工又有合作。在思想观念融合的基础上，领导班子成员在工作内容方面才能真正融合。

改革传统媒体的生产流程，激励员工创业创新，提升新老媒体新闻融合生产新闻传播效率，需要一个全新的体制机制。银川市新闻传媒集团的媒体融合工作首先瞄准的就是体制机制上的改革。他们建成了融合程度较深的融媒体采编中心，广播、电视、报纸以及新媒体的新闻生产与传播实现了一体化运行。

体制机制的改革，主要是解决人的问题。传统媒体积淀的时间很长，员工年龄老化，身份属性和技术能力差异大，所以，让绝大多数人通过体制机制改革，大胆探索媒体融合，这显然需要极大的勇气和魄力。而这正是银川市新闻传媒集团媒体融合改革最为可贵的地方，也是最让学界、业界关注的改革亮点。

启示二：务求实效，注重融产品研发

市级融媒体中心建设面临的现实问题是如何提高实效，如何寻求突围。融产品的研发是着力点。媒体竞争说到底还是新闻产品质量及传播力、影响力的竞争。银川市新闻传媒集团领导与员工充分认识到了融产品研发的重要性，他们把融产品的研发和新闻产品质量提升作为集团工作的重要抓手列入全年奋斗目标，并层层分解落实到部门或班组。该集团实行集团负责人挂帅，分管副总编牵头，项目小组承办，全集团各有关部门协同作战，有目标、有任务、有责任人、有考核、有明确的奖惩制度，有考核小组全程跟踪监督、服务。2018、2019连续两年大型全媒体跨年直播将新闻传播、价值引导、信息发布与生活服务相结合，真正体现城市新闻的贴近性、接近性、服务性，其成功实践验证了该集团融产品研发的机制与能力。

能不能守正创新，内容创新创优是保障。银川市传媒集团从维护国家政治安全、文化安全、意识形态安全的高度来认识内容创优创新。银川市新闻传媒集团将高质量的融产品研发作为生存之本。这是他们在媒体融合发展推进过程中走得稳、走得好、取得实效的主要原因之一。

---

① 朱春阳：《县级融媒体中心建设：经验坐标、发展机遇与路径创新》，《新闻界》2018年第9期。

启示三：竭力构建融合传播体系，不断提升传播价值与效应

媒体融合的本质诉求是提升传播价值与效应，进而促进发展。因此，银川市新闻传媒集团一方面注重新闻产品的研发与创新，另一方面狠抓现代传播体系的构建。他们无论是组织重大战役性报道还是日常的节目生产都强调、落实全媒体融合传播。近 3 年来，他们始终如一，矢志不渝。全媒体融合传播培养锻炼了一批又一批策划、生产、传播和运营人才，修正、夯实了产供销基础和运行机制。用户每一天都能在其所属的报纸、电台、电视、银川发布等新老媒体上看到连动、融合策划的新闻活动，分享各具特色的新闻产品。该集团推出的新闻产品《电视问政》之所以持续多年受热捧，每一期节目都在银川市干部群众中产生很大反响，内容固然十分重要，但其融合传播实践确实成就、彰显了该栏目的影响力。

将传统媒体和新媒体融合起来需要一个便捷、高效的新闻出口。银川市新闻传媒集团坚持移动优先策略，让主流媒体借助移动传播牢牢占据舆论引导、思想引领、文化传承、服务人民的传播制高点。不仅如此，该集团还抓住智慧城市建设的发展机遇，将智慧交通、智慧政务、智慧医疗等与新闻传播、市民服务结合起来，创新新闻传播模式，主动融合大数据等技术平台，让主流新闻更贴近市民生活、为市民提供更贴心的服务，从而有效提升主流新闻的传播力、引导力、影响力和公信力。

启示四：善于学习，持之以恒，在学习中破解难题

"培养高素质的专项人才，树立媒体融合的决心与信心，才能真正体现县级融媒体的重要性。"[①] 市级媒体同样存在人才匮乏的问题。面临新生态、新环境、新格局，学习的重要性不言而喻。但学习有真学习、假学习之分，有扎实学习和走过场学习之别。一些传播集团新班子上任后也十分重视学习，但策划不精、系统性不强，领导干部不带头学，员工消极无奈地学，学习的针对性不够，讲授者的前瞻性、战略性、指导性较弱，所谓的学习活动重形式、走过场，其学习效果可想而知。

银川市新闻传媒集团反复多次组织开展系列学习活动，既学文件，又学新闻传播学理论，在理论与实践相结合的学习与反思中统一思想，更新观念。他们先后邀请了数十位国内外的专家学者，开展了数十场专题讲座，不仅请专家学者和业界同行来集团举办讲座，集团主要领导和部分业务骨干还主动走进高校聆听各类有关媒体融合的学术讲座。该集团媒体融合工作之所以开展得顺利而有实效，

---

① 谢新洲、黄杨：《我国县级融媒体建设的现状与问题》，《中国记者》2018 年第 10 期。

集团领导和员工学习气氛浓，善于发现问题、研究问题，边干边学，态度积极。

启示五：坚韧不拔，保持改革与创新的定力

任何一项改革都是利益的调整与变革。银川市新闻传媒集团在媒体融合实践中不可避免遇到诸多矛盾与困惑。可贵的是，面对困难和压力，他们始终保持改革定力。笔者在媒体工作26年，担任台长助理、副台长13年，深知媒体融合最难、最需要融合的是文化。员工来自报社、电台、电视台及新媒体，原有的思想观念、工作模式、文化交融习惯等差异大。实施媒体融合近3年来，银川市新闻传媒集团的党委委员，无论是原任社长、副社长、副台长，还是分管新媒体的副总编辑，他们都轮流参与全媒体新闻值班。

在媒体融合发展实践中，部门与版块之间也存在有时似乎难以克服的矛盾，不适应甚至发生矛盾与冲突在所难免。可贵的是银川市新闻传媒集团领导班子不忘初心，保持定力，坚定改革方向，积极优选优化改革方案，积极稳妥地扎实推进媒体融合改革。

是不是坚持问题导向，遇到问题是迎难而上，还是躲避退让，直接决定媒体融合的命运。在近3年的实践中，银川市传媒集团先后克服了机构重组、部门精减、干部压缩、成本削减、新品研发、重大战役性报道检验等各类困难与考验。该集团负责人曾坦言，媒体融合和市级融媒体中心建设越难越要坚持，越难越要坚守，越难越要保持创新的勇力。这是给我们的又一个重要的启示。

综上所述，银川市新闻传媒集团的创新实践给我们最主要的启示是守正创新。多位去该集团考察调研的同行认为，在推动媒体融合发展工作中，该集团政治站位高、顶层设计优、领导力度大、推进成效好，理念新、机制活，是大融合、真融合，确实有力地提升了新闻舆论的传播力、引导力、影响力和公信力。

在传统媒体与新兴媒体融合发展实践中，银川市新闻传媒集团还需在以下三个方面寻求突破：

抓住银川都市圈建设的机遇，进一步大胆探索、精心构建引领、支撑、幅盖、融合县级融媒体中心的市级融媒体中心，在新闻生产传播、政务民生服务、精神文明建设等方面闯出"融你我、赢未来"的新路。

在人才培养、集聚与融产品研发方面还要组织攻关。建议尽快组建创意创新团队，全年不间断地研发新的融产品（特别是移动传播、视频直播的产品），力争研发出在全国有知名度的品牌栏目和产品。

考核奖罚机制还需进一步细化、优化、完善。这是充分调动一线记者、编辑工作积极性的基础性工作。

（作者单位：江苏师范大学传媒与影视学院）

融合与创新：新时代地方广播电视台发展路径探析

高晓虹　蔡旻俊

创新决胜未来。当前，传媒业正处于前所未有的变革之中，媒体格局、舆论生态、传播技术发生深刻变化。云计算、大数据、人工智能等新技术正推动传媒格局全面重构，新媒体日益成为舆论主战场，传媒业界限逐渐消融，受众主体意识空前觉醒。巨变之时，惟创新者进，惟创新者强，惟创新者胜。习近平总书记指出，党的新闻舆论工作必须坚持"创新为要"[①]，"必须创新理念、内容、体裁、形式、方法、手段、业态、体制、机制"。[②] 地方广播电视贴近当地群众、服务百姓生活，成为新闻舆论工作开拓创新的一线阵地。

面对日新月异的传播格局，新闻舆论工作创新发展须始终秉持科学态度、遵守客观规律。"舟循川则游速，人顺路则不迷。"媒体融合发展战略正是以习近平同志为核心的党中央，在遵循现代新闻传播规律基础之上，着眼于全新媒介环境，致力于巩固宣传思想文化阵地、壮大主流思想舆论而做出的重大战略部署。在传媒格局深度调整的趋势下，加快推进融合发展，成为地方广播电视台生存发展、提升舆论引导力的必由之路。

只有聆听时代的声音，回应时代的呼唤，才能把握历史脉络，找到发展规律，解决重大问题。以党的十九大为标志，我国迈入中国特色社会主义新时代，各行各业迎来全新发展局面。我国地方广播电视台应时而动，开启融合与创新的新征程，即在媒介融合过程中转型，在转型过程中不断创新。面对日益复杂的传播环境，我国地方广播电视台须保持开拓创新的锐气、敢为人先的勇气，加快推动传统媒体和新兴媒体深度融合，占领信息传播制高点，牢牢掌握党的新闻舆论

---

① 中共中央文献研究室编《习近平关于全面深化改革论述摘编》，中央文献出版社 2014 年版，第84 页。

② 中共中央宣传部新闻局编《习近平总书记党的新闻舆论工作座谈会重要讲话精神学习辅助材料》，学习出版社 2016 年版，第 7 页。

工作主动权。

一、守正创新，立足新时代强化责任与担当

目前，我国社会已进入改革转型、攻坚克难的深水区，各类社会矛盾叠加，各种思想文化相互激荡，凝聚共识、汇聚力量的任务更为艰巨，引导社会舆论的难度不断增加。习近平总书记指出，"我们现在所处的，是一个船到中流浪更急、人到半山路更陡的时候，是一个愈进愈难、愈进愈险而又不进则退、非进不可的时候"①。地方广播电视台作为地方主流媒体，掌握本土优势资源，肩负着壮大主流舆论、展现城市特色、彰显文化魅力的重要使命，可谓守土有责、开拓有为。因此，地方广电要突出价值引领，在守正创新中巩固壮大主流舆论；牢记职责与使命，在信息洪流中激浊扬清、弘扬正气，彰显地方主流媒体的责任与担当。

习近平总书记曾用 48 个字阐述新闻舆论工作的职责与使命："高举旗帜、引领导向，围绕中心、服务大局，团结人民、鼓舞士气，成风化人、凝心聚力，澄清谬误、明辨是非，联接中外、沟通世界②。"2018 年全国宣传思想工作会议上，总书记将新形势下宣传思想工作的使命任务概括为"举旗帜、聚民心、育新人、兴文化、展形象"③。这一系列论述是对新闻舆论工作的职责使命最集中、最鲜明的概括，体现了时代和形势发展对新闻舆论工作提出的新要求。

地方广播电视台在新形势下要充分发挥本土优势，以卓越的传播效力承担地方主流媒体的神圣职责与使命，并在改革创新中不断焕发出勃勃生机和旺盛生命力。

第一，坚持"新闻立台"，发掘地方特色，增强舆论引导力。

坚持"新闻立台"并将社会效益放在首位，是我国各级广播电视台在长期实践中形成的基本理念。在新闻舆论工作中，地方广播电视台相比央视、省级卫视更具接近性。在新闻内容上，地方广电关注本土新闻，观众的关注度和参与度较高、互动性强；在采编队伍中，地方广电的采编人员长期从事地方新闻采编工作，熟悉辖区情况、风土民情、地域特征。因此，地方广电坚持"新闻立台"必须植根本土实际、发挥区域优势、挖掘地方特色，打造地方新闻品牌，建立地方特色新闻体系，不断增强地方主流媒体的舆论引导力，在重大事件中凸显主流

---

① 新华社：《庆祝改革开放 40 周年大会在京隆重举行 习近平发表重要讲话》，http：//www. xinhua-net. com/politics/leaders/2018 – 12/18/c_ 1123871854. htm

② 中国共产党新闻网：《习近平新闻舆论观》，http：//cpc. people. com. cn/n1/2016/0225/c64387 – 28147896. html

③ 新华网：《举旗帜聚民心育新人兴文化展形象 更好完成新形势下宣传思想工作使命任务》，ht-tp：//www. xinhuanet. com/2018 – 08/22/c_ 1123310844. htm

媒体的引领作用。

第二，坚守"百姓情怀"，贴近当地生活，提升民心凝聚力。

人民是历史的创造者，是决定党和国家前途命运的根本力量。习近平总书记强调，党的新闻舆论工作必须"坚持党的领导，坚持正确政治方向，坚持以人民为中心的工作导向"①。"新闻舆论工作者要以人民为中心，心系人民、讴歌人民，俯下身、沉下心、察实情、说实话、动真情，努力推出有思想、有温度、有品质的作品。"② 而地方广播电视台的最大优势在于贴近当地群众、贴近百姓生活，更能在"春风化雨，润物无声"中与百姓同频共振，使党的声音入耳、入脑、入心。其主要表现于：在内容选择上，地方广电易于关注当地百姓生活，从百姓"痛点"和"痒点"出发解决实际问题、提升地方主流媒体的公信力；在表达形式上，可运用地方特色创新表现手法，以平民视角、以当地百姓喜闻乐见的形式，提升地方主流媒体传播力。因此，地方广播电视台要发挥地缘优势、坚守"百姓情怀"、服务当地民生、解决群众问题，从内容、形式到产品、平台符合当地群众需求，不断提升地方主流媒体的公信力，更好地团结群众、凝聚民心。

第三，打造"区域名片"，弘扬本土文化，彰显区域文化魅力。

每个地区的历史印记、文化底蕴都构成了独有的区域文化基因与元素。区域特色文化与地方媒体相互依存、相互促进。一方面，地方广电作为地方主流媒体，承担着推动区域文化交流、促进区域文化发展的重要职责；另一方面，区域文化特色为地方广电的创新发展提供了丰富多样的素材。同源文化背景与强有力的文化维系，有助于信息传播。霍尔认为"文化的功能之一，便是在人与外部世界之间树起一面选择性很强的网筛"③，受众在接受信息时会选择性地接近与自身文化背景接近的部分。因此，地方广播电视必须充分运用地方文化资源，展现本土历史文化，以区域特色构建地方媒体品牌。这既是推广区域文化的重要使命，也是创新发展、提升主流媒体价值的必然选择。

二、顺应大局，以地方广电联合体服务国家战略

习近平总书记以"一项重要工作""一件大事"和"五个事关"的重要论述，指出了新闻舆论工作在党和国家工作全局中的极端重要性。地方广播电视台

---

① 中国新闻网：《习近平强调宣传思想文化工作必须坚持以人民为中心》，http：//www.chinanews.com/gn/2018/08 - 22/8607499. shtml

② 新华通讯社课题组：《习近平新闻舆论思想要论》，新华出版社 2017 年版，第 4~5 页、第 246~250 页。

③ ［美］爱德华·T·霍尔：《语境与意义》，转引自［美］史蒂夫·莫滕森编选《跨文化传播学：东方的视角》，关世杰、胡兴译，中国社会科学出版社 1999 年版。

是我国新闻舆论工作的前沿阵地，县级媒体被称为传播力建设的"最后一公里"。在新形势下，地方广播电视台要立足国家的重大发展战略，承担时代重要任务，着眼大势、服务大局，为新时代的社会发展与进步贡献力量，为实现党和人民的奋斗目标营造良好的舆论环境，充分展现地方主流媒体的价值与追求。

2018年11月，《中共中央国务院关于建立更加有效的区域协调发展新机制的意见》正式发布。意见指出，以"一带一路"建设、京津冀协同发展、长江经济带发展、粤港澳大湾区建设等重大战略为引领，以西部、东北、中部、东部四大板块为基础，促进区域间相互融通补充。[①] 这勾勒出我国区域发展的美好蓝图，也为地方广播电视台的发展提供了新思路。基于国家战略，地方广播电视台可逐步探索连横发展模式、构建城市广电联合体、打造新型主流媒体集团。

第一阶段，探索区域连横发展模式。

区域连横发展模式，是地方广播电视台在国家区域协调发展战略下，为应对新的传播手段与传播格局、提升区域传播力、探索新的发展路径，以资源共享、文化共通为基础而形成的新型合作模式。

此前，许多城市广播电视台、节目制作公司已经做出了积极有益的探索：其一，以平台共建为基础的连横发展模式，即多家电视台共同成立联合网络电视台、共同制作节目，从而实现资源融通共享、提升品牌影响力、增强传播效力；其二，基于制播合作而形成的连横发展模式，即多家内容制作公司共同建立制播俱乐部，在此模式下，协调投资与发行，实现内容定制、抱团开发，改变以往盲目投产、粗制滥造等弊端；其三，基于新媒体发展共识而形成的连横发展模式，即多家电视台共同开发新媒体产品、打造新媒体平台，突破区域内资金资源的限制，实现资源互补、技术共享、合作开发，不断增强产品和平台的影响力。

目前，我国地方广播电视台正逐步探索多种合作模式，不断深化拓展。"物不因不生，不革不成"。改革创新，任重道远，风正时济，自当扬帆破浪。

第二阶段，构建城市广电联合体。

城市广电联合体是在区域连横发展模式的基础上，从资源共享、平台共建、合作研发等方面着手不断深化拓展而形成深度合作模式。

例如，长江经济带作为我国面向未来的重要战略区域，人口和经济总量均超过全国的40%，沿长江共11个省市，拥有11个省级广播电视播出机构、百余家市级播出机构，以及几百家县级播出机构。在媒体融合的探索中，沿线城市台可基于长江流域同源文化特性、长江经济带协同发展的政策优势，同时依托移动

---

① 新华社：《中共中央国务院关于建立更加有效的区域协调发展新机制的意见》，http://www.gov.cn/xinwen/2018–11/29/content_ 5344537. htm

互联网、大数据、云计算、5G 等先进媒体技术，逐步形成"长江城市台联合体"。它将辐射沿线 11 个省市地区，实现资源共享、优势互补、协同发展，促进长江经济带进一步发展，增强沿线广播电视台的传播力、引导力、影响力和公信力。

城市广电联合体是基于国家区域协调发展战略而形成的地方广播电视台的深度合作模式，不仅有利于推动地方媒体的转型发展，更有助于区域经济文化的融合发展。

第三阶段，打造新型地方主流媒体集团。

随着国家区域协调发展战略继续推进，粤港澳大湾区、京津冀以及东北、西北地区，区域间经济文化融合不断加强，地方广播电视台将逐步形成联合发展势态，共同打造大型区域传媒集团。这将是全新的地方主流媒体集团，不仅在内容生产、产品平台、技术研发等方面达到资源融通共享，更在体制机制上实现突破与重构。

届时，祖国大地上将形成多个大型传媒集团，改变过去地方广播电视台"小、散、乱"的状态，突破固有的区域发展限制，有效解决城市台资金不足、资源受限、内容同质化、节目生产力低下等问题，也促进区域发展向更高水平和更高质量迈进。

三、与时俱进，以创新公共服务助力智慧城市建设

在中国特色社会主义新时代，我国城市发展进入新阶段。一方面，十九大报告提出的"数字中国、平安中国、智慧社会"等理念，为智慧城市建设提出了明确的发展路径。另一方面，云计算、物联网、大数据、人工智能等新兴技术日渐成熟，为智慧城市建设提供技术基础。智慧城市建设正当其时、大有可为。而智慧城市建设与地方广播电视台的发展是合作共赢、相互促进的。在智慧城市建设的大潮中，地方广播电视台须创新媒体公共服务职能，并逐步实现从观念、产品到平台的新升级。

第一，创新观念：强化平台意识、实现融通共享。

在新的传播格局中，地方媒体所要创建的平台是立足于服务政务、服务民生，由多方共建、连接各种资源，实现媒体、政府及公众信息最大程度整合，是信息枢纽与资源集纳中心。新平台将突破传统媒体思维定势，强调信息开放、平台共享，最大限度地拓宽传播渠道。例如，将微博、微信、抖音、快手各大商业网络平台纳入平台规划中，打造传播平台矩阵。

平台将进一步探索、完善与地方传统广电内部的互动融合，与政府部门的数据开放共享，实现良性互动的循环发展。平台通过大数据和数据挖掘等技术手段实现对用户数据的充分有效利用，精准反馈给相关政府部门，提供制定政策决策

的依据，更好地服务百姓。

第二，拓展路径：产品升级、平台迭代、生态构建。

从产品的全面升级，到多元复合型的平台迭代，最终形成完整的云平台生态系统。

第一步：产品升级。提供富有价值的信息服务产品是确保平台有效运行的基础和前提。目前，许多地方广播电视台的平台搭建已经初步完成，并拥有基础性的新闻、政务和民生服务产品，但在内容、范围和分布程度上来看，依然有很大的产品开掘空间。因此，产品的优化升级，首先要依据区域特色，不断强化平台与本土个体用户的联系，在"实用性""地方特色"上下足功夫，依据地方特色，做老百姓的产品。其次，产品应遵循问题导向，从百姓生活中的困难与问题着手开发产品，从而帮助解决民生中的实际问题，增强个体用户对于平台的黏性。

第二步：平台迭代。产品升级之后，是全平台的优化。随着移动互联网业务的发展，平台将不仅仅局限于单个产品的运营，更要整合多种资源，打造集新闻资讯、公共文化信息、生活信息服务、移动电子商务运营等功能于一体的平台。同时，不断向信息应用平台、商业服务平台、移动政务平台等更多领域拓展，打造城市信息云平台，助力智慧城市建设。

第三步：生态构建。集团生态系统的构建目的在于，确保整个平台能够实现内部的有机循环互动和整个平台的可持续发展。中长期来看，平台需根据不同的服务对象、用户人群、应用需求场景，以及所提供的民生服务类型进行垂直生态系统构建，并在此基础上形成一个全面完善的信息平台的生态系统。这一生态系统是具有鲜明的媒体融合"地方模式"标签，具有独特的"区域平台价值"，并且在模式输出、盈利渠道、资源共享上可以有效复制和输出。

对于地方广播电视台而言，国家发展战略与新的媒介技术，为地方广播电视台的发展提供了政策与技术的支持。但是，现有地方广播电视台所面临的困境犹在，媒体融合不足、受众结构老龄化、缺乏创新内容以及体制机制等问题依然亟待解决。

四、面向未来，以智慧广电深化媒体融合发展

如何突破困境？在新的媒介环境下，打造智慧广电成为进一步推动媒体融合、提升竞争优势的战略选择。2017年印发的《新闻出版广播影视"十三五"科技发展规划》提出加快广播电视智慧化发展的步伐。2018年11月，国家广播电视总局印发的《关于促进智慧广电发展的指导意见》，明确指出包含发展理念、内容生产体系、制播体系、传播体系、安全与监管体系、科技创新体系、生

态体系在内的七个重点任务。① 博采众长，方能融合创新。智慧广电将依托传统媒体的资源优势，实施移动优先战略，以人工智能技术打造智慧媒体矩阵，"形成布局合理、竞争有序、特色鲜明、形态多样、可持续发展的智慧广电新格局，使人民群众能够享受更加丰富、更加优质、更加便捷的广播电视服务"②。

第一，深耕内容，发挥传统广电媒体的资源优势。

新媒体的崛起改变了人们的信息获取方式，传统广电媒体受到前所未有的冲击，但仍拥有新媒体无可比拟的竞争优势。向阳花木易为春，广电媒体盘活传统优势资源，才能在新领域破茧重生。

整合海量内容资源。传统媒体经过数十载的运营与积淀，留下海量数据、丰富的内容。多年来，广播电视台记录着党和国家建设与发展的伟大历程，留下了中华民族艰苦奋斗、开拓创新的印记，从而形成了珍贵的历史影音文献资料。因此，我国地方媒体构建智慧广电，必须以优质内容为根本，整合资源、打造精品、创新服务、塑造品牌；以先进技术为引领，实现内容深度挖掘、垂直细分，充分运用5G网络、大数据、云计算、4K超高清电视技术等，努力实现跨越式发展。

发挥专业团队优势。国以才立、政以才治、业以才兴。做好党的新闻舆论工作，关键在人。传统广电媒体拥有一批业务精湛的新闻采编队伍，具备专业的采编能力和丰富的媒体从业经验，例如深度报道方面的新闻专业素养、影像表达方面的专业驾驭能力等。这些都构成了传统媒体的无形资产。在新时代，构建智慧广电须充分发挥专业人才优势，全面提升团队履职尽责的综合素养。"铁肩担道义，妙手著文章。"新闻舆论工作者，要牢记社会责任，担当起传播者、记录者、推动者、守望者的重要角色；提升业务能力，成为全能型、专家型新闻舆论工作者。③

强化公信力与权威性。公信力是新闻媒体的生存之基、立身之本。新媒体时代，信息极大丰富，但信息质量与真实性屡遭质疑。长期以来，传统广电媒体基于品牌形象与核心价值观形成了较高的媒体公信力与权威性，成为媒体核心竞争力的重要内容。具体而言，地方广播电视台长期关注本土内容、与百姓生活联系密切，在服务与交流中树立了品牌形象，形成了良好的公信力与权威性，并培养

① 国家广播电视总局：《关于促进智慧广电发展的指导意见》，https：//www. lieku. tv/article/2/13282

② 国家广播电视总局：《关于促进智慧广电发展的指导意见》，https：//www. lieku. tv/article/2/13282

③ 新华通讯社课题组：《习近平新闻舆论思想要论》，新华出版社2017年版，第4~5页、第246~250页。

了大批固定受众群体。在重大事件发生时，人们往往更相信传统媒体的言论。

深耕内容是主流媒体的价值回归。传统广播电视媒体栉风沐雨数十载，留下了丰富的内容资源。如今，在传统广播电视媒体转型的关键时期，必须依托丰富的内容、专业的团队，以及传统媒体的公信力与权威性，不断提升地方广播电视的舆论引导力，形成舆论引导新格局。

第二，移动优先，是建设智慧广电的重要突破口。

2017 年 1 月 16 日，中共中央办公厅、国务院办公厅印发《关于促进移动互联网健康有序发展的意见》。《意见》明确指出，加大中央和地方主要新闻单位、重点新闻网站等主流媒体移动端建设，加大推动新媒体的力度，打造一批新型媒体集团。[①]

移动优先是顺应传播新时代的必然选择。"受众在哪里，宣传报道的触角就要伸向哪里，宣传思想工作的着力点和落脚点就要放在哪里。"[②] 截至 2018 年 6 月，中国网民规模达 8.02 亿，其中手机网民达 7.88 亿，网民通过手机接入互联网比例达 98.3%，移动互联网接入流量同比增长 199.6%。在大量的手机网民中，有 80.1% 的用户通过手机获取新闻资讯。[③] 互联网时代，传统广播电视台收视率呈断崖式下降，信息传播走向移动化、碎片化。构建智慧广电即是以变应变，在融合发展中，创造新机遇、赢得新优势；在改革创新中，打造移动传播矩阵，努力形成移动传播新优势，提升媒体综合实力。

创新形式是全新传播势态下的必然要求。随着移动互联网、智能终端迅速普及，信息传播表现为移动化、智能化、个性化、数据化，信息接收呈碎片化。全新的传播势态必然迎来形式与内容的转变。移动优先不是将传统媒体内容机械化复制转移，而是要求创新性的开发。在内容表达上，短小精悍、鲜活快捷，并且直指本质、微言大义、画龙点睛。在呈现方式上，利用前沿科技实现优质内容的立体化呈现。例如，将 AR、VR、3D、全息投影、可穿戴设备等前沿技术引入新闻生产，实现立体化视觉呈现，打造新型新闻产品。新的技术手段推动内容革命，让优质内容全方位、立体化、更直观、更便捷地呈现。这既是形式创新，也是内容创新。

在新的媒介环境下，移动优先是我国媒体发展的必然选择，也是推动我国广播电视媒体转型升级、创新发展的重要突破口。

---

① 中国政府网：《关于促进移动互联网健康有序发展的意见》，http：//www. mohrss. gov. cn/SYrlzyhs-hbzb/dongtaixinwen/shizhengyaowen/201701/t20170116_ 264599. html

② 中国共产党新闻网：《习近平新闻舆论观》，http：//cpc. people. com. cn/n1/2016/0225/c64387 – 28147896. html

③ 数据来源：CNNIC 第 42 次中国互联网统计报告。

第三，人工智能，以"AI + 媒体"助力智慧广电建设。

"人工智能是关于可实现感知、推理和行为的计算的研究。"[①] "其发展分为弱人工智能、强人工智能和超人工智能三个阶段。在弱人工智能阶段，机器具备一定的文本、语音、视觉与自然语言的反馈和处理能力；在强人工智能阶段，机器可推理和解决问题；在超人工智能阶段，机器则几乎在各个领域完胜人类智力。"[②] 2017 年 7 月，国务院印发的《新一代人工智能发展规划》明确指出，人工智能将成为国际竞争的新焦点、经济发展的新引擎、社会建设的新机遇，并带来新的挑战。[③] 同时，国家部署了智能制造等国家重点研发计划专项，制定了"互联网 +"人工智能 3 年行动实施方案，从科技研发、应用推广和产业发展等方面提出了一系列措施。[④]

目前人工智能作为新兴产业正不断融入各行各业，创造新业态、培育新增长、引领新发展。在可预见的未来，人工智能必将逐步改变经济、社会、生活各方面。对地方广播电视台而言，加快"AI + 媒体"是融合转型、建设智慧广电的必然选择。

全流程改造。人工智能将会对新闻传播行业的内容生产流程进行全面改造。在新闻线索发掘环节，"人工智能技术已经可以辅助记者快速追踪网络上有价值的新闻线索，以路透社（Reuters）开发的路透社新闻追踪器（Reuters News Tracer）为例，当某条线索评价值达到或超过阈值时，人类记者便可对这条线索进行人工调查并决定是否进行报道"[⑤]；在采编环节，人工智能会首先运用智能语音技术将语音转化为文字，然后根据大数据与智能联想技术生成精准文稿，并根据不同语言要求进行文字翻译；在播出环节，运用语音合成技术及图像处理技术形成智能虚拟主播，输入文字即可自动播报新闻；在审核阶段，通过信息采集及数据处理技术，对文字、声音、画面信息进行精准的内容研判，对于不符合播出要求的信息、元素及时甄别、抓取、审核，这有利于舆情判断与监测，最大程度实现"安全播出"；在存储环节，及时进行内容的分类、编目和检索，便于及

---

① ［美］温斯顿：《人工智能》（第三版），崔良沂、赵永昌译，清华大学出版社 2005 年版，第 3 页。

② 张君昌、熊英：《智能广电将全面迎来智能服务新阶段》，《传媒》2017 年第 16 期。

③ 中国政府网：《国务院关于印发新一代人工智能发展规划的通知》，http：//www. gov. cn/zhengce/content/2017 - 07/20/content_ 5211996. htm? from = timeline&isappinstalled =0

④ 中国政府网：《国务院关于印发新一代人工智能发展规划的通知》，http：//www. gov. cn/zhengce/content/2017 - 07/20/content_ 5211996. htm? from = timeline&isappinstalled =0

⑤ Reuters built its own algorithmic prediction tool to help it spot（and verify）breaking news on Twitter, http：//www. niemanlab. org/2016/11/reuters-built-its- own-algorithmic-prediction-tool-to-help-it-spot-and- verify-breaking-news-on-twitter/

时存储。目前，已有科技公司利用人工智能实现采、编、播、审、存一系列流程，即一站式采访录音、文本转写、后台文本字幕编辑、虚拟主播自动播报、禁忌词报警、以及智能化的资源拆分、编目和检索储存。在前不久召开的世界互联网大会上，搜狗公司与新华社合作开发全球首个 AI 虚拟主播正式亮相，并上岗新华社。人工智能将推动流程再造、促进媒体深度融合。

智能化运营。在智慧广电的建设过程中，将基于人工智能技术打造智能内容运营管理平台。目前，新媒体基于大数据、智能算法，已逐渐实现对用户的个性化内容推荐、用户画像，根据用户需求提供服务。随着人工智能的进一步拓展，人脸声纹、自然语言理解、图像识别、场景识别等技术逐步发展成熟。一方面，运用各项人工智能技术对媒资内容进行深度细分，给予多维度标签，将媒资内容全新编码、充分利用；另一方面，基于前端用户的精准画像，实现智能化的内容服务。基于人工智能技术，从内容管理到内容发布，形成智能化的运用管理平台。此后，伴随用户的内容将是用户最需要、最喜欢的，这样最大程度地提高了用户的黏性，提升了传播能效。

有效协同生产。打造智慧广电的关键是，人机协同生产，即充分发挥传统媒体人的主导作用，为人工智能技术植入"灵魂"，为智慧媒体赋予正确的价值导向；并运用人工智能在大数据、智能算法等方面的优势，建设新型媒体智库，实现从生产到管理的智能化革新。随着人工智能技术的飞速发展，新闻工作者的技术掌控能力也须随之提升，既要懂得科学合理运用先进技术，发挥人工智能技术的优势，也要充分了解技术存在的不足，发挥主观能动性、创新内容、纠正偏差，使人工智能技术在人的主观意志指导下，实现人机协同生产、最大程度提高效率。

技术改变了信息传播模式，也将成为提升主流媒体传播力的有力武器。因此，面向未来，人工智能赋能传播是建设新型主流媒体的应有之义。

随着国家的发展、技术的革新、媒介环境的改变，我国地方广播电视台迎来新的机遇与挑战。立足当下，作为主流媒体，地方广播电视台应牢记职责与使命、彰显责任与担当；服务国家发展战略，打造地方广电联合体、助力智慧城市建设，在改革发展中寻找创新路径。面向未来，打造智慧广电是进一步推动媒体融合、提升竞争优势的战略选择；实施移动优先、发展人工智能，是打造智慧广电的重要立足点。我国地方广播电视台将在这场融合创新的重大变革中，实现战略性的转型与突破性的发展。

（作者分别为：中国传媒大学新闻传播学部学部长、教育部长江学者特聘教授；中国传媒大学新闻传播学部博士研究生）

我国城市台深度融合发展的问题与路径研究

王晓红　李一凡

一、现阶段城市台融合改革的背景

2019 年 1 月 25 日，中共中央政治局就全媒体时代和媒体融合发展举行第十二次集体学习，习近平总书记发表了重要讲话，强调推动媒体融合发展、建设全媒体成为我们面临的一项紧迫课题①。作为我国媒体融合布局中的重要一环，城市台在意识形态构建和基层舆论阵地建设方面任重道远。对于城市台而言，推动媒体融合不仅是巩固基层宣传思想文化阵地、承担"举旗帜、聚民心、育新人、兴文化、展形象"使命任务的重要举措，也为城市情感链接的建立提供了助推力。

如今随着融合步伐的加快，我国各级媒体尤其城市台在改革中亟待实现以下五个方面的突破：

第一，要创新理念思维。媒体要发挥平台思维，搭建多样性程度高、彼此分工合作的生态体系，如何在不同媒介之间形成充分联动，将是最大的挑战。

第二，要创新机制和体制。媒体要建设一套完备立体化的协调机制，解决路径依赖问题；同时要解决媒体融合平台运作的长效机制问题，促进内容高效生产。

第三，要突破技术瓶颈。媒体如何将核心技术掌握在自己手里，将技术和内容生产充分融合、更好适应未来智慧时代的需要，这是我们要重视关注的问题。

第四，要提升用户服务。服务功能是媒体融合的机遇，也是挑战。媒体要深入考虑服务功能如何更好契合用户需求。

第五，要增强用户黏性。媒体要从用户角度去生产内容、提供服务。如何用更好的新技术思维来强化传播交互性和体验性来拓展用户群，是当下需要思考的

---

① 《求是》编辑部：《媒体融合：用得好是真本事》，http：//theory. people. com. cn/n1/2019/0318/c40531－30980639. html

问题。

正是在这样的背景下，各城市台乘势而上深化改革，积极探索融合模式。但由于我国区域差异明显且各城市台发展程度不一，导致城市台呈现出明显的发展不平衡现象。对此，课题组选取了苏州、无锡、济南、济宁等城市台作为个案，对其所处地区的政治、经济、文化、媒体等发展情况进行了梳理，并对各台媒体融合工作的思路、措施及得失进行了详细研究，从而归纳总结出目前我国城市台媒体融合工作中存在的七大困境。

二、城市台改革过程中的七大困境

融合的实现不仅需要整合多种媒介资源，打破行业及地域壁垒，也需要技术的革新和相应的制度保障，才会有进一步生存发展的可能。据调研发现，城市台的媒体融合之所以屡受制约，主要由以下七个困境造成。

（一）理念滞后，融合意识欠缺

从改革的路径上来讲，城市台的改革并非简单的修修补补，而是要从体制机制、观念、技术、内容、经营策略等方面实现彻底转型。经调研发现，城市台从业者的理念滞后问题已成为改革中的重要阻碍。主要表现在：

1. 优越感难弃，主动性缺失

由于地方广电媒体长期处于垄断地位，从业者拥有主流媒体、事业单位等因素带来的优越感。大部分人员虽意识到转型的重要性和紧迫性，但难以快速转变角色和思路，同时官本位思想、主流媒体的优越感、"坐等广告上门"的惯性思维依旧存在，以至于"等"成了大家面对改革的"常规动作"。对于新媒体，"看不见、瞧不起、追不上"成了他们最自然不过的反应。

2. 急功近利、急于求成

部分城市台从业者对于改革存在急于求成、急功近利的浮躁心理，对媒体融合的理解也多停留在媒介相加的层面。调研中，多数城市台仅仅是将传统媒体的内容稍加修改搬运到了新媒体平台上，并没有制作真正的新媒体内容，人事、绩效等方面也未对新媒体有明显的倾斜。这种情况下，新媒体平台仅仅作为传统媒体内容的"搬运工"而存在，离移动优先仍有不小的差距。

（二）资源受限，融合土壤贫瘠

20世纪80年代以来，我国广电行业开始实施"条块分割、以块为主"的分级行政管理方式，各级广电受广电总局领导的同时，也被纳入地方行政体系，受到同级政府的领导。因此，城市广电与地方环境息息相关，既受到地方政治、经济的各项支持，也担负着为地方政府发声的职责。

1. 区域资源有限，开发力度不足

从我国城市台总体运营状况看，融合程度与所处地区的经济环境、政治环境都有着密切关系，具体表现为：东部沿海城市、省会城市等经济发展水平较高且市场开放程度高的地区，城市广电媒体比较发达，媒体融合进展相对较快；地方经济环境较差、市场开放程度低的地区，广电媒体的整体实力相对较弱，发展水平滞后。

城市广电因覆盖范围有限，生存空间相对狭窄，不但面临上级媒体的资源竞争，也面临市场化机构对受众和市场资源的分流。同时，多数城市台对本地资源的开发有限，难以发挥区域媒体的独特优势。

2. 广告断崖式下滑，财政补给难保障

2015 年 9 月，被称为"史上最严广告法"的《中华人民共和国广告法（修订草案）》正式通过，作为城市广电重要收入来源的医疗药品广告被紧急叫停，城市台的经营收入出现大范围的零增长甚至负增长。而作为城市广电重要收入来源的有线网络，近年来陆续被兼并、整合。有线网络的剥离，使城市广电本就不乐观的经营现状变得更加惨淡①，收入的连年下滑使资金短缺成为限制城市台发展的首要难题。

由于我国传统媒体长期奉行自我积累的内源式发展模式，在自身规模、资金实力相对不足，收入逐年下滑的情况下，部分地区的地方财政对城市台的支持力度又不够，致使城市台在转型中正遭遇不同程度的资金困境。

3. 财政支持力度制约融合速度

调研显示，地方财政支持力度较大的城市台，在媒体融合中面临的经济压力相对较小，反之亦然。以清远广播电视台为例，2017 年底，在经历了一轮频道频率制改革后，清远广电的全年净收入增逾一亿元。在资金相对充足的情况下，清远台开始探索融媒体改革。然而，在融媒体转型过程中，由于财政扶持力度过小，如何继续稳定收入以保证改革所需的巨额资金，成为清远台的一项重要任务。从改革资金的来源看，自 1988 年至今，清远广播电视台每年从地方财政获得的拨款仅有一百多万，换言之，清远广电用于改革转型的资金几乎全部来自于自营收入，这在一定程度上也拖缓了该台媒体融合的整体步伐。

（三）管理粗放，制度体系不完善

1. 行政干预影响改革方向

由于我国城市台的行业自主性较弱，地方政策、行政命令等对城市台的内容建设、产业布局甚至发展规划都产生着主导作用。调研中，不少一线的新闻工作者表示，城市台的内容选题和报道严重受到上级限制，自主性几乎为零；亦有管

---

① 许多：《2019 广电行业亟待解决的五大难题》，2019 年 9 月 5 日，https：//mp. weixin. qq. com/s/FVwCGU3JmJBJI3r341PGNA

理人员表示，一些行政命令和行政决策对城市台的产业布局产生了很大影响，有时甚至是破坏性的影响，致使城市台错失了许多转型的良机。

此外，事业体制内的干部任命制度也给城市台的改革带来潜在的变数。城市台领导尤其是一把手的眼界、决策、政治素养、政治资源、社会关系和业务水平，决定着城市广电一段时期内的发展方向。同时作为事业单位领导，广电一把手都有一定任期，随时可能因政治任命调离到其他单位，"一朝天子一朝臣"的现象在城市台较为普遍。在许多城市台，连年改革没有明显效果，关键原因之一就是领导常年变更、改革缺乏可持续性。

2. 内部管理粗放，发展动力不足

事业化的体制特征使城市广电的管理模式、运作模式呈现诸多问题，整体表现为：小而全的机构设置和资源配置，交叉重叠，效率不高；粗放型的管理和运作模式，流程不清，职责不明；各自为政的封闭式工作模式，造成部门壁垒、媒体分割，宣传、经营各环节缺乏有效沟通和有利衔接。更有甚者，一些城市台的部门之间会因争抢资源出现相互拆台、恶意竞争的行为，不仅不利于全台的稳定，也有损城市广电的媒体形象。

在机制方面，我国新闻单位采用多种用人方式，体制内外的"身份"管理、用人"双轨制"造成了因身份差异出现的"同岗不同责、同工不同酬"现象。目前，大多数城市台并没有建立起科学完善的综合考评机制和公平合理的收入分配机制，内部收入差距依旧是靠资历或资源优势拉开的。即便在分配奖惩机制建立完善的城市台，也常因顶层设计原因，出现制度执行不到位的现象。绩效机制的缺失使"身份差异"成了部分城市台薪资发放的唯一参考标准，一线聘用工肩负生产和经营的重任，却往往因其身份原因，获得远低于二线部门事业编制人员的薪资，"少数人养多数人"的现象在城市台普遍存在。

(四) 人才危机，融合团队紧缺

1. 人员冗余，人才短缺

多年以来，员工素质参差不齐，人员过剩，一直是城市台的"老大难"问题。在20世纪八九十年代，由于缺乏合理的准入门槛和机制，托关系进入电视台成为一种社会现象，导致城市台从业者虽数量众多，但职业化和专业化程度都不高。与此同时，由于事业单位属性，城市台不设淘汰机制，更加剧了人员冗余的问题。

随着媒体融合的不断推进，城市台顶层缺乏创新型研发人才，基层缺乏全媒体融合型人才，且人才招聘成本高、难度大，导致"用人难"进入了"死循环"。

2. 人才断层严重，"留人"成难题

近年来，城市台人员队伍老龄化现象凸显。一方面，自"四级办电视"的方针确立以来，大部分城市广播电视台至今已有三十余年的历史，最早进入城市广播电视台的一批员工面临退休。这批人在城市台从业者中占比较大，是老龄化的主要原因。另一方面，由于资金、人员编制等方面的局限，城市台难以拿出具有足够吸引力的招聘条件去吸纳新人才，且从高校引进的人才常因薪资待遇和职业晋升不能满足预期而离开，以至于不少台正在沦为更高级别媒体和市场化传媒机构的"人才培训站"，城市台不得不面对"有经验的人没思路，有思路的人没经验"的尴尬局面。

3. 领导靠感情留人，员工靠情怀支撑

薪资待遇低，分配机制不合理。调研发现，城市台的薪资较其他市政部门偏低，且编内编外人员虽从事相同的工作，但由于身份不同，薪资差距最大可达几倍之多。分配制度的不合理，导致城市广播电视台员工积极性下降，也加剧了城市台的人才外流。

缺少合理的晋升机制，有能力的人"上不去"。部分城市广播电视台管理层级多、人际关系复杂，不同身份背景的员工待遇不平等，"论资排辈"现象严重。越是学历越高、能力越强的员工，职业认同感越低，领导只能靠感情留人，员工只能靠情怀支撑，人才的尊严感和荣誉感严重缺失。

4. 技能落后，缺乏培训机制

城市台普遍存在人才培养机制不健全的短板。一方面，由于培训会涉及到大量的资金经费，经济条件受限的城市台给员工提供的学习机会相对较少。另一方面，部分城市台常采用请专家到台里指导或外出考察交流的方式进行业务培训，但由于各地、各台实际情况存在差异，培训内容的贴地性往往较差，能够真正应用在工作中的经验并不多。

（五）技术短板，创新人才难匹配

随着媒体融合步入深水区，5G、大数据、云计算、AI、VR 在内的新兴技术不断涌现，给媒体融合带来了智能化发展的新机遇。然而目前，除无锡、苏州、成都等少数发展较好的城市台之外，城市台在新技术应用上普遍滞后，具体表现在：

1. 资金缺口大，技术落地难

相较于国家级和省级广电媒体，城市台由于资金有限，在新技术引进上存在一定的壁垒。现如今，一套成熟的融媒体技术平台的费用少则几十万上百万元，多则超过千万，再加上后续的使用费和维护费用，对于城市台而言都是一笔不小的开销。此外，新技术"落地难"也正成为一个新问题。据部分城市台反映，虽然花大价钱引进了新技术，但新技术的实际应用场景却很少，与现有内容生产实力难以有效匹配，以至于技术平台变成了摆设。

2. 技术人员边缘化

调研发现，城市台技术人员在全台人员中占比较小，且被长期边缘化。同时，城市台对技术人才的引进力度明显不足，不少城市台在引进硬件的同时直接引入第三方外包团队对技术平台进行管理，这样的做法虽在短期内提高了技术应用的效率，但从长期来看，不利于台内技术人员的培养。

（六）内容陈旧，精品输出

1. 内容同质化，缺乏优质精品

城市台内容生产以新闻节目为主，缺乏现象级品牌节目，缺乏本土化、特色化、高质量的内容，且新闻节目的生产也多存在有量无质的问题。

从内容选题上看，城市台内容同质化严重，不同的频道和栏目做同一个选题的现象屡见不鲜，甚至同一档节目在全台多个频道进行套播的现象也较为普遍。

2. 缺乏用户思维，互动形态单一

由于城市台从业者普遍缺乏互联网思维，所生产的内容互动形态单一，与观众的粘合度较差。这对于收视率已然严重下滑的城市台来讲更是雪上加霜，内容没有人看，自然就没有广告商，生存便成了问题。

（七）经营滞后，缺乏产业化思路

1. 融合经营意识模糊，创收动力不足

随着媒体传播去渠道化加深，新媒体平台优势不断凸显，传统广电正在失去广告经营的优势地位。这样的背景下，一些城市台依然依赖单一的广告经营，产业链拓展力度不足，生存空间愈发狭窄。

而在新媒体领域，多数城市台仍未寻到行之有效的盈利模式，新媒体收入依旧是以广告投放为主。加之广电新媒体端用户积累较少，不少用户还是通过行政手段强行积累的，导致用户活跃度较低，无法满足广告商的要求，以至于收入极少。

2. 广告经营模式粗放，影响媒体公信力

调研发现，多数城市台缺乏合理完善的广告经营管理制度，对广告内容、发布形式、广告监管方面没有进行科学管理，经营模式粗放。主要体现在：一方面，对广告客户来者不拒，所有广告照单全收，致使低质量的广告内容充斥城市台的节目内容；另一方面，大量时段被广告内容填充，且广告质量欠佳，影响了整体的内容质量和格调。质的粗劣加上量的泛滥，严重影响了城市台公信力的构建。

3. 产业化进程缓慢

城市台的产业化进程整体较缓，部分地区严重滞后。由于亦事亦企的身份缺乏市场服务主体的意识，大多数城市台并未建立现代企业制度，即使部分台成立了内部企业，也大多属于"空壳公司"，并非真正的市场主体，更谈不上公司化运作和产业化运营。媒体发展的压力、动力、活力相对不足，导致融合转型所需的配套制度和运行策略难以建立，融合更是无从谈起。

三、城市台改革发展的路径探索

在党的十九大报告中，习近平总书记指出：要"加强阵地建设和管理，高度重视传播手段建设和创新，提高新闻舆论传播力、引导力、影响力、公信力。"这是我国新闻舆论工作的目标和任务，也是现阶段城市台媒体融合和转型发展的总体目标。困难当前，城市广电如何从自身出发，进行一场触及体制核心的存量改革，成为当前最重要的任务。

（一）调整体制机制，为媒体深度融合提供制度保障

基于目前的困境，城市台应从顶层设计入手，调整体制机制、重组组织架构、优化资源配置，打破部门隔离、资源分散、各自为政的弊端，实现管理模式的全面升级和生产流程的重构。总体上，建议城市台实施扁平化管理，明晰责权利。一方面，充分放权，提高职能部门的自主权和灵活性，解放部门的生产力；另一方面，统分结合，保证台对重要决策、重要资源的集中管控，对台内部的宣传、资源、人事、财务、产业等方面进行统一的集中管理。在调整组织架构和管理模式的过程中，要综合考虑本台实际情况，如评估改革经历、政策环境、人员构成、员工状态等核心要素，因地制宜地进行调整，切勿生搬硬套。机制方面，城市台应建立健全各项考核机制、管理机制，为媒体融合的推进提供制度保障。

此外，由于体制机制的调整涉及政策、管理、人事等多个方面，台领导层在改革中扮演重要角色。改革过程中，台领导要善于利用自身的资源，为改革争取更多的政策倾斜、财政扶持，以确保改革初期的稳定，并为后续发展争取更多的政策红利。

（二）定位本地服务，全面提升城市台融合传播力和影响力

面对媒体融合带来的新机遇，城市台调整定位，因地制宜打造"区域综合信息服务平台"。在保证和强化媒体属性的同时，延伸媒体的"工具属性"，扩展平台的应用场景，从而加强媒体与当地百姓的情感连接。具体来看，城市台一方面应围绕当地政府工作，做好连接政府与群众的桥梁，承担主流媒体责任；另一方面，应升级服务，改内容思维为服务思维，利用城市媒体的贴地优势，开发政务资源，发展本地服务。

尤其在服务方面，城市台可以充分发挥内容、受众、市场等方面的优势，大力拓展"广电＋服务"模式，例如广电＋政务、广电＋民生、广电＋教育等等。调研发现，城市台服务升级的可借鉴路径有：其一，通过媒体资源和专业优势，提供文化服务、信息服务，如为企事业单位创作宣传作品、定制节目，策划组织

主题活动；其二，借助媒体的技术优势，提供平台搭建、代理运营等服务，如代理运营市政部门新媒体平台、租借输出技术平台等。

济南电视台充分发挥其作为传统媒体的公信力，和政府相关部门、团队进行合作，打造了一系列口碑和收视双丰收的特色栏目，包括与济南市纪委合办的《作风监督面对面》，充分发挥媒体监督作用；与政协合办的《商量》，邀政协委员、专家学者、部门代表和市民代表一起探讨民生问题，在济南乃至全国的影响力都很大。

（三）寻求多样态合作，探索区域化、平台化媒体联动协作

基于区域传播环境的特殊性，相邻地域的地理条件、风俗习惯、社会生活状态相对接近，城市台可以与相邻区域的广播电视媒体进行区域联动，实现大型专题内容的联合生产，"联制联播"优势互补，扩大传播影响力。除了内容生产之外，在新技术研发、重大题材直播报道以及联合推广等方面也可以开展更加深入的合作，抱团取暖，实现双赢。由南京、无锡、徐州、常州、苏州等江苏省内13个城市组成的江苏城市广电协作联盟，通过13城电视频道的窗口互通、城市新媒体产品的联合、主持人等人才库的交流共建、大型活动的联办等，整合江苏城市资源，形成了覆盖江苏8000万人群的区域媒体品牌[1]；

此外，新媒体与传统媒体平台之间的联动传播，正为城市广电拓展传播渠道开辟新的想象空间。目前，已有不少城市台已经选择入驻今日头条、抖音等商业化新媒体平台，通过新闻的再加工和创意内容生产获得了良好的传播效果。

（四）创新用人机制，培育新时代复合型融合人才队伍

在媒体融合纵深推进的关键时期，城市台一方面要从机制入手，调整用人机制、考核机制、奖惩机制等制度，最大限度激发内部活力，为人才队伍的培养提供制度保障；另一方面，要针对性地培养一支具备融媒体思维和能力的融合型人才队伍，同时将培训常态化，不定期组织专业技能培训、跨部门轮岗，从思想理念、专业素养、职业技能等方面入手，培养出一批"一专多能"的全媒体记者、全媒体编辑、全媒体主持人。此外，城市台要更加注重管理人员及领导干部的理念创新，为高层和中层管理人员提供更多外出交流学习的机会，开拓思路，培养一批懂媒体、懂管理、懂融合、懂市场的管理人才。

这方面，襄阳广电推出"全媒体记者考核方案"，一方面要求记者每月完成新媒体发稿基本任务，引导电视记者向全媒体记者转型；另一方面，按记者独立完成供稿和前后方采编合作完成的稿件进行分类区别、差异化考核，从机制和架

---

① 周静：《覆盖8000万人群！泰州广电携手12城，共建江苏城市广电协作联盟》，http://www.mytaizhou.net/folder114/folder44/folder51/2018-11-03/281512.html

构上完成了全媒体记者的转变。制定全媒体记者考核方案，增加新媒体作品在考核中的占比，鼓励记者进行新媒体作品的创作。

（五）发力内容创新，抢占全媒体内容传播新高地

城市台作为地方主流媒体，应以"四力"建设为总体目标，打造地方权威的新闻平台，强化主流媒体的公信力、引导力，同时打造品牌化的精品内容，扩大媒体的影响力。在传播布局上，要进行全媒体内容生产和传播，运用新技术与新媒体产品，增强媒体的传播力。一方面，为使新闻宣传内容获得有效传播，城市台应在保证题材严肃性的基础上，通过节目形式、传播方式、表达方式的创新，提高内容的可看性和传播度；另一方面，城市台据自身条件可尝试"小投入、品牌化"的内容发展道路，例如将每个频道做出一个亮点，力求做小做精，而非做大做强。

内容生产方面，城市台要着力推进供给侧改革，从内容的类型、定位、目标用户等多个方面进行调整，合并同类扶持精品，加强系列性的深度报道，实现内容类型多元化。例如，可尝试借助短视频、互动 H5、Vlog 等年轻态的内容形式，发挥其低成本、强传播的独特优势，创新媒体的内容传播。在 2019 全国两会期间，杭州广电的 95 后女记者就通过 Vlog 视频形式，以第一视角展现两会盛况，这种年轻的视角、轻松的表达和充满活力的创意形式，不但提高了报道的可看性和沉浸感，也彰显了媒体的温度。

（六）再造盈利模式，实现城市广电品牌化产业化发展

要想突破经营难题，城市台必须彻底扭转传统的广告经营思路。路径上，城市台应整合本地资源，拓展创收的渠道，将业务从媒体传播延伸到文化产业、公共服务等诸多方面，条件成熟时可尝试跨界经营，探索广电的产业化发展道路；方向上，变经营广告为经营服务，依托自身专业能力和特有资源，为政府机关、企事业单位、当地群众等提供专属服务，打造广电品牌，以此拓展收入来源。

例如，扬州广电通过在文旅、婚庆、美食等多个领域的服务拓展，实现了广告创收和产业创收比例二分天下，其重点在于主动跨出行政事业的藩篱，积极拓展商业市场，挖掘出了新的盈利方式。

（七）紧握技术红利，因地制宜推动媒体智能化发展

随着人工智能、大数据、VR、5G 等技术的进一步普及，城市台能否及时抓住技术革命的风口转型为"全息媒体"，将决定其未来的发展。就城市台现状而言，降低技术成本、提高生产能力和效率是技术改革中的重中之重。对此我们建议，基础较好的城市台可积极参与互联网、大数据、5G、AI 等智能化发展的大潮中去，为自身发展赢得优势。例如，成都广播电视台借力新媒体子公司成都橙视传媒科技股份公司进行媒体融合的探索，推出了一系列新媒体、政务服务、智

慧街道、公共文化、大数据等领域的应用产品，并提供运营服务，形成了多领域立体交叉互补的传播渠道和服务网络①。杭州广电、苏州广电、无锡广电等较发达地区的城市台在5G、AI、VR、超高清视频等前沿技术的应用上亦可圈可点。

而对于基础薄弱的城市台，一味追求"高大上"并不可取，可采取租用或合办的模式入驻技术成熟、综合成本较低的平台，以最小的成本最大化技术创新。在逐步走向智能化的道路上，城市台也要更加注重人才与技术的匹配问题。一方面，紧跟技术革新的节奏，对技术人才、内容人才进行专业且持续的培训，使其更熟练地应用新技术；另一方面，通过政策倾斜提高技术人才在台里的待遇和地位，使其获得持续创新的动力。例如在成都广电下属的成都橙视传媒科技股份公司中，所有的技术研发人员都享受全公司最优的薪酬待遇，薪资最高的甚至能成倍高于内容岗人员。

综上所述，城市台在融合改革的道路上，应着力拓展媒体的信息服务属性，建立一个根植区域的全媒体生产传播平台、信息综合平台与服务平台，重构城市台的媒体生态，推动自身快速走上智能化、产业化、全媒体化的融合发展之路。在传媒行业大调整、大变革的关键时期，城市台唯有准确定位、不断调整、持续创新，才能冲云破雾、行稳致远。

（作者单位：中国传媒大学。本文系国家广电总局重点社科研究项目"媒介融合背景下城市广电媒体改革发展研究"的成果，项目编号：GD1623）

---

① 许多：《城市广电如何突围？揭秘不走寻常路的"成都模式"》，2018年11月30日，https：//mp. weixin. qq. com/s/LAppdZLrGAysNtchjShUbQ

守正创新 打造城市融媒生态平台

——苏州广电融媒转型的实践与思考

王晓雄

融媒进入深水区，广电特别是城市广电，融媒之路如何走？如何扎实推进"真融"走向"深融"？作者身处城市媒体采编、制作和运营一线，从区域自主可控媒体主平台打造、传统广电主阵地坚守、优质内容 IP 利用主渠道进行全网传播等多个维度记录苏州广电融媒建设"守正创新"，全力打造区域生态级媒体平台的探索与思考。

一、在基础性、战略性工作上下功夫，"看苏州"全力打造原创内容聚合的新型主流媒体平台

2016 年，经过前期深度调研，立足城市打造新型主流媒体，苏州广电定下了建设区域生态级媒体平台的战略目标。2018 年，总台的媒体融合持续向纵深推进，全面实施七大融媒工程，扎实推进"真融、深融"，移动优先，以内容生产为核心，以先进技术为支撑，顺应数字化、网络化、移动化转型趋势，"看苏州"团队通过科技 + 政务 + 服务，深融真融，打造的生态级聚合平台初具规模。"看苏州"荣获 TV 地标"年度广电优秀新媒体客户端"，呈现五个特点：

（一）技术是心脏：产品体验在迭代中不断提升

2018 年，"看苏州"APP 共发布了 10 个版本，经历了两个大系统版本。全新设计的订阅号、朋友圈以及拍客成为高黏度阵地。同时试水新闻算法推荐。2018 年完成了云服务以及 CDN 服务迁移工作，费用降低 60%，迁移到阿里云以后，数据接口反应速度提高了 300% 以上。

（二）机制是大脑：平台为融媒工作室赋能

"看苏州"2018 年先后推出了主打普法的一槌工作室、主持短视频的解忧工作室、主打食品安全的食全食美工作室、以媒体参与社会治理为主的啄木鸟工作室、以融媒产品呈现为主的无界可视化工作室。食全食美工作室的《有事问食

药监：星期四查查吃》获省食药监优秀新闻一等奖；一槌工作室入选市法制关爱民生法治行优秀年度项目。

（三）政务是骨架：盘活资源夯实底座

经过两年努力，"看苏州"运营团队汇聚了全市近 60 个部委办局的资源。服务板块由原先的 13 个功能点扩充为现在的 31 个功能事项，实现政务内容的实时发布。

（四）社群是养料：打造垂直运营生态

组织策划线上线下活动超过 600 多场，深耕垂直领域 12 个，打造品牌产品 13 个，辐射用户数量超过 300 万。在教育、健康、亲子、美食、交友、环保公益五个板块深入挖掘。健康板块 10 个社群，用户已达 5000 人。

（五）内容是血肉：主题策划拼创意，短视频和直播秀成亮点

牢记主流媒体的使命和担当，"看苏州"开设并不断调优时政频道，并在首页赋能苏州重大原创政经新闻的快发、优发。与此同时，"看苏州"自主策划、推出了大型融媒新闻行动"40 年 40 村，改革路上看乡村振兴"。历时四个月，深入全国各地 40 个乡村，走进田间地头，察民情、听民声、知民意，用脚步丈量伟大时代，通过视频直播、图文稿件、图集、短视频、H5、VR、长图等融媒体产品，全景展现中国乡村波澜壮阔的发展之路。最终，形成各类融媒体产品超过 120 余件。活动收官时，还与苏州大学马克思主义学院的专家学者合作，最终成果将结集出版，为苏南乡村振兴提供鲜活经验和样本。

"看苏州"联合全媒体采制中心推出了"快视频"产品，落实新闻和资讯的首发、快发、优发，经过分发，全网阅读量超过 200 万，进一步扩大了广电内容产品的影响力和辐射力；与此同时，融媒体中心尝试"慢直播"，陪用户赏月赏雪赏民俗，进一步丰富了直播产品形态。

"主播秀"是 2018 年总台融媒七项工程中成效最突出、亮点最多的项目。2018 年主播秀总场次 1844 场、总点击量 7086 万，全面超越 2017 全年数据，推进主播秀实现品质升级。

施斌团队在《施斌饭局》的基础上开发了迭代产品《施斌 Fan 局》，尝试"穿越纳凉之夜"场景化生活态小综艺产品；还尝试了电竞"吃鸡"，进一步塑造施斌的潮叔形象。《兜兜白相相》的"双梦"主播陪看方案，让主持人陪用户看直播，弥补传统电视互动短板，给了电视观众弹幕空间。与技术中心通力合作，独创"音乐社交类综艺真人秀"《行走的麦克风》；栏目与广播中心音乐频率合作推出融媒直播产品《你说的都怼》，开创 APP、电台双直播产品，成为 2018 上半年的直播点击冠军。

刷新新闻实践理念，苏州广电与中国社会科学院新闻与传播研究所联手开展

建设性新闻的融媒探索。学习践行建设性新闻的理念、方法和技巧，全程追踪报道了涉及全市几百万乘客权益的"苏大女生状告轨交公司较真案"、涉及刑法"僵尸条款"重新诠释的昆山正当防卫案等热点事件，建设性新闻关注的不再只是冲突与争议，更多的是事件进程中的各方参与、对话互动和解决方案。

二、在关键处、要害处下功夫，坚守主流媒体阵地，全媒主战场苏州广电坚持实力存在

2018 年苏州广电在电视端、PC 端、移动端都交出了奋斗向上的答卷。虽然电视已经是传统媒体平台，但依然是苏州广电影响力、传播力的中流砥柱，也是广电融媒改革的大后方。

（一）（电视端）《创赢未来》诚邀杰出企业家站台，助力苏州"双创"打好国际牌

2018 年《创赢未来》第二季节目组力邀中国女企业家第一人董明珠加盟，节目从内容到宣推得到了全方位提升。纵观两季，节目组与全国 150 多家创投机构达成合作，意向融资总额高达 9 亿元。第二季节目在凤凰卫视美洲台播出 12 期，靠节目质量提升了苏州在创投领域的国际影响力。

（二）（电视端）《施斌聊斋》和《电视书场》以小屏反哺大屏，创新坚守见实效

《施斌聊斋》开办 13 年，老树又开出了新枝。坚持传播正能量，打好本土情怀牌，周末生活板块打造网红外景主持，大小屏遥相呼应，打造了 60 个、3 万人规模的社群，有效反哺了电视节目。收视率同比去年高位，再提升 5%、市场份额提升 20%，成为两年实现收视与份额双逆袭的电视栏目。曲艺栏目《电视书场》中的《黄蕾名人谈》尝试"先网后台"排播方式，精剪直播内容后于电视端播出，收视表现也好于日常内容。《黄蕾名人谈》先大屏后小屏，通过黄蕾与名家及受众的实时互动，拉近了与受众的距离，推动传统文化深入人心。全年累计直播 20 场，点击量超 200 万次，电视综艺《创赢未来》《闪亮的宝藏》等均有配套的融媒直播《大咖白日梦》《偷得浮生百日闲》等策划推出，实现大小屏互动，树立了主流正能量"网红"形象。

（三）（PC 端）"名城苏州网"依托总台融媒中央厨房抓改版，新闻访客逆势增长

今天网站已经成为新媒体中的传统媒体。2018 年名城苏州网在全面对接总台融媒中央厨房新闻资源的基础上，坚持新闻立网，5 月再次改版，新闻页面日均独立访客达 3.15 万，同比增长 21%。

（四）（移动端）"无线苏州"技术内容双驱动，流量用户双增长

2018 年"无线苏州"新增用户稳定增长，目前用户总数已达 360 万，增长

11%，平均日活近 10 万，周留存率从去年的 57% 提升到了 62%。2018 年无线苏州共经历 6 次迭代，日活回到了 2014 年下半年以来的最高位。同年底，"无线苏州" APP 获评国家广电总局权威杂志主办的"指尖融媒榜 2018 最具移动影响力广电融媒平台十强"。

综观这一轮融合效果，SBS 内容生产呈现传统媒体与新兴媒体互动发展的格局，总台 5 个电视频道黄金档收视份额还在 50% 以上，居全国城市台首位；广播收听份额保持 85% 以上，也排全国城市台前列；新媒体方面，"看苏州" APP 下载总量超 200 万，日活用户较多，总台新媒体总用户突破 800 万。

三、在工作质量和水平上下功夫，打磨优质网生内容，构建传播矩阵，利用主渠道实现全网传播

移动互联时代，主流媒体要强调占有和覆盖移动端口的能力，要有全网的概念，全媒体布局，全终端分发，首先打通央媒＋头部商业平台的全渠道。我们与三家央媒（新华社、人民日报、央视）和多家互联网头部平台达成移动端流量、创作等层面合作。

与人民日报达成融媒战略合作，入驻全国党媒公共平台。年初《苏州新闻》记者应邀请与《人民日报》记者主创全国两会爆款《两会夜归人 中国的科技范儿》，是 21 期系列节目中唯一城市广电参与制作的节目。《苏大女生状告轨交公司卡内低于 7.6 元禁止进站不合理》在央视新闻客户端、新华社新闻客户、人民日报新闻客户端、人民网、中国之声、《环球时报》等转发超 1000 万。《台湾老兵回家》直播加文稿单新华社新闻客户端渠道，点击量就超过了 500 万。

2017 年 9 月，苏州广电总台发起策划，联合全国党媒公共平台共同发起的融媒新闻行动"喜迎十九大 重走党史路——全国党端在联动"全面启动。历时一个月两万公里寻访，十多家党媒客户端组成联合采访组，遍访上海、嘉兴、广州、武汉、莫斯科、延安和北京等党代会会址城市，推出融媒创新报道和产品超过 200 篇，其中短视频近 20 个、H5 创意产品 10 多个、VR 产品 7 个和图文报道 150 多篇，阅读量突破 2000 万次，成为全国党媒公共平台建立后启动的首次大型融媒新闻行动，联动传播成效显著。时任人民日报社社长杨振武对活动充分肯定："很好！《人民日报》要携手全国党媒一起发展，一起壮大，使主流媒体的声音更响亮，更有影响力。"这组报道成为"喜迎十九大"在全国范围最具影响力的报道之一。

除了与权威央媒的新媒体合作，总台融媒产品还充分利用商业互联网平台的两微一端（微信、微博和"今日头条"）进行全网矩阵式内容分发。电视栏目"两微"矩阵雏形已现。电视、广播《苏州新闻》、生活服务类《乐活六点当》、

民生新闻《新闻夜班车》、新闻脱口秀《新闻一锅鲜》、气象脱口秀《谈天说地》、方言脱口秀《施斌聊斋》等栏目以及电视主剧场都开设了各自主题和定位的"两微"账号，聚集了众多粉丝。

苏州媒体（含自媒体）微信第一大号在哪里？就在广电旗下。"名城苏州网"官方微信号以主流发布、关切民生为特色，粉丝2018年增长50%以上，目前稳定在120万，月均WCI指数达1100，较去年增长19%，在微信传播力媒体榜单中，保持全市第一，全省前五。创投真人秀《创赢未来》在将节目内容上传至优酷、腾讯、爱奇艺、哔哩哔哩等平台的同时，建立了微信、微博、头条号、搜狐号等多家媒体号矩阵，第一时间发布拆条短视频和大事件图文。通过垂直深耕"今日头条"的内容推送，在创投领域排位从前3%上升到前1%，单条最高点击量20万。

刚刚荣获总台2018优秀融媒工作室一等奖的"施斌团队"出品的"快乐剧制"2018年共制作200多期短视频，其中百万播放量视频8个，500万级播放量视频两个，全网年总点击量6700万。企鹅媒体平台和头条号约"快乐剧制"签订了版权保护协议。6月份入驻"抖音"，粉丝近6万，获赞近60万。

2017年，SBS短视频工作室在总台内部孵化成功；2018年迭代升级，与杭州二更网络科技有限公司共同注资成立苏州更广科技文化传播有限公司，独立运营"更苏州"。"更苏州"是将优质内容IP与互联网特点相结合的融媒新平台，运营两年不到，推出了一批爆款短视频，类似《姑苏绣郎》《红白羊肉情缘》等人文纪录短视频，把苏州人物、苏州故事和苏州声音，搭载"二更"这样的全国全网平台很好地传播出去，成了苏州"展形象"的特色外宣新平台。2018年更广还完成了近60部高品质定制片，初步确立了苏州乃至长三角地区"中高端创意视频内容服务商"的标杆地位。政务领域，创造出了公益片《你的善念TA的改变》《致我们》；政府形象宣传片打出了《我们的姑苏》《园来是你》等爆款；企业形象片也出现了《红舞鞋》《回家的路》和《你是我中心》等行业标杆。2018"更苏州"双微平台合计粉丝60万，总共完成80多部反映苏式生活的品质人文微纪录片，"更苏州"抖音号10月上线，主打航拍苏州，优质内容吸引粉丝超过7万，获点赞超百万，产生了点击量超2600万的超短视频爆款。

建设优质内容IP，苏州广电的"无线苏州"模式走出了苏州。2011年总台搭建的"无线苏州"App实现电视屏、电脑屏和手机屏"三屏互动"。2018年底"无线苏州"用户下载量超过300万，平台已跟全国40多个城市开展模式和运营合作，用户超过了500万。

（作者系苏州广播电视台副台长）

用改革的力量推进媒体融合转型

——以南京广电集团改革实践为例

高顺青

近年来，为推动经济社会发展，建设与国际地位相适应的传播能力，党中央多次要求主流媒体运用现代科学技术和传播手段，切实推进媒介融合，积极建构现代传播体系，增强国际传播能力。习近平总书记在 2018 年召开的全国宣传思想工作会议上强调，媒体必须自觉承担起举旗帜、聚民心、育新人、兴文化、展形象的使命任务。广电媒体作为主流宣传主体，一直都是国家整体传播格局中最为重要的力量。互联网作为当下中国最大的社会变量，由它引发的传播革命，给中国广播电视带来了深远影响。尽管各级广电媒体都认识到只有通过深度融合传播才有可能摆脱现实困境，但改革的实际成效还远没有达到预期，根本原因还在于活力不够，动力不足。近年来，南京广电集团围绕建设南京都市圈主导型媒体、苏南现代化示范区领军型文化企业、长三角地区标志性传媒集团，通过项目制的融合改革实践这个点上的突破和体制机制的立体融合创新，努力实现全媒体组织融合的面上突围，以求实现集团的战略性转型。

一、项目制融合改革激发媒体活力

传媒发展离不开驱动力，技术进步、政策推动、体制改革与资本运营则被认为是传媒发展的四大引擎。对于上述要素都不占优的媒体，尤其是那些包袱沉重、机制僵化、发展乏力的传统媒体，如何激活内在活力就显得尤为重要。

（一）项目制改革创造全新价值

所谓项目制融合改革其实就是变革广电媒体产品运作管理模式。项目制管理是在规定的时间、预算和考核目标范围内完成某一单项任务的管理模式，是目前国际上通行的一种管理方法。项目除了计划和协调外，对采购、合同、进度、费用、质量、风险给予了更多的重视，更加注重人的因素，注重柔性管理，其应用范围进一步扩大。2016 年，南京广电集团借鉴业内外先进做法，积极探索媒体融合发展新常态下制播分离新模式与新路径，推行项目制融合改革，通过孵化涵

45

盖大型节目承制、体育赛事运营、文创产品开发以及文化旅游、婚庆餐饮、教育培训等多个与传媒行业相关联领域的项目，以"媒体平台＋"的模式，深挖本地垂直细分市场和资源，借助广电媒体的公信力、影响力、引导力，依托频道频率播出平台，推进员工内部创业，加大内部资源整合力度，推行"垂直产品＋融合传播＋市场营销＋产业运营"运作模式。

广电媒体可以在孵化新平台上放大传统品牌影响力和内容制作优势，以获得增量收入。这些项目包括满足跨地域、适合网络及多平台、多终端传播需要，并具有线下可延展等属性的内容产品；与传媒业相关联的拓展项目和专项市场价值链、产业链开发；以移动传播为核心的垂直自媒体产品开发及运营，以及其他类型的创业项目。经过近 3 年的发展，项目制进入 3.0 版，效果开始凸显，众多项目成为南京广电集团新的经济增长点。

（二）项目制改革拓展话语空间

习近平总书记在第十次文代会的开幕式讲话中指出："坚定文化自信，离不开对中华民族历史的认知和运用。"作为广电媒体特别是城市广电媒体，以具有城市文化特质的节目精品传承城市文脉，激发文化自信，是其履行职责使命的重要担当。广电媒体由于原有的"线性"节目生产思维和模式比较难适应如今融合传播时代的产品要求，通过重点精品节目的项目制融合改革，能够拓展新传播环境下广电媒体话语空间。不但有利于巩固壮大主流思想舆论，也有利于提高广电媒体的传播力、影响力。2016 年 6 月以来，南京广电集团通过项目制推出了以传承优秀传统文化、倡导文化自信的大型季播节目《南京》，并在网络平台推送。节目广受欢迎，成为南京各界热议的话题，获得第 22 届中国电视纪录片好栏目奖和江苏省宣传思想工作创新奖，中宣部新闻局《新闻阅评》称《南京》"探索电视专题片融合传播新方式、成为弘扬主旋律报道的一次创新实践"。《南京》成为南京区域具有标志性的融媒体文化产品和品牌。

项目制全新的管理体制和机制，完全不同于以往固化的、缺乏活力的、机械的管理模式，它极大地激发出项目团队的创业与创作热情。对于重大的主题宣传报道和重大活动报道与执行，都可以按照项目制融合传播的模式进行。《南京》每季节目都尝试多种融合传播手段，线上线下齐头并进。通过新华社客户端、南京发布、"牛咔"视频、"在南京"客户端等新媒体进行推送，浏览量过亿。同时，尝试将移动直播元素植入制作过程中。

（三）项目制改革激发体制活力

项目制本身就是一种体制和机制双重变革的产物。放权和激励，管控和调整相互统一。实施项目制，将成功立项的项目团队独立出来，放进特设的孵化器里孵化，它是一个在用人、内部管理和经营上拥有相对独立权利的节目生产和经营的单体。孵化部门也不是传统意义上的管理部门，它对所孵化的项目，更多的是提供服务、协调，"扶持"便成了南京广电集团实施项目制改革的一个关键词。这种扶持是全方位的，主要内容就是授权、放权和激励。所谓授权，就是把资源的使用权授予项目团队，对项目团队所经营的专项业务，集团原则上实施内部优先特许经营保护政策等。所谓放权，就是赋予项目总监（经理）用人权、项目经营自主权、行政管理权、经费支配权。所谓激励，即孵化第一年，在完成经营目标的前提下，所获年度利润（按全成本核算）的一定比例由项目团队自主分配。

项目制改革仅仅是推进广电传媒转型发展的一个过程性手段，专注项目而不止步于项目，才是项目制改革的出路所在。专注垂直细分市场，只是项目制改革的一个切口，深入、拓展，由项目变成领域，由弱小的项目组变成某行业内的翘楚甚至独角兽，这才是项目制改革对未来的更大期许。毋庸讳言，在项目制改革的大浪淘沙中，一些经不起市场检验的项目会渐渐被淘汰。对于孵化的项目，集团制定的政策既是宽松的也是严格的。所谓宽松，即在遵章守纪，坚守媒体责任的情况下，孵化部门不过多干涉项目组的日常经营行为，给项目组以更多的施展空间。所谓严格，即制定一系列确保项目健康发展的管理和考核制度，除了要求各项目组在经营活动中必须严格合法合规之外，还制定了按月度、季度、半年、一年等不同时期进行考核的办法。在与项目组签订目标责任书时明确规定，如果在考核中未完成约定目标，提出预警；在经过两次预警之后，仍未完成约定经营目标，项目即终止；发生导向错误，实施一票否决。

二、全媒体深层融合激发变革动力

广电媒体融合发展已从产品、技术升级的初级阶段，进入包含采编播流程再造、服务模式创新、组织机构变革等环节的深度融合阶段，如何通过全媒体深层融合激发变革动力成了媒体融合发展的重中之重。

（一）媒体融合变革组织管理

媒体融合表层是技术、产品、市场的融合，深层却是传媒理念、组织结构和规范标准的融合。由于新媒体、硬件厂商不断分化和瓦解传统广电媒体的自有渠道和平台优势，广电媒体在与互联网的碰撞裂变、深度融合过程中，实现体制机制、生产流程、产品形态、传播方式等系统创新和整体转型，打造全媒体信息处理平台、用户行为数据平台、全媒体运营平台显得尤为重要。广电媒体可依托传统播放媒体的既有优势，通过加大投入，构建面向互联网和移动终端的全媒体综合平台，通过平台系列化的资源积累竞争优势。在既有的依托广播、做本地服务的"在南京"客户端基础上，南京广电集团推出了一款战略级应用产品"牛咔"视频，充分整合视频资源，不仅提供集直播、点播、分享互动于一体的跨平台视频服务，更是倒逼电视生产的理念、组织、机制变革，推进传统电视从业人员向移动端的"大迁徙"。

对于广电媒体来说，要想实现战略转型，很大程度上需要拥有自己的融媒体传播平台。南京广电集团以组建网络传媒中心、融媒体新闻中心为突破口，以内容集成、价值延伸为重点，改变现有介质区隔的生产经营流程，形成各个部门交互型的信息共享体；通过以新闻生产为纽带，带动人力、资源、组织和平台的全方位融合，实现信息内容、技术应用、平台终端、人才队伍的共享融通，重构新闻策、采、制、编、发、播流程，建立采编发联动平台、采访编辑技术平台等，促进管理扁平化、功能集成化、资源集聚化、产品全媒化，实现全媒体运作、全链条打通、全流程协同，有效达成体制机制变革。

（二）媒体融合改变舆论传播场

以移动互联网为技术基础的新媒体是当前传媒领域最先进的生产力。新闻工作要满足人民不断增长的美好生活需要，就要通过媒体融合手段构建活力充沛的传播场，就要尊重大众的知情权表达权，更好地为受众提供优质的信息服务，为时代提供更多有深度的思想，努力以人民群众喜闻乐见的方式进行新闻舆论传播。重视传播手段建设和创新，提高新闻舆论传播力、引导力、影响力和公信力，不仅是广电媒体提升舆论引导能力的内在需求，也是新闻舆论工作的刚性要求。搭建新媒体传播矩阵，根据"终端随人走、信息围人转"的信息传播新态势，坚持"移动优先"战略，重点是转化与释放传统媒体的专业采编优势、信息资源优势。

广电媒体可以通过主动融合新兴媒体，把交互融合贯穿策划、采制、编辑和多渠道传播的全过程，着力丰富报道内容，创新表现形式，尤其是发挥社交媒体的传播效应，策划设计融合媒体产品，力求传播内容、传播形式的双创新，构筑区域舆论新高地。在2018年初南京突降暴雪的突发性事件报道中，实行项目制改革的《南京》团队发挥制作优势，滚动推送了十多条短视频。这些短视频以纪录片手法，生动清晰地记录了工作人员和志愿者昼夜奋战抗击暴雪的场景，记录了大雪中流动的温情和城市地标独特的美景，在传统媒体和网络空间里都形成了传播热点，发挥了短视频这一新媒体产品的社会动员功能，使更多市民走出家门参与到扫雪行动中，创造出南京城"一夜雪无"的奇迹，也在多元的舆论场中发挥了主动有效的引导作用。

（三）媒体融合激活文化经营模式

传统广告收入已经不足以支撑新闻宣传、内容生产和整体运行，构建基于传统业务的多元文化产业体系，从媒体经营向传媒文化服务产业经营转型，让服务对象立体化、综合化，成为众多广电媒体的共同探索。针对服务对象的不同，结合传统媒体行业的资源优势，提供专业的传媒文化服务整体解决方案。在这样的趋势下，南京广电集团制定了以"融媒体+"为核心的战略规划，立足城市台贴近市民的优势，着重构建"两圈一链"的新型媒体经营模式：构建融媒体"生态圈"，打造传媒服务"产业链"，构建"生活圈"服务平台，重构"在播－在场－在线－在商"新盈利模式，拓展产业链经营空间。

大数据是未来生产和经营的基础和资源。南京广电旗下的广电猫猫新媒体公司搭建了"在南京"App平台，控制入口，强化数据运用与分析，形成了一套研发、策划、宣传、执行、总结的完整媒体融合工作体系及流程，可以极富针对性和专业性地为广电媒体、合作伙伴提供软件、硬件、营销等方面的服务。通过强有力的经营团队将"广电""平台""IP"的优势汇聚在一起，凭借"中央厨房＋本地团队"的方式打造南京广电媒体融合发展模式的特有"万能公式"。结合广电的媒体优势，为政府机构、行业协会、商业企业等策划发起具有融媒体特性的IP，充分融入政府机构（Government）、商业企业（Business）、广大消费者（Consumers），打造政府"挂帅"、商家配合、全民参与的"G－B－C"合作模式，形成互利、高效的"异业联盟"，自2015年5月上线至今，已在23个城市复制。而将"在城市"平台与民生、政务及智慧城市进行更紧密的结合，则开启了全新的发展空间。

三、立体化融合推动构建广电传媒新生态

政府的规制、技术的进步、社会的变迁以及资本的介入重塑了中国新闻传媒业全新的生态、全新的业态。在融合发展成为社会共识和媒体组织的内在要求的语境下，通过融合构建广电媒体新生态就成为媒体发展的着力点。

（一）顶层设计激发广电媒体活力

在媒体融合过程中，体制改革是影响内容生产与传播、技术应用等融合的重要因素。在以互联网为变革方向，以用户需求为导向，以新技术为引领支撑，以巩固拓展阵地为根本目标的改革风向标的作用下，对传统媒体来说，立体化的体制改革尤为重要。通过媒介融合实现广电新生态，离不开内容、渠道、用户、数据、变现等要素，相较于广电媒体原有生态，这五种要素的内涵和外延都有了根本不同，新生态是对旧生态沿互联网维度的拓展，是革命性的升级。构建媒体新生态要带来新增长，变革要达到提升内容品质、传播效果和经营效益的目的。因此，对于媒体融合变革中的广电媒体，要从战略高度，以互联网化为目标进行融合，强化顶层设计，打造以移动传播为核心、以广电媒体业务为特色的新型媒体集团，使之成为党和政府舆论引导的有效传播平台、塑造城市形象和推动社会进步的有效传播平台。从体制机制入手，变革生产关系，解放生产力，使机构、机制、流程、产品适配互联网化新生态的要求。

（二）精品生产激发广电发展潜力

媒体资源优势是广电媒体发展的保障，也是广电媒体履行职责的根本。尽管用户消费文化内容的场景、形式发生了很大变化，但视频领域归根结底还是内容产业，内容博弈越来越成为媒体发展的关键。新老媒体融合发展，尽管看似技术突破，但最终是内容决战。新闻立台既是内容为王的根基，更是使命要求。只有把新闻立台的要求做到位，广电媒体的发展才有前提和基础。新闻宣传及精品创作是广电媒体工作的重点，也是突显文化自信的重要内容。南京广电集团近几年的文艺精品都基于融合传播而进行策划、制作和传播；与传统意义上"一次性"播出的人文历史题材节目相比，媒体融合让以往"高冷"的人文类节目焕发了无限生机。集团从城市广电媒体的特点出发，挖掘利用中华优秀传统文化资源，结合新时代特点和实践要求，制作播出一系列有思想深度、精神高度、文化厚度，面向全媒体传播的人文类节目，以文化人、以文育人，努力践行习近平总书记所要求的："用生动的文学语言和光彩夺目的艺术形象，装点祖国的秀美河山，描绘中华民族的卓越风华，激发每一个中国人的民族自豪感和国家荣誉感。"

（三）资源整合激发广电战略动力

在媒体融合时代，城市广电媒体实施区域协同战略将带来发展新机遇。在重要城市空间形态呈现都市圈趋势、城市运行迈向智慧化阶段，实施区域媒体协同与中心城市（群）发展和信息需求成正向性。2018年，南京广电集团根据媒体融合发展需要，牵头成立江苏城市广电协作联盟、南京都市圈城市广电协作联盟，推进南京、镇江、扬州广电一体化运作，逐步搭建江苏省内及南京都市圈城市的节目联播共享平台和新媒体联盟，策划组织更广范围更大规模的全媒体采访行动，提高新闻宣传的有效性和到达率，同时降低运行成本，提高资源利用效率。在此之前的2016年，同样由南京广电集团牵头成立的江苏省十三家城市电视台电视剧联合投资公司，瞄准电视剧全链条业务，两年不到已在行业中确立了重要地位。

基于媒体新技术、受众新需求、传播新规律的广电媒体融合发展，不仅是政策主导的战略任务，也是媒体生存发展的关键所在。新时期的传播要求，新时期的传播特征、传播格局，要求构建广电"媒介融合"新生态，巩固平台、渠道突围、内容制胜是新生态中广电媒体的重中之重。通过媒体融合，实现广电媒体的立体化改革，重组资产和调整业务结构，确立近期及中远期目标和路径选择，充分发挥资源与综合性品牌优势，围绕核心主业，融合各方力量，强化市场手段，有效配置资源，拓宽产业发展空间，形成多点聚利的态势，用改革激发内部活力、用改革促进内生动力、用改革拓展媒体潜力，实现广电媒体的战略提升。

（作者系南京广播电视台〈集团〉党委书记、台长、董事长）

扬州广电集团思想政治工作的创新路径

吴黎宁

思想政治工作是我们党的优良传统和政治优势，是党的各种建设的基础和保障。2018 年 8 月，习近平总书记在党的宣传思想工作会议上提出要不断增强"四力"，打造"政治过硬，本领高强、求实创新、能打胜仗的宣传思想工作队伍"，为新时代广电集团思想政治工作勾画了方向遵循。面对新的任务和挑战，各广电集团需要以马克思主义理论为指导，创造性地发挥思想政治工作的独特作用，从认识论视角探究"何以为然"的时代要求，从方法论角度探究"何以可能"的实践途径，加快构筑卓有成效的思想政治工作新模式。

一、准确把握我们党对新时代思想政治工作的新要求

（一）要准确把握使命要求

思想政治工作本质上是政治工作，广电工作队伍本质上是政治工作队伍。中国特色社会主义进入新时代，宣传思想工作需要以党的政治建设为统领，坚持和发展"四向四做"人才观，通过推动工作对象"不断掌握新知识、熟悉新领域、开拓新视野，增强本领能力"[①]，达到全方位提升履职尽责综合素养的目的。作为一种理想信念的教育过程，思想政治工作要在把握主体性和规律性的基础上，通过鲜活的社会实践涵养固化政治素质和政治能力，使其与工作对象的使命和职责相匹配，这是新时代思想政治工作的根本要求。

（二）要准确把握新行为标准

党的十八大之后，党中央序次颁布了《中国共产党廉洁自律准则》《中国共产党纪律处分条例》等一系列党内法规，完善了以《党章》为根本，若干配套党内法规为支撑的党内法规制度体系，形成了以思想建党为基础，制度建党为规约的党内规则体系和行为机制。以求真务实的精神贯彻落实这种制度性安排，必

---

① 新华社：《习近平出席全国宣传思想工作会议并发表重要讲话》，http：//www.gov.cn/xinwen/2018－08/22/content_5315723.htm

须以思想为引领，以制度为准绳，不断加强纪律作风教育，形成结构严密、相互耦合、互相制约、互为补充的规则体系，以此规范和解决党员、干部理想信念、价值追求、评判尺度等问题，这是新时代思想政治工作必须秉持的工作标准。

（三）要准确把握路径指向

习近平总书记在党的宣传思想工作会议上强调，做好新形势下宣传思想工作，必须自觉承担起举旗帜、聚民心、育新人、兴文化、展形象的使命任务①。提出：做好做强马克思主义宣传教育工作，特别要在学懂弄通做实新时代中国特色社会主义思想上下功夫②。在数字化、信息化、媒介化融合发展的生态下，宣传思想队伍要在深刻理解大局和大势的基础上，秉持"四力"，守正创新，不断提高新闻舆论传播力、引导力、影响力、公信力。在此过程中，思想政治工作可以起到不可替代的基础性和先导性作用，通过为工作对象提供科学理论和规律性认识，提升他们认识问题和破解问题的能力，从而更加彰显广电工作的成效和作为，这是新时代思想政治工作必须坚持的路径指向。

二、有效分析新征程中思想政治工作的新问题

（一）在思想认识方面还存在动能不足的问题

在实践中可以看到，一些广电单位在思想政治工作"发起—接收—反馈"的工作链条中，还客观存在认识不深、定位不准、动力不足等问题。例如在党支部层面：一是在担当上无力，不能把解决思想问题同解决实际问题很好地结合起来，导致工作的成本高、难度大、耗时长；二是在落实上无位，对思想政治工作的实效性、预防性原则把握不足，导致工作出现后置、倒挂的问题；三是在拓展上无为，在工作中习惯于照搬照抄上级部署，存在简单、被动、机械的情况，"上下一般粗"的问题还比较普遍。在党员干部层面：没有充分考虑职工价值观念多元化的宏观背景，简单地将思想政治工作看待成一般性的事务工作，忽视了其政治性的要求，导致工作上的形式主义。在党员层面，未能有效激发出党员群众的自觉意识以加强思想文化"软实力"的生产，导致理论素养和学习动力出现"双不足""双缺位"的问题。

（二）在工作方法层面还存在路径依赖的问题

所谓路径依赖的典型表现是：其一，深入解剖不够。没有准确把握广电集团职工结构的新变化和工作的新质态，对于媒介改革中出现的若干现实问题定位不

---

① 新华社：《习近平出席全国宣传思想工作会议并发表重要讲话》，http：//www. gov. cn/xinwen/2018 – 08/22/content_ 5315723. htm

② 新华社：《习近平出席全国宣传思想工作会议并发表重要讲话》，http：//www. gov. cn/xinwen/2018 – 08/22/content_ 5315723. htm

准确，回答不够清晰，没有深入到工作对象中去进行剖析研究。其二，主动创新能力不高。没有充分利用现代技术对思想政治工作进行赋能，工作举措出现固化，习惯在思维定式和过往经验的指导下惯性运行。三是工作力量分散。没有通盘考虑思想政治工作与媒介改革之间的互动关系，与职工队伍、人才队伍建设之间的能动关系，与企业文化建构之间的内在关联等问题，各自为战的情况还比较明显。

（三）在考核评价方面还存在虚而不实的问题

未能坚持目标性、系统性、可比性、可操作性等基本原则，充分发挥考核的导向标和指挥棒作用。主要表现有：其一，考核对象涵盖不全面。没有科学设置考核关键因子及考核权重，简单对上级考核指标进行叠加，缺少科学性、延续性、可比性，也很难进行操作。其二，考核指标设置不均衡。思想政治工作的成果，有些是可以直接形成物质成果的，有些是存在于意识形态领域，无法实体呈现。如何对其"物质性"成果和"意识性"成果进行鉴别界定，确定哪些是可以定量分析的，哪些是要定性分析的，需要我们使用系统眼光进行衡量和赋值。其三，考核结果传导不到位。思想政治工作涉及每个员工，但是考核激励手段往往只局限在中层以上干部，体现在普通职工层面就只有压力，没有激励，难以形成思想政治工作的氛围和合力。

三、积极探索新形势下思想政治工作的新路径

（一）突出导向性，形成贯穿式的思想政治工作体系

所谓贯穿式，就是在纵向维度上要实现到底到边的全覆盖，在横向维度上要形成分层次、有侧重的教育体系，通过把握事物的规律性和体现人的主体性加强集体意识形态的生产。一是以理论中心组学习为导向。突出政治先行，每年开展 10 次以上的专题学习，有效提升领导干部核心素养；落实党委成员基层党建联系点制度，形成了信息的触达和对流机制；深入开展领导调研活动，形成示范引领的"头雁效应"。二是以中层干部学习为骨干。持续开展"扬州广电干部教育培训主体班"，累计参学达 3000 余人次；每年坚持开展干部"课题式"学习研究，近年来已经形成数百篇 200 余万字的调研论文；推广"师傅工作室"，传承和创新了中国传统文化中"师带徒"文化的当代价值。三是促进线上线下融合，有效激活党员的碎片化学习时间，开发具有完全知识产权的"扬州广电党建"移动学习终端，平台自 2017 年 9 月上线后，已推出 42 期 268 个学习专题，集团党员参学率达 100%。我们还利用平台的展示功能建立党建新闻公告板，构建了全体党员职工积极关注的公共场域，提升了思想政治工作的覆盖面积和投送效率。2019 年中宣部推出的"学习强国"APP 在组织形式和学习形式上，与我们的思考和实践非常相似。

（二）突出创新性，打造主题式的思想政治工作载体

所谓主题式，就是要突出问题导向，力求利用一个活动解决一个突出问题，

以活动的层层嵌套形成思想政治工作的大格局。一是做细主题教育，在近年来开展的"群众路线""三严三实""两学一做"等教育实践中，我们序时细化整体、月度、周度工作安排，形成层层压紧的学习机制，固化了开展政治学习的习惯，形成了践行马克思主义新闻观的积极导向，体现出思想政治教育的能效转换功能。接下来我们还要继续围绕主题活动发力，结合开展"不忘初心、牢记使命"主题教育，推进"四力"教育实践等，进一步达成思想共识和形成话语导向。二是做深专题教育，大胆结合广电集团实际，设计独具特色的活动形式，例如围绕强化干部作风建设，开展了"讲实干、讲担当、讲奉献"主题教育，引导党员干部找准干事创业的职责使命；围绕解放思想，促进发展，开展了"迈上新台阶、建设新广电"主题活动，激发干部职工推进媒介改革的智慧和志气等。近年来，扬州广电收视率长期位居全国城市台前三行列，连续 4 年斩获"中国新闻奖"等，这些成绩都与我们在主题活动中激发出的精神和智慧密切相关。三是做好青年教育。我们成功举办了两届"我年轻我奉献"主题活动，在首届活动中，通过引导广电青年人创作反映自身工作、生活的微视频，通过新媒体扬帆手机频道进行播出，点击量超过 20 万人次。第二届活动中，将视角内向聚焦，面向全体青年征集集团发展战略、内容体系、管理架构等方面的改革方案，并通过 TED 竞演的方式选取其中的最佳方案进行落地孵化，目前已有 36 个项目进入孵化阶段，让这项主题活动成为媒介融合转型发展的试验田和孵化场。

（三）突出系统性，形成聚合式的思想政治工作格局

所谓聚合式，就在于精准把握人、方法、制度三个关键要素，在工作机制、岗位设置、考核办法上实现配套和衔接，形成闭合循环的工作格局：一是建立大思政工作格局。坚持由部门负责人担任党支部书记，并将基层分工会主席、团支部书记纳入党支部班子，实现业务工作和思想政治工作的并轨管理，形成整体联动优势。二是要精准发挥基层党支部效用。将基层党支部作为开展工作的基本单元，告别"一刀切""一锅煮"的粗放模式，以项目化的方法推进精准化分类指导，确保基层支部做好分内事，种好责任田。三是健全科学有效的奖惩机制。不断完善"3G" + "三项责任"的全景考核模式，推行目标激励的考核体制，把目标的先进性和可行性结合起来，从而整合和动员各方面开展思想政治工作的合力。四是积极培育高层次领军人才。目前集团已拥有享受中宣部文化名家暨"四个一批"人才、国家万人计划哲学社会科学领军人才等高端人才 13 人，形成以高端人才引领激发广电干部职工队伍创新创造活力的良好机制。

（作者系中共扬州广播电视传媒集团党委副书记）

电视文艺节目的融合传播路径探析

王 永

一、电视媒体的责任定位，决定了融合传播不能重新闻节目，轻文艺节目

当下各种新媒体蓬勃发展，对电视媒体掌握舆论主动权、话语权提出了深刻挑战。电视媒体要始终清醒地认识自己的历史使命，明确自己的责任定位，始终做主流舆论的坚定引领者、先进文化的积极传播者、中国故事的生动讲述者、融合传播的深入践行者。

电视媒体始终做主流舆论的坚定引领者，就是要始终将宣传作为电视工作的重心，坚持新闻立台、导向为魂，聚焦主题主线，传播党的政治主张，记录时代风云，推动社会进步。要巩固扩大主流舆论阵地，就要做融合传播的深入践行者，要顺应媒体融合发展大势，加快优化整合、深入融合，特别是要将新媒体的有益理念和传播优势融入电视发展之中。强调立体化、精准化、精细化传播，打造具有影响力、竞争力的新兴主流智慧型媒体。目前，作为主流媒体的电视媒体，融合发展的探索和实践，可以说是硕果累累。

如果说电视新闻节目是党和政府的喉舌，而电视文艺节目，则是一种软喉舌。鲁迅先生曾说过："文艺是国民精神所发的火光，同时也是引导国民精神的前途的灯火。"在新媒体越来越发达的今天，大众文艺是无处不在，受众常常浸入式地受到大众文艺的影响，其世界观、人生观、价值观潜移默化地受到着影响。可以说，在互联网时代，文艺舆论的重要性不是减弱了，恰恰更为紧迫、更为突出。电视媒体要始终做先进文化的积极传播者，要把培育和践行社会主义核心价值观作为根本任务，贯穿创意研发、制作播出、宣传推进的全过程，融入文化艺术节目的各方面，弘扬主旋律，传播正能量。

因此，我们应该把电视文艺节目与电视新闻节目的融合传播放在同等重要的位置，加大探索和实践的力度。

二、融合传播时代，传播渠道发生了根本性的变化，电视文艺节目要顺势而为，借力发力，通过新媒体扩大传播效果

（一）融合传播时代，电视文艺节目的传播呈现出跨平台、跨时空、强互动的特点

新媒体兴起和冲击传统媒体之前，电视文艺节目的传播渠道主要是电视。新媒体出现后，传播渠道呈现出三个特点。首先是呈现出跨平台传播的特点，传播渠道除了电视，增加了电脑端、手机端、iPad 端等多种形式。其次是呈现出跨时空传播的特点，受众可以根据自己的喜好、意愿，对电视文艺节目做出自主选择，并随时观看，收看时段和空间不再受到限制。第三是呈现出双向互动的传播特点。融合传播背景下，媒体社交属性日益突出，受众可通过网络向传播者提出反馈，与传播者及时互动，甚至生成 UGC 等内容来表达自己的观点和意见。

（二）融合传播时代，电视文艺节目的价值重构，有了新的契机和空间

在媒体深度融合传播背景下，能够被激活、被连接、能互动的电视才是新电视，电视的新价值需要新视角、新诠释、新展现，电视尤其需要在媒体融合的进程中学会深度使用社交媒体、网络媒体裂变效应，并逐渐适应利用移动端为电视屏导流等新做法。电视文艺节目面对的已不仅仅是受众，而是一群被激活的个体。他们可以自由参与节目各个环节。如何把我们的选题变成社交媒体的话题，进而变成社会的议题，成为内容传播成功的关键。

三、取长补短，借力发力，电视文艺节目与新媒体的融合传播途径探析

在媒介融合背景下，文学、音乐、新闻、电影、戏剧、曲艺、喜剧、纪实、戏剧、体育、教育等元素都在电视文艺节目中得到了广泛的应用。一般来说，电视文艺节目包括音乐节目、歌舞节目、综艺节目、文学节目、戏曲节目、原创歌曲节目、动画等类型。新媒体的兴起，对于各类文艺节目的影响是深远的，只有顺势而为，加强融合传播，才能够更好地满足受众需求，占有市场！近年来出现的大量电视文艺节目，如《中国诗词大会》《朗读者》《爸爸去哪儿》《最强大脑》《最强中国人》《奔跑吧兄弟》等都是电视文艺节目中的佼佼者。这些节目深受受众的喜爱，其中一个重要的原因是在融合传播方面，进行了大胆的探索和实践，也给其他文艺节目提供了很好的借鉴和启发。

（一）基于融合传播的特点和需求，打造全媒体融合传播电视节目

《名嘴约 FAN》是河南都市频道打造的全国首档粉丝互动大型直播节目，通过传统媒体＋新媒体＋新技术方式，全方位互动，是一档基于融合传播需求打造的直播类节目，完全不同于传统电视节目的新媒体化改造。名嘴，是广电的主持

人，是具有媒体公信力背书的特殊人群；FAN 即粉丝，是电视用户，是主持人粉丝；约什么，可以约一起吃饭、看电影、旅游、加班、看书、参加公益活动等；怎么约，可以通过电视、APP、PC 等三屏一起约。

1. "我让名嘴说"——粉丝在《名嘴约 FAN》手机 APP，360 水滴直播，微信微博的评论区，或通过热线电话，提出自己想问的问题；

2. "我让名嘴做"——粉丝在《名嘴约 FAN》APP "名嘴挑战"页面中选择一项点赞，（如让名嘴一口气喝五瓶纯净水，让名嘴当场跳海草舞等），当某个选项先达到 5000 赞，名嘴就必须按粉丝要求做；

3. "我让名嘴送"——每期名嘴要专门为线下粉丝准备一份礼品，粉丝可以在《名嘴约 FAN》APP "名嘴送礼"页面点赞，当期将在节目最后十分钟抽出获奖粉丝名单，派送礼物；

4. "我让名嘴吃"——当期受邀的名嘴和粉丝在节目最后展开 PK，谁赢谁吃大餐，谁输谁吃"黑暗料理"；

5. "我要约名嘴"——通过投票、众筹的方式，粉丝决定请哪个名嘴。

《名嘴约 FAN》呈现方式上，采用多方技术，融合搭建传播互动平台，成功实现让观众从"看电视"到"玩电视"的转变。在传播方式上，突破大屏 24 小时播出时段限制，打造自己的粉丝生态圈，名嘴、粉丝线上线下大型互动直播，电视大屏节目时长 50 分钟，但在直播前 30 分钟，直播后一个小时都是新媒体直播时段，每天围绕节目，新媒体有 8 小时线下直播，完全体现融合传播的特点。

《中国舆论场》是央视推出的融媒体新闻评论类节目，虽不是文艺节目，但其融合传播的手法，也值得我们借鉴。节目通过大数据分析，抓取和选择舆论热点作为当期讨论话题，通过融媒体传播模式，将电视、互联网、移动新媒体深度结合，创造性地引入"在线观众席"。直播过程中，来自全球的网友都可以通过手机进行实时抢票，抢中者成为当期节目现场虚拟参与者，可以实时分享自己的观点，也可以向嘉宾提问，全程互动。这一融合传播方式，实现了大屏进小屏，小屏上大屏的双向互动，大大增强了节目的趣味性和新鲜感，一向"高冷"的新闻评论类节目变得亲民、接地气起来。

国外有档融媒体竞猜类现场直播节目《人民的选择》，直播过程中，所有竞猜的题目，都由新媒体用户提出，在演播室大屏实时呈现。没有正确答案，只有

受众喜好比例。如睡觉时，你是左侧躺睡得香还是右侧躺睡得香？场外观众可以实时参与，根据自己的喜好来判断，软件后台即时统计民意情况。节目现场，由参与者来竞猜这个问题，场外观众的民意结果是怎样的，跟后台调查统计数据结果相同的，得到奖品，反之没有。

（二）基于融合传播的特点和需求，对传统形态的电视文艺节目进行新媒体化改造

1. 充分利用新媒体的社交互动功能，强化"电视+新媒体"的融合传播，推广激发受众参与激情，提高受众黏性

融合传播时代，媒体的社交属性日益突出。互动交流的传播模式以情感为基础，与受众保持更紧密的联系，更有利于提高受众黏度。电视文艺节目在策划阶段就可以充分利用网络优势，在网络上征求网友对节目的意见，借助社交网络开展话题讨论，使节目实现精准定位、精准传播、快速扩散与发酵。移动互联、碎片化传播，让受众养成了快速阅读收看，多屏互动的习惯。我们要及时把握新媒体传播特点，对现有资源整合再利用，让传统媒体和新媒体相向而生，强化"电视+新媒体"的融合传播推广。

央视《挑战不可能》播出第三季首播前，央视网就提前上线节目官网，多维度编排热点资讯和节目花絮，并在央视影音手机APP平台推出有奖互动产品。节目根据新媒体渠道强化"产品化传播"策略，精心制作微视频全网投放，利用社交媒体平台设置互动话题，超百家有影响的新媒体账号转发推荐其节目内容，实现了宣传上的"共振效应"。

央视《国家宝藏》热播并收获大量年轻观众，节目设置上，通过明星演绎与历史感厚重的国宝文物相结合。优质的内容和新颖的形式，立刻获得了年轻观众群的喜爱，因此在社交平台传播中就占据了很大优势。而在节目尚未播出之前，多家博物馆的官方微博就联合发起话题，吸引了年轻群体的关注。宣传推广上也精准定位，不仅涵盖腾讯视频、爱奇艺等视频播放网站，还包括秒拍、美拍等短视频 APP。这些平台聚集大量 90 后、00 后用户，为节目精准传播、快速扩散与发酵，发挥重要作用。

《一路楼台直到山》是扬州广播电视总台一档本土文化益智类现场节目，在融媒体互动方面进行了多种有益的尝试。节目组制作了手机微信的答题系统"知扬州爱家乡，扬州文化知多少"，吸引了万人的热情参与。节目正式播出时，在扬州广电"扬帆 APP"上推出同步答题互动，观众感受与电视节目同步进行答题的体验。每期节目有近 5000 人次参与互动，大大提高了扬州文化的传播影响力。同时，节目组联合扬州市教育局，在全市各大中小学中开展了"知扬州、爱家乡"主题活动。每期节目中，设置一个互动话题，让中小学生寻找身边的扬州人、扬州物、扬州景、扬州事，在微信平台进行互动。

《中国诗词大会》第三季强化流量思维，创新融合传播，大屏小屏互动导入。播出过程中，观众通过微信摇一摇电视同步答题，增设了直播窗口，实时反馈观众参与的互动情况。节目通过官方微博，及时发布节目预告和精彩视频，设计了网络版飞花令程序，网友可以在评论区接力对诗，参与感极强。与此同时，节目组还特别策划制作了十集伴随式纪录片《诗词来了》，记录若干位有特色的选手参加节目和回到家乡的故事，展示他们的诗意生活。融合传播使得《中国诗词大会》第三季的传播效果远超第二季，截至 4 月 8 日 10 点，在全网收视次数超过 2.57 亿次，是第二季总量的 3.9 倍。

2. 积极深化台网一体化，有效实现从相"加"到相"融"，线上线下、你中有我、我中有你，提高节目品牌影响力

媒介融合，从相"加"迈向相"融"，最终融为一体，合而为一，是媒体深度融合的方向与路径。新媒体愈发发达的几天，人们利用网络观看文艺节目时，可选择的播放网站数量众多，如爱奇艺、优酷、腾讯视频、芒果 TV、搜狐视频等，这些都为电视文艺节目的融合传播，提供了很好的平台。

东方卫视的综艺节目《女神的新衣》，在独家视频合作媒体优酷土豆平台的播出，首播 24 小时点击量突破了 600 万。节目组与天猫合作，设计上线了"明星衣橱"APP，通过即播即买、价值及时转换的模式，让观众在看电视节目的同时，就可以在网上拍下心仪的同款新衣，实现了及时、高效的台网互动。节目热播后，厦门亦乐又拿下《女神的新衣》手游版权，推出结合跑酷与飞行射击元素的女神养成游戏，持续放大影响力。

央视《朗读者》节目，不仅借助爱奇艺、央视网等网络平台播出，供观众在线上观看，还借助微博、微信等自媒体平台宣传推广。节目播出 12 期，相关视频全网播放 9.7 亿次，微博话题阅读量近 14.1 亿。《朗读者》还在许多城市设置"朗读亭"，微信平台推出线上"朗读亭"，打通线上线下，走到朗读者身边，增强了观众的体验感。

辽宁广播电视台《奇幻科学城》自开播以来全网播放量已超 500 万次，覆盖近 7700 万互联网用户。节目延伸至线下，博士进校园活动尝试与网络直播相结合，单场在线人数峰值高达 93.2 万。江苏广播电视台制作的《阅读·阅美》

节目以新浪微博、微信读书、今日头条、二更等平台为主要阵地，客户端从大数据的角度为节目筛选内容。栏目还联合新浪微博，面向全国发起线上线下全民征集活动"有一篇 10w＋不可错过"，人人都可以成为文章的推荐者，都有机会通过不同渠道来分享阅读所带来的感动。

（三）传统电视文艺节目反哺新媒体平台，将各新媒体平台优势充分发挥出来，促进节目经济效益及社会效益的双重丰收

随着一些电视文艺节目的热播，很多视频网站平台为了能吸引更多的受众，积极购买电视文艺节目的独家网络播放版权。2013 年，搜狐视频重金购买《中国好声音》的网络直播独家版权，强劲拉动了搜狐视频的用户流量与广告销售，而《中国好声音》也借助搜狐平台，进一步拓宽了传播渠道，提高了自己在全媒体中的影响力。《中国好声音》第三季时，腾讯视频获得了独家网络播出版权，版权费用增加了两倍。《爸爸去哪儿》也采取类似方法，取得了成功。节目与相关视频媒体深度合作，多平台联动推广节目，打造热点话题，传播焦点视频。通过碎片化处理节目视频，剪辑出多种类型的特辑，实现节目二次传播效果，不但成功吸引了大量的、多层次的群体，而且使节目热度持续增强，传播效果显著增强，进而大幅度扩散节目的影响力，明显提升节目所具备的商业价值。

（作者系扬州广播电视总台副台长）

创新营销思维　推动城市广电转型发展

高华彬

自 20 世纪 80 年代初期，我国实施"四级办电视"的方针以来，城市广电成为国内最基础、数量最庞大、与受众最贴近的媒体，是政府舆情发布、反映民生百态的喉舌，在经济发展与社会和谐的进程中发挥了巨大作用。随着行业竞争的加剧，尤其是进入互联网时代，城市广电经营模式单一，与用户的互动、体验不足等一系列问题，广告业务持续下滑。而迅速崛起的新媒体营销呈现出的灵活、个性、精准服务等优势，成了广告新宠。

各路城市广电根据自身实力，及所处区域的经济条件，都在积极探索在媒体融合的现状下，如何创新盈利模式，如何利用新媒体拓展产业新空间？成功的案例各有各的特色，为媒体的转型发展提供了新动能。本文则立足于扬州广电的实践，探索一条以活动营销带动产业发展、营销思路创新、运营机制优化的破局路径。

一、以大型赛事为契机，用走心的策划赢得资源

过去广电是一家独大，不用担心广告业务。现在各路新媒体携技术、平台优势四面包抄，后来居上。据 CTR 媒介智讯统计的数据显示，2018 年中国广告整体市场增长 2.9%，而电视广告时长却降低了 8.1%，相比于 2017 年下降的 4.5% 进一步降低。优质广告集中到关注度高的媒体和新媒体，强者愈强，弱者愈弱的"马太效应"越来越明显，城市广电换跑道竞争已经如箭在弦。

长期以来，城市广电一直依赖时段广告，开拓市场的意识，以及对大型活动的策划能力比较弱。而现阶段的媒体营销水平，更体现在头脑风暴上。2018 年扬州承办了第十九届江苏省运动会，扬州广电抓住这个机会，提前一年多时间参与到省运会的筹备之中，专门成立市场开发部。希望通过这场实战，倒逼广电的营销队伍转换经营思路，适应互联网的游戏规则。从贩卖时段，到向品牌的影响力、新颖的策划、创意要收益。

扬州广电市场部围绕省运会这个品牌，针对客户的潜在需求，紧扣关键时间

节点开展活动策划，打开营销的大门。团队分别在省运会"倒计时300天、200天、100天"期间举办了专项资源推介活动，并通过举办"舞动江苏·我要上省运"公园舞蹈大赛，在全省掀起一股广场舞热，全民健身的理念深入人心，省运会这个品牌也家喻户晓。在"倒计时30天"时，制定开、闭幕式地方名企展示方案，组织地方名企集中展示扬州产业整体形象。同时，围绕省运会这个大IP，开发了服装、矿泉水、吉祥物玩具、纪念邮册、观众道具等十多项特许经营产品和衍生品，吸引了全国的知名品牌关注。

市场依然是那个市场，但是打动人心的策划，以及将广告主利益的最大化，燃起了企业的参与热情。最终，扬州广电完成总价值7000多万元的现金和实物开发任务，为省运会的成功举办提供了有力的经济支撑，也使得广电的营销队伍脱胎换骨。业内有这样一句话：有效的注意力在哪里，广告才会在哪里。其实，成功的活动策划就像是舞台中央的明灯，当大幕拉开的时候，注定会成为全场的焦点。

二、巧借核心道具，以情感打动人心

媒体的营销实际上是一个和心理活动有关的课题，根据马斯洛需求层次理论，人类需求像阶梯一样从低到高按层次分为五种，分别是：生理需求、安全需求、社交需求、尊重需求和自我实现需求。尽管业内有不少质疑的声音，但这五种层次还是在一定程度上反映了人类行为和心理活动的共同规律。把握好各方的心理需求，可以让媒体的营销更有温度。

近年来，媒体好的创意和策划层出不穷，情怀营销便应运而生。即以内心情感为传递方式，将受众的信念、情感意向与广告主的需求、服务相结合，从而达到最终目的。扬州广电是较早将情怀营销运用到广告策划上面的媒体，以《十双球鞋一套房》为例，该案例在"2018年广播超级碗"中，斩获"十佳活动案例"及唯一的"最佳商业营销活动"两项大奖！这个策划借助一双回力鞋这个道具，将一场商品房销售的落地活动包装得情怀满满、撩人心弦，取得不俗的市场反响。

整个案例的周期是十五天，首先经过市场调研发展，当年能穿回力鞋的人都是家境富裕的人，现在他们依然有很强的购买力。接下来在前期宣传推广的过程当中，第六套广播体操、眼保健操等同年代背影音乐的使用，以及活动现场设置的多个沉浸式的体验场景，包括教室、校园、公园、单车等等，并且配备了专业的摄影师，给领取球鞋的受众现场拍摄写真大片。几乎所有的活动参与者都在自己的社交软件中晒出了穿着回力球鞋并且有广告主Logo的照片，成为了楼盘的义务宣传员，引发了病毒式的裂变传播。活动结束后，市民认筹出超过一百套的商品房，超预期完成活动目标。合作结束之后，广告主在原合同50万的基础上又追加了 50 万元的广告合作。而由于活动传播在社会中形成了事件效应，在后续的 3 个月里，多家房地产公司主动上门，达成了总计约 200 万元的广告合作。

其实，在营销策划中，这个道具并不一定是具体的物件，可以是一首歌、一个舞蹈，也可以是一个承诺等等。在省运会的落地策划中，就借助了广场舞这个元素，"舞动江苏"让各行各业的人们，甚至是白发苍苍的老人都积极参与到表演中来。不管以什么为道具，目的只有一个，挖掘道具的深刻内涵，为情怀营销提供有力抓手，并通过沉浸式、体验式的场景设计激发活动参与者的自发传播，从而达营销目的。

但需要注意的是，情怀营销要做到的不是单纯只有"情怀"或者"营销"，而是要真正做到有情怀的同时又成功营销了广告主的产品，让媒体、广告主与消费者共赢。

三、通过深耕线下，以活动与受众交心，拓展多元市场

媒体的活动不是凭空产生的，是和节目、市场密切关联的。在三者的关系中，节目是基础、市场是方向，而活动正是节目通向市场的桥梁。随着城市广电媒体融合的步伐越来越快，营销手段也要根据融媒体的特点与时俱进。

扬州广电的新媒体整合营销，从两个方面展开，一是以"茉莉花开平台"聚合台里所有微博、微信公众号的发布、运营。二是以"扬帆"新闻客户端倾力打造"新闻＋政务＋服务"的直播平台，除了政府职能部门集体入驻，政务服务一键链接，还推出原创短视频"扬州工""最美扬州人"，以及"新闻女生直播秀"等爆款产品，获得广告商冠名。

网友中流传着这样一句话：一百次的线上码字交流，不如来一次痛快的线下面对面交心。城市广电的营销也是这样，营销的最终目的是要建立媒体与人的链接。而这个链接也只有通过落地活动来实现。扬州广电通过节目、融媒体直播等环节有效带动"线上＋线下"的收视与互动，并整合线下相关联的产业，进行捆绑式营销，"节目＋活动＋产业"的模式，不但深耕垂直领域，多元开拓市场，而且推动媒体从相"融"向"合而为一"迈进。比如，通过婚恋节目《相亲相爱》，将扬州的婚介、司仪、交友茶楼、新房销售和装修、家具家电销售以及婚宴等相关行业进行整合，以节目和相亲会、团购会、家装节、汽车节等为载体，进入关联产业。少儿成长类电视栏目《成长学院》，通过舞台剧的形式，将扬州少儿主持人、小演员、少儿国学文化培训等市场整合在一起。

另外，作为机制保证，扬州广电推进"一体化运营"，除新闻频道之外的其他频道作为节目制作公司，与原广告中心转化的媒体营销公司确立起契约关系，担当活动策划引擎，最大限度化解节目与经营两张皮的顽疾，将平台价值转化为收入。

也许有人要问，婚恋、少儿教育这些市场早已风生水起，广电的优势在哪里？从扬州广电几年的实践来看，一是以地方主流媒体的影响力为背书。这些产业以其专业性与优质的服务，很快在良莠不齐的市场上脱颖而出。二是城市广电抱团取暖，合作共生。去年，由南京广电集团发起并牵头组建了江苏城市广电协作联盟和南京都市圈城市广电协作联盟。南京、镇江、扬州三座毗邻的城市台还达成一体化运作战略合作协议，形成跨媒体、跨行业、跨区域的大整合营销体系，可以辐射更大的市场。

由此可见，深耕线下，真正实现变资源为渠道，变内容为平台，城市广电在媒体竞争中方能够坚守住自己的阵地。

随着中央及广电行政部门相关重要支持性政策陆续出台发布，创新的力量正在快速渗透，广电产业进入结构调整转型升级的关键阶段。我们欣喜地看到，"互联网重构传播链并没有忽略城市台的节点位置，相反赋予了城市台更大的空间和更多的机会。融合转型让城市台转向信息服务提供商这个更大的战场、更宽广的领域，传播生态重构是城市台事业发展的一次重大机遇。"[①] 而眼下我们要做的，就是创新思维，迎难而上，在市场的大潮中砥砺前进。正如习近平总书记在庆祝改革开放40周年大会上发表的重要讲话所说的，"伟大梦想不是等得来、喊得来的，而是拼出来、干出来的。我们现在所处的，是一个船到中流浪更急、人到半山路更陡的时候，是一个愈进愈难、愈进愈险而又不进则退、非进不可的时候"[②]。我们始终坚信品牌的价值，营销的力量！

（作者系扬州广播电视传媒集团党委委员、副总经理）

---

① 胡占凡：《守正创新 融合发展 推动新时代城市广播电视工作再上新台阶》，《中国广播电视学刊》2019年第3期。

② 习近平：《在庆祝改革开放40周年大会上的讲话》，《人民日报》2018年12月19日。

二等奖

广播电视台移动端的"新闻产品化"探索

赵亚光

一、广播电视台移动端的运营现状

移动互联网的兴起带来了信息传播的场景革命和方式革命。人们接受信息的场景由过去看电视的固定专一，变为现在刷手机的灵活闲散多变；同时，信息由过去的"获取"变成了"推送"与"分享"，原先在信息传播中处于被动地位的"受众"也变成了信息的"评论员""发布员"。这些变化促使新闻用户加速向移动端转移，在固定时间收听、收看广播电视新闻节目的人越来越少。某种程度上，移动终端正在成为媒体争夺影响力和话语权的主阵地。

面对这一态势，作为传统主流媒体的广播电视台纷纷抢滩移动端，布局各自的"两微一端"，并通过整合资源为移动平台赋能。但一段时间后大家发现，很多台重金打造的移动端运行质态并不尽如人意，其主要表现在：

（一）覆盖范围小，影响力弱

如今，手机屏的阵地争夺战趋于白热化，以提供信息为主要功能的手机客户端、微信公众号、小程序多如牛毛，"吸粉"成本不断增加，竞争从"红海"变成"血海"。江苏一家地市级媒体主办的手机 App 负责人介绍，刚开始获取一个 App 用户的成本仅 2 元左右，如今已超过 40 元。一些地方台的移动端由于起步较晚，加之缺乏有效的推广方式，用户积累缓慢。有些移动端利用行政和广电栏目资源吸纳了一些"粉丝"，但由于缺乏有吸引力的内容、互动和服务支撑，"粉丝"很快沦为"僵尸粉"。而一个新闻移动端如果不具备相当的用户规模，在当地发生重大事件时不能成为用户首先打开的移动窗口，它就很难形成真正的影响力，同时也失去了经营价值。

（二）编辑理念陈旧，内容杂乱

很多台移动端的编辑人员是从广电栏目转岗而来，因袭着传统媒体的编辑理念，缺乏对移动端编辑规律的研究，不懂得利用手机屏的有限空间谋篇布局，仍习惯于按照广播电视的传统套路设置栏目、推送新闻。例如，一些台以栏目为单

68

位，将广播电视播出过的新闻简单"平移"至移动端，让移动端变成电台、电视台的手机版；有些台的移动端页面设计复杂，即使重要新闻也需点击多次才能进入，大大削弱了对用户的吸引力。

（三）展示方式单一、呆板

一些台为图省事，在广电节目播出后将整档栏目不加拆分地"移植"上线。即使进行了条目拆分，也往往仅有报道视频，缺少文字、图片、动画、链接等相关形式的综合展现；或者只有简单文字介绍，而缺乏图片和视频。这与很多商业性新闻客户端丰富而生动的呈现方式相比，显得单薄而呆板，不仅阅读体验差，也不利于相关内容在社交媒体（如微博和微信朋友圈）的分享。而移动端新闻往往需要在原子裂变般的不断分享中形成强大影响力。

（四）推送速度慢

一些台的移动端依然固守广播电视的"栏目"概念，每天选择几个固定的时间节点，按部就班将广播电视栏目的新闻信息推送上线。一些栏目为保证自身收视率和收听率，也顽固坚持"广播电视优先"理念，在栏目报道播出之前，只向移动端推送简讯或节目预告，详细报道则必须在栏目播出后才允许上线。这些都大大影响了传播速度。而推送速度的迟缓，在以及时性和伴随式为主要特征的移动互联网，就意味着丧失抢占影响力高地的先机。

（五）内容难以变现

各台投入巨大人力财力打造移动端，但很多移动端长期处于"烧钱"状态，无法找到让内容变现的有效路径。而与此形成鲜明对照，广电移动端推送的很多优质内容常被一些商业传媒机构用作"原料"制作成各种"爆款"内容产品，在吸引流量的同时攫取商业利益，广电移动端客观上沦为一些大型商业网络传播平台的免费打工者。

综合分析上述现象，其根本原因还在于一些广播电视台在移动端运营中秉持的依然是"传者"本位，而非"受者"本位；是栏目思维，而非"新闻产品"思维。网络传播具有鲜明的碎片化特质，不再以栏目为单位，而是以"条"为单位。移动端尤其是移动社交平台对各类信息具有强大的"整合"功能，仿佛一个巨大沙漏，经过它的"过滤"后，原来在广播、电视、报纸、杂志刊播的新闻全都变成了一条条具有移动网络传播特色的"新闻产品"。用户往往只注意该产品的内容、展示方式，以及与其链接的关联内容和评论，至于它原先来自哪个栏目、哪个台、哪份报纸都变得模糊不清。因此，按照用户需求将每一条新闻作为具有独立价值的产品精心打磨，是移动端提升用户粘连度和影响力的重要手段。

二、什么是"新闻产品"？

新闻产品，也称新闻内容产品，顾名思义，就是将新闻报道作为产品，以用户为核心，通过多元化包装展示，满足用户获取信息、增长知识、发表评论、分享、娱乐等多方面需求，并以此获得收益。

新闻产品与其它所有进入流通领域的产品一样，具有以下两个显著特征：

（一）满足用户需求

无论何种传播平台，发布的新闻信息只有被用户接受，才能产生价值；接受程度越深、越广，其价值也越大。正如一位媒体人所言："内容，只有真正抵达用户的时候，它才是活着的；只有当人们愿意接受、分享甚至主动参与到创造中来，它才是有价值的；只有当我们能影响最广泛的人群，我们的媒体才是真正的新型主流。"

（二）通过满足用户需求获取收益

媒体具有经营属性，需要从提供信息服务中获得经济利益以维持自身运营，目前其盈利方式主要有三条：1. 向用户收取服务费；2. 在其它媒体转载具有版权内容时收取版权费；3. 搭载广告。这是目前最常见的媒体盈利模式。加拿大传播学者达拉斯·斯麦兹的"受众商品论"揭示了媒体、受众、广告商的三角关系：媒体向受众提供新闻、综艺、娱乐等"免费午餐"，是为了吸引受众到各媒体终端（广播、电视、网络等）面前收听、收看广告。媒体通过将受众集聚打包、然后出售给广告主获取自身的利益。

当然，作为一种特殊的精神产品，新闻产品还具有其它产品所不具备的意识形态属性，即通过新闻报道引导舆论、教化思想等。

新闻产品其实并非新事物。广义上说，以报纸、广播电视为代表的工业化媒体生产出的消息、评论、图片、广播电视栏目等都是新闻产品。但在大众传播时代，新闻产品更多以某种传播载体的形态存在，如一份报纸、一个频道频率、一个栏目等等，媒体经营活动也都是基于这些载体而展开。而在移动互联网时代，碎片化的传播特点要求媒体从业人员必须以"产品化"思维对待每一条新闻信息，让它独立产生价值，满足用户需求，并以此获益。

曾有传播学者将移动端的新闻产品比作麦当劳套餐。顾客去麦当劳餐厅，就希望能在短时间内方便快捷地获得质量稳定可靠、内容丰富、味道可口的食品。人们对移动端新闻产品的要求也是如此，希望它快速、准确、生动、丰富，同时可互动、可复制、可分享。对移动互联网的信息传播状况观察研究后我们不难发现，最受用户欢迎、传播范围最广的新闻产品，除了事件本身具有较高新闻价值之外，在构成上往往还具有以下特点：1. 吸引眼球的标题；2. 符合网络传播特点的行文表述；3. 文字、图片、视频、动画等形式的综合呈现；4. 点赞、评论、分享、打赏等互动功能。很显然，由于广播电视台拥有文字、摄影、摄像、美术编辑、播音主持、信息传输等综合技术能力和人才储备，因此，它在移动端实施"新闻产品化"比其它传统媒体具有更多有利条件。

三、广电移动端如何实施"新闻产品化"？

批量生产任何一种质量稳定的产品，都需要建立一套与之相适应的精密而高效的系统。移动端新闻产品与广播电视节目在传播规律上的巨大差异，必然要求广播电视台对原有的内容生产系统进行有针对性的改革，具体而言，包括以下三个方面：

（一）内容生产机制的一体化设计

广播电视台传统的新闻生产是一种封闭的垂直线性流程，以栏目或频道、频率为单位，从选题申报开始，到报道在本单位播出为止，封闭运行，各自为政。很多台在移动端也沿袭了这一流程，有的专门为移动端组建一支"新媒体"采编队伍，相对独立运作，移动端客观上成为广播电视台的又一个"频道"；有的则将移动端作为广播电视节目生产的后道工序，在节目播出后，将内容"平移"或简单改编后推送上线。显然，这些都不是媒体融合的思维，而是一种希望将内容价值转移的思维。"融合不是转移，不是简单地从一种渠道变为多种渠道，也不是简单地从一种接受变为多种接受，而是需要以产品化的思维，重新确立新闻制作的标准，以适合客户的方式来制作新闻产品。"

为此，一些台经过探索，对节目生产机制进行一体化设计，整合全台资源，按照"前端采集一体化、终端发布多样化"的生产运行流程，建成了多种媒体形态组合的新闻中心，这就是所谓"新闻中央厨房"。在该"厨房"中，记者如同食材采购员，负责把包含文字、图片、视频、音频等内容的新闻素材采办回来，上传到可供各传播终端共享、且与互联网相连的云媒资处理平台；不同传播终端的编辑则像厨师，根据客户的不同口味，在云媒资平台上对记者采集到的素材进行整合包装，完成个性化、精准化、定制化的内容制作和分发。显然，在这样的生产机制下，移动端与广播电视各栏目一样，成为广播电视台多"极"传播中的重要一"极"，可以真正按照"移动优先"原则，第一时间从全台不同的采访渠道获取制作内容产品所需的文字、图片、视音频等各种资源。

（二）编辑团队的一体化制作、包装

近年来，"新闻中央厨房"遭到一些业内同行质疑，其中较为集中的一点就是，一体化采集可能导致各传播终端的同质化——各终端的内容产品失去了个性。这其实是对"中央厨房"的误解。"中央厨房"只是一个平台化的概念，它注重于整合资源、协调合作，对台、网、微、端等终端，以及策、采、编、发、评等环节进行整体的统筹调配。它不是一个物理性的生产车间，也不是工业流水线，不强求产品的标准化；相反，更强调激发创意，彰显个性，追求产品的多元化、多样化和特色化，通过丰富供给，满足用户的个性化需求。

而不同传播终端产品的个性主要依靠编辑来实现，这在移动端体现得尤为明显。随时开始和结束是移动端用户通常的阅读状态，这就要求新闻产品要短而轻，呈现方式还要尽可能多元化以增强用户阅读的趣味性。戏曲中有个行话叫"一棵菜"，是指演员、音乐、舞美等全体人员不分主次、严密配合地演好一台戏，强调戏曲演出是一个完整的艺术整体，最需要团队协作精神。移动端新闻产品同样是"一棵菜"。为满足用户越来越高的要求，从标题的设计到文字的打磨，从表情包的选择到短视频的制作……都要求有"料"、有趣、准确、炫酷。曾有传播学者做过试验，移动端的内容产品如果在 5 秒钟内不能引起阅读兴趣，50% 以上的用户就会选择放弃。这就要求移动端编辑团队对每一道工序精益求精。一条新闻信息到了云媒处理平台，如何对文字进行适合网络传播的改编，图片如何选择，视频如何呈现，是否需要相关内容的链接，是否需要通过 GIF 图、FLASH、H5 等新颖方式展示……都需要主编迅速作出判断，并由文字、音视频、美术编辑通力协作，充分发挥各自的创造力，最终拿出独特而又完美的"一棵菜"，不仅让用户喜闻乐见，而且促使其产生在社交媒体分享、评论的冲动，从而进一步放大这棵"菜"的传播价值。

（三）内容生产与经营创收的一体化运营

如何让自办移动端的新闻产品实现经营价值，一直是困扰各家广播电视台的一大难题。一方面，用户已养成从手机客户端免费获取新闻信息的习惯；另一方面，移动端产品碎片化的传播特征也让习惯了在栏目中间插播广告的各台广告经营人员极不适应。其实，移动端新闻产品因为其自身具有的价值，是有条件在传播过程中实现价值变现的，它至少有以下几条路径：

1. 主张版权，销售新闻产品本身。根据国家相关法律，新闻图片、视频及深度报道、评论等均受版权保护，广播电视台可以向欲转载、引用的商业性传媒机构收取版权费，对一些门户网站和平台级客户端可打包向其销售。

2. 在每件内容产品中搭载商业广告，如在视频前强制加载短广告，或在文字的中间、最后插入广告、进行电商引流等。

3. 推广会员制，通过收取会员费的方式，向付费会员提供专享的特惠产品和特色服务。如，每天向付费会员推送数条当天本地最劲爆、最有价值的新闻产品，同时付费会员可以在移动端看到不带广告的、"干净的"内容。

4. 利用"打赏"功能，非强制性地向阅读者收取服务费用。

可见，移动端的盈利具有多渠道、多维度、碎片化等特点，有些是以整个移动端为主体，如推广会员制、收取版权费等；有些则是以每条内容产品为载体，如广告搭载、电商引流等。无论哪种方式，都需要内容生产和经营部门紧密配合、精心设计，尤其在搭载广告时，需要将广告作为产品包装流程中的一个重要环节进行精细化制作，力求在不影响内容呈现和用户阅读体验的前提下，实现广告宣传目标。同时，对广播电视台而言，移动端与广播电视的广告客户往往具有同一性，两大平台之间如何协同，以形成多终端同频共振的广告效应，也要求移动端内容生产与经营部门之间水乳交融的合作。

四、结束语

新闻用户和舆论议程设置权力正在向移动端迁移，这已是无法回避的事实。作为传统主流媒体，各广播电视台在移动端运营中必须树立"移动为先"理念，在内容生产机制、媒体经营等方面进行一体化改革创新，以用户为核心，精心打造每一条新闻产品，使其为用户喜闻乐见，这样才能实现舆论宣传和经营双丰收，确立并巩固广电移动端在区域舆论场移动平台信息入口领先者的优势。

（作者系江苏扬州广播电视传媒集团高级编辑）

节点轰炸式宣传在活动营销中的应用分析

——以扬州广电传媒集团"十双球鞋一套房"活动为例

朱　俊　邢勇强　孙玉山

在"互联网＋"战略的大背景下，伴随着人们将获取信息和娱乐的主要途径转移到互联网，越来越多的消费行为发生在互联网上，广告主逐步加大在互联网上进行广告投放的力度，据前瞻产业研究院发布的《互联网广告行业市场前瞻与投资战略规划分析报告》数据，2017年互联网广告市场规模接近3000亿元，相比2016年增长16.8%。其中移动互联网广告的市场规模已由2012年的66.6亿元迅速增长至2017年的2310亿元，年复合增长率达到176.80%。[①] 媒体生态环境的变化，促使广电媒体不仅要在内容的时效性、品牌性、独家性方面发挥优势，还需要更强的与受众互动与市场营销的能力。广播媒体需要打破只依靠传统广告的收入结构，通过发展线下活动和产业来探索收入来源的多样化。[②]

移动互联时代，广电媒体在节目内容和市场之间需要一座桥梁，借助事件营销、体验营销、互动营销等活动，让广电媒体更好地走向市场、开拓市场、撬动市场。[③] 近年来，扬州广播电视传媒集团（以下简称扬州广电集团）在房地产行业的活动策划和宣传中积累了一些心得，并且创新性地提出了"节点轰炸式宣传"的概念：即在较短的宣传时间内（15天左右），广电媒体整合宣传资源，策划不同的宣传创意，借助活动打通线下渠道，在当地形成具有影响力、号召力的爆发性事件，达到品牌预期的宣传目的。扬州广电集团"十双球鞋一套房"的案例就是应用了节点轰炸式宣传，并取得了很好的经济效益。

---

①　《互联网广告市场规模近3000亿 信息流广告成新爆发点》，搜狐科技，https：//www.sohu.com/a/226209405_100132391.

②　胡慧梅：《广播的延伸魅力——赢在活动》，《新闻研究导刊》2018年第3期。

③　曹朝阳、何晓：《广播活动营销的创新策略与实践——以河北交通广播为例》，《中国广播》2016年第10期。

一、"十双球鞋一套房"活动案例的概况

2017年9月，扬州广电集团和广告商某房地产公司达成战略合作关系，希望通过活动和宣传完成广告商100套房源认筹的诉求外，还要体现出扬州广电集团活动营销的宣传示范效应，通过广播线上宣传、线下活动落地、情景式多媒体整合传播等方式引发全城热点。

具体到"十双球鞋一套房"活动案例的实施，其过程主要分为三个步骤。首先在策划阶段，我们选择了一个核心道具：回力牌球鞋。通过前期调研确定此次活动的目标消费群体为35岁左右的改善型需求客户和60岁左右的中老年客户。回力球鞋可以将两个年龄层的受众聚合起来，并产生强烈的情感关联。回力品牌已有40年历史，在我国体育用品业发展历史上，回力品牌具有开拓者的荣耀。有许多老百姓都是穿着回力球鞋开始体育锻炼的，中国女排也曾穿回力排球鞋夺得1984年伦敦第二十三届奥运会冠军。这些美好和珍贵的历史记忆，成为了中老年人怀念民族品牌、振兴民族品牌的期望和寄托。对于年轻人来说，回力球鞋已经成为了国货潮牌的代表，并成为欧美潮人争相购买的"尖货"，是民族品牌的骄傲。基于此，我们希望以一双回力鞋，成就一场千人到场的活动、引发几代人的情感回忆、筛选出目标精准客户，在扬州城形成一次热点事件。

其次是宣传阶段。扬州广电集团广播媒体营销中心利用广播媒体、微信自媒体、户外平面资源等多渠道传播，使得活动的立体传播感更强。广播每天更新主持人的宣传内容，并精选20名有影响力的主持人在微信朋友圈发布图文并茂活动信息。多种传播渠道有效聚合了各个年龄层的受众，并引发了受众自发式的病毒传播。

最后是线下活动阶段。在宣传阶段，已经聚合了大量受众的关注，为控制人数以及筛选出最核心的用户群体，策划部门巧妙设置了"每天一万步记步"的参与门槛。并在现场搭建了四个有回忆味道的嵌入式场景，分别是课堂场景、校园场景、公园场景和骑单车的场景，由专业摄影师在现场为参与活动的受众免费拍摄情怀照片，并现场打印照片，留给参与者作纪念，加深活动的情感交流。为期10天的活动现场每天发放100双定制回力球鞋，每天都人气爆棚。从活动效果来看，为期15天的活动结束后，目标受众认筹超过100套商品房，活动参与者的认筹转化率达到了10∶1，超预期完成活动目标。

二、节点轰炸式宣传在本案中的应用

节点性的轰炸式宣传对资源的整合要求很高，同时对资源使用的效率要求也很高。在实际操作的过程中，扬州广电集团建立共同的认知框架，通过跨部门的协作、创意策划和实施会议等确定了活动的核心要素，最终呈现了一场成功的

活动。

（一）活动的核心要素

扬州广电集团在活动营销的节点轰炸式宣传中提炼出了三个关键的因素，分别是：核心的创意、有效的道具和成功的活动。在本文的这个案例中，三个要素环环相扣，缺一不可。无论是活动还是宣传，都需要创意先行。本文案例的核心创意是将优雅的法式风情洋房生活和健康的运动生活相关联，提出了越运动越优雅的理念。

有了核心的创意之后，案例策划人员需要一个有效的道具将活动落地。"十双球鞋一套房"活动案例选择了能够体现不同年龄段情怀的回力球鞋作为道具，让目标受众对活动产生兴趣。选择有效的道具是活动成功的关键。"十双球鞋一套房"活动前通过大数据整合给目标人群画像，通过目标人群的主要特色去寻找道具。在策划时期不能只找一个道具，要对初步符合要求的道具进行讨论，深入挖掘各个道具的内涵，比对和目标人群的关联性。道具初定后，活动策划组做了一个小范围的市场调研，检测受众对道具的喜爱程度，如和预想有偏差，则考虑是否更换道具。还可以画出活动道具和目标人群之间的逻辑思维导图，反复论证逻辑的可行性，如有显著分歧，则考虑更换道具。

成功的线下活动能够让到场的目标人群产生良好的体验，从而在活动的过程中和项目产生良好的互动。"十双球鞋一套房"活动将售楼处作为回力球鞋的发放点，设置了沉浸式的拍照互动场景，激发了到场人群主动转发微信朋友圈的欲望，达到了病毒式传播的效果。

（二）创意策划和实施

活动营销的三个关键因素确定之后，要把每一个因素落到实处。创意是活动成功的前提和基础，没有好的创意，道具和活动就是根基不稳的空中楼阁。营销讲究精准，如何让活动营销中的传播更加精准？这就需要在前期的准备会中充分的沟通，乙方要准确掌握甲方的需求，然后分析出活动的核心诉求，给目标人群准确的画像，在此基础上匹配活动的相关资源。

活动创意的激发是最难的。开创意会需要解放思想，大胆地去想、去交流、去论证。有了一个初步的构念之后，可以在身边的人群里做小范围调查，如果调查的结果和预想的结果接近度高，那么就可以开始执行，执行之后密切关注传播之后的数据反馈，如果数据是正向的，那么可以继续深化执行；如果是负向的反馈，那么就需要立刻重新开会讨论，调整策略。在活动执行过程中要及时发现问题、确定问题、解决问题。在活动结束之后，将所有参与活动和宣传的核心人员聚集起来认真的开个会，用书面的形式将活动执行过程中的得失都记录下来，进行反思，反思之后提出改进的措施，从而为下一次活动营销质态的提升打下基础。

在活动营销中，轰炸式宣传和活动执行是一个交互的过程。在大多数的活动营销中，宣传人员直接接触的人群是有限的，那么就需要激发受众自发地进行二次传播，进而产生病毒式的传播。本次活动宣传中的限量、定制、特邀、尊贵等因素都可以激发目标受众产生自发式传播的需求。限量是每天只发放一百双，先到先得，另外活动中发放的回力球鞋都定制了不同的鞋盒，让球鞋产生了不同的个性。活动现场场景化、体验式、沉浸式的设计会成为活动轰炸式的激发点。

"十双球鞋一套房"活动在现场设置了校园、公园、课堂、骑行等不同的场景，让参与者可以互动参与拍照，摄影师精心修过的图片可以让参与者在微信朋友圈传播，提升了传播的扩散速度。

（三）整合并高效使用资源

节点轰炸式宣传往往需要多部门联合、协作，在活动正式开始宣传之间，需要举行各部门负责人参与的跨部门会议，确定活动的时间、地点、需要使用的资源、需要参与的人员等因素，形成一个共同的认知框架。

参与活动宣传的各部门在考核体系方面存在较大差异。因此，为了保证活动的效果，必须通过沟通，调整并确认活动宣传在不同部门工作中的优先等级，才能更有效地保证活动的顺利进行。同时，要确保宣传和活动的执行到位，必须制定一个详细的宣传和活动计划。活动以详细的分工表的形式来呈现计划的实施过程。分工表包括了人员、时间、事项、内容、完成要求、完成时间、奖惩等细节，以保证各部门、各人员都清晰自己在活动中的任务，有效保障了各部门能够共同努力完成活动的各项工作。

三、结语

活动营销在媒体的经营工作中越来越重要。目前广播媒体在转型改革的过程中，都把活动营销作为重中之重，从体制、绩效等方面激励广电的同事在活动营销中贡献自己的智慧。扬州广电集团也十分重视活动营销并做了各种探索，节点轰炸式宣传就是在活动营销过程中总结的方法之一，这种方法可以在短时间内凝聚目标受众的关注，并产生较大的社会影响，并达到最终目的。

（作者单位：扬州广播电视传媒集团）

以内容供给侧创新推进城市广电深度融合

任红雨

"加快传统媒体与新兴媒体融合发展，充分运用新技术新应用创新媒体传播方式"，是习近平总书记对传统媒体提出的要求，传统媒体的从业者必须面对传播格局的深刻变化，从传播方式、渠道、思维模式彻底改变，置之死地而后生。

国家、省级媒体在平台影响力上有着先天优势，处于"四级办台"金字塔底部的城市广电，一边是人和钱的流失，一边是诸多难点、痛点的挑战，前所未有的生存压力考量着每一位广电人。

中国广视索福瑞媒体研究发布的 2018 年全国城市台收视排行显示，扬州广电在 17：30 到 23：00 这个黄金时段的收视份额达到 51.73%，排名全国第一。逆势飞扬的背后，是"守正创新"，以内容供给侧的创新实践，推进媒体融合向"合而为一"的目标迈进。

一、流量为王的时代，城市广电要坚守媒体的担当，坚持做有定力的内容，积极传递社会主义核心价值观

对于海量的新媒体而言，流量为王是不争的事实。那些直观的数据是媒体的品牌关注度，是广告、融资的筹码。特别是在一些城市广电，为了追逐流量，有的甚至"对传统媒体平台和自办的新媒体平台采取两套不同的审查标准，对新媒体平台降低导向标准、价值标准、审美标准，以类似丑闻加绯闻、尸体加裸体的格调选取素材，标题党也大行其道"[1]。在媒体内部，对内容编辑都有关注数量、点击量等刚性指标的考核，"10 万 +"似乎成了评判断内容价值的唯一标准。这样的考核是把双刃剑，不乏逼出了脑洞大开的创意，但从总体来说，加剧了主流媒体庸俗化、低俗化、媚俗化的倾向，从而导致社会价值观的严重偏离。

曾经以各种鸡汤推文见长的公众号"咪蒙"在不到 3 年的时间内，用户已

---

[1] 孙建昶：《保持初心，保持定力，营造清朗网络空间》，《中国广播电视学刊》2017 年第 12 期。

达 1400 万，头条广告标价高达 80 万元，由此给咪蒙带来的收入每年超过 8 位数。复旦大学新闻学院副院长张涛甫两年前就批评其是"带毒营销"：倾斜的"三观"、非理性、话语暴力。2019 年 1 月底，"咪蒙"微信公众号终因一篇《一个出身寒门的状元之死》的不实文章迅速走向终结。《人民日报》为此评论："当文字商人没错，但不能尽熬有毒鸡汤；不是打鸡血就是洒狗血，热衷精神传销，操纵大众情绪，尤为可鄙。"评论中还呼吁"公众号当有公心，自媒体应当自重"。

"咪蒙"事件似乎是网络全平台整顿的开始，网信办 2019 年 2 月底发布消息：仅仅两个多月，全网有 49 万余个违法违规账号被注销。与此同时，微信官方公告称，已对 4 万多个因色情暴力、低俗、夸大误导、标题党等原因违规的账号进行封禁处理。

中宣部副部长、国家广播电视总局局长聂辰席在 2019 年全国广播电视工作会议上指出："我们必须始终把人民对美好生活的向往作为奋斗目标，无论是新闻宣传还是精品创作，无论是阵地管理还是公共服务，都要回应人民呼声，满足人民愿望……不断增强人民群众获得感、幸福感、安全感。"风清气正的舆情生态，对于年青一代的成长尤其重要。

有人将年轻人价值观的形成，比喻成衣服的第一粒纽扣，扣得正确与否，关系到社会的未来。而城市广电无论是心理距离还是地域距离，都是与年轻人的日常生活贴得最近的媒体，理应发挥主流媒体的担当，用心用情做好习近平新时代中国特色社会主义思想的宣传报道，通过大屏与小屏同频共振，将社会主义价值观传递到年轻人心中，指导他们的认识与行为，帮助他们扣好人生的第一粒纽扣。

扬州广电近两年策划制作的一系列节目，便体现了媒体的责任与担当。比如百集微视频《指尖上的扬州》，展示扬州传统手工艺的魅力；大型戏曲综艺互动节目《明月梳妆台》，重现扬剧经典，向传统文化致敬。节目在电视与扬帆手机客户端同步播出，并通过微信矩阵分发，力争从不同渠道抵达年轻受众。总之，每一次创新，都心怀对媒体价值的敬畏和传承。

二、在碎片化、分众化的时代，城市广电要不断创新形式、创新话语表达，努力讲好百姓故事，以独特魅力的内容打动人、吸引人

"唯改革者进，唯创新者强。"我国传统的广电媒体在几十年的发展历程中，风风雨雨，玉汝于成。"四级"广电成为我国物质文明与精神文明的传播者，在群众中树立很高的公信力。同时，也培养了一大批优秀的广电专业人才。

但是，互联网改变了人们获取信息的方式与习惯，碎片化、分众化的趋势，对媒体的内容呈现提出了全新的要求，节目光是"有意义"远远不够，受众更喜欢"有意思"的内容。"有意义"与"有意思"一字之差，却是两种截然不同的思维方式，后者以"用户体验"为出发点的互联网思维正是传统广电的短板。

随着5G的到来，短视频将成为新一轮的竞争内容，对于传统广电而言，这是机遇也是挑战。机遇在于专业，挑战还是在于如何将短视频做得"有意思"。中国广视索福瑞媒介研究发布的《短视频用户价值研究报告2018－2019》，在6个月中同时使用电视媒体的短视频用户为71.3%，收看过网络视频的用户为73.5%，但用户对电视媒体短视频的主要印象为正能量、健康、权威可信，但创新性不足，互动感不强。这就是互联网基因缺乏症的表现。城市广电必须从两个层面应对新形势、新挑战，一个是技术层面，依靠大数据、云计算、打造中央厨房，一次采集多渠道分发，满足受众个性化的需求。另一个是内容层面，创新话语表达，讲好身边的故事，同时与受众平等对话，由单向互动转为双向互动。

这几年，扬州广电陆续推出系列《家传》纪录片，包括何园的何氏家庭、高邮王念孙家族、三朝阁老阮元家族的优秀家规家训，在全国产生了较大影响。成功的原因就是在内容呈现上另辟蹊径，以短视频方式多平台、多渠道、有针对性分发，点击量超过百万。

为了提升一线青年编导的创新力和业务水平，扬州广电与中国广播电影电视社会组织联合会共同发起成立"城市广播电视学术研究基地"，定期举办业务实战培训。2018年的"突围2018"中国城市台青年骨干编导实战训练营活动开班前夕，正值台风过境，40多位来自全城市电视台的青年骨干编导，硬是克服种种困难，准时赴约，他们以《扬州的夏日》为主题创作的短视频，鲜活、灵动，视角独特，让人们感受到传统媒体突围的决心和力量。

《短视频用户价值研究报告2018－2019》报告显示，电视节目短视频更能激发用户关注与收视意愿，有73.2%的用户会因电视节目短视频对该节目产生兴趣。换一种表述方式，创新内容呈现，短视频等新媒体生态为电视延伸了新的话语空间，电视将以内容的魅力重新打动受众。

三、在大 IP 时代，城市广电需要打造自己的品牌，深化 IP 开发，做到线上线下互动，大屏与小屏共振

左手遥控器，右手 App，这种生存状态正越来越多地成为城市广电制作新节目的标配，新上节目，不但要考虑受众的喜好，还要寻找到产业化延伸的空间。可是理论上说起来简单，城市广电因为平台、资金等方面的制约，普遍缺乏现象级的 IP。现有的 IP 开发，大多流于形式，真正形成产业的成功案例并不多，更难达到"以 IP 为中心，从纵深层面、多个角度拓展，深度开发利用自身资源，

推广原创的影视、娱乐产品，自上而下形成完整的产业链，做到一个内容，多个出口"。① 这方面，湖南卫视、北京卫视等一线卫视已经先行一步，探索出节目、文化产业、手游等产业模式，在资本市场风生水起。城市广电如何才能扬长避短？

扬州广电近几年打造的"天天"系列节目，长尾效应已经显现。比如，庆典文化类节目《天天有喜》掌握着庞大的单身男女"粉丝"资源，栏目联合广电旗下的文化礼仪等商业实体，将扬州的婚介、司仪、交友茶楼、新房销售和装修、家具家电销售以及婚宴等相关行业进行整合，以节目和相亲会、团购会、家装节、汽车节等为载体，进入关联产业。另外，还有《天天健康》《天天美食》《天天旅游》等节目，背后依然是与千家万户息息相关的市场。通过实践可以发现，城市广电最大的优势就是接地气，可以在民生生活、社区服务、政务发布等领域寻找到施展拳脚的空间。

城市广电在推进媒体融合的实践进程中，一次次试错，积累了不少经验，但是有几个认识上的误区需要避免：

（一）阅读量"10万＋"不等于用户"10万＋"

一个产品在新媒体的阅读量超过10万＋，从某种意义上证明了策划编辑是成功的。但是，一个爆款产品可以带来流量，却不一定能够沉淀下用户。如同一块石头投进水中，只能激起一阵水花，而新媒体需要达到的目的，是人与媒体的有效链接。城市广电应该立足本地，以接地气的服务去错位竞争。本地流量"1000＋"，要比泛流量10万＋更有价值。

（二）覆盖率不等于影响力

一家传统媒体在自己的新媒介上线的时候，开篇语以《抵达》为名，言辞情深意切。但是，内容抵达不难，难的是作为主流媒体，几十年形成的影响力如何抵达新媒体？从目前大多数城市广电的现状来看，新媒体遍地开花，每一个栏目都有自己的微博、微信公众号，大家各自吆喝，是互相竞争的关系，没有抱团对外形成统一的合力。媒体覆盖率看上去很美，但是，影响力并不是各栏目用户数量的叠加。

（三）短视频并非短的电视视频

短视频方兴未艾，正成为最重要的信息传播形态，让拥有专业优势的广电媒体感到兴奋。但是，新媒体的短视频并不是剪短了的传统电视视频。短视频的受众中占比最大的是25－35岁人群，他们的共性是年轻、爱玩、时尚、热爱运动休闲。他们对短视频的要求是生活化的内容、极高极便捷的参与度，有趣、有

① 曾祥敏、齐歌黄：《我国广电媒体融合发展路径探索（上）》，《电视研究》2016年第6期。

用，时长在 1 - 3 分钟之间。对照一下，电视视频能否满足这样的需求？有专家甚至提出了"短视频制作要去电视化"，由此看来，广电的短视频之路比想象的要艰难得多。

经历了无数次狂风骤雨，大海依旧在那儿！经历了五千多年的艰难困苦，中国依旧在这儿！面向未来，中国将永远在这儿！这是习近平总书记针对中国经济发展发表的主旨演讲。国家命运如此，经济发展如此，传统广电的转型融合亦如此，不管经历多少次涅槃，受众依旧在这儿！受众对精良、准确、有价值内容的需求依旧在这儿！从一维到多维、从读图到视频，城市广电在融合之路上不断前进，一路山高水长，风雨无阻，也一定会将媒体融合推向纵深！

（作者单位：扬州广播电视传媒集团）

杭州故事的"国际表达"

——全媒体时代城市形象宣传片的策略分析

姚利权　李　悦

党的十九大报告提出:"要坚定文化自信,推动社会主义文化繁荣兴盛。"坚定文化自信,是为了实现文化自强,增强文化软实力。构建中国特色的对外话语体系是提升国家及城市文化软实力的关键要素之一。而加强国际传播能力和对外话语体系建设是一项长期、系统工程,需要联合各方力量,运用战略性眼光和策略,不断提高对外传播能力。

在"后峰会、前亚运"时期,杭州市委市政府提出了"打造世界名城"的目标,推动城市国际化新突破,全面提升杭州的综合实力、创新活力、人文魅力和国际影响力。城市形象宣传片是城市对外传播的重要载体及"窗口",近年来其创意及传播策略也发生了不同的变化。

一、杭州的基因与机遇

作为一个文化基因与科技基因并存的城市,杭州历经良渚文化、吴越文化、南宋文化和明清文化,有"历史文化名城"之誉。而今,杭州这座江南古城,有阿里巴巴、网易、海康威视、吉利等公司的聚集,亦已成为"创新活力之城"。

2016年G20峰会过后,杭州即将面临的是2022年亚运会等重要机遇,而城市国际化发展趋势也更为显著。在这"后峰会、前亚运"时期,杭州需要在接下来的战略机遇期中顺势而为,面向国际,讲好杭州故事,通过城市形象宣传片的呈现,全面提升城市自身形象和国际化水平,实现"建设独特韵味别样精彩世界名城"的目标。

二、城市形象宣传片的原理与表达

(一)城市形象宣传片的界定

本文从品牌形象建构角度来界定城市形象宣传片:即凝练城市的独特人文、

准确表达城市的差异化定位、形成对城市理念的单一诉求①，这些也是城市形象宣传片的基本要素。

美国杜克大学富奎商学院凯文·莱恩·凯勒教授给"城市品牌"下过这样一个定义："像产品和人一样，地理位置或某一空间区域也可以成为品牌。城市品牌化的力量就是让人们了解和知道某一区域并将某种形象和联想与这个城市的存在自然联系在一起，让它的精神融入城市的每一座建筑中，让竞争与生命和这个城市共存。"② 因此，城市形象宣传片是城市品牌传播的表现形态及重要载体。

地区独有的视觉符号元素是城市形象宣传片的精髓。从地标到人文风貌，皆塑造了城市的整体形象，反映了城市的个性特征与文化。城市在品牌与形象定位之后，应当以视觉符号元素凝练丰富多元的城市信息，即选取出最具地标性的建筑、人文风情、历史事件等，从而进一步健全城市的形象。

（二）杭州城市形象宣传片的发展历程

早期，杭州在城市品牌形象宣传上并不具备超前的意识，早在 1999 年山东威海就制作发行了中国第一个城市形象广告（宣传片）。2000 年以后，杭州的城市形象宣传片开始兴起，但传播内容相对碎片化，传播形式也较为常规，通常只注重视觉符号的呈现。

G20 峰会的召开将杭州城市形象宣传片的发展推向一个高峰，其受众不仅是国内大众，也面向国际大众。2016 年 8 月，中共杭州市委宣传部和杭州文化广播电视集团共同出品了《杭州》，杭州市人民政府新闻办公室出品了《韵味杭州》；同年 9 月中央电视台推出了 G20 宣传片《喜欢你，在一起》。2017 年以杭州投资环境为主要题材的宣传片《名城有风来》在各国播下了"杭州印象"的种子。2018 年杭州市旅游委员会首次以"声音"为主线出品了新版旅游宣传片《聆听杭州》；同年 4 月中共杭州市委宣传部、杭州市人民政府新闻办公室出品了以水为媒，划分为"源""汇""润"三个章节的《杭州不仅是一首诗》。由此可见，杭州城市形象宣传片正处于一个蓬勃发展的时期。

（三）国际化表达：全媒体时代，城市形象宣传片的 2.0 时代

当今世界，全球经济的一体化和信息通讯技术的发展正推动着全人类的活动越来越多地交融在一起，而"文化"正是人类社会历史生活的全部内容。兼容并蓄的多元文化将更具有生命力。③ 在此浪潮下，在全媒体语境中，城市形象宣传片需要不断探索国际化表达形式、内容等，覆盖视觉、听觉、触觉等全部感

---

① 《城市形象宣传片的美学创意》，http://www.sohu.com/a/54680159_262681。
② 王新宇：《顶层设计下城市品牌的深度传播》，《中国广播电视学刊》2014 年第 6 期。
③ 周鸿铎、薛华：《国际化表达"带来了什么》，《人民论坛》2008 年第 3 期。

官，用报纸、杂志、广播、电视、网络等各类传播工具，面向国际受众，选择最适合的媒介形式和渠道，达到最佳传播效果，实现中国城市形象的塑造，从而使得中国文化在国际文化中熠熠生辉。

以境外受众所熟悉的方式，讲好中国城市形象的故事，要注意做到"6个表达"：真实表达、人性表达、平衡表达、体验表达、个性表达、接近表达。① 城市形象宣传片需要表达城市居民的真实生活感受，融入境内外人士对杭州的各方面体验细节，建立境外游客与杭州的关联性，寻求产生理解共鸣的基础，展示城市别具韵味之处，但呈现上也需要求取一定的平衡，不能只呈现光鲜亮丽的一面。

三、杭州城市形象宣传片的创意策略

（一）创意表现

创意与艺术表现手法是宣传片的精髓。以杭州城市形象宣传片《聆听杭州》为例，它不同以往的见物不见人的大美风景宣传片，也不同于以故事情节为主线的宣传片。该片首次将"声音"作为一个城市表达的独特方式。"伏尔泰说，耳朵是通往心灵的道路。耳朵所收集到的信息经过大脑的处理，将延展出无限的可能，它连接着视觉、味觉甚至触觉，最终直达灵魂。每一座城市都有属于自己的声音，如同一个人的基因，独特而有趣。"② 声音串联起杭州城市的文化与精髓，"以声带景串情"是此片最大的特色。据实证研究发现，国内外在城市形象宣传片内容制作维度上有不同的选择倾向。中国人样本赋予画面色彩最高分值4.27分，外国人样本赋予音乐最高分值3.96分。③ 可见，《聆听杭州》通过音乐语言来诠释立体的杭州，恰是一种更符合国际倾向的表达方式。

（二）内容架构

杭州市旅游委员会对欧美市场调研后发现，杭州的文化内涵很难一下子让人产生深刻的印象，欧美市场对杭州的兴趣点恰恰并不是人尽皆知的西湖，而是具有特殊文化意义与内涵的禅寺佛塔和龙井炒茶。④ 因此杭州不能单纯地呈现西湖等视觉享受的城市元素，否则与苏州扬州这类的江南水乡相比，没有特别的竞争优势，这一个个场景背后所映射出来的文化内涵，境外受众恐怕很难感同身受。

《聆听杭州》精选了20种最具代表性的杭州声音，从西湖长桥边的潺潺流水声，到浴鹄湾悠扬的竹笛声、南屏晚钟清越的钟声，再到胡庆余堂中药师利落

---

① 吕铠、李文：《中国城市形象国际化表达的有效视角》，《当代传播》2016年1期。

② 杭旅：《用声音勾勒杭州 用心灵感知美好——杭州旅游宣传片〈聆听杭州〉诞生记》，《杭州（周刊）》2018年第9期。

③ 王思宇、薛可：《宣传片对城市形象的传播效果分析——以上海为例》，《新闻研究导刊》2017年第1期。

④ 高俊君：《中国外宣城市形象宣传片的跨文化传播》，上海交通大学硕士论文2014年2月。

的切药声，以及雨水滴落在街道"滴答"的声音等等，声声入耳，以至于荡心涤尘。这自然声色也早已超越了那一切的诗词华章，只力求以国际通行的音乐语言来巧妙表现杭州深厚的文化底蕴。

（三）拍摄技巧

拍摄团队需在构图、取景、色彩、配乐等各个方面不断寻求国际化的表现形式，采用国际流行的独特影像拍摄手法，争取更好地向境外受众传播杭州独具韵味的人文风情与都市生活。《聆听杭州》的宣传片中，亚洲流行音乐天王、音乐制作人王力宏饰演一个收集声音的艺术家，多名非遗传人倾情出演，以听觉带动视觉，力求以国际化的镜头语言讲述杭州故事，选取了 30 幅最具代表性的杭州风景。清代画家方薰在《山静居论画》中写道："设色不以深浅为难，难于色彩相合，合则神气生动。"区别于以往的风光宣传片的表现形式，《聆听杭州》并不是简单场景画面的叠加，而是古典优雅与现代活力碰撞，是一种整体的融合。新与旧，静谧与喧闹，形成一种美妙的冲突。

（四）后期制作

优秀的后期制作能让宣传片唯美精致而又不失自然，反映真实的城市生活风貌而又别具一格。《聆听杭州》的后期制作配乐过程中，团队融合电子音乐与竹笛、二胡、古琴等作为背景音乐的主基调，让国际流行乐与中国传统乐器进行完美的碰撞，并加入一系列代表杭州的新旧声音元素。传统乐器渗透着一种古韵，雅致的旋律透露着浓浓的中国式美感。

四、杭州城市形象宣传片的传播策略

（一）营销理念

在传播理念上，杭州城市形象宣传片需要借助营销推广的手段。营销四段论即吸引关注、赢得认同、达成共识、促进行动。传播，狭义的解释是，它仅经历第一个阶段——即关注阶段。那些有意识的传播，可能还会有第二阶段的目的。但营销一定是包含交易行动的完整的四个阶段。由此可知，杭州城市形象宣传片通过向世界讲述杭州故事、中国故事，获得国际的关注度后，需要持续以营销推广的方式，吸引国际受众对杭州文化的深挖，得到国际社会对杭州城市形象文化的认同，并且产生文化共鸣，从而促使之后的传播取得更好的效果。

（二）媒体矩阵

如今媒体技术不断革新，杭州城市形象宣传片需要针对不同特性的受众，投放在多个风格各异的新媒体和国内外主流媒体平台上。首先以传统媒体基础上推出的新闻 App 为核心，如杭州文化广播电视集团出品的"杭州之家"App、杭州日报报业集团出品的"杭+新闻"App 等，进行城市形象宣传片的发布；与此同时，以官方微博号、微信公众号为侧翼，如"杭州发布"——杭州市人民政府新闻办公室官方微博、同名微信公众号；此外，还需要进行多平台开发，在其他新媒体渠道上开辟类似账号，如抖音短视频分享平台等，从而形成"一个核心、两个侧翼、多平台开发"的新媒体矩阵，内容聚焦目标用户，相互独立又左右呼应。在国际传播层面，则可选择福克斯新闻频道、CNN 新闻频道等主流媒体进行播出，也可以选择在 Facebook、Youtube 和 Twitter 等社交平台上推出。

（三）跨界融合

周恩来总理曾于 1955 年在印尼万隆举行的亚非会议上提出"求同存异"的外交政策。求同存异的起点是"同"，基础也是"同"。在文化传播中亦是如此，不妨倾向于选取那些国际通行的元素，如视觉、听觉、触觉等这类易感知的元素，为产生文化共鸣奠基，从而建立起境外群众对中国城市文化的了解与兴趣，也提升他们对杭州的亲切感与关联度，实现中西方的跨界与融合，并且为之后的传播做好铺垫。

（四）互动共鸣

"营销之父"菲利普·科特勒在《营销革命3.0》中谈到被网络连接的消费者，越来越像一个具有共同精神追求和普世价值观的立体的"人"，我们需要超越琐碎而狭隘的"营销技术与手艺"，将"交换"与"交易"提升为"互动"和"共鸣"。现今，城市形象宣传片在投放渠道上会选择具有交互性优势的新媒体，变单向宣传为双向沟通，使得城市与公众之间相互认识和了解，尊重公众的态度、意向和行为，从而根据公众的反馈进行修改润色，使表达更具备真实性，也能产生更为强烈的共鸣。

五、结语

"没有高度的文化自信，没有文化的繁荣兴盛，就没有中华民族伟大复兴。"凸显文化自信，推动文化的繁荣兴盛，就需要提升文化软实力，建立对外话语体系。

在不断加强对外传播的语境下，杭州既面临着无数的机遇又需要应对一定的挑战。只有面向国际讲好杭州故事，全面提升城市自身形象和国际化水平，才能实现"打造世界名城"这一目标。城市形象宣传片是提升城市自身形象的有效途径之一，它将城市品牌化，让外界逐渐知晓并了解这一城市，并自然地将这个城市与相应的特定形象关联在一起。

当前，出现了一系列讲究创意策略的杭州城市形象宣传片，区别于以往宣传片的单纯通过视觉享受的城市元素堆砌，新兴的城市形象宣传片力求以国际化的表达方式如声音、色彩等相互冲击、融合来诠释杭州背后的深厚文化底蕴，寻求共鸣，打造国际化的中国风。

（作者单位：浙江工业大学人文学院）

南京地区微信公众号运营模式研究

于松明　　沈佳姝

一、南京地区电视新闻媒体概况

我国实行四级办电视的体制，最高层面是中央电视台，地方电视媒体有三个层级，分别是省级电视台、地市级电视台、县区级电视台。四级电视台在新媒体浪潮中都纷纷创办了自家的官方微博和官方微信公众号，来发出自己的声音。

南京地区电视新闻媒体较发达，电视新闻栏目众多，生命力强，各个栏目基本上都属于10年以上的"老店"，拥有比较忠实的观众群体，在新媒体时代，这些电视新闻栏目所在的电视媒体非常重视微信平台上的传播，基本上从台到频道到新闻栏目这三个层级都建立了自己的微信公众号。本文主要通过对南京地区电视新闻媒体自办微信公众号的运营模式研究，来阐述地方电视新闻媒体利用微信公众号平台开展新闻信息传播的模式，并初步探讨相关电视媒体通过微信平台开展创收延伸产业和反哺电视媒体本体的发展策略。

首先我们对南京地区电视新闻媒体做个梳理。南京地区除了有省级的江苏电视台，副省级城市的南京电视台，还有多家区级电视台。江苏电视台、南京电视台两家电视台都有很多电视新闻的品牌频道以及品牌栏目。如江苏电视台拥有《南京零距离》《江苏新时空》《新闻360》等电视新闻栏目，并有一个公共新闻频道。南京电视台拥有《直播南京》《南京新闻》《标点》等品牌新闻栏目。两家电视台在电视新闻领域均具有相当的知名度，并且拥有卫星现场直播的实力。

南京地区的两家主要电视台均注意到了微信用户的重要性，都创办了微信公众号来发布新闻，下面的这张表格是南京地区电视新闻媒体自办的比较有名气的微信公众号一览表（说明：本榜单没有收录广播新闻媒体以及电视媒体所创办的非新闻类公众号），江苏广电和南京广电基本上通过这些微信公众号发布信息，这些微信公众号均经过了腾讯的官方认证，每年都要接受认证审核。

微信公众号名称	承办方	官方认证账号主体	最新官方认证审核时间
江苏新闻	江苏电视台新闻中心（已更名为融媒体新闻中心）	江苏省广播电视总台	2017 年 6 月 22 日
南京零距离	江苏电视台城市频道	江苏省广播电视集团有限公司	2018 年 4 月 25 日
江苏城市频道	江苏电视台城市频道	江苏省广播电视集团有限公司	2017 年 12 月 12 日
南京广播电视台	南京广播电视台	南京广播电视集团（南京广播电视台）	2017 年 12 月 18 日
南京电视台新闻综合频道	南京电视台新闻综合频道	南京广播电视集团有限责任公司	2017 年 12 月 15 日
直播南京	南京电视台新闻综合频道《直播南京》	南京广播电视集团（南京广播电视台）	2018 年 2 月 5 日
南京新闻	南京电视台新闻综合频道《南京新闻》	南京广播电视集团（南京广播电视台）	2017 年 5 月 17 日

　　江苏省重点新闻媒体微信排行榜中，江苏省广播电视总台一共有 10 个微信公众号入榜，占据了半壁江山①。在这 10 个账号中，有 7 个是广播新闻媒体以及电视媒体所创办的非新闻类公众号，不在本文采样的范围中，剩下的 3 个微信公众号列入本文采样的范围，分别是：名列第 9 的南京零距离，名列第 11 的江苏新闻，名列第 13 的江苏城市频道，南京广播电视台没有任何微信公众号入选。

　　本文在接下来的阐述的过程中，主要选择江苏省广播电视总台的"南京零距离"和"江苏新闻"这两个微信公众号，同时适当兼顾南京广播电视台的其他微信公众号。

二、地方电视新闻媒体自办微信公众号的目的性研究

　　要对地方电视新闻媒体微信公众号运营模式进行研究，首先要搞清楚的第一个问题就是：地方电视新闻媒体为什么要自办微信公众号、办的目的是什么？

　　（一）时代发展的需要：国家政策指明传统媒体融合传播的方向

　　传统媒体为什么要办新兴媒体，这种融合传播的策略，是时代发展的需要，更是满足人民群众通过新兴媒体获取新闻信息要求的迫切需要。

　　1. 国家政策层面对传统媒体开展融合传播的解读

　　2014 年，中央全面深化改革领导小组第四次会议审议通过了《关于推动传

---

　　① 中国共产党江苏省委员会宣传部主办的江苏省人民政府新闻办公室官方微信公众号"微讯江苏"：《2018 年一季度江苏省政务和重点新闻媒体"两微"排行榜重磅发布！》，https：//mp. weixin. qq. com/s/NLC8Mei4aafklhvEjTC3lQ

统媒体和新兴媒体融合发展的指导意见》。习近平总书记在会上强调："推动传统媒体和新兴媒体融合发展，要遵循新闻传播规律和新兴媒体发展规律，强化互联网思维，坚持传统媒体和新兴媒体优势互补、一体发展，坚持先进技术为支撑、内容建设为根本，推动传统媒体和新兴媒体在内容、渠道、平台、经营、管理等方面的深度融合。"随后，国家新闻出版广电总局更是给出了明确意见："加快融合型运行机制建设。把握新闻传播规律和互联网发展规律，按照媒体融合发展需要，重构广播电视业务流程和运行机制。以广播电视新闻制播为基础，打造新闻信息的'中央厨房'，做到一次性采集、多媒体呈现、多渠道发布。"①

传统媒体搞新兴媒体的融合发展，要通过新兴媒体去获得新闻信息，通过新兴媒体发声，能够更快速地让党和国家的声音为大家所知晓。

2. 传统媒体"国家队"开展融合传播

在新兴媒体深度融合传播方面，国家队一直走在地方媒体的前面，新华社、《人民日报》、中央电视台一直很注重在原有媒体的基础上，积极拓展新兴媒体。截至2018年2月，全国微信公众号百强排名，前三强为《人民日报》、新华社、央视新闻。由于微信平台并不公布各家的微信公众号粉丝数量，所以我们只能从各家自己发布的新闻中窥见一斑。例如，央视在2014年8月份就发布消息，"央视新闻"的微信订阅户就已经达到179.9万，居当年媒体公众号第一位。而新华社在2017年7月2日发了一条微信公众号推文中说："刚刚，新华社微信公众号用户突破1000万！！！"由此推断，国家队已经在微信公众号领域牢牢站稳脚跟，这种传统媒体向新兴媒体发稿，实现一条新闻通过多个渠道分发，利用新兴媒体发声的做法，正是传统媒体和新兴媒体在内容、渠道、平台、经营、管理方面深度融合的成功典范。

3. 地方电视新闻媒体开展融合传播

在地方而言，根据《关于推动传统媒体和新兴媒体融合发展的指导意见》，江苏地区也在积极践行，江苏最大的两个地方媒体集团是新华报业传媒集团和江苏广电集团，均做到了"两微一端"的同时发力。所谓两微，指的是微博和微信；一端指的是手机客户端。每天除了不间断地在微博微信平台发布新闻，还兼顾两者主打的 App。新华报业的新闻 App 是交汇点 App，江苏广电的新闻 App 则是荔枝新闻 App。

（二）自身发展的需要：电视观众减少，传统地方媒体迫切需要新兴媒体受众

2015年到2017年这3年，手机越来越占据广大受众的时间，受众接触电视

① 国家新闻出版广电总局印发《关于进一步加快广播电视媒体与新兴媒体融合发展的意见》的通知，http://www.cac.gov.cn/2016-07/18/c_1119238531.htm

媒体的时间受到挤压，省级电视台卫视频道的日子还好过一些，地面频道以及各个市级电视台收视率逐年下滑，电视广告收入更是呈现断崖式下跌。

地方电视台一般都自办了众多的新闻频道或者新闻栏目，这些新闻频道或者新闻栏目在当地范围内有着不可替代的影响力，在公众中具有一定的威信。随着电视观众的减少，倒逼地方电视台去思索如何去通过新媒体的手段重新赢得年轻一代受众，通过深度融合保持自己的生命力和影响力。

(三) 微信公众号成为地方电视媒体拥抱新兴媒体的必然选择

在手机新媒体时代，地方电视台如何扩大自身影响力，如何利用新媒体传播，很多地方电视台都想到了利用"两微一端"，获取受众的关注。

先来看手机客户端 App。手机客户端安装在受众的手机上，对于自建内容并不十分丰富的地方电视台而言，很难留住手机用户，那些已经安装了手机客户端的受众，很可能用过几天，过了新鲜劲就会卸载，而要开发新的手机受众，又需要更多的物质刺激，整个推广过程很容易陷入恶性循环，在全国各个地方电视台绝大部分都无法拥有数量相对较大的活跃用户。这个大背景之下，新媒体扩展影响力的精力应该主要借助微博和微信这两大平台。微博平台的发展早于微信平台，但是从 2016 年开始，微博步入成熟期之后，鲜有新的亮点产生，而且微博平台信息繁杂，受众关注的微博账号很多，再加上微博平台本身也会给受众推送大量的非关注微博，地方电视媒体账号发的微博容易被淹没，受众即使看到了，也很可能不点开看具体内容，停留时间相对较短。而与此同时，这几年微信公众号的关注度逐日提高，腾讯对微信公众号管理严格，不允许轰炸式推送，杜绝了刷屏现象，受众在微信公众号浏览单篇文章的时间较长，更加能够做到有效传播。大部分地方电视台都选择在微信平台开设公众号，给订阅的受众推送信息。订阅用户在阅读后，遇到较好的推文，会主动在朋友圈进行分享，从而吸引更多的粉丝来关注。

三、地方电视新闻媒体微信公众号的内容和编辑推送手法研究

(一) 地方电视新闻媒体微信公众号的内容来源分析

1. 自采电视新闻优质资源的注入

传统电视媒体如何做好微信公众号，很多电视媒体都想到了"内容为王"，也就是以优质的内容注入微信公众号，从而吸引受众去关注它，最终成为大 V 号。优质的内容哪里来，首选自然是媒体自采新闻。各家电视媒体拥有完备的新闻中心或者采访部，在最近几年，都在转型升级，纷纷打造成全媒体新闻采编中心。对于全媒体新闻采编中心而言，运营好自己家的微信公众号自然是其中一项非常重要的工作。

自采电视新闻优质资源应该成为地方电视新闻媒体微信公众号发布的重要内

容，这部分资源具有以下特点：

（1）安全性有保证。自采电视新闻优质资源是由自己的记者采制的，从采访到后期编辑都是自己的记者和编辑完成，能够确保新闻的真实性。真实性是生命线，能够让地方电视新闻媒体微信公众号具备公信度和美誉度。

（2）稿源稳定可持续。自采电视新闻优质资源的供给渠道畅通而稳定，可以保证每日供给，不会出现巧妇难为无米之炊的担忧。

（3）融媒体转换方便。电视新闻拍摄的画面，既可以截图变成照片，又可以方便地转成视频甚至是动图，方便在微信上进行传播。

2. 优质新闻资源的来料加工

传统电视媒体做微信公众号还有一个重要的资源就是优质新闻资源的来料加工，这一点在突发重大新闻的报道上非常常见。微信公众号在新闻报道上也讲求时效性，编辑、转发其他官方自媒体或者官方媒体的相关信息也是非常有必要的。以 2018 年 4 月 26 日一则新闻为例，南京发生一起惨烈车祸，南京警方在 4 月 26 日当天通过自身官方微博发布相关通告后，各家媒体的微信公众号纷纷编辑转发，在这场跟时间赛跑的报道中，不仅有传统电视新闻媒体微信公众号以及传统纸质媒体的微信公众号，《南京发布》（南京市委宣传部主办）这样的政府官方微信公众号也参与其中。

（二）微信公众号的编辑手法与发布频次分析

有了好的内容之后，还需要有好的微信公众号的编辑手法，这个编辑手法主要是指单篇标题、单篇配图以及单次多篇稿件整合发布的编辑手法，不同的编辑手法，会带来不同的传播效果。衡量微信公众号的传播效果，最直观的就是单篇平均阅读数和单篇最高阅读数，这个单篇最高阅读数一般都是在"爆款"上才会出现。

以 2018 年 1 月到 3 月来统计分析，正好 90 天，先来看下面一组数据：

微信公众号名称	总发布次数	总发布条数	平均单篇阅读数	最高单篇阅读数
江苏新闻	163	647	4749	47055
南京零距离	86	333	8111	84190

"江苏新闻"微信公众号发布比较勤快，一般情况下一天两更，"南京零距离"微信公众号一般情况下是一天一更。发布得勤快的微信公众号不一定就能更加吸引受众，从单篇平均阅读数和单篇最高阅读数来看，"南京零距离"几乎是"江苏新闻"的双倍。《2018 年一季度江苏省政务和重点新闻媒体"两微"排行榜》上，"南京零距离"排名第 9 位，"江苏新闻"排名第 11 位，从这一点来看，"南京零距离"和"江苏新闻"微信公众号都是成功的。

四、地方电视新闻媒体微信公众号的内容创新研究

(一) 地方电视新闻媒体微信公众号开展微信视频直播的创新研究

1. 技术进步造就了微信视频直播

所谓微信视频直播，就是受众通过点击微信公众号推送的链接，或者扫描微信公众号推送的二维码，进入到特定的视频直播页面，可以实时观看到视频直播内容，并可以实时留言或者直接与直播方连线沟通。微信视频直播的兴盛离不开网络平台的升级，以及手机终端的升级。手机硬件的升级，让视频直播成为可能，网络的升级，让视频直播变得更流畅，达到秒开的级别。进入 2018 年度，我们欣喜地看到，中国移动、中国电信、中国联通纷纷推出了手机不限流量套餐。这些手机不限流量套餐的大范围推广，让人们使用手机不存在流量超标的顾虑，这也极大地刺激了微信视频直播的广泛应用。

2. 地方电视新闻媒体开展微信视频直播的优势分析

目前，在新媒体的各种传播方式中，微信视频直播已经成为各家传统媒体在微信平台上的标配，有实力的传统电视媒体都选择自建直播平台，受众通过微信点击链接或者扫描二维码，会直接跳转到自建的视频平台，而一些实力稍弱的传统报业媒体则会选择第三方的直播平台，省钱省力。目前，就南京本地而言，无论是江苏广电还是南京广电，基本都是自建直播平台，而南京本地的《现代快报》则选择在第三方直播平台进行视频直播。传统广电常年深耕电视直播领域，因此在微信视频直播领域具有天然的优势。

3. 微信视频直播对地方电视新闻媒体微信公众号品牌的塑造

微信视频直播有没有实现常态化，已经成为衡量传统电视媒体的新媒体传播能力的重要指标，央视作为龙头老大，早就具备了相应的能力，地方广电系统目前也正在发力追赶。就江苏南京地区而言，南京广电目前还没有实现微信视频直播常态化，而江苏广电的"江苏新闻"公众号已经基本实现了微信视频直播常态化运作，甚至为了打出直播名气专门设立了荔直播这个品牌，将每次的视频直播都归到这个荔直播旗下，不仅可以实时看到直播内容，看直播的同时还能在下方的互动区留言，甚至与直播主持人互动。即使您没有看到直播，事后也能点击回看，不用怕错过。以 2018 年 3 月 15 日到 4 月 15 日为例，一共在微信公众号共进行了 9 次微信视频直播。

(二) 地方电视新闻媒体微信公众号开展微信视频直播的环节设计创新

1. 微信视频直播的预告环节设计

微信视频直播内容的预告环节，尤为关键，只有通过较为理想的直播预告，让受众记得在某个时间点去点击观看，才能达到预期的传播效果。我们以江苏广电以及南京广电旗下的微信公众号，来看看他们微信视频直播的预告是否做到了

有效传播。江苏广电融媒体新闻中心的账号"江苏新闻"，比较推崇带二维码的图片的推送方式，以图片的方式图文并茂介绍直播内容，并让受众扫描图片下方的二维码，进入即时视频直播。南京广电旗下的账号"南京广播电视台"同样是自建视频直播平台，它的推广方式主要是采取推文的办法，以一篇文章的方式提前推送给受众，在推文的最后告知受众视频直播观看的地址，可以直接点击观看。

再来看看微信直播的预告时间选择，江苏广电和南京广电微信公众号的思路不同。"江苏新闻"是当天即时推送预告，例如 2018 年 4 月 15 日，对宜兴国际马拉松进行微信视频直播，微信公众号的推送预告是 7 点 10 分发出的，直播真正开始是在 10 分钟之后，也就是 7 点 20 分。再例如，2018 年 4 月 10 日，对南京长江大桥桥面合龙进行直播的推送预告是 9 点 50 分发出的，直播真正开始是在 10 分钟之后，也就是 10 点。"江苏新闻"公众号提前 10 分钟推送预告，已经成为一种常态。这种提前 10 分钟预告的做法能够让感兴趣的受众不用长时间等待，能够马上就看到想要看的内容。但是也有其弊端，例如 2018 年 4 月 15 日是周日，当天 7 点 10 分推送对宜兴马拉松的直播预告，受众很有可能还是睡眠中，无法及时看到预告推送，从而错过视频直播。再来看看南京广电旗下的"南京广播电视台"账号，它在 2018 年 4 月 15 日早晨 8 点也同样有一场视频直播，直播的是南京春牛首国际马拉松，"南京广播电视台"账号在 4 月 13 日，通过微信公众号进行推文，标题是《这是我见过最美的马拉松赛道，没有之一！15 日，约吗?》，文末留有直播点击地址。这种提前两天的预告推送，能够让感兴趣的受众为即将到来的直播预留出时间，但其弊端也很明显，现在是信息爆炸的年代，后面接收的信息很快就覆盖了前面的信息，受众看到直播预告信息后很容易遗忘，从而错过当天的微信视频直播。

2. 微信视频直播环节的品质成本管控研究

（1）微信视频直播的主持质量管控

说到视频直播，无论是电视直播还是微信直播，都需要主持人进行有效串联。主持人对微信视频直播的临场反应能力、对全局的把控能力，决定了一场直播的流畅度，这就决定了微信视频直播主持人必须具备较丰富的现场直播经验。

（2）直播环节的视音频质量管控

直播环节的视音频质量如何，决定了受众的直观感受。直播环节的视音频质量受制于无线网络信号的传输质量。确保使用更高质量的传输线路，才能提高直播环节的视音频质量。

使用 4G 信号来直播，直播效果一般来说还是比较清晰的，例如全国两会江苏代表团抵京，很多直播都是在北京城区行进中的大客车上进行的，视频直播主持人语音清晰，采访同期声也几乎无损传输。但是，使用4G来做视频直播，毕竟会受制于通信信道的强弱以及传输容量，遇到信号不好的地区或者很多人同时传输就会卡顿，甚至掉线。在2018年4月10日上午，"江苏新闻"公众号直播《主桥定板了，南京长江大桥桥面合龙》的过程中，在宽阔的江面上，4G信号并不稳定，飘忽不定，尤其在直播到集体采访工程建设方的时候，直播信号视频部分无法正常传输，后方人员不得不切换直播信号，改播宣传片。

（3）微信视频直播的成本核算管控

高密度的微信视频直播增强受众与微信公众号的互动，微信公众号也会"涨粉"。可是，增加微信公众号的微信视频直播高昂的人力资源成本和传播成本，也是摆在当代电视新闻媒体人面前的重要课题。

首先来看微信视频直播的硬件传播成本，一般来说这个成本取决于信号来源以及信号传输方式，主要的成本体现是硬件的投入和资源的消耗。其次是人力资源成本，人力资源成本主要是三类人力资源的成本：现场采访记者和摄像的人力成本，现场信号传输和维保的人力成本，后期编辑以及后台管控的人力成本。

以"江苏新闻"微信公众号微信视频直播为例来进行分析，2018年3月15日到4月15日之间，有三场微信视频直播，其实是与电视直播基本同步的，也就是说微信视频直播可以算是副产品，微信传播成本和所占用的人力资源成本几乎可以忽略不计。剩下的六场，基本上是采用现场通过4G信号发送回后方，后方再二次加工添加字幕等信息后推流给受众，这就需要单独计算。一般来说，电视媒体的一场微信视频直播，持续时间短的在半小时左右，长的在两小时左右，一般平均时长在1小时左右。微信视频直播的时候，承担电视新闻采集任务的记者和摄像很可能无法分身来额外参与微信视频直播，作为广电媒体的融媒体新闻中心可能得派出额外的现场采访记者和摄像，专门从事微信视频直播，为了配套微信视频直播，后方还有管控人员全程在线，进行沟通协调和后期加工处理，一场微信视频直播，至少得四人以上参与。在硬件传播成本上，需要发送和接收的硬件投入，一般来说采取中国电信、中国联通、中国移动三张卡同时发送，哪个信号强，就自动切换到哪张卡，这个硬件投入一般来说成本是固定的，通信费用也是包月的，不会有太大的出入。

五、地方电视新闻媒体微信公众号的广告盈利方式

地方电视新闻媒体目前开展"两微一端"的新兴媒体传播，基本没有考虑盈利，毕竟占领市场、扩大市场才是主要业态，但是也有部分地方电视新闻媒体开始尝试通过微信公众号进行盈利，这些尝试将有利于地方电视新闻媒体获得社会资本的支持，改善内部员工的福利待遇。下面主要以"南京零距离"官方微信公众号为例，进行一个初步的分析研究。

"南京零距离"官方微信公众号上大约有不超过 20% 的单篇，是具有广告性质的推送，这些推送单篇可以大致作一个区分：

（一）自我宣传类稿件

"南京零距离"官方微信公众号通过自我宣传，达到自我表扬的目的，这一类稿件是必不可少的，通常会涉及线上反哺线下的一种模式，也就是通过自我宣传，让受众更多地去参与到线下活动。线下活动通常是营利性质的。例如 2018 年 4 月 27 日，"南京零距离"官方微信公众号就在头条推送了一篇文章《快来认识一位新朋友，"蜂蜂侠——诚诚"！》，这篇文章其实就是对该栏目所在频道即将举行的线下活动做的一篇推广软文，线下由城市频道主办，各个商家参与的商业销售活动将于 2018 年 6 月举行。通过微信公众号来吸引受众参与。从软文标题来看，根本看不出来这是自我宣传的商业活动，等到受众点进去看才会发现。

（二）纯商业广告宣传类稿件

2018 年 4 月 26 日，"南京零距离"官方微信公众号推送了一条关于频道合作伙伴的一条广告，说的是 4 月 27 日大厂苏宁易购云店开业宣传。短短一天居然也有 8184 次的阅读量。这类纯商业广告宣传类稿件的标题起得不像是广告，大厂苏宁易购云店开业宣传用的是《紧急通知！江北这个地方要被搬空了！再不知道就晚了！》，标题比较"骇人听闻"，还用上了紧急通知的字眼，造就了短短一天高达 8184 次的阅览量。这个阅览量基本上是订阅《南京零距离》的铁杆粉丝点开的，因为基本上没有铁杆粉丝会去分享这篇广告给他人。

对于地方电视新闻媒体开展线上广告宣传盈利，应该有一个清晰而且清醒的认识，底线就是绝不能去伤害到频道本体以及节目本体的公信力，可能一个广告推送，就会让受众失望，取消关注了，从而伤害到节目本体的美誉度和公信力。以上段的《紧急通知！江北这个地方要被搬空了！再不知道就晚了！》为例，很可能点开软文的是家住在南京江北的市民，本来以为是有大事情要发生，结果发现是广告，这让受众很生气，后果也很严重，很可能就会唾弃该媒体。

本文给出的建议是微信公众号可以搞营销，也可以推送广告，但是也要做到跟电视广告同样的监管力度，给这样的广告软文在标题中加一个"广告"字样，这样也许会降低受众点开的概率，但从长远来看有利于营造新闻是新闻，广告是广告的，方便受众识别，也同样保护了节目本体。

六、结语

新兴媒体的发展必然导致人们使用手机端的时间越来越长，而使用传统电视的时间在缩短。地方电视新闻媒体开展跟新兴媒体的融合传播，是非常有必要的，如何去真正融合传播，如何让各家地方电视新闻媒体的融媒体传播路径得以畅通，还需要进一步研究。目前，国内电视新闻媒体普遍都处在积极转型发展的过程中，不仅对现有在职人员的素质提出了更高的要求，更是对新闻传播和广播电视类的高校教师和在校学生提出了新的素质要求。就目前而言，电视媒体与新兴媒体的融合传播，要求传播者除了要具备思想、采编业务素质，还要具备"技术"和"艺术"这两大能力。就技术而言，新兴媒体是建立在网络传播基础上的，传播者要熟悉网络传播的途径和表达方式，要深入研究技术对新兴媒体的引导方向和现有技术的局限性。就艺术而言，每一种新兴媒体的产生，必然会带来新的媒体艺术形态。广播电视的发展，催生了广播电视艺术，随着新兴媒体的发展，必然会随之诞生新兴媒体艺术，新兴媒体的独特艺术表达方式，是传播者必须要掌握的基本技能之一。

新兴媒体的发展并不会导致传统媒体的消亡，它们会以一种动态和谐的方式共存发展。纸媒和广播电视媒体在拥抱新兴媒体之后，变身为全媒体传播，实现了一次采集，多种传播途径同时发送，这成为目前我国传统新闻媒体发展的现状和方向，在今后一段时间内也将继续坚持下去。办人民群众满意的媒体，让受众满意，让社会满意，地方电视新闻媒体还有进一步改进和提高的空间。

（作者单位：南京晓庄学院新闻传播学院）

凝聚发展正能量　提振广电精气神

——媒体转型期常州广电企业的文化建设

陈方平

当下，传统媒体正发生着深刻的变革，常州广播电视台和全国城市台一样经受着变革转型的阵痛。

2014 年被称为中国媒体融合发展的元年，也是常州广播电视台发展史上特别值得书写的年份。这一年，常州广电划归市委、市政府直属管理，主流媒体的政治责任更加重大，社会各界的关注期盼也日益提升；这一年，常州广电整体搬迁至新落成的现代传媒中心，办公环境、采编播硬件达到了城市台先进水平。然而，收视分流、广告滑坡、节目同质、产业薄弱、财务压力等问题矛盾凸显，焦虑情绪蔓延，随之而来的是团队士气不振、工作效率不高、履行职能不优、创新动力不足。曾经的光荣和辉煌渐行渐远，理想和情怀遥不可及，压力和挑战扑面而来，生存和发展步履维艰。

面对唱衰传统媒体的负面声音以及生存发展的困难阻力，常州广电党委班子成员清醒地认识到，转型融合的大潮势不可挡，城市台只有以壮士断腕的勇气坚定地推进改革，才能救亡图存，凤凰涅槃。从 2014 年开始，常州广电义无反顾地吹响了全面改革的集结号，通过连续不断地深化改革、转型融合，优化组织架构、部门职能、岗位设置、薪酬体系、运行机制、人力资源等，进一步提升了舆论引领能力，强化了广告的服务营销能力，夯实了产业发展的支撑能力，壮大了常州广电的综合实力。

在推进各项改革的同时，常州广电党委进一步确立了以党建引领、宣传经营两翼推进、企业文化保障的思路，把企业文化建设放在了重要的位置。常州广电人意识到，广电的转型发展必须紧紧依靠全体广电人的努力拼搏，所有改革的出发点和落脚点都必须以人为本，得到大多数员工的认同和支持，维护大多数员工的利益；各项改革举措在促进广电发展的同时，要更好地营造团结和谐的氛围，激发干事创业的激情。只有不断提升员工的归属感、获得感和幸福感，才能增强常州广电团队的凝聚力、战斗力和创新力，才能团结一心、负重拼搏、走出困境，获得持续发展的动力。

近年来，常州广电积极推进企业文化建设，持续不断地在员工中凝聚起改革的共识，形成主流的价值观念，不仅始终追求"常州广电对这座城市的发展负有责任担当"的价值理念，坚信只有履行好主流媒体的职责，才能获得城市的滋养，与城市同生共长；同时更加强化"以员工的成功成就广电的成功"的文化自觉，把改革的目标和员工的自我实现融为一体，把员工的成长、发展、幸福放到了更加重要的位置上。企业文化建设紧紧围绕制度建设、人才培养、氛围营造、渠道畅通、活动开展、员工关爱六大主题强力推进，为员工营造温馨和谐的环境，让员工更努力地工作、更勤奋地学习、更幸福地生活，不断提升员工的忠诚度和满意度，让员工做到心灵共鸣、行为共振、责任共担、成果共享，努力在转型融合中坚守舆论引领主阵地、锤炼新闻宣传主力军、决胜现代传播主战场，让广电人的精神高度与常州第一高楼相匹配，将第一高楼打造成城市的文化高地，彰显常州广电作为主流媒体的社会责任，坚守常州广电企业文化建设的追求目标。

一、强力推进制度建设，有效保障转型融合

常州广电党委面对媒体转型融合时代的严峻挑战，始终认为，必须首先在员工中尽快形成共同的目标、理念、规范、举措，才能塑形凝神、强基固本，整合和强化全台的力量，更好地履行主流媒体的职责，担当持续发展的重任。

2014年，常州广电党委坚持问题导向，把制度建设作为年度的首要工作，项目化推进。主要领导亲自挂帅、班子成员分工负责、中层干部献计献策、热心员工踊跃参与，从开始酝酿到付诸实施；从征求意见到汇编成册，形成了全台关注的局面。大半年的时间，不仅系统梳理修正了原有的制度，还大量补充增订了新的制度，形成了基本纲领、综合决策、内容建设、经营核算、技术保障、财务管控、人力资源、党建群团、行政服务和实施细则等10个章节、62项规定，基本涵盖了新闻宣传、事业发展、产业规划、内部改革、项目推进、资产购置、奖惩分配、干部配备、党的建设等方面的重大事项。这本红皮书命名为《常州广播电视台基本纲领》，凝聚了常州广电人的智慧和汗水，全台人手一册，成为广电人必须共同遵守的行动准则。

《常州广播电视台基本纲领》提出了企业文化建设指导意见，明确了企业文化建设的任务要求，将企业文化建设列入部门的年度目标考核中，特别制定了企业文化活动积分考核办法，拨出专项经费，对企业文化建设的优秀个人和优秀项目进行表彰奖励。积分考核实施3年多来，有效激励了部门和员工参与企业文化建设的积极性。

2017 年，常州广电根据发展的需要，又完善出台了涉及重大决策、财务管理、广告经营、项目投资和纪检监察等近 20 项重大制度，进一步规范了管理。

二、构建业务培训体系，提升团队综合能力

近年来，常州广电立足融合转型，结合一线需求，助力内容生产、产业发展、品牌成长，构建全员培训体系，形成多层次、全覆盖，交叉关注、重点培养的培训格局。成立了以台长为组长的学习指导小组，统筹全台学习培训的计划安排、经费审核、内容设置、活动组织，检查考核等，同时重点从学习培训的制度建设、阵地建设、经费保障等方面落实各项措施。

常州广电先后与中国传媒大学、南京大学、武汉大学、南京师范大学、浙江传媒学院等 7 所重点高校共建校台教学科研实践基地，为大批学生提供实习机会，为广电发展储备人才。常州广电每年还根据实际工作需要，组织各种层次的业务培训，既邀请专家学者和著名媒体人来台讲座交流，又组织高层管理人员、总监、制片人和总经理等到高校研修学习；派出业务骨干到上级媒体跟岗锻炼。通过一系列举措，激发了员工学习提升的自觉性和岗位成才的积极性，员工纷纷踊跃报名参加各类学习培训。台每年参加各种培训人数达到 500 多人次，有效提升了团队的专业素质和综合能力。

今年，台员工学习培训将实行积分制管理，学习积分作为年度评优、竞聘、晋级、晋升的重要参考依据。同时，台党委将组织中层以上干部和基层党支部书记赴井冈山开展"不忘初心，牢记使命"主题教育学习和团队拓展活动，进一步在党员干部中强化"四个意识"，坚定"四个自信"，着力打造有激情、重责任、敢担当、守规矩的广电队伍。

三、建设温馨职工之家，打造浓郁书香广电

为了更好地推进企业文化建设，台里专门开辟了 2000 多平方米企业文化活动场所，精心打造职工之家。一是建立职工书屋，创意设计了富有人文气息的阅览空间，丰富的书籍、舒适的桌椅，让职工乐享其中；二是投入"数字图书馆"，10 万册的数字阅读机放置在广电大堂，方便员工随时下载，适应网络时代年轻人的阅读习惯；三是建设台史陈列室，生动形象解读创业艰难历程，浓墨重彩展示发展辉煌成果，让一代又一代广电人不忘初心，牢记传统；四是创办《传媒道德讲堂》，定期宣讲广电人的先进事迹，不断培育传媒人的理想情怀，努力营造爱岗敬业、争先创优的良好氛围，用实际行动践行社会主义核心价值观；五是开设职工健身房，配置了全套的健身器材，员工可以开展健身、瑜伽、打乒乓等活动，使员工在紧张的工作之余有了强身健体、释放压力的场所；六是建立"政协委员之家"，充分利用"职工之家"的平台，依托政协的专家学者资

源，每年共同策划"同学习、共成长、更青春"书香广电读书节，向员工推荐图书，赠送各类书籍，并在每个采编楼层设立图书角，利用台里配置的图书和员工自愿捐献的图书，开展图书漂流活动。建立广电悦读会微信群，让爱读书的员工自愿报名成为领读人，每天一位领读人向大家推荐分享好书。政协委员和广电人还定期面对面开展阅读分享活动，形成了线上线下互动分享的模式。

职工之家深受广电人喜爱，被称为广电的暖心工程，职工的精神家园。2017年，职工之家获得了"常州市信赖职工之家"、职工书屋获得"江苏省职工书屋"的荣誉称号。

四、畅通员工沟通渠道，构建干群融洽关系

为更好地畅通员工沟通渠道，关注员工诉求，凝聚各方智慧，台党委出台了《员工意见建议受理规定》，明确了员工提出意见建议的方式和途径；各部门受理协调的要求和时限；党委、行政和工会对涉及单位和员工重大事项的意见建议落实解决的流程。对积极提出合理化建议，并促进问题有效解决的员工，台予以表彰奖励；对员工敷衍、拖延，不妥善协调解决问题的部门和相关责任人，台予以通报批评，情节严重的，年度将取消评优资格或竞聘资格。

台党群部门还结合广电实际，先后开辟了"CBS 和谐号""合唱团"QQ 群和"我们都是广电人"微信群，班子领导、中层干部和普通员工都成为群里成员。大家在平台上平等交流对话，畅所欲言探讨。党委每年通过党群部门和工会分别召集 200 多名业务骨干、团员青年、资深员工专题座谈，征求意见建议；党委主要领导还定期和近百名员工个别交流谈心，深入了解员工的各种诉求。

2017 年，常州广电党委组织开展了"着力提升传播质量、着力提升产业经营、着力提升学习效能、着力优化人力资源"主题大讨论活动，各部门以基层党支部为单位，围绕 36 个课题开展了 53 场大讨论，找短板、明优势、思举措、求共识、促干劲，党委共收到员工的调研文章 61 篇，梳理问题 161 个。党委专题研讨员工的意见建议，按照班子成员分管范围，明确责任、列出清单，逐一协调解决，确保落实整改一个不漏。一系列的制度举措，有效地畅通了沟通渠道、理顺了负面情绪、化解了诸多矛盾、融洽了干群关系、激发了工作干劲、提振了广电士气，有力助推了常州广电事业的融合发展、转型发展和创新发展。

五、开展特色文体活动，树立公益品牌形象

企业文化建设的各类活动，是广电人活跃身心、展示精神风貌，提振精气神的有力抓手。通过特色鲜明的文体活动、温暖城市的公益活动、创新引领的党建活动，对内融洽了关系，激发了活力；对外扩大了影响，建树了形象。

常州广电充分发挥党委、工会和团委的作用，每年由党群办、工会、团委牵

头，结合工作实际和不同群体的需求，组织开展全台性的文体活动。一年一度的书香广电读书节、最美广电人评选、道德讲堂优秀事迹宣讲、"我是广电一面旗"党建系列活动、扶贫帮困大走访、"一袋牛奶的暴走"等活动深入人心、形成品牌；羽毛球队、篮球队、乒乓球、太极队、马拉松队的活动和每年举办的职工篮球赛，成为最受员工喜爱的健身活动；农家乐亲子活动、我是小小广电人体验广电活动、暑期广电子弟托管班得到了女职工的点赞；各类健康讲座深受老员工的喜爱；相亲联谊活动、团队拓展活动等则受到青年员工的追捧。

从 2014 年开始，常州广电创办了"一袋牛奶的暴走"公益活动，为常州及周边地区外来务工人员子女筹集牛奶经费。这一活动已成为常州的公益品牌深入人心。5 年来，常州广电党委班子成员带头参加"暴走"，党员干部和员工累计参与人数超过千人，"暴走"总路程达到 140 公里，参加"暴走"的市民总计超过 10 万人，筹集的总善款超过了 320 万，解决了近 8000 名孩子每年的牛奶经费。

常州广电开展的各项活动丰富了职工的精神生活，提升了职工的综合素养，扩大了广电的社会影响力，进一步夯实了常州广电企业文化建设的软实力。2014年以来，常州广电在企业文化建设方面获得的省市集体和个人荣誉累计达到 70多项，仅 2017 年就获得了 17 项荣誉。

六、关爱员工润物无声，激励成才提振士气

常州广电党委深刻意识到，面临转型期的广电员工工作压力普遍加大，焦虑情绪不断叠加，各种矛盾一触即发。因此，在坚定推进转型融合的同时，要更好地关爱员工、服务员工、成就员工，让员工心齐气顺，增强认同感、归属感和获得感。

一是关爱员工，让他们感受到润物无声的温暖。每位员工的生日都能收到定制的生日礼物，电梯屏里会有专属的温馨祝福；员工住院、生孩子，各级工会都会及时探望，送上慰问金、慰问品；员工结婚，台里会送上祝贺金和纪念品；女工怀孕可以享受专用的休息室和停车位；员工子女考上大学，台里都会送上祝贺金；单亲员工的孩子每年可以享受助学金；员工大病和突发灾难，台里给予救助帮困专项资金；每年一度的员工健康体检，不惜代价为员工进行各种疾病的筛查；党委分管领导和党群部门的同志还定期走访员工家庭，了解员工生活中的问题和困难，为员工雪中送炭、排忧解难。

二是服务员工，为员工提供优质的服务。办好食堂，让员工吃上放心营养满意的饭菜是党委部门的一项重点工作。为此，台里对食堂的运营严格监管，在采购、配菜、烹饪、定价、卫生、服务等环节全程监督；并成立了员工膳食委员会，随时对食堂的饭菜质量和服务态度提出意见建议，督促食堂改进提升工作。

面对不少员工工作忙碌，一日三餐在食堂用餐的现状，食堂工作人员不仅延长工作时间，全年无休，确保供餐，而且更加用心服务，不断推出特色菜、创新菜和免费服务项目；为员工定制各类点心；组织卤菜、水果、蔬菜等优惠销售，提供日常生活的便利，解除员工的后顾之忧。2016～2017 年度员工食堂被江苏省餐饮行业协会评为"江苏好食堂"。台党委还授权党群办直接监督考核物业管理公司的服务质量，确保全方位为广电员工做好服务保障。2017 年常州现代传媒中心被江苏省住房和城乡建设厅授予省级示范物业管理项目。

三是成就员工，让员工的切身利益获得保障。近年来，常州广电更加关心员工的收入、成长空间、发展平台和个人价值的实现。在 2016 年推进淡化身份、工资进档、同工同酬的改革后，今年将重塑岗位体系、薪酬体系和考评体系。实行管理岗位与专业岗位双通道层级制管理模式；薪酬体系着重建立基本工资增长机制，年度考核优秀、嘉奖、杰出员工、记功人员和特殊贡献奖获得人员等单项奖励，努力保持广电在行业薪酬水平中的竞争力；建立百分制考评体系，严格考核管理，确保目标任务完成。

几年来，常州广电通过企业文化建设的积极探索和实践，为各项改革的实施营造了良好的氛围，全力保障了努力工作、奋力创新的员工利益，让有梦想、有激情的员工不断成长，让重团队、善创新、敢拼搏的精神发扬光大，充分发挥了凝聚员工、激励团队、提振士气、砥砺前行的重要作用。

开启新时代、迎接新挑战、踏上新征程。2018 年，常州广电人将不忘初心，牢记使命，进一步清晰目标愿景和战略规划，努力建设"引领力强大的第一传媒、全媒体融合的新闻集团、产业化运行的主力方阵、学习型建设的示范组织、广电人满意的快乐家园"。更加彰显以人为本、员工利益至上的理念，把员工对美好生活的向往作为广电的奋斗目标，切实对每位员工的发展负起责任，不断探索和创新常州广电企业文化建设的路径，为"强富美高"新常州建设提供强大的价值引领力、文化凝聚力和精神推动力，以永不懈怠、一往无前的精神，一路追梦，走好常州广电人新的长征。

（作者系江苏常州广播电视台党委副书记）

融媒体视野中的城市广电传播力提升研究

郭　王

新时代如何进一步做好新闻舆论工作？习近平总书记在党的十九大报告中指出，要"加强阵地建设和管理"，"高度重视传播手段建设和创新，提高新闻舆论传播力、引导力、影响力、公信力"。① 这是党中央基于新时代宣传思想工作的新形势、基于传播领域的新态势做出的重大论断和明确要求。

传播力、引导力、影响力、公信力的基础、前提、关键是传播力。新媒体时代，传播目标、受众需求、传受关系、传播技术的变化，都对传统媒体传播力的提升带来了深刻影响，媒体的定位、内涵、作用、要素也在深刻变革之中。对此，城市广电要切实推动发展理念的转换和发展方式的转变，从多个维度入手，加强媒体传播力建设，构建融合传播新格局，打造区域性新型主流媒体。

一、内容始终为王——在浩如烟海的媒介资讯和大众信息中，你凭什么吸引我、影响我、引导我？

内容是传播力建设要解决的首要问题，也是根本问题。打造新型主流媒体，核心在于传播社会的主流声音、主流内容，要义在于创新表达和呈现形式。无论在传统媒体语境下还是在融媒体条件下，内容始终为王。

内容是传播的核心要素，新的传播方式和新的传播介质的出现，并不能改变传播内容的性质，但可以促使内容生产的布局和着力点发生变化，通过资源的整合和媒介的融合，推动传统媒体和新兴媒体优势互补，在新闻宣传和内容建设上提档升级。

（一）打造强大公信力的主流新闻

广电新闻必须以强大的公信力为依托，以专业可信的权威报道集中反映国家主流意识形态和社会主流价值观念。无锡广电自 2016 年年底启动新闻"头条工

---

①　习近平：《决胜全面建成小康社会 夺取新时代中国特色社会主义伟大胜利——在中国共产党第十九次全国代表大会上的报告》，《人民日报》2017 年 10 月 28 日。

程"建设,聚焦中央和省、市委重大决策部署,围绕重大主题、重大事件、重大节点,加强对头条新闻的创新、引领性探索,提升报道的精准度。通过新闻中心统筹调度,以"1+n"模式组织重大新闻宣传。一方面,以新闻消息为原点,加上评论、背景、图说、访谈等延伸报道,打好组合拳。另一方面,广播、电视、平面、新媒体等全媒体联动,形成宣传强势。实施以来,已推出头条报道400多篇(组)。在新闻"头条工程"中,作为无锡广电主打的日播电视栏目《无锡新闻》具有龙头地位。该栏目融合深度报道、现场报道、电视评论、舆论监督等丰富体裁,重点打造重大主题组合报道,并突出新技术手段的运用,如大屏、VR 等多形式呈现,图解、数说、虚拟等多手段表达。创新编排后的《无锡新闻》与广播、电视全天各时段的新闻节目,形成主流新闻在各媒体介质中立体、交互网状传播架构,汇聚成滚动交叉、梯次传播的新闻流,确保主流新闻在区域范围内的强势覆盖。

(二)打造强势引导力的意见媒体

互联网条件下,新闻是活的、不断增长的信息群。主流媒体必须把握这一新的传播规律,通过开发新闻的追问与跟踪功能,加深受众对新闻的理解认知,提升新闻传播的广度与深度。无锡广电开设各类评论专栏或节目,深入解读中央和省、市委重大决策部署,积极回应大众关注的热点问题,做有态度的新闻,成为有观点的媒体。创办于 2013 年的大型问政类融媒体栏目《作风面对面》,以"问题导向"贯穿全程,在"问政"中宣示政策、亮明观点、引领导向。以市(区、县)和各块面、条线及基层"一把手"直面受众进行访谈交流的形式,畅通市民与政府的沟通渠道,推动相关工作的改进解决。5 年来,先后有约 300 人次"一把手"走进节目,问题解决率达 95% 以上。2018 年开设的无锡电视评论类日播节目《无锡新视评》,对一些新闻进行延伸性深度报道,通过评论形式设置议题、解构新闻,主持人和特邀嘉宾围绕新闻事实展开对话,进行梳理评析。栏目还建立评论员专家库,突出专业优势,发挥本土品牌主持人、本土权威专家乃至国家级专家的作用,在各个层次上确定人选,完善评论员力量储备。

无锡本土影响力最大的网络社区"东林论坛",是无锡广电多年打造的网上社交互动群,目前注册用户 87 万,日活跃用户 2 万多,2018 年上半年累计登陆人次达 3243 万,独立访客达 280 万人。论坛成为市领导和有关部门观察舆情、了解民意的重要窗口。2017 年在网络版基础上新开发了移动版"东林论坛"App。以社区评论、社交评论、互动评论等方式,汇聚网络民意,注意舆论疏导,理性发声定调,拓展影响力和渗透力。

(三)打造强烈个性的新媒体产品

美国《纽约时报》专栏作家托马斯·弗里德曼(Thomas L. Friedman)说,

与下载相比，上传的诱惑是无法形容的。城市广电要按照新媒体传播碎片化、社区化等特性，发挥新媒体的集成聚合优势，孵化培育更多有强烈个性的新媒体产品，使传播内容更加丰富多样。在新媒体内容创新中，无锡广电重点打造"百室千端"新媒体内容集成板块，为此投入百万元创意孵化基金，并在有关项目的推广运营、视觉设计、技术实现上予以支持。

所谓"百室"，就是由台内职工个人或自由组合，建立若干个以兴趣、专长为纽带的媒体人工作室，打造新媒体个性产品，打通线上线下互动传播的新渠道。目前，首批 13 个项目在"智慧无锡"App 上线，这些项目以专业化、垂直化原则分类，覆盖新闻、文体、亲子、电竞、公益等内容，开发文字、音视频（脱口秀）、VR 等各类融媒体作品和有影响力的线下活动。比如，"湖滨路 4 号"短视频工作室专门打造全网短视频品牌；以广电"网红"主播飞翔命名的工作室专门开发《飞翔的麦克风》全媒体内容。

所谓"千端"，就是发动和组织社会力量，特别是在相关重点岗位上有知名度的专业人士和特定人群，与广电签约，与台内新媒体主平台嫁接，第一时间传送现场新闻、传达专业知识和观点。目前，筹划运行的首批端口覆盖"119"和"120"以及食品监督、医院急诊室等热点岗位，加上自媒体人"拍客"、网络大V 等的线报，以最近距离直击生活、感知社会。

二、平台至关重要——在媒体供给侧改革和深层次融合中，你如何打破媒介壁垒、转型生产关系？

在传媒变革新格局中，内容生产资源已经从供不应求变为供大于求，突出表现为各媒体产品结构性过剩与有效供给不足，普适性服务较多但贴合市场客户的精准服务较少等。与之相应，媒介壁垒没有彻底打破，部门分割依然突出，资源配置及人员流动制约较为明显等状况并未得到充分改变。这就需要城市广电在管理机制上作进一步调整，变纵向管理为横向管理，打造一批在宣传和营销上势能更大的融媒体平台。

平台是传与受的枢纽，更是互动的载体。全新的市场需求和传播需求，促使我们要从供给侧改变目前的生产关系和管理组织架构，使之更加适应融媒体环境下的内容生产，把打造融媒体内容平台作为主攻方向。其基本思路是：将现有的广播频率、电视频道及分散的新媒体平台重新组合，通过打造多种媒体介质为一体的融媒体平台，实施分众化、差异化的策略，进行流程再造、格局重整，最终完成对区域受众全面、深度覆盖的拼图。

（一）重塑融媒体新闻传播构架，做全台融媒体新闻产品的生产者

融媒体平台的打造，目的就是通过媒介资源的重新配置和内容的跨界融合，

结合渠道优势和用户资源的把握，把互联网的长处吸收进来，把自己的长处分享出去，实现新的突围。无锡广电的融媒体平台建设起步较早，尤其是新闻中心建设，2013 年率先对城市广电内容生产中占据核心地位的时政新闻资源进行整合，把新闻生产机构成建制合并，广播新闻频率、电视新闻频道的机构、人员、平台、资源全部划并新闻中心，实体化运作。新组建的新闻中心内部打破机构界限，深度融合，建立广播、电视、平面、网站、微博、微信"六位一体"融合模式。在此基础上，持续深化内部机制创新，建立融媒体新闻产品运作机制，以打造主流新闻资讯龙头品牌"吾锡网"矩阵为核心，设立融媒体大采访部、融媒体大编辑部的全新构架，构筑融媒体信息互通平台，实现新闻资讯生产的集约运作，承担新闻采编"中央厨房"的功能，向台内各媒体分发全品类新闻内容产品，奠定台内"通讯社"地位。

（二）创新融媒体分众传播模式，做行业垂直经营内容产品的研发者

2018 年，无锡广电组建文化融媒体中心，中心成建制整合电视娱乐频道、广播都市生活频率、《新周刊》平面及相关新媒体载体等多媒体资源，打破原有频率、频道资源单一媒体介质壁垒，重新配置资源，加挂广娱传媒文化公司牌子。原娱乐频道、都市生活频率、《新周刊》呼号不变，但仅作为播出发布平台。内部生产全要素融合，精准对接市场客户需求，按文化创意、大众娱乐、少儿培训、全民阅读等定位市场并分类实施。这一资源重组既精简了机构、人员，又集中了资源、力量，实现了集约生产，推动了优势叠加。中心（公司）成立以来，通过优势资源的互补集聚和专业化的本土文化运作，实现了原有分散平台无法比拟的势能扩张，成功举办 2018 国际旅游小姐中国总决赛颁奖晚会、"故事家族"亲子故事大赛、"文明风尚好少年"选拔大赛等大型媒体文化活动，开办《牛娃来了》《喜闻乐见》等全媒体运作的节目及相关线下活动，奠定了无锡市场文化传媒第一品牌地位。在此基础上，无锡广电还将打造更多适应分众传播和分众需求的平台，实现媒体传播从点面结构向网状结构的转换。

三、渠道终将制胜——在"万物互联""全民网友"的移动时代，你如何实现"即时到达、永远追随"？

随着信息网络技术快速发展，新媒体在传播渠道中迅速崛起，可以说，掌握传播渠道就拥有传播力。艾瑞咨询发布的研究报告显示，58.9% 的用户将客户端作为获取资讯的主要方式。美国经济学家道格拉斯·诺斯（Douglass North）曾提出路径依赖（path - dependence）的理论，认为一旦进入某一路径（无论"好""坏"）就可能对这种路径产生依赖，而这一路径的既定方向会在以后发展中得到自我强化。因此，摆脱原有路径依赖、拓展新的传播渠道，成为城市广电

生存发展、提升传播力的必答题。近年来，无锡广电积极运用新媒体拓展传播渠道，除了传统的广播、电视媒介，客户端、微博、微信等渠道入口不断健全完善，又进一步旗帜鲜明提出移动优先，通过强化"一张网""双主矩阵""三个传播"，逐步打开城市广电传播渠道发展基本思路。

（一）一张网：无锡新闻移动网

无锡新闻移动网是一张全台网，依托数字融媒体资源库，以新闻移动网矩阵号集聚广电各平台新媒体，实现前端采集一体化、终端发布多样化。其三大特性为：一是广覆盖，在无锡两市五区设立新型"记者站"，打造广域视频回传系统，以互联网为基础设定传播节点，以信息而非驻点记者为主体，形成覆盖全市域的传播网；二是快伴随，开发快采、快编、快传、快播技术平台，在前端采访设备、移动通信网、互联网和广电内部专业制播系统之间建立宽带信息传输通道，记者在新闻现场采访到的视音频素材即时回传到台内编辑发布，或直接在广播电视和新媒体平台上直播新闻现场实况；三是强互动，以"吾锡"客户端为载体，以打造用户上传系统为支撑，新闻直播中用户随时传输现场画面，并与广电记者全面互动，在此基础上形成串联各时点新闻的"时间轴"，广播、电视、新媒体新闻流 24 小时不间断上传播出。通过改变"传""受"关系，强化互动反馈，提升传播力和影响力。

（二）双主矩阵："吾锡" + "智慧无锡"

无锡广电立足本土，贴近本市受众，着力在全网传播中形成自身特色，自行开发"吾锡"和"智慧无锡"移动新媒体双主矩阵。"吾锡"以微信公众号为切入口，聚焦资讯、服务、交流和外宣，主打主流新闻资讯。下一步将形成"一网三微一端"架构，即"吾锡网" + "吾锡"客户端 + 微信 + 微博 + 微视频，并通过全新新闻指挥机制，与广播、电视形成一个整体，一体策划、一体采集、多平台发布。已拥有 660 万下载用户、192 万绑定用户的"智慧无锡"以客户端 App 为切入口，主打生活服务信息，以人工智能、大数据和云服务为抓手，实现资讯以时间轴和"千人千面"的内容表现，加强用户互动，成为无锡区域内影响力最强、活跃度最高、人气最旺的本地客户端应用。

（三）三个传播：二次传播、全网传播、全球传播

移动传播的核心是再传播和便利性。传播网络、矩阵的建设，本质是为了强化人际间的二次传播、覆盖上的全网传播、地域上的全球传播，打通社会关系这一传播渠道的"最后一公里"，最大限度提高传播影响力。在二次传播上，应充分激发网民 N 次传播热情，在一次发布时即考虑不同媒体介质特点改造。无锡广电新媒体发布头条作品时，根据广播、电视、新媒体特点专门设计内容呈现方式，引领用户利用碎片化的时间，通过微信、微博等平台进行二次扩散传播。腾

讯网总编辑王永治说，要"做专业的传播者，而非专业的新闻工作者"。在这个意义上，用户也可以成为重大主题新闻舆论的制造者、参与者、传播者。在全网传播上，应努力跳出区域限制、受众限制，在广播电视网、PC互联网、移动互联网等更广阔范围实现全网传播。除传统广播电视外，无锡广电积极通过微信、微博、今日头条、新华网、荔枝网等终端扩大自有内容全网传播量。物博会新闻创意图文《北京传来消息：今年9月无锡有大事发生》在新华社大平台的传播量超过100万次，产生"现象级"传播效应。下一步将成立专门外宣机构，对全网传播作统一策划、统一联动、统一推广，形成无锡广电出品的全网终端传播强势。在全球传播上，着眼和布局全球高新产业和华人聚集区域传播。比如，无锡广电主动布局美国"西海岸"，与当地主要华文媒体美国中文电视台、美国华视、西雅图中文电台加强合作，通过签订合作协议、互设专版专题、定期播出外宣内容等，吸引企业和华人关注无锡、发展无锡。此外，还与法国尼斯电视台、新西兰TV33电视台、澳亚卫视建立良好合作关系，在全球范围传播无锡声音、展示无锡形象。

四、用户即为上帝——在泛媒体化的多元传播中，如何认识你的受众、调准你的焦点、最大化你的价值？

随着传播理念和技术的革命性转变，作为以往传播对象的核心概念"受众"被颠覆，"用户"作为新的主流概念被确立。无论是否盈利，微博、微信、客户端都为我们聚拢了渐行渐远、日渐稀缺的受众资源。不同的是，鉴于一般认为的互联网上半场是信息互联、下半场是价值互联，所以当我们从价值的角度来重新审视受众时，它就变成了用户。融媒体视野下的传播内容、平台、渠道要达成价值最大化，必然选择用户作为焦点和归宿。

相比中央和省级媒体，城市广电以往一直面临受众资源之困。在新媒体时代，面临转机。为此，无锡广电近年来积极探索，着力实现受众向用户转变，以用户精准定位和价值变现为中心重构城市广电传播逻辑。

（一）用户精准定位：基于大数据的分析

掌握受众向用户转变路径之后，要回答哪些受众可以变为用户。这必须通过精准的大数据分析。舍恩伯格（Viktor Mayer–Schönberger）与库克耶（Kenneth Cukier）指出，如果不能利用大数据更加贴近消费者、深刻理解消费者需求并高效分析信息并做出预判，传统公司将在信息爆炸的大数字时代下沦为新型用户平台级公司的附庸。[①] 从城市广电的资源和市场来看，需注重三个方面大数据整合

---

① 裴路：《当传统媒体遭遇大数据时代，运营如何变》，《中华读书报》2014年6月25日。

和分析。

一是自有数据。主要是建立起城市广电自身的数据体系，并筛选符合"大数据"特征和用户特点的有效数据。为此，要成立大数据分析中心，梳理三大类数据资源，即传统广播电视媒体资源数据（包括生产型媒资数据、归档型媒资数据）、新媒体资源数据（包括"两微一端"和网站各类用户数据）、市场资源数据（包括广告管理数据、大型活动用户数据、财务经营数据）。比如，根据无锡广播和电视黄金时段80%和40%的收听收视份额，对传统媒体的受众人群数量、年龄等进行分析定位，从依据第三方统计提供到把原始数据掌握在自己手中；根据无锡广电系列会展"消费人群问卷"调查，建立"无锡广电会展大数据库"，目前在库人群约10万人；根据"慧直播"平台1700场直播情况，对3000多万点击背后的用户作分析梳理。

二是政务数据。主要是指政府在公共服务领域应用实践中获取的数据。以参与智慧城市建设为契机，通过"智慧无锡"获取有关交通、文化、物价等大量政务数据，仅"智慧无锡"公交模块为整个客户端带来45%数据流量。在当前无锡大力推动的网格化社会治理过程中，无锡广电应积极参与建设，将基层社区的人、房、物、事、单位等要素全部纳入网格管理，争取更多更有效的数据资源。

三是社交媒体数据。微信、QQ、微博等社交媒体拥有数量巨大、类型丰富的用户大数据，城市广电应加强与社交媒体巨头的数据共享和开发，帮助完善用户画像，描述用户行为，推动城市广电更好地根据用户需求偏好和消费习惯调整内容生产、传播策略和产业格局。

（二）用户价值"变现"：传播价值与经济价值的有机统一

地方媒体融合变革也要走分众传播的道路，分众化是开发受众、经营用户的前提。用户转变、定位，最终是为了用户价值"变现"。传播价值"变现"在于承接宣传需要，使主流宣传更加符合分众化、差异化传播趋势，完成新闻传播的广覆盖、全覆盖；经济价值"变现"在于对接商业需求，获得直接收益，可在会展营销、政府服务外包、融媒体平台垂直经营等领域尝试运用数据导流客户人群，实现用户价值的挖掘及利用增值。

（作者系无锡广播电视集团〈台〉党委书记、总裁、台长）

市县台创新开展重大主题宣传的思考

孙小平　张新胜　刘　芳　戴浪青

重大主题宣传是包括市县广播电视台在内的各级主流媒体履行职责使命的主要载体。可以说，重大主题宣传效果如何，是衡量主流媒体舆论引导能力水平的"试金石"。

一、当前市县台开展重大主题宣传存在的主要问题

近年来，全国市县广播电视台在创新重大主题宣传上进行了一些有益的探索和实践，在服务中心工作中体现了主流媒体的担当作为。但是，毋庸讳言，重大主题报道的整体宣传效果还未能取得令人满意的效果，距离"入耳入脑入心"的期待和要求，仍有一定差距。主要表现在：

内容不接地气。有的记者在采写报道时是带着观点去找事例，脚不沾泥土，话筒和镜头里"不带露珠""不冒热气"，采访草草了事，突兀的事例生搬硬套，新闻散发不出泥土气息，总是和受众隔着一段距离。由于采访先入为主，"蜻蜓点水"，不分析事情的来龙去脉、前因后果，新闻就像"空中楼阁"没有坚实的地基，不能构成完整的事实和逻辑链条。报道缺乏鲜活的新闻事实支撑，就会成为空洞的说教，观众听众感觉假大空、不真实、不可信。

视角单一。有的记者理解出现偏差，以为重大主题宣传就是为了完成特定的宣传任务，很少在内容如何"走心"上下功夫。正因为"身到心不到"，他们习惯于从相关的会议材料和政府文件中找选题，热衷于和政府部门打交道。"眼睛向上"，看不到地面，看不到群众，报道视野单一狭隘，只会居高临下从一个角度看问题、写文章。盛气凌人的"俯瞰式"报道视角，拒人于千里之外，受众感觉不平等、不舒服，又怎能激发他们收听收看的兴趣呢？

语言生硬。广播电视是视听艺术，讲求文风朴实，语言简洁明了、通俗。重大主题宣传却大段摘抄会议材料和部门工作总结，没有来自基层和生产生活一线的鲜活语言。书面化语言生硬呆板、枯燥乏味、缺乏生活气息，抽象化、概念化的官话套话听起来更是倍感刺耳。

采访呆板。鲜活生动、亲切自然的采访在广播电视新闻中起着画龙点睛的作用。有的记者却没有耐心和采访对象深入交流沟通，"为采访而采访"，采访对象的眼神、语调、语速和面部表情不自然，采访内容也没有浓郁的"人间烟火味"。采访时以"我"为主，往往不是互动交流式，而是简单的"一问一答"，经常强制、诱导采访对象说出"我"要"他"说的话。更有甚者，有的记者带着事先写好的内容让采访对象对着镜头、话筒念一遍。采访对象没有和记者平等对话的权利，不是处于放松状态，面部肌肉僵硬，接受采访时眼光就不会神采飞扬，表情看上去就会有些呆滞。采访内容不是发自肺腑，而仅仅是为了配合记者完成采访任务，就很难避免浓重的读稿、背稿痕迹，语言不流畅，更不可能生动有趣。

思想缺乏高度。新闻要有思想才会有灵魂。重大主题宣传因其承担的责任使命重大，更要追求思想高度。可是，有的记者在采写重大主题宣传时，却往往忽略了这一点。受制于自身站位不高和综合素养欠缺等，他们既没有完全吃透中央精神，也没有很好了解地方实际，上情和下情都不能做到了然于胸，选题挖掘深入不下去，文章立意找不准角度，导致新闻的篇幅看上去很长，其实却是自说自话。简单的事例堆砌和数据罗列，不能给受众发人深省的思想启迪，也难以真正发挥"引领导向"的宣传效果。

二、市县台重大主题宣传存在问题的主客观原因分析

市县台开展重大主题宣传之所以至今仍有相当大的改进和提升空间，有着多方面主客观原因。

客观原因。对很多市县台来说，人少事多压力大是不得不长期直面的现实问题。由于人员紧张，采访记者往往既是"赤脚医生"，又是"全科医生"。他们不仅需要像"赤脚医生"一样，随时准备赴诊，不管白天黑夜，不管刮风下雨，只要接到采访任务，就要第一时间赶赴新闻现场。还需要像"全科医生"一样，面对各种疾病都能够在最短的时间内做出有效的处理。不管是工业经济、"三农"问题、城建交通、生态环保，还是科教文卫、精神文明建设、民生保障等选题，只要有报道需求，就要按照"订单"快速完成相关采制任务。由于报道任务繁重，最重大的主题宣传，市县台也难以保障记者有充裕的采访时间。从制定选题到筛选点例、联系采访、拍摄采制，再到写稿、剪辑、制作，一般能安排一两天时间就不错了，很难让记者真正沉下身去。一线记者整天连轴转，虽然吃苦肯干但毕竟无法深入下去，奢望他们每一篇报道都高质量并不现实。

一方面是工作压力巨大，另一方面相比其他单位、其他岗位，市县台一线采编人员的收入和付出之间，很难画上等号，难以吸引高素质的人才加入进来。人员综合素养先天不足，采制重大主题宣传站位不高，视野不宽，没有自己的思想

和观点，很难适应融媒体时代对重大主题宣传的特殊需要。

主观原因。市县台从单位到个人，对重大主题宣传的意义、地位和价值认识不到位，没有把它摆在重中之重的突出位置来对待，也是导致重大主题宣传效果不佳的一个重要原因。

重大主题宣传要求高、难度大、耗时长、创新难，作品想要获奖更是难上加难，需要在各方面给予足够的倾斜，才能充分调动起记者的积极性。但实际上，由于种种原因，很多市县台目前还没有固定的"头条组"，不少重大主题宣传的采制都是临时调度人员，甚至是谁有时间安排谁，人员素质难以得到根本保障。在考核方面，较少考虑重大主题宣传的采制难度和特殊要求，有意无意地把它等同于一般新闻，简单粗放地以片长、效果而不是特殊的新闻价值、宣传价值论英雄，考核指挥棒的作用发挥不明显，付出与收入相比采制其他新闻不成正比，难以有效激励记者用心去采制重大主题宣传。

就记者个人来说，职业素养有待进一步提高。有的记者没有牢固树立马克思主义新闻观，理想信念追求不坚定，仅仅把报道新闻当成一份职业而不是事业来看待，对劳心费力的重大主题宣传缺少兴趣，将其等同于完成一般的新闻采访报道任务，很少有创新的冲动和创作的激情。采访、拍摄、写作流于表面，敷衍了事，既不愿花时间深入基层去"抓活鱼"，也很少用心思考如何创新报道内容、角度和手段，如何才能达到最佳宣传效果。有的记者钻研不够，不愿花更多时间学习党的路线、方针、政策和新闻业务知识，难以深入理解、系统消化、有效吸收相关会议和文件精神，不能准确把握报道主题，被动式抄文件、摘报告，简单机械地"图解"主题成了他们的首要选择。

综合素养先天不足，思想认识又不到位，记者没有创新报道的主动性和积极性，重大主题宣传很难避免落入窠臼，内容空洞，缺乏深度、广度，形式老套，模式化、程式化现象严重，让受众望而生厌。

三、市县台创新开展重大主题宣传需要突出"六个转变"

市县台的客观条件一时难以彻底改变，但在思想认识上，我们必须有所作为，自觉对标《新闻联播》，改进提升重大主题宣传的报道水平，让宣传内容更贴地气，形式更符合受众需求。

转变报道思路。重大主题宣传往往围绕党委、政府的中心工作和阶段性重点工作展开，有着明确的报道基调和报道要求，很多都是"命题作文"。撰写命题作文固然有着诸多条条框框的限制，但报道主题绝不是空中楼阁，而是为了推动解决改革发展中遇到的新矛盾新问题，回应群众对某一阶段热点焦点问题的关心和关注。因此，重大主题宣传需要转变思路，从过去"莺歌燕舞"的成就性报道思维定式中解放出来，突出问题导向，报道内容要敢于触及群众关心关注的热点问题，善于剖析社会上带有普遍性全局性的焦点问题，勇于解答对经济社会发展有重大影响的难点问题，让新闻沾泥土、带露珠，增强可信度和亲和力。在这方面，泰州广播电视台推出的"市委五届三次全会怎么看、怎么干"系列报道，就是一次成功的实践。这组系列一共12篇，围绕泰州在南北挤压、东西夹击的困境下，如何通过推进高质量发展突出重围这个重大选题，对市委五届三次会议出台的加快长三角特色产业发展、打造扬子江城市群创新高地、建设全省生态经济示范区等群众关心、影响深远的政策举措进行详细解读。每篇报道都坚持从问题入手，分"专家怎么看、部门怎么办、社会各界怎么干"三个层次，既不回避泰州当下发展面临的矛盾和问题，也努力寻找问题的答案，以真实、可信的问题导向，抢得了第一落点、第一见解。

转变报道角度。横看成岭侧成峰，远近高低各不同。新闻报道也是如此。角度不同，宣传效果就可能大不相同。传统的重大主题宣传，记者习惯于"眼睛向上"，看不见地面，看不到人间"不一样的烟火"，脱离了基层火热生产生活实践的新闻沉闷、枯燥，没有"烟火味"，没有"泥土的芬芳"，受众食之无味，自然不爱看。如果我们改变一下报道的角度，"眼睛向下"，就会发现人间的风情是如此变化万千，美不胜收，你的笔端就会流出心中最美的"风景"。当你脚踏实地，深入基层，和受众处在一个相同或者相似的角度时，受众感觉你眼中看到的"风景"是真实的，对你就会产生一种天然的亲近感，愿意跟随你的笔触一起去欣赏大自然的美丽风景，一起去体现新时代的生活之美，一起去感受波澜壮阔的发展之美。去年，泰州广播电视台创新推出了融媒体产品"发现泰州之美"百集微视频。微视频紧扣"逐梦新时代·献礼十九大"这个重大宣传主题，改变宏观叙事和说教灌输的传统报道方式，以小见大，见微知著，通过新颖的创意、独特的视角、唯美的画面、生动的细节，全方位展现泰州"风雅水韵自然之美、兼容并蓄人文之美、创新智造发展之美"。系列微视频每集短短90秒，却成就了一次千万浏览量的现象级传播，荣获江苏省宣传思想文化工作创新奖。

转变报道手段。科技引领发展，创新成就未来。当今世界，科技发展日新月异，广播电视采编播专用设备的功能越来越强大，为创新重大主题宣传提供了技术支持。航拍、特效、动图、虚拟植入、在线包装等先进技术的运用越来越普遍，改变了广播电视新闻节目固有的采访、拍摄、制作、播出规范。现在，广播电视新闻节目早已突破"解说＋采访""解说＋画面"的窠臼，视角更独特、形式更新颖、画面更优美、制作更精良的重大主题宣传，能够给予受众全新的视听享受，有助于我们以"新"取胜，留住观众和听众。我们必须顺应广电技术的发展潮流，多研究受众的收听收视兴趣，从满足他们求新求异的审美心理和需求出发，创新转变重大主题宣传的表达方式和报道手段，让新闻炫起来、更时尚。

今年，泰州广播电视台以技术为引领，在广泛运用无人机航拍的基础上，发挥好全媒体演播厅的先进功能，创新开展了重大主题宣传《高质量发展泰州行》大型新闻行动。这组报道采用演播厅和现场融合的方式全面展示泰州推进高质量发展的生动实践。报道首次运用在线包装和演播厅虚拟植入特技技术，呈现给观众不一样的视觉效果。时尚的报道手段、新颖的表现手法，让厚重的主题宣传也变得炫酷起来，极大地增强了重大主题宣传的吸引力、感染力。

转变话语体系。当前，重大主题宣传存在的一个突出问题是语言生硬、不接地气，抽象化、概念化、程式化的官话套话过多，群众不爱听、不爱看。毛泽东曾经说过，"射箭要看靶子，弹琴要看听众，写文章做演说倒可以不看读者不看听众吗？"（参见毛泽东《反对党八股》）。习近平总书记在全国宣传思想工作会议上强调，"做好宣传思想工作，要加强话语体系建设，讲好中国故事，传播好中国声音"。创新重大主题宣传，推动重大主题宣传入脑入心，必须尽快改变不符合传播规律的话语方式，力戒官话套话，多用大众化、生活化、通俗化的群众语言，下功夫做好话语体系转换这篇大文章。这就需要记者转变身份和角色，提高综合素质，不仅要做一个"时代的记录者"，更要做一个语言的"翻译家"，善于把材料上、文件上晦涩难懂的书面语言"翻译"成大家都听得懂、听得进的大众语言，通过话语体系的转换形成共识，凝聚向心力，汇聚起同心共筑中国梦的澎湃激情。这就需要记者走基层、转作风、改文风，多向群众学习，多用鲜活生动、通俗易懂的群众语言，增强新闻宣传的亲和力和感染力。这就需要记者真正用"心"去采访，通过心灵的交流和沟通，让采访对象对你采制的重大主题宣传做到事实认同、观点认同和情感认同，于潜移默化中发挥好"引领导向"的作用。今年，泰州广电组织开展"记录新时代 永葆向心力——让新闻散发泥土气息"实践活动，明确要求每一名新闻工作者至少挂钩一个村（社区）作为长期常态联系点，每人蹲点调研时间不少于一周，确保记者有相对充裕的时间到基层去"抓活鱼"，推出了系列报道《美丽乡村我的家》，在创新话语体系方面进行了一次有益的尝试。这组系列围绕实施乡村振兴战略，建设产业兴旺、生态宜居、乡风文明、治理有效、生活富裕的社会主义新农村这个大主题，一共播发了7篇报道。报道采用无人机航拍和地面走基层相结合方式摄制，以画面＋特效＋采访的形式制作，每篇时长均在4分钟左右，却没有一句解说词。新颖的形式、优美的画面，加上亲切自然、乡土气息浓郁的交流式采访，让这组报道散发出独特的魅力。

转变单一传播。习近平总书记强调指出，读者在哪里，受众在哪里，宣传报道的触角就要伸向哪里，宣传思想工作的着力点和落脚点就要放在哪里。在移动互联网时代，市县台创新开展重大主题宣传，必须高度重视媒体深度融合，改变传统单一的传播渠道，以新媒体拓展新阵地，提升主流媒体的传播力和影响力。目前，不少市县台都已实现广播、电视和新媒体的初步融合，建立了"中央厨房"全媒体采编平台，打破了传统节目生产部门单兵作战的生产流程，能够针对重大议题、重大宣传等重点节目生产，有效整合起策划、采集、制作、编播等多方面力量，打出"组合拳"，这为探索适应新形势下的重大主题宣传，打造"现象级"融媒体产品，抢占网上舆论阵地，提供了条件和空间。去年以来，泰州广播电视台旗下"我的泰州"客户端依托全媒体采制团队的集体力量，先后推出了"直通北京：关注两会""百团千村万企大走访大落实""省党代会书记说、代表说、群众说""解放思想再出发　对标找差新跨越""创赢新时代"等专题专辑。这些专题专辑在开展重大主题宣传时，充分研究受众的信息消费习惯，广泛运用手机直播、H5、VR、航拍等新颖表现手法，为移动端用户端提供信息量大、种类丰富、体验良好的新闻大餐，有力提升了重大主题的宣传效果。

　　转变运行机制。针对市县台创新重大主题宣传遇到的现实问题，需要改革运行机制，加强制度创新，以制度作保障，激发采访人员积极性，提高节目质量和宣传效果。泰州台在运行机制上作了探索调整。一是整合资源，整合广播、电视、新媒体的所有采编资源，早在2015年就在全省率先成立真正意义上的全媒体新闻中心和全媒体新闻指挥中心。原有的一线记者不再对应固定的平台，而是"一次采集、多平台分发"，让有限的人力资源发挥最大的效用。二是成立经济、农水、城建、科教等条口组，让熟悉的记者跑熟悉的条口，同时明确各个条口组长具体承担重大主题宣传报道任务，确保"好钢"都能用在"刀刃"上。三是加强市县台的协同配合。对重大主题宣传在确定题材后由市县台联合采制，由市台负责总体策划，发挥县台记者熟悉基层的优势。这样可以解决采访力量不够的问题。四是发挥好指挥中心"最强大脑"作用，每天一个诸葛亮会，从选题、思路、角度、形式等多个方面精心策划好头条选题，保证重大主题宣传能够见人见物见思想。五是加强奖励激励，对重要题材实现优片优价，同时设立主题宣传专项评比，鼓励记者用心采制。

　　（作者分别为：江苏泰州广播电视台副台长、高级编辑；泰州广播电视台全媒体新闻中心首席编辑；泰州广播电视台全媒体新闻中心主任；泰州广播电视台全媒体新闻中心副主任）

建设性舆论监督与城市台传播力

——宁波电视台《第一聚焦》的实践探索

岑学锋

习近平总书记在"2·19"重要讲话中强调："舆论监督和正面宣传是统一的。新闻媒体要直面工作中存在的问题，直面社会丑恶现象，激浊扬清、针砭时弊，同时发表批评性报道要事实准确、分析客观。"① 在关于舆论监督的重要论断中，总书记深刻地阐释了舆论监督与正面宣传的辩证关系，指出了建设性舆论监督的重要原则，并对主流媒体发挥好舆论监督作用寄予厚望，为基层广电台办好舆论监督栏目提供了重要遵循。主流媒体要从促进矛盾解决，构建和谐社会出发，开展新闻报道和舆论监督，及时发现危机，发出预警，促进问题解决，造福社会大众。②

从当前媒体发展的现实情况看，城市台既要面对来自新媒体、自媒体的猛烈冲击，又要面对基层县级台更接地气，中央台、省级台更有实力的双重竞争压力，生存发展面临困境。城市台如何提升传播力、引导力、影响力、公信力？做好建设性舆论监督无疑是重要举措之一，这是城市台在新媒体环境下一把锋利的"宝剑"。加强有显著地域特点、本土化的、建设性的舆论监督是城市台参与媒体竞争的"亮剑"之道。③

2014年以来，以浙江卫视《今日聚焦》栏目为代表，浙江各市县广电台陆续开办了60多档舆论监督类栏目，这些栏目大多以"聚焦"等命名，紧紧围绕建设性，深入开展舆论监督，着力推进当地党委、政府中心工作的落实和群众反映突出问题的解决，在社会上形成了强大的舆论声势，也发挥了新闻推动进步的

---

① 李斌、霍小光：《习近平在党的新闻舆论工作座谈会上强调 坚持正确方向创新方法手段 提高新闻舆论传播力引导力》，http：//www.xinhuanet.com//politics/2016 – 02/19/c_ 1118102868.htm
② 华宣飞：《建设性：电视舆论监督栏目的生命》，《中国广播电视学刊》2015年第12期。
③ 章友维：《城市台如何加强舆论监督的建设性》，《视听纵横》2015年第5期。

积极作用，被誉为电视舆论监督的"浙江现象"。[①] 2015年9月23日，宁波电视台新闻综合频道乘势推出了日播类舆论监督栏目《第一聚焦》，成为其中的新兴代表。栏目紧紧围绕"新闻凝聚力量，监督推动进步"的宗旨，通过做好建设性舆论监督，进一步提升城市主流媒体"四力"，将总书记关于舆论监督的要求在基层落地生根。

一、抓准选题，把好舆论监督方向

主流媒体何以能成为主流？一个重要标准就是设置选题，引导舆论，这是栏目立得起、站得住的关键所在，特别是对舆论监督类节目而言，选题抓得准、抓得好、抓到要害尤为重要。从大的选题方向上来看，既要有利于推动中央、省委、市委政策的实施落地，又要密切关注民生为百姓解决实际问题，更要善于发现并把握这两者之间的结合点，这样才算抓准了选题的要害。为此，《第一聚焦》在选题上主要有以下两大重点方向。

一方面，始终坚持紧紧围绕市委、市政府的中心工作来选题，为各项工作的深化推进助力加油。如"五水共治""三改一拆""环境整治和保护""四边三化""两路两侧""四大攻坚行动"以及小城镇环境综合整治等，无一不是全省、全市大力推进的重点工作。主流媒体舆论监督紧紧围绕中心、服务大局，凸显其作为党委政府施政的重要工具和载体的特性，党政部门与新闻媒体有机互动，实现了"1+1>2"的效果，把好了舆论监督大的方向。2018年以来，《第一聚焦》做好"六争攻坚，三年攀高"报道，配合专项整治，正反结合，推进各项工作。记者全程跟拍，先后推出《服务争效进行时》和《服务争效回头看》等报道，涉及全市各乡镇，内容直指顽疾、直面痛点，同时关注"六争攻坚，三年攀高"行动中出现的新经验、新做法、新探索，及时推出正面报道，如《高新区专利领跑科技争投"加速度"》《竞争模拟拆迁 让村民变"要我拆"为"我要拆"》《城乡争优·聚焦老小区：划船社区的治理经》等。

另一方面，坚持群众路线，回应群众呼声，依靠群众，服务群众，将与群众切身利益和健康安全密切相关的问题作为重点选题。《第一聚焦》将群众来信来访举报作为选题的重要线索，在开展舆论监督过程中，特别重视市委、市政府重点工作中与群众切身利益关系密切的部分，抓住关键要害，把推动问题解决、促进作风建设与服务人民群众有机结合起来，尽可能为百姓排忧解难，努力成为人民群众与党委政府之间沟通的桥梁。如2018年3月，栏目抓住"3·15"消费者权益保护日这一报道契机，四路记者分别通过应聘渠道，进入美容整形行业、喜

---

① 李正苗：《新时期电视舆论监督实现建设性的路径选择——以浙江省电视舆论监督节目为例》，《丽水学院学报》2018年第4期。

糖市场，冒着风险、克服困难、斗智斗勇。经过一个多月的卧底调查，拍摄到大量惊心动魄的消费内幕，《美容还是毁容》《微整形危整形》《喜糖铺的生意经》（上下）等10篇"卧底调查系列报道"密集推出，揭露了不法商家欺诈消费者牟取暴利的真相，市场监管、卫计委等部门据此迅速展开整治，社会反响巨大。

二、重建设性，壮大舆论监督力量

舆论监督的力量源泉从何而来？猛烈的批评固然可以逞一时之快，但推进问题的解决才能让人真正信服，才是舆论监督的力量源泉。所以，从辩证法的角度看，舆论监督要由"破"而"立"，最终追求的是"立"，即重建设性，这是舆论监督可持续发展的生命线。须知，主流媒体在社会治理中所扮演的应是"黏合剂"，而非"助燃剂"，其存在价值不是破坏性，而是建设性，不能逞一时之勇、图一时之快，而应本着解决问题的初衷，科学监督、准确监督、依法监督、建设性监督，成为推动社会发展进步的积极力量。① 正如习近平总书记反复强调的：开展新闻舆论监督，应该始终坚持重在建设，站在维护国家和人民利益的立场上，以改进工作、解决问题为目的，发挥新闻舆论监督在统一思想、凝聚力量、促进改革发展、维护社会稳定中的积极作用。②

《第一聚焦》始终秉承"建设性舆论监督"的理念。坚持建设性是一种根本立场，从理性、善意出发，以积极面对、真诚对话的态度，为党和政府社会公共管理提供决策参考，同时又为民生幸福排忧解难；坚持舆论监督是一种方法，公平公正地对待当事各方意见，客观理性地分析问题症结，富有建设性地提出意见或建议，推动实际问题解决，促进社会进步；坚持舆论监督是一种素质，不断强化记者的社会责任意识，提升媒体专业水准，打造负责任的新闻队伍，有利于媒体可持续健康发展。③

在选题上，《第一聚焦》坚持以问题为导向，遵循"政府重视、群众关心、近期可整改"的选题原则，使报道的问题可以通过有关部门的监管和努力，及时得以解决。对于一时难以解决的老大难问题，尽量避开，等待更好的报道时机。在报道中，有些问题的形成，有比较复杂的历史原因和客观困难，这就要求记者尊重历史，从实际出发，公平公正，理性对待。对于牵涉到的责任问题，做到对事不对人；对于接受调查采访的机关干部，坚持与人为善，重在改进作风建设。

---

① 华宣飞：《建设性：电视舆论监督栏目的生命》，《中国广播电视学刊》2015年第12期。
② 《习近平新闻思想讲义（2018年版）》，人民出版社、学习出版社2018年版，第88页。
③ 华宣飞：《建设性：电视舆论监督栏目的生命》，《中国广播电视学刊》2015年第12期。

三、凝聚合力，夯实舆论监督基础

舆论监督栏目要想监督有力有效，就必须整合多种资源，凝聚各方力量，形成工作推动合力。《第一聚焦》特别重视坚持凝聚党委政府、职能部门、人民群众、社会各界与主流媒体自身的力量，精心打造电视新闻舆论监督这一载体和平台，提高了新闻报道的权威性，增加了舆论监督的有效性。

首先，凝聚市委、市政府力量，栏目由市委办公厅、市政府办公厅、市委宣传部牵头，专门成立了领导小组，进行决策把关和保驾护航，确保栏目导向正确、监督有效。栏目播发的每一期舆论监督节目，都要在播出前当天下午及时将主要内容以专报形式，报送市委办公厅督查室，由督查室对相关地区或部门开展专门督查，要求对方对照报道，认真反思、积极整改，确保责任的落实和问题的解决。其次，凝聚职能部门和县（市）区的力量，专门成立《第一聚焦》栏目成员单位，包括市环保局、市规划局、市住建委、市城管局、市市场监管局等职能部门和各县（市）区宣传部和文明办等单位，为栏目提供报道题材和采访支持。这一组织构架，不但为栏目选题开辟了一个重要渠道，也为记者的采访报道赢得了宝贵的支持力量，并在一定程度上减轻了对舆论监督的潜在阻力。而最为重要的，是凝聚人民群众和社会各界的力量。栏目开通专门的举报热线，公开电子邮箱，接受来自广大群众和社会各界的举报、投诉和求助，并将其作为舆论监督报道线索。在记者的明察暗访中，还常常与报料者密切配合，调查真相，确保用事实说话。同时，节目播出后，采编人员还及时通过各种渠道开展互动、听取反馈。可见，多种力量的凝聚、各种资源的整合，对于树立栏目威信、增加监督力度、提高监督效率，起到了不可替代的巨大作用。

四、解决问题，指向舆论监督目标

监测社会、解决问题、推进发展，这是主流媒体义不容辞的社会责任和重要功能。因此，舆论监督栏目必须要回归舆论监督的初心：发现问题、促进解决。这需要媒体具备问题意识、大局意识，敏感地发现问题、犀利地追问原因，[①] 并有效地化解矛盾，最终引导舆论走向，营造良好的社会舆论氛围。

在如何推进问题解决方面，首先，《第一聚焦》紧紧围绕市委、市政府的中心工作来发现问题，调查真相，开展监督，有力促进了一大批实际问题的解决。比如，针对专项行动、作风建设、文明创建等中心工作中存在的实际问题，通过记者明察暗访，分析原因，探讨办法，有力地推动疑难问题的解决。其次，《第一聚焦》坚持结合实际问题开展调查采访，分清责任，监督履职，促进机关干

---

① 晁星：《舆论监督的根本目的是解决问题》，《青年记者》2018 年第 25 期。

部的作风建设。栏目充分利用"事"与"人"紧密相连这一特点，借助新闻舆论监督这一利器，依托整合资源形成的权威力量，在推动实际问题解决的同时，因事说理，依法监督，落实责任，促进干部作风建设，本着对事不对人的报道原则，用事实说话，有理有据地进行批评监督，帮助干部提高服务意识、责任意识和依法行政的水平，成为促进干部作风建设的重要抓手。特别是从 2018 年 7 月开始，栏目不定期、高密度推出《聚焦回头看》系列报道，重点对领导批示过的问题进行追踪调查，以"杀回马枪"的方式加大监督力度，确保存在问题得到及时妥善解决。这组以解决问题为目标的回头看系列监督报道，效果显著，影响很大。

总体而言，《第一聚焦》开办三年以来，坚持舆论监督节目"事事有反馈，件件有着落"的原则，栏目播出的每一期舆论监督报道，市委办公厅督查室都要求当地有关部门及时组织收看，并表明认识态度，拿出切实可行的整改方案。记者将这一内容做成反馈报道，在当晚《宁波新闻》上播出，接受全市人民的监督。对于舆论监督消极应付的部门和单位，栏目还会进行追踪报道，再次进行监督，确保市委、市政府各项中心工作的落实，在全市上下树立起很高的权威性和强大的监督力，真正发挥出城市主流媒体舆论监督的力量与作用。

（作者单位：宁波广电集团总编室）

浅谈城市电视台经济报道的出新出彩

林永平

随着社会经济的快速发展和人民生活水平的日益提高，经济意识逐渐深入人心，百姓对经济信息的需求越来越大，关注度越来越高，经济报道在新闻中所占的分量也越来越重。作为以本土化、贴近性为特色的城市电视台，充分发挥自身优势做好经济报道，既能服务当地经济发展、营造良好社会氛围，也能服务百姓生活需要、满足公众对经济信息的日常诉求。

传统的经济报道普遍存在内容枯燥、受众面窄、形式单一、专业性过强等各种问题，传播效果欠佳，受众反馈也不好，长期处于一种颇为尴尬的困境之中。要怎么做才能克服自身不足，为观众喜闻乐见？如何才能出新出彩，打造真正有影响力的经济节目品牌？这些都成为横亘在电视媒体人面前亟待解决的问题。

在这种背景下，台州广播电视台专门就创新经济报道做了大量有益探索。自2014年被确定为浙江省广电系统新闻立台试点以来，台州广播电视台有针对性地强化了经济报道的创新创优工作。除了增加《台州新闻》栏目经济报道的比重之外，还专门开设一档日播类经济新闻栏目《台州财经报道》，大力推进经济报道的内容与表达形式的提升，推出了一批社会好评度高、观众喜爱度高的经济报道。几年来，已有7篇作品荣获浙江省新闻奖、广电政府奖一等奖，3篇作品荣获二等奖，5篇作品荣获三等奖，可以说走出了一条经济报道创新创优的新路。

本文将以台州广播电视台近几年的实践为例，从题材选取的"有关有用"、热点追踪的"求深求精"、内容呈现的"好看好听"、传播方式的"互动互融"四个方进行简要分析。

一、立足民生视角：有关有用

经济在现实生活中无所不在，它是现代社会的基础，渗透到社会生活的方方面面。每一个身处社会中的个体都是"经济人"，都需要获取与经济有关的信息。从这一角度出发，经济报道的主要功能就在于传播经济信息、解读经济政策、剖析经济规律、反映经济成就，帮助群众了解社会经济发展状况，为他们的生产生活提供服务。其根本诉求是拉近节目与观众的距离，使节目获得更大的传播力和影响力。因此，城市电视台经济报道能否出新出彩，很大程度上取决于其出发点和落脚点有没有立足于民生，是否真正贴近百姓的实际需求；同时还取决于内容对观众是不是有关有用，能不能让他们"观"有所获。

"有关"就是要在选题上突出与受众的关联度，尽量贴近群众的生产生活，更多地关注教育、医疗、物价、交通、旅游、理财、楼市等百姓日常关心的话题。《台州财经报道》在栏目选题理念上强调经济报道民生视角，2017年共播出新闻2920条次，其中70%以上内容与百姓柴米油盐、衣食住行紧密相关；2018年上半年，共播出新闻1601条次，民生类经济信息占比达到68%。以2018年的市两会报道为例，《台州财经报道》根据自身定位，把报道的着重点放在2018年度市财政民生支出上，推出《两会民生经济眼》系列报道，内容涵盖交通基础设施建设、学前教育工程扩容、放心农贸市场改造、城乡社区居家养生服务中心建设、公交车和停车位增扩、经济适用房建造等民生经济的方方面面，收到良好效果。

"有用"则是从传播效果出发，通过内容的选取和开掘以达到服务和指导群众生产生活的实效。已有研究表明，与其他新闻相比，受众在接受经济新闻时往往会抱有更为强烈的功利目的，实用性是该类新闻的最大特征。经济报道要"有用"，就是要对观众有所启发、有所帮助，尽力做到"经济新闻向社会生活延伸"，从实用角度去解读相关经济政策和现象，发挥服务和指导作用。以2018年"5·19开始台州免费面向市民开放49处景区"为例，在当天的节目中，《台州财经报道》栏目共策划5篇报道：《重磅！今天开始台州人可以免费游台州啦》《哪些景区免费？如何免费？》《"免费游"是否有什么条件？》《为什么要定期定量？》《"免费游"发生意外是否有保障》，对市民关心的问题进行一一解读；又如，2017年11月，《台州市区被征地农民基本养老保障办法》开始实施，栏目从参保对象如何核定、养老保障的险种有哪些、缴费标准、如何缴费、政府有哪些补助以及基本生活保障标准等六个方面邀请专家作详细的解读，既解读了新政策，又解答了被征地农民的种种疑问。

二、把握大局大势：求深求精

当前，我国正处于发展关键期、改革攻坚期、矛盾凸显期。媒体作为党和政府的喉舌，不仅要在不断变化的经济动态中挖掘民生价值，更要在纷繁复杂的经济现象中紧追热点，及时彰显媒体主张，回应社会关切，引导社会舆论。对应到城市台的日常经济报道当中，除了做好"有关有用"的民生经济报道，还要围绕经济发展大局，洞察经济发展大势，将节目做深、做精，提振经济发展信心，服务地方经济发展。

例如，近年来群众生活水平日益提高，智能马桶进入寻常百姓家，但在2015年初，国人刮起一阵"坐着飞机到国外海淘智能马桶盖"的热潮，智能马桶一夜成为"网红"。

作为中国第一个智能马桶盖的诞生地，台州历经20年的坚守创新，彼时智能马桶的年产量已经占到全国总产量的60%以上，而且出口欧盟诸多国家。为什么家门口明明有相同质量的产品，人们还要去国外疯抢呢？带着这个疑问，《台州财经报道》栏目记者走访调查后发现，问题的根源就在于本土产品缺少知名度和美誉度。鉴于此，栏目组很快策划推出一组报道《智能马桶台州造》，从多个角度对当地的智能马桶产业进行浓墨重彩的报道。新闻播出后，社会反响很大，中央电视台、凤凰网、网易、搜狐、浙江在线等媒体纷纷予以关注，央视还专门邀请台州市市长和相关智能马桶企业负责人做客《对话》栏目，解读智能马桶的"台州现象"，营造了良好的宣传声势，提升了台州智能马桶产业的美誉度。

又例如，台州是改革开放的先行区，民营经济的重要发祥地，小微金融是台州的一大经济特色。多年来，台州以服务小微企业为突破口，力推地方金融改革，为地方经济的稳健发展提供可靠保障，创造出了特色鲜明、在全国有广泛影响的"台州模式"。2015年12月2日，在国务院常务会议上，台州正式获建国家级小微金融改革创新试验区。在经济新常态的大背景下，小微金融如何创新和改革，成为全国瞩目的经济热点。

对此，《台州新闻》栏目抽调精兵强将组成"小微金融改革"选题报道组，密集走访政府部门和金融机构，广泛接触小微企业主，筹备策划报道。当年12月11日，中国人民银行、国家发改委等七部门联合印发《浙江省台州市小微企业金融服务改革创新试验区总体方案》通知。方案出台当天，《台州新闻》同步推出《小微金改，台州探路》系列报道，梳理台州小微金融服务改革的丰富实践和创新经验，探问进一步深化改革、推进金融业更好服务小微企业和地方经济的路径。

这组报道不仅题材重大，而且涉及的金融现象和问题专业性也很强，如果不做深，不做到位，很难把问题说清楚，同时也起不到助推改革的作用。为此，在节目采制过程中，除了认真倾听实体经济一线和业内人士的声音外，节目组还专程采访了浙江大学、浙江工商大学的专家学者，增加了报道的前瞻性和理论色彩，拓展了内容的深度，使得该报道对于浙江乃至全国的小微金改都具有较强的借鉴意义。

如果说小微金融是地方经济健康发展的可靠保障，那么民间投资则是保证经济平稳运行的重要支撑。2016 年以来，全国民间投资遭遇断崖式下滑，引起国务院的高度重视和社会的普遍关注。在这样的环境下，作为全国唯一民间投资创新综合改革试点的台州，却交出了民间投资连续 16 个月保持逆势增长的成绩单。台州民间投资缘何能够实现逆势增长？经济报道记者带着这一问题，展开了长达 3 个月的走访调查，精心策划制作六集系列报道《台州民间投资逆势增长的背后》，分别从政策牵动、转型驱动、平台拉动、财政撬动、金改带动、审批推动等六个方面探析台州民间投资逆势增长背后的推力。每集报道都从"全国第一"切入，例如全国第一条民营控股的铁路、全国第一个交通 PPP 项目、全国第一张工业地产预售证等，角度颇有新意。另外，报道还紧抓当地多个重大项目开工建设的时间节点，极大增强了现场感和时效性。六集报道独立成篇又浑然一体，情节生动有故事，主题鲜明有深度。

三、创新电视表达：好看好听

从内容上来看，经济报道本质上是对数据及经济现象的呈现、分析和解读，专业性和政策性很强，相较其他新闻报道略显枯燥。因此，在经济报道中要尽量将硬性的经济理念述说转变为软性的事理叙述，把专业性强的经济概念、经济命题、经济数据、经济信息以及经济现象表达得通俗化、大众化，这样才能吸引受众、打动受众、说服受众。《台州财经报道》栏目在创办之初，就确立了"要做好看好听的经济新闻"的理念，在内容和形式上花心思谋创新，着力重构电视经济报道语态。

经济报道要好看，画面需要"动"起来。信息化时代，一档单向传播的经济节目要入脑入心，就必须要有生动的镜头语言、娴熟的剪辑技巧和丰富的表现手法。现场是电视新闻的第一镜头语言，经济报道记者要深入经济活动现场，选取典型的场面场景，提高跟拍抓拍能力，提升镜头语言的现场感。细节决定成败，在庞大的场面和繁杂的信息中，记者要善于记录下情节细节，不错过会"说话"的瞬间画面。2017 年 11 月，台州某智能马桶企业获得了全省首张美国 UL 认证，打开了产品出口美国的大门。《台州财经报道》记者赶到现场时，恰逢企业收到美国认证方发来的电子邮件，公司的几十名员工围成一团，打印证书，争相传阅，喜悦激动之情溢于言表，记者在记录大场面的同时，特别注重抓拍员工欢呼雀跃的各种特写镜头，使得原本相对枯燥的一则经济报道变得生动有趣。

经济报道还要重视剪辑技巧，让节目快慢结合、张弛有度，给人以节奏感；可视化是缓解数据枯燥与干瘪的有效手段，经济报道记者尤其要善于运用，让经济术语、数据和图表变得直观，加强画面的表现力。《台州财经报道》近年来不断强化经济报道的电视特色，要求每条报道尽量做到见人见事、见场景见细节，充分发挥电视优势，创新表达方式，变抽象为具象；并要求重点报道在剪辑前先进行策划，明确意图，搭建结构框架，确保报道较好呈现；栏目还配备了专职可视化制作人员，负责每条报道可视化创意的实现。

经济报道要好听，语言需要"活"起来。概念多、数字多、书面语多、概述性语言多、信息庞杂的经济报道让观众听不懂、听得累，甚至让人感到厌烦、反感。台州一乡镇推行垃圾分类，两种垃圾桶上清晰地写着"会烂垃圾"和"不会烂垃圾"字样，与平时所见的"可回收"与"不可回收""有机垃圾"与"无机垃圾""可降解"与"不可降解"等相比，更简洁明了，让人一看就懂。《台州财经报道》栏目常以此为例来重塑采编人员的表达理念，并在实践中摸索出了创新经济报道语态的五种"说话"方式：说好百姓话，回到日常交流情境中重构报道语态，做到经济报道语言口语化、叙事简明化；说好地方话，善于吸收地方语言元素，如熟语、习语、谚语、俗语、俚语，让报道语言更接地气；说好网络话，学会恰当运用网络语言，让表述更新鲜、更抓人；用事实说话，用实实在在、正在发生的事实说话，让报道有血有肉、生动形象；让过程说话，用发生发展的过程说话，讲好经济现象和政策背景下的故事，让报道更有代入感。

四、强化融合思维：互动互融

随着新媒体的快速发展，人们可以自由获得各种信息，体验式、互动式经济逐渐取代注意力经济。电视作为传统媒体中最重要、最生动的媒介，在新媒体的冲击下，其单一的信息传播模式已无法满足观众多元化的需求。而对于相对窄众的经济报道来说，强化融合思维，创新报道形式，显得尤为迫切。

在当下，受众对媒体传播的互动性提出了更高的要求，"互动"是创造出参与感、融入感的前提，通过强化电视荧屏内外的互动性，可以极大地丰富经济报道的形式。而"互融"则指代全媒体的融合传播，即"意味着传统上的报纸、广播、电视、网络的媒介形态的分界被彻底打破，任何一个媒体机构要想具有国际竞争力，就必须充分利用文字、图片、视音频等多种传输手段，最大限度地获取'到达率'"。[①] 总的来说，"互动"能让报道变得更加鲜活，而"互融"则能延伸经济报道的传播链，两者结合在一起，相辅相成，"互融"能够更好地促进"互动"，"互动"反过来也会推动"互融"的进一步深化。

那么，要如何通过融媒体传播来与受众有效互动呢？台州广播电视台进行了不少探索。首先，在经济新闻的选题上侧重选择互动性更强的内容，例如每逢假日、节日抓住"假日经济"巧做文章，通过在镜头内外策划形式多样的活动，

---

① 史安斌：《未来5-10年我国对外传播面临的挑战与创新策略》，《对外传播》2002年第9期。

让观众从"看"节目到"参与"节目，在互动中产生良好的体验感，久而久之培养受众对节目的黏性。

其次，在日常节目中开设互动板块或设置互动环节。例如在报道"台州住房公积金贷款政策调整"这则新闻时，《台州财经报道》在节目和频道微信公众号上同步开设"你问我答"通道，面向广大市民征集问题，分门别类整理后依次由记者、对应职能部门有关人士和业内专家等进行回答。又如台州全面实行居民阶梯水价时，《台州财经报道》开通电话热线全天候记录市民反馈的各种意见，并且邀请部分市民代表上节目和市发改委价格管理处的工作人员面对面沟通交流，双方直接对话，一来一往没有任何中间阻隔的互动成为当期节目的亮点。

除此之外，目前台州广播电视台在日常经济报道中采取广播、电视、新媒体融合传播已成为一种常态。例如特别策划推出的经济访谈《创业创新代际对话》，除创新互动形态外，还在播出上动足脑筋，创造性地推出全媒体的三次传播：一是新媒体直播，节目录制时即通过无限台州 App、台州在线和微信矩阵进行视音频直播，便于观众第一时间收看，参与实时互动；二是电视播出，节目制作完成后，三个电视主频道在晚间黄金档同步播出，共同形成浩大的声势；三是融媒体转播，每期节目电视播出后的第二天，再次通过无限台州 App、台州在线和微信矩阵进行第三次传播，力争吸引更多观众，最大化提升节目影响力。

（作者单位：浙江台州广播电视台）

媒体融合应注重融产品研发

王晓菲

2019 年元旦，各大卫视依旧大投入比拼跨年晚会，明星们仍然在唱主角。娱乐化的内容及老套的传播方式让观众更加感受到了电视竞争的残酷和节目持续同质化。融媒体时代，电视人的自大与自我欣赏有增无减，以用户为中心的融产品研发严重滞后。银川市新闻传媒集团连续两年推出大型全媒体跨年直播，其大策划、大融合的生产传播理念得到了专家的肯定和同行的称赞。

2017 年 12 月 31 日 20：00 至 2018 年 1 月 1 日 0：30，银川市新闻传媒集团推出的《新时代·新气象·新作为 2018 银川·你好》大型全媒体跨年直播，在银川电视台公共频道、银川发布新闻客户端、银川新闻综合频率、银川交通音乐频率同步直播。网络视频直播通过央视新闻＋、今日头条、企鹅号、新浪微博、东方头条、银川发布同步分发。最高峰时，同时有 10 万人在线观看。银川发布客户端两个页面访问量达到 7 万次，其中，银川发布有 96.03％的用户通过微信观看直播。新媒体累计访问量超 51 万，点赞数超 48 万。北京、太原、杭州等数十家广电、报业、新兴媒体的同仁以各种形式参与、祝贺、联动直播。

2018 年 12 月 31 日 20：05，银川市新闻传媒集团联合石嘴山、吴忠两市新闻传媒集团推出"建设美丽新宁夏 共圆伟大中国梦"2018—2019 大型全媒体跨年直播，银川电视台公共频道、银川新闻综合广播、银川交通音乐广播、银川发布新闻客户端、今日头条、新浪微博、企鹅号等平台同步直播。直播时，13 万余人次通过"银川发布"等网络观看直播，直播时有 36 万余次点赞，数千人在评论区留下新年的美好祝愿；吴忠的新媒体平台"微吴忠"同步直播了这场跨年直播，观看的网友达到 16 万人次；石嘴山手机台等新媒体平台观看人数达到了 17.72 万人次。也就是说，整个银川都市圈内，有近 48 万人次通过移动端关注了这场跨年直播。

一、根植城市文化，设计传播内容

文化是一座城市的魂，大容量、多媒体融合直播如果没有城市文化作为支撑，其传播力、影响力是可想而知的。银川市新闻传媒集团组织、策划的跨年直播之所以成功首先是他们立足当地城市文化资源的挖掘，设计、组织了许多市民喜闻乐见的活动，在贴近性上下狠功夫。直播以市民的衣食住行为切入点，聚焦老百姓的生活，通过直播与街访，讲述市民故事，呈现市民们的喜怒哀乐，展现普通人的精神状态，从市民的生活中来，再到市民的生活去，看身边人、讲身边事、说想说的话。这样的内容拉近了传播者与观众、听众、网民的距离。商场里的分直播点，坚持全现场直播，无论是购物、餐饮，还是小型歌舞晚会都是那么的自然、生动、祥和，特别是诸如儿童骑小自行车穿行于歌舞者与观众之间等细节画面十分引人注目，展示了银川人的夜生活和这座城市独特的文化氛围、文化魅力。

2019 年元旦的跨年直播最大的亮点是"银川都市圈"三市一地的携手合作、融合直播。直播通过短片、连线等方式，展示了银川、石嘴山、吴忠、宁东基地各地不同的特色、优势与风情，让"银川都市圈"的概念深入三市一地的百姓心中，大大增强了"银川都市圈"在三市一地百姓心中的认同感。

二、注重议程设置，提升传播价值

大型直播的议程设置至关重要。立足于内容创新，2019 年元旦跨年直播的一个亮点是直播涵盖了环保、医疗、教育、脱贫攻坚、文化产业、智慧城市建设、新农村建设等方面的故事，梳理和总结了过去一年市委市政府的中心工作，同时也把镜头对准了时尚青年、新农民、创业者、非遗传承人、最美家庭、坚守岗位的巡警和消防战士等群体，充分表达民情民意，展示了老百姓的幸福感和获得感。多路记者、主播深入到街道社区，直播了跨年之夜万家灯火的喜庆与坚守岗位普通都市人的感人故事。

与娱乐至上的跨年明星演唱会相比，银川市新闻传媒集团这两场大型全媒体跨年直播既有百姓发出的心声，也有政府部门的回应和展望，其新闻事件与故事更有民情关怀、更有温度。《邻里守望过新年》这场全国文明社区居民自编自导自演的晚会别出心裁，现场感强。几个现场采访，被采访人都有故事，采访生动活泼，语言朴实感人，展示了文明社区文明人的风采。观众、网民看了直播后称赞这个全国文明社区名不虚传。围绕"绿色、高端、和谐、宜居"城市发展理念，直播策划了四个板块的故事、访谈、综述，有短纪录片呈现，有典型人、典型事的展示，有核心人物的专访，展示了 2017 年全市的主要工作特别是民生方面的成果，充分表达了民声，激发了市民的热情，恰如其分地宣传了市委市政府关注民生、关爱民情的工作业绩。既弘扬了主旋律，传递了正能量，又满足了市民的需要，其议程设置更精致、精巧，传播力、引导力、影响力和公信力更突出。可以说，这两场直播在辞旧迎新之际成了党和政府与市民交流沟通的桥梁。

这两场直播议程设置恰当、精准，传播的内容注重了价值的开掘，让受众在不知不觉中感受到了这座城市的改革与变化。

三、创新传播手段，提升传播效应

银川市新闻传媒集团借助现有的全媒体生产传播运营机制，在直播前组织发动报纸、广播、电视、微信、微博等新老媒体作了大量的直播宣传与预告，引导用户热议跨年直播，制造了市民们关注的新闻事件。2017年12月27日至31日，《银川日报》《银川晚报》《直播银川》、银川新闻网、《银川发布》等新老媒体作大量的宣传、推介、预告。《银川晚报》在头版对这场跨年直播从亮点、突破、形式、互动和惊喜五个方面进行讲解。在当天第五版，近3000字的稿件详细分析了本次跨年直播的流程以及相关内容。《提醒银川人，明天晚上8点，你一定要做这件事！》《速看宁夏首届嘻哈盛典，跨年时刻见证银川Freestyle力量！》。

在跨年直播中，除了在全媒体演播室设置主会场外，还设置了石嘴山分会场、吴忠分会场、宁东基地分会场和大阅城分会场，同时派出多路记者分赴宁阳广场、新华百货CCMALL、居民小区、医院、工厂、农村大棚等等，实时直播各个群体的跨年方式，主会场与各分会场及各路记者之间频繁互动连线，全景立体地展现了银川都市圈百姓辞旧迎新的喜悦。各个会场之间的互动，各种平台之间的互动，节目与广大受众的互动，使这次直播成为银川有史以来难度最大、环节最多、最为复杂的一次直播，为了保证直播不出差错，每一个分会场都布置了以4G设备为主、网络推流为备的两路信号，并且针对直播中可能出现的各种问题，作了各种应急预案。在各个部门的密切合作和精心准备下，没有发生任何意外，顺利地完成了直播任务。

县级融媒体中心的建设，是为了更好地引导群众，服务群众，打通媒体融合的"最后一公里"。当晚的直播邀请了市辖三区两县一市的负责人走进各自的县级融媒体中心，通过金鹊云平台的视频会议系统向全市人民汇报过去一年的工作，对新一年的工作做出承诺，充分展示了我市县级融媒体中心的建设成果。

针对目前更多受众转向移动端的现实情况，根据银川市新闻传媒集团提出的"内容创优、移动优先"重大部署，今年的全媒体跨年直播在电视、广播、新媒体全平台覆盖的前提下，更侧重了在移动端的传播。从预热宣传，到实施直播，深入研究了广大移动端用户的收看心理和习惯，做出了许多创新。例如，这场直播设计了抖音爆红短视频《小李飞叨》的网剧贺岁篇，所以在直播的预热当中，借助网红李洋在庞大粉丝群当中的号召力，录制短视频通过抖音、快手等短视频平台进行宣传，吸引了大量手机用户收看直播。直播前夕，我们还在新媒体平台不断推出H5、短视频宣传片等。《直播银川》记者每天一次的探班预热，引导用户对本地的跨年直播产生了极高的期待值，再加上同步应用红包雨、幸运抽奖等符合现代新媒体传播规律的手段，跨年直播在新媒体平台上取得了非常突出的传播效果。

连续两年跨年直播打通了传统媒体和新媒体之间的部门技术障碍，展示电视、广播、新媒体等各种媒体平台的特色和优长，运用演播室访谈、4G 连线、视频、图片、动画、航拍、VR 实景互动体验、延时摄影等多种技术手段和表现手法，直播时，在电视屏幕上呈现了 VR 以及网友在 VR 上的即时留言。今年的跨年直播，除电视、广播与新媒体平台同步直播外，电台融媒直播间也首次尝试了与电视直播间的视频互动，打通了电视与广播之间的交流平台。电视、广播、移动端实现了大屏与小屏、音频与视频之间的互动互通，打破了不同传播平台之间的壁垒，媒体融合真正产生了"化学反应"，融为一体，你中有我，我中有你。跨年直播成为一款融合度极高的融产品。

银川新闻传媒集团的两场大型全媒体跨年直播在新老媒体内容生产融合、生产与技术融合、生产传播运营融合等方面均有突破！在全国各大卫视花巨资搞跨年演唱会，进行同质化竞争之时，银川市新闻传媒集团另辟蹊径，大胆创新，坚持唱响主旋律，打好主动仗，凝聚民心，点燃激情，在党和政府与市民之间搭建起交流与沟通的平台，彰显了新闻传媒集团集约化生产传播运营的传播力、引导力、影响力和公信力，是融媒体时代城市新闻融合生产传播运营的一次成功实践。

实践证明，媒体融合绝不能空谈，不能仅停留在组织生态的重构上，不能等所有的事都想明白了再干。殊不知，新闻媒体改革创新的许多事情等都想明白了也许已经时过境迁了。我们只能边干边学，在实践中求真知，在探索中寻突破。银川市新闻传媒集团以融产品的研发为突破口，敢想敢干，大胆创新，以融产品的研发倒逼立体传播体系构建和融合传播机制创新，在实战中培养发现融媒体人才。

(作者系银川市新闻传媒集团副社长、副台长、副总编辑)

城市台媒体融合人才建设现状及对策思考

——以浙江金华广播电视总台为例

胡水申

习近平总书记在中共中央政治局第十二次集体学习时强调："全媒体不断发展，出现了全程媒体、全息媒体、全员媒体、全效媒体，信息无处不在、无所不及、无人不用，导致舆论生态、媒体格局、传播方式发生深刻变化，新闻舆论工作面临新的挑战。"作为城市台，要紧跟媒体融合发展步伐，因地制宜，量力而为，加快推动媒体融合发展。媒体融合关键在人，迫切需要一大批适应新时代媒体融合发展的人才。

一、主要问题

当前，各地城市台在改革发展过程中，千方百计优化完善人才管理制度，推出吸引人才、培养人才、用好人才、留住人才的管理机制。但随着新媒体不断发展，传统媒体与新兴媒体，主流媒体和自媒体之间的竞争异常激烈，人才建设的新问题不断出现，已经严重制约了广电事业产业持续发展。

（一）薪酬分配不公平

同岗不同酬现象较为突出，有的城市台的员工身份五花八门。如金华广电总台员工有多种身份，有事业编、准事业编、台聘、部聘，做同样一件事，因为身份不同所得的报酬不同；同样做一则新闻，记分不同，劳动所得各异。加上职务、职称、系数等因素，一线员工的收入待遇普遍不高，特别是一线二线绩效倒挂问题严重，无法激发一线职工创业热情。

（二）融合发展不适应

随着新媒体不断出现，传统媒体与新媒体的融合步伐加快，员工对媒体融合存在诸多问题。一是对媒体融合的认识不到位，存在"与我无关"思想，采取"回避"态度。二是媒体融合意识不强，主动融合，"我要融合"意识不强，工作缺乏主动性。三是媒体融合的能力不适应。不同程度地出现了"三化"现象：即"年龄老化，思维僵化，工作固化"。金华台员工中年龄在 50 岁及以上 116

人，占 37.5%，人员"三化"现象突出，严重遏制融合时代媒体运营发展。

（三）人才结构不合理

总体上来说，目前城市广电从业人员整体偏多，骨干人才流失较为严重。全媒体复合型人才、新媒体开发技术和资本运营人才少之又少，新闻媒体单位薪酬待遇偏低，行业吸引力下降，人才引进难，工作压力加大，人才流失现象突出。以金华台为例，出现"三多三少"现象，即：新闻采编骨干人才偏多，具有互联网创新思维的内容生产人才偏少；传统广告经营人才偏多，精通全媒体全案营销策划的人才偏少；传统广电技术人员偏多，具有新媒体开发技术能力的人才偏少；传统媒体人力资源投入偏多，实际产出偏少。

（四）政策缺乏吸引力

目前的情况下，如果没有让人羡慕、让人"眼红"的引才政策，要招到好的上等之才谈何容易。

（五）技术研发人才稀缺

受体制、机制、专业人员短缺等限制，传统媒体自主研发能力不足，在推进媒体融合过程中，尚未能运用新媒体技术，自行研发、搭建自己的平台，形成适合本土的发展模式。目前，城市台大多是技术外包的模式，初期投入大量的资金进行新媒体平台开发和推广，在网站、客户端，产品的后续维护、升级缺乏主动权，尤其是核心技术不掌握在自己手上，受制于人，造成工作的被动。

（六）人才培养投入不足

据统计，金华台近 5 年教育培训经费仅占职工工资总额的 0.4% ~ 0.8% 左右，明显低于 1.5% 规定标准。人才培养经费严重不足，大规模全员轮训没有进行，培训缺乏计划性、系统性，职工知识更新难。人才培养的针对性不强，路径单一，效果不明显。特种专业人才培养未提上议事日程，如目前媒体搞活动所需要的会展、表演、投融资、产业发展等人才需求大，但人才紧缺。

二、对策思考

随着全媒体时代的到来，城市台面临上下挤压、夹缝生存的困难，要增强打造全媒体人才的紧迫感，大力实施"人才兴台"战略，制定全媒体人才发展规划，着力提升人才队伍核心竞争力，为推动城市广电融合发展提供人才支撑和人力保障。

（一）眼睛向内，盘活存量，尽力用好现有人才

按照培养复合型人才的要求，着力盘活现有人才，实现人才的内在转型、能力升级。一是要对全台职工进行一次精细梳理，以归零的心态，重新认识你的员工，发现其以前不为所知的特长和闪光点，为不同员工提供适合发展的岗位。二是建立全媒体培训体系，加大培训培养力度，实施分层细化培训。通过"请进

来、走出去、互相学"等做法，开设"广电论坛"，由本台具有一技之长的同志上台讲心得、讲体会，"以老带新传帮带"，成为"身边的老师"。采取"请进来"的方法，邀请知名专家、学者、媒体单位老师来单位授课，送教上门。要"走出去"，组织骨干到高等院校学习培训，每年安排骨干到媒体融合先进城市台实地培训和挂职。要加大资金投入，年初安排一定数额培训费用的预算，确保员工培训工作规范化、制度化。三是搭建平台，鼓励创业。为用好用活现有人才资源创新干事平台，鼓励在某一领域知名度和影响力、具有丰富社会资源、具备资源整合和营销策划能力的职工，领衔申报创业创新项目，组建项目团队。支持成立以个人名字名命的工作室，单位在资金、办公场所、人才等方面给予支持，对创业项目进行孵化。四是更加重视培养青年人才。根据选拔年轻干部的要求，按规定比例配齐用好年轻干部。启动青年人才关爱工程，实施青年人才培养计划，建立完善人才的测评考核体系，建好专业人才库，严格进入退出考核管理，培养一批青年名主持、名记者、名编辑、名摄像、名策划、名经营、名技术、名管理，推动全媒体人才脱颖而出，打造一支既有专业新闻素养，又懂新媒体传播运营的复合型人才队伍。

（二）眼睛向外，优化增量，适当引进急需人才

城市广电要适应事业发展和产业转型，一方面要大力发现和用好现有人才，同时要筑巢引凤，招才引智，优化结构，补齐短板，通过引、育结合，培养全媒体复合型人才。一是敞开胸怀招一批。根据事业产业发展的需要，每年都要面向社会吸引专业人才，主要以新媒体人才、高级经营管理人才、技术研发人才、高端活动策划人才等等。要建立人才库，为媒体融合发展储备人才。二是立足社会借一批。这个"借"，不是借用人员来广电上班，而是借脑借智。如聘请一批决策咨询委员、顾问、荣誉员工、行风监督员等，请他们对城市台的发展路径、媒体融合、新闻宣传、经营活动、绩效管理和人力资源开发等提供帮助和支持。三是社会中介人才租一批。根据用人单位的需求，向社会中介人才租赁公司支付费用，要求专业人才进行约定服务。四是项目承包育一批。即以项目为抓手，采取一定政策，发展新媒体项目。

（三）深化改革，激发能量，营造重才用才环境

未来的广电，不是没落者，而是破冰者、开拓者。年起中央广播电视总台的改革力度前所未有，以湖南、浙江、上海为代表的省级改革从未停步，以县级媒体融合为突破的自下而上的改革，市级广电的改革也在不断探索。改革需要气魄，更需要智慧。发展需要机遇，更需要人才。在媒体竞争异常激烈的背景下，如果不打破多种用工形式，人分"三六九等"，那么广电事业将无法持续，广电人才难以留住。要通过改革人事分配制度改革，建立完善一套科学有效的引人、

用人、育人、留人的人才建设体制机制，让所有人才都有充分的发展空间和展示舞台，支持创业，包容失败。要实行企业化动作，绩效化考核，精细化管理，所有员工在薪酬待遇、提拔任用、职称评定等方面机会均等，同岗同酬，按劳取酬。创新人才测评体系，促进全媒体人才快速成长，努力构建以岗定薪、按能力定级、优绩优酬的科学合理、富有活力的薪酬管理体系，致力探索一套适合城市台工作实际和改革发展需求的以岗定薪、按能力定级，重实绩、重贡献，向优秀人才倾斜的分配和激励机制，形成尊重人才、使用人才、留好人才，让人才充分发挥才能的广阔舞台。要加强对员工的多样化学习培训，要制订短、中、长期培训计划，分期分批组织有针对性的培训，采取"请进来""走出去"，与高校联办培训班。到浙江广电、央视上挂培训等多形式，加大对职工培训的投入，形成完善的培训体系和效果评估体系，提高教育培训的针对性、有效性。完善激励机制，建立有市场竞争力、体现多劳多得的新型薪酬体系。建立借脑借智机制，用外脑的智慧为广电改革发展服务。建立编外人才的运用和激励机制。如高级（特殊）人才退休返聘机制等，对已退休的稀缺的专业人才，对单位富有感情，经双方协商，实行返聘，给予一定的待遇，发挥其余热。

三、结语

近年来，根据中央提出的打造新兴媒体集团要求，媒体单位纷纷探索基于媒体融合多元化集团打造。在新媒体集团构建过程中，现有的人才队伍建设模式已逐渐难以适应新形势的需要。城市台应加快整体人才队伍整体管理水平，形成规范、系统的人才队伍管理体系并有效实施，对选、育、用、留等专业模块的核心职能进行战略性的管理和规划，根据人才队伍动态性和差异化原则，适时调整人才队伍绩效薪酬等相关管控模式，打造全媒体人才培育发展体系，探索一条符合本地发展的人才建设之路，确保城市广电转型发展、融合发展。

（作者系浙江金华广播电视总台副台长）

共建共享共赢　营造区域影响力

——地市电视台联合开展重大主题报道的实践探索

王瑞军

信息科技突飞猛进，网络新媒日新月异。当下的传统媒体，无论是竞争力"大鳄"，还是芸芸众生，整体面临严峻挑战，集体遭遇生长严冬。传统媒体尤其是竞争力本来就较弱的城市台，迎接挑战的方式，除了实施融合发展战略外，在发展方式上还必须抱团取暖，从长期以来零和博弈的竞争转向共建共享共赢的竞合。河北省秦皇岛市广播电视台以共同文化脉系为依托，实施连横周边的竞合战略，发起大型主题联合采访活动，共同打造区域影响力。

河北省秦皇岛市是全国 14 个首批沿海开放城市之一，也是河北沿海地区经济隆起带上秦皇岛、唐山、沧州三点一线中的重要点位，应该说谋划实施改革开放 40 周年重大主题报道有着先天优势。然而，新媒体的快速发展，使一向标榜专业、大气、有品质的传统电视节目影响力与日俱减。为挽回颓势，秦皇岛广播电视台在强化新旧媒体融合传播的同时，实施连横周边战略，发起"走沿海 看巨变"纪念改革开放 40 周年秦、唐、沧三地电视台联合采访活动，通过搞活动走活了文化脉系高度关联的"亲戚"，形成了稳定的"朋友圈"。与此同时，通过共建共享进一步增强了秦皇岛、唐山、沧州三地电视台各自的创新驱动力和区域影响力。

一、三地联合，一条脉系一个目标共铸一大主题

河北省有 11 个地级市，大多数不靠海，过去一直自视为内陆省份。近年来，河北重估区位价值，以秦皇岛、唐山、沧州三座沿海城市为突破口，奋力向沿海省份看齐。2011 年，国务院正式批复《河北沿海地区发展规划》，标志着河北沿海地区发展正式上升为国家战略，有了更大的平台和政策支撑。尤其是京津冀协同发展战略的实施、雄安新区的设立和京津冀世界级城市群的建设，为河北沿海提速提质发展提供了强大动力。河北沿海三市，秦皇岛是主城区离海最近的海滨城市，也是全国首批 14 个沿海开放城市之一。秦皇岛市广播电视台以"新闻立

台、开放办台、产业强台、文化兴台"为理念，经营业绩连续多年在全省各地市名列前茅，新闻稿件在省台、中央台播发量和播发率也走在前列。2018 年是中国改革开放 40 周年，秦皇岛市改革开放的符号性新闻元素相对丰富，数据要素相对充盈，话语权指数相对较高。在改革开放 40 周年的重大主题报道上，做先锋、做带头是秦皇岛广电义不容辞的责任与担当。审视三座城市，以世界级能源输出大港秦皇岛港为核心形成河北沿海港口群，并依此设立了河北港口集团。三城市在地理分布上是三点一线排列，岸线特点各有所长；在内在联系上文化相近、血脉相连，是河北改革开放的前沿，是京津冀地区的重要组成部分。这些特点决定了三地不仅在经济发展上形成紧密关联，在新闻报道上也有同频共振的渴望。在中国特色社会主义新时代，河北沿海迎来新的发展春天。在这个大背景下，三地电视台一拍即合，联起手来，共同记录三座沿海城市在增强区域合作推动京津冀协同发展、优化空间结构产业布局、借助港口优势发展沿海经济等方面的新成就、新经验和新举措，生动鲜活地讲述河北沿海改革开放以来的成果尤其是党的十八大以来河北沿海经济隆起带的大变革、大发展的精彩故事。在广播电视质量提升方面，互相借鉴、共同促进、形成合力。在应对新挑战创造新机遇方面，共享、共振、共鸣，力促主流媒体影响力逆势回转。

7 月 20 日，"走沿海　看巨变"纪念改革开放 40 周年秦、唐、沧三地联合采访活动在秦皇岛启动　调集秦皇岛、唐山、沧州三地的精干力量，分三个时段分别深入三座城市，由本市记者带队引领，另外两市记者实施异地采访，每个城市在其他城市各形成两篇异地采访报道。近三个月时间，精心采制了 12 篇从不同侧面反映三地经济社会发展的系列报道，10 月 8 日开始在三地电视台陆续同步播出，取得了不俗的收视效果和社会反响。

二、三方聚力，打造"有思想、有温度、有品质"的新闻精品

三台联合，既是横向的聚力合作，又是业务水平的展示与比拼。从这个意义上讲，每家电视台都会选派精干力量，设计最精致的方案，体现最前沿的理念。

一是突出一个"新"字。首先是思维方式的创新。大家通过联合采访，全部跳出"一亩三分地"的旧范式、老套路，共同见证外面的世界真的很精彩。其次是采访形式的创新。三座城市的记者分别深入其他地市，寻找当地的新闻亮点，捕捉当地的最鲜活新闻，挖掘当地的文化底蕴。再次是采访视角创新。记者最为宝贵的是发现新闻的眼睛，但同一个记者常年面对同一个采访目标，难免会产生视觉疲劳和思维固化。打破思维固化的最好办法，就是换一个观察主体。由于阅历和思维方式的差异，新的观察主体注定会有新的视角和新的发现，进而会给更多人带来新的启发与触动。

二是强化一个"实"字。首先是内容充实。三地在采访活动启动伊始，组

织召开采访选题深度策划会，每到一地还要召集本市相关行业和领域专家一同参与选题的分析和探讨。三地电视台分别从众多选题中确定 4 个供其他两座城市记者采访的选题，再由采访记者自由选取自己擅长的选题，并提出自己对该选题的素材和对象的要求，为全面、深入的采访奠定坚实基础。其次是操作扎实。三地电视台各抽出两名实力派记者成立本次系列报道记者团。在采访过程中，由所在地市提供采访素材和报道典型，其他两个地市的记者分头采访。为确保异地采访顺利进行，采访所在城市电视台抽调专门人员负责联系、协调、沟通以及资料整理等工作。为了保证采访质量，提高工作效率，电视台总编室专门设置了三地共用的邮箱，方便三地记者在后期制作过程中的素材互传，拾漏补缺。再次是目标务实。本次联合采访的目的，不是摆花架子，而是通过采访报道，展示改革开放的突出成就和巨大变化，树立进一步深化改革、扩大开放的信心和决心，推动三地经济社会实现高质量发展。

三是瞄准一个"精"字。采访方案设计的精细度，是决定采访能否成功的关键。活动启动之前，三地电视台领导层多次反复研究商榷，形成了总体方案。在联合采访活动整体方案的基础上，各台根据实际又分别制定了各自的详细方案。详细方案细化到根据采访对象确定采访地点、采访方式、机位安排等各个环节。既然是"走沿海　看巨变"，变的对比是不是鲜明，数据是不是精准，是能否达到效果的关键。在数据准备上，三地电视台也是下最大的功夫，收集最新、最权威的精准翔实数据，以不同方面的数据体系提供给异地采访的记者；电视靠画面说话，生动、精良的电视画面胜似万语千言，是电视新闻的吸引力和传播力的关键。为确保新闻的画面品质，三地电视台选派的摄像记者都是全台经验最丰富技术实力最强的骨干力量。

三、多维共享，构建共赢"朋友圈"，营造区域影响力

以本次三地联合采访为契机，已形成其他大型活动组织、关联项目发布、今日最网红发布等更多媒体合作的新局面，以寻求更大的共享共赢。

一是开启了电视新闻新路径新样态新思维。河北省广播电视协会会长何振虎在指导选题策划时强调，此次采访报道既是成就报道，同时又要摆脱传统的成就报道模式，要以讲故事的手法，找好切入点和落脚点，以最佳的新闻由头讲好三地改革开放 40 年来的发展故事。实际上，秦、唐、沧三座城市各自都有着厚重的历史文化积淀，除以河北港口集团对三大港口的资源进行统筹整合外，秦皇岛的旅游产业与唐山的国际旅游岛形成优势互补，唐山的世博园与沧州的杂技大世界实现资源共享，沧州的高教园区与秦皇岛的高校在办学方面也形成了深度合作。三地城市既有产业关联、文化关联，又各具特色。在采访拍摄时，特别注重了历史纵深感和以点带面升华可资借鉴的典型意义，将三地各自独具韵味的故事

讲生动讲细腻讲精彩。通过深入采访,大家更深刻地认识到文辞优美不如故事感人。在"秦皇岛港:百年风华续写时代新篇"这期节目中,选取了在秦港连续工作的祖孙三代,通过他们所见所识来讲述变化,展现出一代代秦港人扎实工作、乐于奉献的精神。节目叙事方式上,运用纪实手法,结合现场出像和当地城市规划、管理部门人员介绍以及专家学者、周边百姓等采访互动的形式,对河北省加快河北沿海经济隆起、产业关联性整合及秦皇岛市结合国际一流旅游城市打造的港口转型发展,做了全面展示报道。

二是结牢了合作共赢的"朋友圈"。启用新思维、新形式、新视角的三地联合采访活动,让三地电视人深切地感受到联手协作带来新的内生动力,也催生了新的理性的考量。敬业精神的相互触动与感染,让更多采编人员得到了心灵的净化,也更加坚定了做一个有胸怀有视野电视人的决心和信心。更大视野的联合采访,深化并延展了业务研究,增进并升华了对相关产业发展的共识。比如在港口发展的报道中,《秦皇岛港:百年风华续写时代新篇》《唐山:从"靠海不沿海"到"一港双城"》《黄骅港:打造国际化综合大港》三篇反映三地共性话题,从绿色发展、港口物流、港口转型等方面介绍了三地港口发展的历史、现状和未来发展方向,内容翔实。通过节目我们也看到,三个港口都在倡导港城互动、以城定港,这可以说是在新时期港口发展建设和城市关系的重新定位,但是在如何发挥港口功能、增强港口向内陆的延伸上宣传亮点并不突出,三地港口在能源输出、港口物流方面的发展特色也不够鲜明。通过报道不但为三地港口发展建设提供了可资借鉴的经验,也为河港集团等管理部门未来进一步明确三地港口发展定位提供了决策依据,进而推动相关工作再上新台阶。用异地视角和思维形成的三篇报道,开启了本地认知的一扇窗口。

三是传统传播融合新媒体传播,是巩固党媒阵地的必由之路。秦皇岛 310 万人口,唐山 787 万,沧州 744 万,三地人口总共 1800 多万。如果只从传统传播路径和方式而言,对于秦皇岛来说,三地联合是本地 6 倍的传播效应。但对唐山、沧州而言,只有双倍效应。要想形成持续的多方面的媒体合作,单凭传统的传播路径和方式远远不够。为进一步扩大传播效应,三地电视台通过各自的微信、微博、手机客户端等主流新媒体,从采访开始便发起宣传攻势。三地联手精心倾情打造的"有思想、有温度、有品质"的新闻精品力作,在三地同步播出后也同步开展融合传播,综合点击量、阅读量与传统媒体比形成了百倍效应,实现了传播效应最大化。区域影响力的打造与提升,也带来了新的发展动能,2018年秦皇岛市广播电视台逆势上扬,经营收入突破 1 亿元,同比增长 6%。

习近平总书记指出,要保持思想的敏锐性和开放度,打破传统思维定势,努力以思想认识新飞跃打开工作新局面。这次联合采访,只是三地联手合作的开始，下一步将根据需要开展全面深度合作。不仅如此，我们还将以中国万里长城为基础，做好做实做强长城沿线城市的节目合作，不断增强广播电视主流媒体的传播力、引导力、影响力、公信力。

（作者系河北秦皇岛市广播电视台总编辑）

媒体融合是城市广电借道超车的良机

——从石家庄广播电视台媒体融合建设看城市台发展

李旭亮　　张天良

十三五规划把"建设智慧城市"作为一项重要目标。IBM 提出：智慧城市是运用现代信息技术工具，实现全面的、高质量的信息感知、互联互通、智能融合的集成。不难看出，该融合集成既需要媒体融合等现代信息技术的助力，也离不开现代广电传媒技术"加工厂"的加工与打磨，而在媒体融合冲击下囧态频现的城市广电也迫切需要融入"新鲜血液"。从某种意义上来说，现代广电传媒技术和智慧城市建设已成为相互需要、相互扶持、协作共赢的合作伙伴关系。石家庄广播电视台借媒体融合大好时机，积极助力智慧城市建设，先后推出了"笑脸智慧社区""智慧公交""智慧地铁"等三个助力智慧城市建设的产品，积极参与城市治理、为城市代言、促进城市转型升级发展，推动了广电体制机制的改革。

一、借力媒体融合传播技术，助力城市治理

在全媒体时代，媒体不仅是信息的提供者和传播者，而且在城市治理中也发挥着重要作用，它通过通达社情民意、传递主流声音、实现党心民意同频共振，提升和优化城市治理效能。

2018 年 6 月 21 日，清华大学和社会科学文献出版社共同发布了《传媒蓝皮书：中国传媒产业发展报告（2018）》。报告称：一方面，互联网的出现并不会使原有的传媒产业机制发生突变，而是在原有基础上循序渐进的进行调整；另一方面，互联网时代的传媒新秩序、新机制的建立也不会一蹴而就，而是应对更加审慎，通过科学的研究分析，不断调整发展的方向和目标。不难看出，面对这场由互联网、大数据等新技术带来的传媒生态深刻变革，需要不断深化对媒体融合发展的认识，在实践中推动传统媒体和新兴媒体在内容、渠道、平台、经营、管理等方面深度融合，形成立体多样、融合发展的现代传播体系。

石家庄广播电视台积极探索适应这种新变化，借力互联网实现城市管理信息

化，积极参与城市治理，以石家庄广电资源为依托实现线上线下互融互通互动。线上手机、魔屏（多媒体终端设备、公交、地铁显示屏）、电视、社区报多屏互动，线下以文化宣传、公益善行、公交、地铁等为互动平台、F2F直购为主要惠民方式。他们依托石家庄广播电视台多年来在视听传播和人才培养方面所取得的成果，立足城市发展战略、行业需求和未来趋势，整合广电发展资源，联通业界，致力于打造以城市智库、学术前沿、业界参谋、人才基地为主要职能的生产、学习、实践一体化研究平台。推出的笑脸智慧社区、智慧公交、智慧地铁三个产品，聚焦网络视频乃至互联网行业的发展方向，从专业角度进行热点解读、现象梳理、深度分析，已经在党和政府、群众中形成良好口碑。

笑脸智慧社区、智慧公交、智慧地铁进驻的每个社区、公交站、地铁站都有其专属APP，用户只需扫描二微码即可进入。每个社区、公交站、地铁站APP的内容，都是贴近本社区居民生活、公交、地铁出行的个性化内容，群众不仅可以通过触摸点击查询乘坐火车、飞机及日常生活、生产等有关内容和知识、信息，还针对公交站、地铁站人员流动性大、需求信息相对集中等特点，适时推出公交线路查询、宜民助民知识介绍、公益广告等服务，这也是智慧APP保持粘性的法宝。实际上，每个社区、公交站、地铁站的智慧APP都有专属的个性化闭环线上平台。而整个智慧APP平台是由众多个性化、闭环（每个社区、每条公交地铁线路相互独立）平台组成的大平台。

在众多互联网产品中，笑脸智慧社区、智慧公交、智慧地铁的优势在于：首先，让政府职能部门实现精细化治理。用互联网思维治理城市、公共交通；提供户籍、计生、医疗和卫生等各项人口及城市治理指标；全面覆盖所有社区、公共交通线路，通过平台让管理者实现一"网"了然。其次，让用户享受智能化服务：统筹管理各类生活服务资源、出行信息；为每一个社区、公交、地铁站亭量身定制各种文化、精神生活应用，体验智能化的现代新生活。第三，为社区物业、公交管理部门提供一站式管理：推行"营造关怀、呵护家园、宜人出行"的笑脸智慧社区、智慧公交、智慧地铁文化；打造"服务更便捷、环境更优美、出行更方便、状态更和谐、幸福指数更高"的智能、人文、宜居、宜行的现代新型智能社区、交通网络。

笑脸智慧社区、智慧公交、智慧地铁将迅捷传递党委、政府的重大决策、中心工作和应急管理信息放在首位。用户只需参与到智慧城市生活，就能定制智慧化城市公共服务平台、本土化的影视娱乐内容、便捷高效的民生服务；智慧社区、智慧公交、智慧地铁实行多屏覆盖，进一步提升社区、公交、地铁管理服务能力和效率；提升城市运行效率和公共服务水平，为政府社会管理和公共服务提供智能决策依据及手段；为市民提供实用、便捷的城市公共服务信息；使政府、媒体、市民进行多向互动及反馈，便于改进公共服务水平、提升政府的公信力和满意度；带动传统广电媒体和新媒体的产业升级及融合发展，增强主流媒体及主流舆论的影响力；增加用户的幸福感；利用系统信息推送功能，在自然灾害、非常天气、交通拥堵、疾病疫情等突发事件出现时，成为最直接、最便利、时效性最快、终端到达率最高的政府公共信息应急发布平台。

二、由"主导用户型"转向"用户主导型"，打破媒介壁垒把信息全时空全覆盖送达每个人

笑脸智慧社区、智慧公交、智慧地铁数字化以后的电视、服务、出行、知识、休闲信号占用网络带宽资源大大减少，使目前线路的传输能力由原来几十套扩展为几百套。一方面，在模拟时代的电视"受众"到了数字时代有了自己的主动选择权，随便点播自己喜欢看的节目内容，不再被动接受；另一方面，由于有存储功能，看电视用不着再"赶点儿"了，可进行文字录入、上网浏览、收发邮件、电视购物、远程教学、远程医疗、股票交易、信息咨询等。笑脸智慧社区、智慧公交、智慧地铁改变了图像、文字等信息的生产、传播、交换和消费的方式，使信息传播从单向单一形态向双向多元化形态转变、从资源垄断向资源共享转变。其优势还体现在它的互动性和参与性上。在网络电视和手机电视媒体板块，他们充分调动了受众的积极性，实现了一对一传播的模式。

以数字技术为代表的笑脸智慧社区、智慧公交、智慧地铁消融了媒体介质之间，地域、行政之间，甚至传播者与接受者之间的边界，使媒体个性化更加突出。首先，由于技术的原因，以往所有的媒体几乎都是大众化的。而笑脸智慧社区、智慧公交、智慧地铁却可以做到面向更加细分的用户和个人。个人可以通过笑脸智慧社区、智慧公交、智慧地铁定制、查询、收看、欣赏自己感兴趣的新闻、娱乐、影视节目。每个笑脸智慧社区、智慧公交、智慧地铁用户手中最终接受到的信息内容组合可以是一样的，也可以是完全不同的。这与传统媒体用户只能被动地阅读或者观看毫无差别的内容有很大不同。其次，用户选择性增多。从技术层面上讲，在笑脸智慧社区、智慧公交、智慧地铁那里，人人都可以接受信息，人人也都可以充当信息发布者，用户可以一边看电视节目、一边播放音乐，同时还参与节目的投票，还可以对信息进行检索。这就打破了只有新闻机构才能发布新闻的局限，充分满足了信息消费者的细分需求；与传统媒体的"主导用户型"不同，笑脸智慧社区、智慧公交、智慧地铁是"用户主导型"。用户有了更大的选择，可以自由阅读，可以放大信息。媒介形式多样，各种形式的表现过程比较丰富，可融文字、音频、画面为一体，做到即时的、无限地扩展内容，从而使内容变成"活物"。理论上讲，只要满足计算机条件，一个笑脸智慧社区、

智慧公交、智慧地铁即可满足全世界的信息存储需要。

三、让信息贴近民生、贴近地皮，满足人民日益增长的美好生活新需要，打造城市新品牌

随着经济社会发展，人民群众对精神文化产品和服务的要求越来越高。媒体融合发展为增强人民群众在全媒体时代的获得感、幸福感、安全感开辟了新空间。满足人民过上美好生活的新期待，必须提供丰富的精神食粮。只有不断提升内容的服务性和针对性，才能把更多更好的信息文化服务和精神文化产品送到社区、公交、地铁等公共场所。

在借力互联网打造笑脸智慧社区、智慧公交、智慧地铁产品中，他们的创新内容包括新闻政务、都市生活和文艺娱乐服务的各类信息，服务民生，为城市代言，让信息贴近民生、贴近地皮，打造城市新品牌。

电视新闻以往是电视频道的收视法宝，石家庄广播电视台定位关注民生、服务百姓的《民生关注》新闻领跑城市电视台收视率长达10年。在移动APP的新时代，他们认识到，电视台之所有还保持着极大的公信力正是因为它仍然具有权威发布的性质，是城市的代言人。针对时下互联网信息海量、实用不足，内容泛滥、精品不多、贪大求全、特色不强，内容同质化日趋严重，引发公众吐槽等不良现象，他们通过笑脸智慧社区、智慧公交、智慧地铁平台，加强与群众的互联互通，征询群众建议、意见，重新定位民生新闻、燕赵名城网网络信息，着力向有思想、高品质的内容转变，给民生新闻、广电网络信息的制作吹来一股清新之风：一是当好政府喉舌，主导主流声音。关注城市建设和发展，发挥城市台所独具的得天独厚优势，为城市代言。以本土大多数人所关心的新闻为主打，因时因势精准解读政策，分析大势，挖掘内幕，引导信息流向，让观众得到更多更实在的信息。如：今年初，石家庄大型全媒体（网易河北、无线石家庄、燕赵名城网、民生关注官方微信）直播《民生热点面对面——新年问政》，聚焦房地产市场乱象对话市住建局，聚焦大气和水污染治理对话市生态环境局，聚焦不动产登记、违法占地对话市自然资源和规划局，聚焦大力推进"网上办、马上办、就近办"对话市行政审批局，聚焦12350就受理生产安全事故举报事项、事故隐患举报对话市应急管理局……引发了社会各界广泛关注，市民网友积极参与，5期节目已经有超过80万人次先后在线收看直播，收集线索3万余条。《民生关注》策划推出的"孩子身边的危险"系列报道，以"记者体验＋现实案例"的形式，为家长朋友敲响警钟；燕赵名城网网络信息"工行千万存款失踪之谜""养狗大家说"报道，第一时间关注了公众聚焦的热点，充分体现了燕赵名城网的影响力和公信力。二是向态度媒体转变。利用城市的"知道分子"讲述城市的历史

发展和未来、评述城市的人文精神。总而言之，他们重点向表达态度、聚合思想和彰显城市精神转变，向鸡零狗碎告别。

在充分借助笑脸智慧社区、智慧公交、智慧地铁巩固发展"新闻立台"建台中心思路的基础上，针对移动互联网时代聚焦竞争、用户分层和个人化倾向越来越明显、从大众传媒向窄众传媒的转化乃大势所趋等新情况，他们注重推出如下模式：笑脸智慧社区、智慧公交、智慧地铁＝互联网＋广电＋孝文化＋善行＋惠民。把传统文化与现代科技结合，用优秀的中华文明和传统美德构建百姓精神家园，用现代科技构建百姓现代化智能生活，线上线下充分融合互动。他们以该项目为切入点，与辖区居委会、物业、公交、地铁公司一起，树立敬老爱亲、和谐友善的社区、公交、地铁新风尚，共同将社区、公交、地铁建设成为家庭和谐、生活富足、邻里敦睦、互助友爱、服务便捷的智能化人文生态和谐社区、和谐公交、和谐地铁。

通过互联网技术构建起网络信息用户间深度信任关系。重构社区生态、公交、地铁文化，通过涵盖内容（Content）、交易（commerce）、社交（Community）打造成一个生态"3C"系统，实现离用户最近、信任度最高、粘性更足。为社区、公交消费"织网"，将实体社区、公交、地铁变成一个基于大数据的线上线下全面交互的平台，让居民真正感受到互联网时代的便利和实惠。

据悉，石家庄广播电视台还将与金融机构共同发行广电笑脸卡。未来，社区、公交、地铁用户人手一张笑脸卡，可在线缴纳水费、电费、物业费、有线收视费、燃气费、话费等，并可集门禁卡、车库卡、电梯卡等功能于一体，彻底实现城市居民生活无障碍智能化一卡通。

40年改革开放，我国政治经济的稳步发展为文化传媒发展奠定了基础，机构改革与机制创新也为传媒业的更新升级创造了良好的环境。互联网重构了传媒产业，使产业边界不断延展，产业规模快速增长，传媒业未来五年预计还将保持两位数增长，预计2020年有望突破3万亿。随着经济的稳定发展，人们的消费需求也在日益增长。中国居民文化传媒消费不断加快，从而带动传媒产业持续增长。另外，互联网重构了传媒产业，使产业边界不断延展，产业规模快速增长。有识之士认为，今天的"传媒（media system）"已经成为一个综合性的概念，传媒至少包含了三个层面的含义：媒介、媒体、内容。如今传统媒体相加起来也就只占到整个传媒市场的五分之一左右。市场已经整个颠倒过来了，昔日的传统主流媒体现在成了网络媒体的内容供应商。

据《传媒蓝皮书：中国传媒产业发展报告（2018）》对中国传媒产业市场发展预测，未来几年，传媒的整体格局将趋于稳定，内部结构调整带来的产业竞争将愈来愈激烈。从发展趋势看，未来传媒将向"媒介智能化、传播大众化、内容精品化、服务个性化、广告程序化、产业泛娱化、行业跨界化、市场集中化、运营国际化、监管自律化"的方向发展。

坚持守正创新、推动媒体融合纵深发展任重而道远，未来总在想象之外。信息革命持续推进，媒体融合永无止境。石家庄广播电视台笑脸智慧社区、智慧公交、智慧地铁项目在不断实践中也再次证明，在媒体融合时代，内容依然是决定传播的主体。石家庄笑脸智慧社区、智慧公交、智慧地铁的探索还只是在做好广电媒体的前提下抢占了全媒体没有边界的蓝海和没有天花板的空间一点点，路还有很长。在为他们的勇敢鼓掌的同时，更要铭记一位哲人的话："各类媒体的边界，不是被互联网等新技术泯灭，而是经过新技术'淬火'焕发新的生机与活力；从一定意义上来说，融合的过程，就是经'跨界'而再次'划定'边界的过程。"那种不能立足本职做传媒，却想到互联网的汪洋大海中畅游的人终究是会走弯路的。

（作者单位：石家庄广播电视台）

广播新闻服务城市发展路径探索

刘　芳　乔艳霞　梁景芝

新闻媒体的服务性与生俱来。作为地方主流新闻媒体，城市广播电台服务的重点对象包括两个方面：党委和政府的中心工作和人民群众的日常生活。近年来，郑州人民广播电台不断强化主流价值导向，坚持把受众的需求放在首位，立足本地，精准服务，深度融合，提升了媒体的传播力、引导力、影响力和公信力。

一、发挥城市广播地域优势，服务本地受众

城市广播的主要受众在本地。按照新闻的贴近性原则，我们在报道中首先最大化地满足听众本土化需求，注重本地特色，强化实用价值。以郑州电台名牌栏目《郑州早新闻》为例，25分钟都是本地新闻。上半段时政要闻，下半段民生热点，内容涉及权威发布、政策解读、交通、住房、医疗、就业、教育、气象等各个方面的有效信息。在郑州同时段收听率调查中，《郑州早新闻》长期排名第一，市场份额超过30%。

（一）坚持内容为王，提升新闻质量

在本地新闻的采访中，一方面要抓牢党委和政府的中心工作，另一方面要找到人民群众的关切点、共鸣点。今年以来，郑州电台启动头条建设，改变以往将市委主要领导同志的活动作为头条稿件的做法，围绕市委、市政府中心工作，策划重大主题报道和民生热点稿件，作为头条播出。今年全国两会期间，恰逢习近平总书记在郑州调研指导工作四周年。我们提前策划，精心准备，以《奋斗新时代　春意满中原》为主题推出大型系列报道。沿着习近平总书记的足迹，走访中欧班列、河南保税物流中心、郑州国际陆港、中铁工程装备集团等地，通过郑州视角，结合郑州实践，全景展示在习近平总书记重要指示精神引领下，河南经济社会不断取得的新发展、新作为。这组主题报道一经推出好评如潮，成为今年河南媒体全国两会报道中的一大亮点。

（二）时政新闻唱响主旋律，服务中心工作

作为地市级主流新闻媒体，服务当地党委和政府，积极为地方发展献计出力

是城市广播的重要职责。郑州电台每年围绕市委、市政府中心工作开设的专题专栏和系列报道接近百个，充分发挥了主流媒体的舆论引导作用。

加强策划，做好重大主题报道。2017 年党的十九大召开，围绕十九大主题，郑州电台先后策划推出了《喜迎十九大——对党说句心里话》《我看郑州新变化》《最美家乡人》《建设国家中心城市大家谈》《我爱郑州、郑州有我》《十九大 十九人——我们的中国梦》等近 10 组系列报道。其中《十九大 十九人——我们的中国梦》这组系列报道，由郑州电台携手省内 18 家城市台联袂推出。在全省精心挑选了 19 位先进典型，包括党的十九大代表、脱贫致富带头人、改革创新的先锋等。这组报道在全省 18 家城市台同步播出，多平台、多频次，打破了地域界限；另外，每篇稿子都制作了图文并茂的新媒体，在 18 家电台的 20 多个新媒体平台上进行二次传播。节目累计播出时长超过 1600 分钟，覆盖人群数千万，开创了河南全省城市广播围绕同一主题抱团作战、共同发声的合作模式。今年，郑州电台再次联合省内 18 家城市台推出《潮涌中原——改革开放 40 周年百集人物系列专题》，将成为河南城市广播献礼改革开放 40 年的扛鼎之作。

突出服务，发挥媒体助政功能。2017 年，国家明确支持郑州建设国家中心城市。郑州电台立即策划推出了《从中国的中部出发——对话国家中心城市》大型异地采访活动，分五路前往上海、广州、武汉、天津、成都等先进地市，历时一个月，行程过万，实地探寻各地改革开放的案例和鲜活经验，围绕自贸区建设、科技创新、生态建设、文化创意、现代产业发展等内容进行采访报道。不同于以往单纯报道先进地市的成功做法，这组报道每一篇都有经验分享和与郑州的对比，为郑州国家中心城市建设提供了科学借鉴。

（三）民生新闻贴近百姓，做出特色和品位

相对站位高端时政新闻，包罗万象的民生新闻更受普通老百姓关注。在这类新闻的采访报道中，我们更加注重服务性、监督性、趣味性和正能量的引导。

回应关切，正面引导。对群众关心、政府关注、普遍存在的问题进行建设性监督，以推动解决问题为目的，做好媒体助政。仅今年上半年，郑州电台围绕民生热点策划推出的重点关注和记者调查就有 40 多个，包括《"停车位"大调查》《"受伤"的限高杆》《"蒜你狠"到"蒜你惨"》《限塑令十年》《暑期培训班——想说爱你不容易》等等，充分发挥了"媒体助政"功能。

找准需求，精准服务。要有用户思维，重视民本关切。通过为受众提供有实用价值的各类信息，实现媒体的社会价值，促进社会的文明价值，使三种价值递增升值。2016 年，郑州电台策划推出了《我爱郑州》系列报道，以普通人物为主人公，讲述他们和郑州的故事，平民视角展示这些年郑州的发展变化以及大家对郑州的热爱之情。如今，《我爱郑州》已成为郑州电台独创的一个展示郑州形象、传递社会正能量的品牌。另外，立足本台的"会面"客户端，先后推出了《会面观察》《会面观文明》等品牌栏目，将记者调查、社会热点在《会面观察》中呈现，将真善美及假丑恶现象在《会面观文明》里推送，打造了自己独有的新闻 IP，也发挥了主流媒体"团结人民、鼓舞士气，成风化人、凝心聚力"的职责使命。

二、运用全方位立体化的融媒体平台，最大化的提升服务效果

融媒体时代，单纯依靠传统广播显然不能满足受众的需要，也达不到服务受众的最佳效果。郑州电台以"互联网＋"的思维引领采编改革，倾力打造全媒体编辑记者，将移动端发稿作为第一落点，做到了"一次采集、多元生成、多渠道分发"，使城市广播的服务功能得到提升。

（一）重构采编流程，坚持移动优先，提高新闻时效

快是广播新闻的生命。在新媒体平台，城市广播迅速快捷的优势依然不能丧失。2016 年，郑州电台的新闻客户端——"会面"上线，成为记者发稿第一落点。目前很多稿件需要制成不同版本，一版供传统广播，讲究简洁精炼，口语化传播；另一版供新媒体使用，文字、图片、音视频、表格等多元素呈现。图文直播、视频等新媒体手段已经常态化运用。移动优先的发稿流程改变了传统广播记者的工作模式，打造了一批全媒体编辑、记者。新媒体平台的发稿数量、质量、点击量全部纳入绩效考核体系，实行按量分酬，多劳多得，日常报道做到了新媒体与传统广播并驾齐驱。

（二）建设"中央厨房"，形成全媒体矩阵，扩大宣传效果

目前，郑州电台有 1 个网站，1 个新闻客户端，46 个重点微博公众账号，18 个重点微信公众号，粉丝总数超过 520 万。2017 年 6 月，郑州电台整合新闻中心、新媒体中心、五套频率及蜻蜓 FM·河南、听见项目部等成立融媒体中心。按照"中央厨房"的功能定位，建立了协调沟通制度、岗位值班制度、线索通报制度等，实现了不同部门间面对面办公，确保"中央厨房"与采编发网络紧密结合、无缝衔接，重大及突发新闻可在第一时间通过全台各部门、各频率统一分发，形成新媒体传播矩阵。如今，在大型主题报道中，各部门联动、全媒体配合已成为常态。

（三）横向联合，纵向延伸，扩大新闻触角和服务范围

政府部门、相关委局是城市广播服务的重点对象，与这些单位合作联动往往能够互利双赢。今年上半年，郑州电台先后联合郑州市农委、郑州市文物局、郑州市总工会、郑州市爱卫办等推出了"深化走转改 乡村振兴郑州行"大型全媒体新闻采访活动、"文物知识进校园"活动、《致敬劳模》系列报道、《健康郑州》专栏等，不仅为这些部门的重点工作提供了全面精准的宣传服务，也为电

台争取到了更多政府资源。2015 年，郑州电台还整合各县市区广播资源，成立了县市区广播联盟，将新闻服务的触角延伸到基层。县市区的重要稿件由市县两级联合采访，共同推出，使县级台在报道内容、形式、时效等方面有了明显改进，也扩大了郑州电台在县市区的影响力。

三、关于做好服务性广播新闻的几点思考

如今，各家媒体都非常重视服务性新闻的采制和编发，如何在激烈的竞争中发出城市广播的最强音？如何将自己的新闻做的深入人心，赢得更多受众呢？

（一）站位高端，以主流价值观引领舆论

目前，我国已进入由生产型社会向消费型社会转变的新时代，面对思想多元和传播多样的现实，"作为地方主流媒体的城市广播要善于引导，找准经济发展的关键点、人民群众的关切点以及思想情感的共鸣点，做好重大主题宣传和深度策划报道"[①]，以更多的精品力作践行习近平总书记提出的新闻舆论工作 48 字方针。

（二）精准定位，以全面综合的立体式服务赢得受众

城市广播要始终把人民群众放在第一位，心中要装有听众。找准人民的需求后，千方百计提供精准充分的服务。"实现信息产品到服务产品、体验性产品、情感产品的不断升级，使听众对广播从认知认同到认可依赖，产生情感联络。"[②]

（三）深度融合，以多样多元的传播促进转型升级

在多媒体语境下，城市广播要运用"互联网＋"思维，打造"广播＋人＋社会＋国家战略"等媒介生态体系，运用移动化、直播化、视频化、平台化等多样态的传播手段，实现从单向、单一、单调的传统媒体向多元、多样、多变的现代媒体的转变。

在 7 月 26 日举行的"城市电台服务城市发展的样本解析"研讨会上，中国广播电影电视社会组织联合会会长张海涛指出，"城市台在城市发展中的作用不可或缺。习近平总书记曾在中央城市工作会议上对城市工作提出过 12 个字的要求：衣食住行，生老病死，安居乐业。这也是城市台做好转型发展的根本。"[③]只要我们紧紧围绕这 12 个字，做深做透，做细做实，充分发挥"本地化、本土化、贴近性、服务性"的优势，一定能够创造城市广播更加美好的明天。

（作者分别为郑州人民广播电台新闻中心主任；郑州人民广播电台新闻中心副主任；郑州人民广播电台新闻中心编辑）

---

① 整理自 2018 年 7 月 26 日在郑州电台"城市电台服务城市发展的样本解析"研讨会上的交流发言。

② 整理自 2018 年 7 月 26 日在郑州电台"城市电台服务城市发展的样本解析"研讨会上的交流发言。

③ 整理自 2018 年 7 月 26 日在郑州电台"城市电台服务城市发展的样本解析"研讨会上的交流发言。

融媒环境下城市台的坚守与创新

陈晓红

我国已经进入中国特色社会主义新时代，城市台作为主流媒体的一分子，有责任、有义务在党的十九大精神指引下，坚守媒体责任与使命担当，站在新时代，开启新征程，谋划新起点，牢记党对新闻舆论工作的新要求，认清新时代的新使命，积极改进和创新新闻舆论工作，加快建设新型主流媒体，激发全民族文化创新创造活力，为建设社会主义文化强国贡献力量。

一、城市台是最贴近百姓的媒体，应坚守使命担当，强化地方特色，提高舆论引导能力，彰显主流媒体的社会责任

城市台是承上启下的重要一级，也是近年来受到媒介环境和市场影响最大、转型最为急迫的主流媒体。在当前融媒体环境下，城市台的发展应顺势而为，乘势而上。

（一）党的新闻舆论工作提出了党媒要牢牢掌握意识形态工作领导权

传播手段的建设和创新必须高度重视，以提高新闻舆论的传播力、引导力、影响力和公信力。地方性是城市台赖以生存最宝贵的资源。城市台从成立伊始，就以服务当地党委、政府中心工作为首要，是当地党委、政府传达政令，推进工作最重要的舆论工具，对当地重大政策、重大活动、重大事件的报道解读，城市台都有着绝对的优先权和发布权，比其他媒体更便捷。因此，对于城市台来说，无论处在何种变换的市场环境中，坚守使命，不忘初心，强化地方新闻，永远是制胜法宝。

（二）城市台要打好地方牌，就必须立足当地特色，挖掘独特的城市人文特色

文化是一个国家、一个民族的灵魂。文化兴则国运兴，文化强刚民族强。如果没有高度的文化自信和文化的兴盛繁荣，则中华民族的伟大复兴就是一句空话。作为主流媒体的城市台，要善于挖掘当地的历史文化，坚持"三贴近"的原则，讲述展现当地的民风民俗，讲述当地的人物故事，通过贴地面、带露珠和加温度的表达方式，创作出独具特点的采访报道。

（三）人口居住集中是城市从出现之初就具有的特征

城市包括住宅区、工业区和商业区，及各种公共设施。密集的居住环境需要城市各种设施高效良好地运行。作为城市台，要充分发挥自己接地气，与百姓交流最直接的优势，在服务百姓上下功夫，围绕百姓身边的热点、难点、焦点问题，打造具有地方特色的栏目品牌，整体营销，赢得市场的一席之地。

二、坚持抱团取暖，强化联制联播，探索改变城市台地域受限、扩大传播平台的途径

中国广播电影电视社会组织联合会城市台新闻委员会成立于1991年。该委员会在推动媒体融合发展的实践中，形成了统一的思想：抱团取暖，挖掘城市特色，强化联制联播，在以节目内容为链接的基础上，在主题报道和城市春晚等方面，开拓生存和发展空间。

（一）从简单的新闻信息交换到内容的整合，联制联播开始启程

城市台新闻委员会成立之初，就以新闻信息的交换为目的，成立了城市电视新闻交换网，各家城市台将自己的新闻上传平台，其他城市台根据自己所需再从网站下载使用。随着合作的深入，城市台在新闻简单传输交换的基础上，用联合制作联合播出的形式，制作成具有划时代意义的电视新闻节目《中国城市报道》，通过主题策划、联合探讨的方式，对新闻信息进行独家配置，用最低的成本让城市电视台最大限度地扩张信息来源，提高城市电视新闻的影响力和整体水平。这档栏目也成为城市台际联制联播的滥觞。

（二）打破新闻合作的局限，联制联播内容扩展到社教综艺等方面

2013年，城市台新闻委员会南宁、南京、太原、沈阳、广州、成都六个城市台作为共同发起，联合26家城市台参与策划了《城市的味道》联制联播行动。每个城市台制作一集，每集28分钟，共26集，制作完毕后，在各自频道进行播出，共享节目资源。这也是城市台际之间，首次尝试联制联播纪录片的项目，也为城市台际下一步的联制联播大型纪录片起到了积极的示范作用。

2014年，由太原台承办的中国城市春晚，即《幸福城市梦，家家欢乐年》联合东、西、南、北、中，包括北京、上海、深圳、成都、南京、济南等23家城市台，引进市场经营机制，整合资源，制作播出了城市春晚。著名主持人杨澜领衔20余家城市台主持人，融汇歌舞表演、相声小品、主持人集体拜年等多种表演艺术为一体，统一播出时间，覆盖中国2.5亿城市人群，拓宽了城市台际合作的领域。

（三）围绕中心，服务大局，主题策划，联制联播再上新台阶

这阶段是城市台之间联制联播发展最快、收效更明显的阶段。2014年，为

纪念中国抗战胜利 70 周年，城市台新闻委员会由广州、太原、石家庄、南京等 13 家城市台发起，组织全国城市台，联制联播 60 集大型系列抗战纪录片《血铸河山》。该纪录片严格规定制作标准，统一技术格式，最终在 60 多家城市台的电视荧屏中统一播出。

2016 年 3 月，城市台新闻委员在成员台内部再次发起大型系列纪录片——《筑梦新丝路》的联制联播活动。目前，该节目正在紧锣密鼓地进行后期包装当中。

2017 年 3 月，为纪念改革开放 40 周年的大型纪录片《四十年四十城》在成都正式启动。

联制联播内容的集成融合，让城市台在发展中形成了系列产品和独特优势。这一事实证明，新闻传播不仅仅是地缘传播，更是接力传播、跨地域传播、融合传播。这极大地调动了各城市台节目创作的热情，也节省了各城市台节目生产的投入成本，并产生了一定的经济效益和社会效益。

三、坚定体制创新，强化媒体融合，加快新型主流媒体建设，占领舆论宣传新阵地

2016 年 2 月 19 日，习近平总书记在党的新闻舆论工作座谈会上强调：党的新闻舆论工作必须创新理念、内容、体裁、形式、方法、手段、业态、体制、机制，增强针对性和实效性。要适应分众化、差异化传播趋势，加快构建舆论引导新格局。要推动融合发展，主动借助新媒体传播优势。党的十九大报告又提出：要加强互联网内容建设，建立网络综合治理体系，营造清朗的网络空间。

（一）创新机制体制，为城市台赢得发展空间

目前，不少传统媒体在做新媒体时，尚处于一种简单的相加关系，远远不适应发生日新月异变化的媒介环境。如何在媒体融合中实现深度融合，不断创造新的可能，是每个传统媒体必须审慎对待的问题。传统媒体经过几十年的发展，存在着一定的机制僵化，人员老化，活力不足的现象。城市台要想在日益严峻的生存环境下赢得自己的空间，必须坚定信念，不畏艰辛，以一往无前的拼搏精神，创新机制体制，敢于啃硬骨头，敢于涉险滩，破除一切有碍于城市台改革创新的痼疾，为媒体融合扫清道路。

（二）建立人才培养机制，为城市台储备全媒体新型人才

人才的竞争决定着媒体的竞争，人才的优势是媒体优势的核心。培养造就党和人民放心、政治坚定、业务精湛、作风优良的新闻舆论工作队伍，是每个城市台必须面对的问题。人才的匮乏，常常会使融媒体工作受制于人，起不到应有的效果。因此，城市台一定要抓住机会，主动出击，引进外脑，通过实践，培养全

媒体新型人才，组建新媒体研发团队，积累经验，在融媒体建设中有所作为。

（三）加快媒体融合步伐，建设融媒体中心，开创全媒体新时代

在媒体融合的路上，从国家到省级再到市级，不少媒体都进行了积极的探索。太原广播电视台自2016年手机台运行以来，充分发挥新媒体即时性、互动性的特点，强化应急反应机制，不断与传统广播、电视、报纸媒体融合互动、相互提升，取得显著成效。尤其是2017年年底，太原市委发出了《担复兴大任 做时代新人》的倡议。太原手机台与电台、电视台携手，利用VR全景、H5等新媒体手段，以图表、文字、视频、音频等全媒体综合手段系列呈现，并将网络直播有机融入，对"时代新人说"活动的进程进行了全方位、多视角的展现，有效地延伸了"时代新人"声音的传播，为凝聚时代的精气神营造出了良好的舆论氛围。

诚如上言，传统媒体和新兴媒体的融合已经给媒体生态带来了巨大的变化。无论媒介环境多么艰难，竞争多么激烈，城市台都将牢记主流地方媒体的使命与担当，推动传统媒体与新兴媒体之间的共享互融，不断探索媒体融合从"相加"到"相融"的扩展路径，打造出形态各异、手段出新、具备强大传播力、公信力和影响力的新型的地方媒体。

（作者系太原广播电视台台长、党委书记，太原文化广播电视集团总裁）

地方传统媒体如何进行平台再造和生产链条重构

——关于建成新型主流媒体的思考

陈益群

2019 年 1 月 25 日，中共中央政治局在人民日报社就全媒体时代和媒体融合发展举行新年首次集体学习，可见党中央和习近平总书记对新闻舆论工作的高度重视。在学习中，习近平总书记指出，"新闻舆论工作面临新的挑战""加强传播手段建设和创新""建成新型主流媒体"，所当乘者势也，不可失者时也，进入 2019 年，习近平总书记对媒体融合发展提出了更具体的要求。

对于地方传统主流媒体而言，如何顺应历史的潮流，适应新的挑战，建成新型的主流媒体？笔者认为，平台再造及整个信息产品生产链条的重构是不可回避的。

一、思想认识的更新与传播平台的再造

毋庸置疑，传统主流媒体在历史发展的不同阶段都发挥着不可替代的作用，为社会的发展和进步做出了不可磨灭的贡献。目前的主流传统媒体都是根据不同的传播平台和传播介质而设立的，比如报纸借助纸张、广播通过电波、电视凭借电视机，而这一相对平稳的格局由于互联网的出现被打破了。

习近平总书记在中共中央政治局第十二次集体学习时指出：全媒体不断发展，出现了全程媒体、全息媒体、全员媒体、全效媒体，信息无处不在、无所不及、无人不用，导致舆论生态、媒体格局、传播方式发生深刻变化，新闻舆论工作面临新的挑战。我们要因势而谋、应势而动、顺势而为，加快推动媒体融合发展，使主流媒体具有强大传播力、引导力、影响力、公信力，形成网上网下同心圆，使全体人民在理想信念、价值理念、道德观念上紧紧团结在一起，让正能量更强劲、主旋律更高昂。

据《中国互联网络发展状况统计报告》统计显示，截至 2018 年 6 月，中国网民规模为 8.02 亿，其中手机网民规模达 7.88 亿，在上网人群的占比达 98.3%。

这意味着如果从平台和渠道来进行区分的话，互联网已经成为最大的媒体平台，也成为信息传播最重要的阵地，但是对于一向占据主导地位的传统媒体而言，对这一事实认识不足，绝大多数的传统媒体都只盯着自己的"一亩三分地"，对于参与互联网的发展普遍缺乏热情，多数处于被动的守势，这里面当然有体制的问题。虽然这些年对于传统媒体与新媒体的融合发展被提上了重要的议事日程，但事实上也是雷声大雨点小，推进的速度并不快，甚至出现应付式的现象，传统媒体新闻信息在互联网的传播往往被视为传统产品的附属产品，互联网平台没有得到充分重视，更不用说精心去经营。

习近平总书记指出："推动媒体融合发展、建设全媒体成为我们面临的一项紧迫课题。要运用信息革命成果，推动媒体融合向纵深发展，做大做强主流舆论，巩固全党全国人民团结奋斗的共同思想基础，为实现'两个一百年'奋斗目标、实现中华民族伟大复兴的中国梦提供强大精神力量和舆论支持。"这是从顶层设计上为传统主流媒体的发展指明了方向，为扩大主流价值影响力版图及提高正面宣传质量和水平引指了道路。传统主流媒体在互联网领域的布局是具有战略意义的，主流媒体在互联网的"失语"会使我们失去话语权。"话语权"指的是不同人群在国家政治生活、经济生活以及各类社会文化生活的发言权，而主流媒体对话语权追求是责任担当，也是存在价值。

互联网平台和渠道建设的重要性应该成为传统主流媒体领导者的共识，习近平总书记在讲话中就强调"要坚持移动优先策略，让主流媒体借助移动传播，牢牢占据舆论引导、思想引领、文化传承、服务人民的传播制高点。"只有提高认识，统一认识，才能让传统媒体真正的动起来，把互联网平台也视为自己的平台，而且是比传统媒体端更重要的平台，把全媒体、融媒体的理念落实到行动中来，真正地把做好互联网新闻信息的传播作为己任，这样我们才能真正地拥有话语权，掌握舆论场主动权和主导权。

习近平指出，各级党委和政府要从政策、资金、人才等方面加大对媒体融合发展的支持力度。各级宣传管理部门要改革创新管理机制，配套落实政策措施，推动媒体融合朝着正确方向发展。

只有上下达成共识，形成合力，推动媒体融合发展，通过流程优化、平台再造，实现各种媒介资源、生产要素有效整合，实现信息内容、技术应用、平台终端、管理手段共融互通，催化融合质变，放大一体效能，让传统主流媒体变身新型主流媒体。

二、传播渠道的更新与组织结构的重构

如今的地方传统媒体都是按照原有的媒体平台来设置组织结构的，它的运作完全是为了适应原来的平台端，所以，当互联网平台出现的时候，传统媒体在应

对上相对来说是比较被动的，由于单位组织的属性基本上属于公益性事业单位，内部的架构设置必须通过相关政府部门审批，这使得传统主流媒应对舆论格局变化的机动性严重不足，目前虽然有些传统媒体在内部设置了从事新媒体业务的部门，但是在资源配置上往往十分欠缺，无论是人员的数量、质量还是技术设备的支持，都远远无法与传统的生产部门相比。

这种组织结构的不合理性，使得许多传统主流媒体在互联网平台端的信息传播显得苍白无力，从事新媒体业务的部门和人员往往只是把新闻信息从传统平台向互联网平台发送的"搬运工"，没有自创的产品，更没有针对互联网端平台和手机端传播特点的产品生产。在做互联网信息传播趋势分析的时候，我曾经提出2017年将是一个短视频的传播年，而事实也证明2017至2018年短视频的传播占据了互联网传播最重要的版面，而同时可以清楚地看到，在这股短视频的热潮中，传统主流媒体几乎集体缺席，基本上没有一家传统主流媒体能在这股热潮中占有一席之地，更不用说掌握潮流的主导权。而原本我们会认为视频的制作是主流媒体中电视台的看家本领，可残酷的事实再次告诉我们，原来在电视平台播出的视频节目，即使是那些被认为的所谓"精品"节目，其实并不适合互联网端，特别是手机端传播。对于视频节目的评价体系，在手机端也开始进行了重构。有许多所谓的"精品节目"一旦放在互联网或者手机端，点击数往往惨不忍睹，而能够看完的观众更是寥寥无几。事实是检验真理的唯一标准，虽然从业者可以从各种专业的角度对此进行反驳申诉，甚至以"互联网端人群的素质不高"等为托词，但是在这些节目即使电视平台端的收视率也同样惨不忍睹、节节败退的事实面前，电视台其实也应该慎重地去思考，该拍什么样的节目了？而向互联网端的重心转移也将成为传统主流媒体不二的选择，这种重心的转移首先在组织结构上、在部门架构的设置上、从资源配置上须进行重构，要予以重视和倾斜，突出它的主体地位，保证它的主动性运作，而不仅仅是传统生产部门的附属。当然，这要求各地的党政要予以充分重视，支持地方主流传统媒体进行机构改革和重组，为工作重心的转移提供组织保障。

新型主流媒体要有强大的议题设置和内容生产能力。议题设置能力客观上体现了媒体的综合竞争力和影响力，在全媒体时代，主流媒体要能够动用线上线下的各种平台和渠道，通过议题设置，发挥社会舆论的引导功能和导向作用，牢牢掌握话语权。而做到这一点，"内容建设为根本"，传播技术只是改变了传播渠道和传播方式，起最终决定作用的依然是内容产品，没有强大的内容生产能力，话语权便无从谈起。习近平总书记强调："主流媒体要及时提供更多真实客观、观点鲜明的信息内容，掌握舆论场主动权和主导权"。

当然，重视互联网平台的传播并不等于放弃传统平台的运营，而是要对各种平台的各类资源进行统筹和整合，充分的挖掘各种平台不同的受众对象群，通过有针对性的信息产品来满足不同渠道受众的需求，有效地扩大传播的深度和广度，地方传统媒体完全有能力和条件做成优质内容输出的供应方，地方其它优质内容生产的服务方，优质资源整合推送的平台方。

三、媒体格局的更新与运营方式的重构

舆论新格局的产生，与新技术的发展息息相关，特别是信息技术的日新月异推动了媒体格局的重构，传统媒体具有较高的进入门槛，而且管控严格。而这一切都被互联网媒体彻底打破了，原来高悬的门槛，无论是审批手续还是技术设备的门槛都已经荡然无存，个人便可以成为一个信息平台的发布者，一些民间的资本也纷纷进入了传媒领域，多点的发布和接受信息的随意性成为互联网媒体显著特点，也成为他们挑战传统信息传播方式的利器，这让传统媒体的生存面临着严峻的挑战。

面对困境，传统媒体只有改变固有的运营方式，才能实现自己肩负的历史使命。传统媒体原来的生存方式主要依赖的是广告经营，虽然是一个以社会效益为主导的公益性单位，但是凭借着相对垄断的资源，传统媒体能够以广告经营所获的经济效益来保障其社会功能的实现。

但如今，媒体新格局的变化使得传统媒体的生存环境也发生了根本性的改变，广告经营是以注意力为基础的，格局的改变使得受众的注意力空前分散，不再集中于传统媒体之上，这使得传统媒体的社会影响力和注意力下降，同时带来便是广告价值也随之下降，这也正是传统媒体在经营上出现困局的根源所在，特别是对于地方传统媒体来说，生存的压力造成了多方面的困扰：一是队伍的稳定；二是业务的开展；三是职能的发挥。正常业务的开展都受到影响的背景下，对于新媒体业务发展的热情和能力自然要大打折扣，也难以适应新形势下对于主流媒体的要求。但这些传统主流媒体无论从中央到地方都是经过历史考验，靠得住打得赢的队伍，也是在意识形态领域及新闻宣传阵地上的正规军、主力军，如何加强这支队伍的建设，也成为摆在了各级党政面前急需解决的问题，也是加强意识形态领域管理至关重要的一环。

地方主流媒体当前亟需解决的几个问题：

1. 全媒体的融合发展之路是传统媒体转型升级的必由之路，而全媒体的发展是以技术为先导以人才为基础。近些年来传统媒体的人才流失较为严重，如何为人的发展创造环境，为人才发挥用武之地创造条件是传统媒体突破现有瓶颈创新发展的先决条件，所以，必须首先解决留住人才、引进人才的机制问题。

2. 新媒体的发展需要较大的资金投入，而近些年来由于体制机制的束缚，以及在经济效益与社会效益追求上的矛盾，许多地方的传统媒体都出现了入不敷

出的状况。事实证明，就地方传统媒体目前的状况而言，仅仅依靠广告收入是难以支撑日常运作的，作为一个肩负着宣传职能和社会责任的事业单位，传统主流媒体不可能像私有企业一样通过裁员及其他一些经济行为去创造经济利益，当前，地方传统的主流媒体基本上处在入不敷出的经济状况，很难以有充裕的资金进行新媒体的开发和投入，急需得到地方党委和政府的实质性支持。

3. 作为新型的主流媒体应该占据舆论的制高点，地方传统主流媒体在互联网领域的阵地建设刻不容缓，这绝不应该是从经济利益去考量的。目前，地方的传统主流媒体在互联网领域基本上都是投入大产出少，处于亏损的状态，如果没有得到专项资金的长期支持是难以长期为继的，所以，需要从事业单位的资金来源上去解决这个问题，从而维持地方传统主流媒体的稳定发展，一些地区已经有了成功的例子，值得其他地方借鉴推广。

4. 新型主流媒体要打造自主可控、传播力强的传播平台。首先是建设自己的新媒体平台，要尽量把渠道掌握在自己手中，在资金不充裕的情况下可以寻求与国有的基础平台方合作，比如汕头市广播电视台建设的"汕头橄榄台"手机客户端就与深圳 CUTV 合作，现用户数已约 200 万，成为粤东地区影响面最广影响力最大的媒体平台。其次，是要充分利用第三方平台和各种传播渠道，使媒体生产的信息产品能最大限度地的占领舆论阵地，形成矩阵传播优势。

（作者系汕头市广播电视台副台长、新媒体发展领导小组组长）

加强基层主流媒体建设的"尤溪模式"

张　敏

一、尤溪县广播电视台的"融媒体"样式

近年来，尤溪县全力落实党中央关于推动媒体融合发展、建设新型主流媒体的战略部署，打造新型主流媒体阵地，在探索融媒体发展的道路上积累了宝贵的经验。2005 年，尤溪县广播电视台与广电局、网络公司分离，是福建省最早独立运作的县级广播电视台。秉承"敬业、博学、求真、创新"的办台理念，提出了"新闻立台、影视兴台、人才强台、产业活台"的创新发展思路，打破常规，敢于改革，勇于创新，在全省乃至全国开创了一条县级台的融合发展新路子。在做好新闻立台、正确导向的基础上，加快融媒体发展步伐，朝着影视化、综艺化、产业化方向发展。每年都有大量作品，在全国和本省各类影视作品评选中获大奖，成为福建省一支影视新生力量，得到各级领导专家及同行的好评。

《光明日报》以县级媒体融合改革的"报春花"为标题，并配评论员文章"融合探索要经得起时间检验"，整版报道尤溪县融媒体中心建设做法；《中国新闻出版广电报》以"县级台也有春天"和"闯出县级台融合新天地"为标题，对尤溪台融媒体做法进行了报道；《文艺报》在评价尤溪台时说：作为县级电视台，他们在"敢于担当，勇于作为"的信念下，创造了"小舞台、大故事"的奇迹。2018 年 7 月 1 日，中国电视艺术家协会在北京召开尤溪电视台精品节目研讨会，尤溪台的发展路径在全国得以推广，这也是中视协首次为县级台召开的研讨会。国家广播电视总局《监管周报》以"精耕内容，融合传播，尤溪广播电视台创新发展令人瞩目"为题做了报道，"尤溪路径"引起业界广泛关注和研究。

（一）尤溪县融媒体中心指挥平台

媒体融合作为国家战略正在向纵深发展，无论对传播界还是政务界都是一个很重大的挑战。目前，尤溪县域内的主流媒体，以县广播电视台为核心，整合县政府网、各乡镇县直机关网站、县委报道组、手机客户端、微博、微信等所有尤

溪县域公共媒体资源，以此建成融媒体中心。

2018年9月21日，尤溪县融媒体中心正式揭牌成立。中心不仅融合了机构、人员、业务、平台，而且将媒体资源有效"融合"到具体工作环节中。通过"线上＋线下、政务＋服务、互动＋联动"的运营模式，形成"一体策划、线索汇聚、一次采集、多元生成、多端发布"的运行格局，打造以新技术、新应用为引领，以融媒体采编中心为核心，把电视台、广播电台、智慧尤溪APP、网站、微博、微信融合起来，充分发挥"两台一端一网两微"的资源优势，运用大数据、云计算构建一体化融媒体中心，打造"思想工厂"的媒体智库。

1. 平台机构合而为一

尤溪县融媒体中心集采、编、播（发）于一体，多媒体统筹协调、多元化服务民生的"中央厨房式"矩阵发布平台，打造多位一体的新时代宣传新格局。

2. 内容生产融为一体

整合后的尤溪县融媒体中心，全力培养全媒体记者，每一个记者的采访，都需要根据新闻表达的不同要求为多个分发平台提供内容生产，在不同工作站完成编辑后的音视频、图文产品经过审核后，按照平台需要进行分发。

3. 指挥调度一键多发

尤溪县融媒体中心指挥平台，除固定设置了内容生产流程图外，还设置了"采访任务安排""平台数据监测""本周值班轮次"等动态调度内容，既利于流程管理，也促进各工作站对标进度。

4. 延伸发布渠道整合

尤溪县融媒体中心建设，还统筹谋划将县域内延伸的发布渠道进行整合，包括：数字电视、农村广播、户外LED屏等资源的综合利用。同时，还以全媒体中央厨房为基础，将发布渠道延伸到县级部门、各乡镇、村（社区），充分聚合本地发布资源，实现传播效力最大化。

5. 创新引领产品之变

创新报道内容、报道方式和手段，将传统深度与新媒灵动相结合，打通短视频、H5、图片、直播、VR等各种传播介质，让直播化、移动化和产品化成为尤溪融媒体报道新趋势。

尤溪县融媒体中心着力打造"智慧城市"服务，在"智慧尤溪"手机客户端推出了"智慧党建""智慧政务""智慧环保"等服务板块，打造掌上移动政务办事大厅；开通生活服务、移动支付、医疗养老等民生服务。此外，还开辟短视频等影视窗口。尤溪电视台还成功入驻"央视新闻＋"APP，打造以移动直播和微视频为主要内容的移动融媒体新闻资讯"央媒平台"。

（二）融媒体平台的特色做法

围绕组织机构一体化、内容生产一体化、传播体系一体化的目标，尤溪县融媒体中心立足本土、着眼实际，在实践和探索中，做出了自己的特色。

1. 体制机制灵活

打破原先各个平台各自为战的模式，实现平台、部门、人员、素材、资源的充分融合。一方面要"打通"，按照工作实际需要，全盘打通所有部门和岗位，进行重新定位，将传统媒体和新兴媒体"合二为一"。另一方面要"分开"，通过顶层设计，推动"事企分开"、采编经营"两分开"，逐步实现人员、岗位、业务资产、经费来源、日常管理等"五分开"，严格执行采编和经营分离制度。

2. 生产流程再造

改变生产流程的关键是重新再造新闻采编的整个流程，优化采编平台，通过融媒体中心指挥平台的统一调度，实现采访任务、记者队伍、稿件素材等的统一管理和运作，一次采集，多元生成，多平台分发。以县广播电视台为基础，整合县政府网、各乡镇县直机关网站、客户端、微信微博等所有尤溪县域公共媒体资源，建立集采、编、播（发）于一体，多媒体统筹协调、多元化服务民生的中央厨房式矩阵发布平台。融媒体中心，既是调度指令发布平台，也是内容生产发布平台。内容生产始终是媒体持续发展的核心。要在融媒体中心独立完成新闻、专题内容生产的基础上，再造内容生产流程，创新生产方式。建立一次采集、多元生成、多渠道传播的融媒体采编流程。

3. 人才队伍优化

为适应融媒体中心建设需要，在人才配备上，要不断拓宽渠道：一是选一个有担当、敢创新、懂专业、能战斗的台长；二是在用人上机制上必须打破身份的限制。不拘一格降人才，用能力和实力去衡量人才，而不是用所谓的"身份"衡量人才。优化人才结构，在岗位调配上，务求人尽其才、适应发展，采取专职、兼职、协同等多种组织形式；三是启动人才引进机制。根据平台专业的具体需要，加大新媒体编辑策划人才、专业运营人才、技术研发人才、经营管理人才等的引进力度，优待高级特优人才，给予最大的实惠政策。同时，加强人才的考核和激励制度。通过实实在在的绩效来对人才进行统一考核，做到有奖有罚、奖惩分明，大力支持和鼓励人才创新发展，吸引更多的优秀人才加入县级融媒体中心；四是加强人才培养提升，成立全能型人才学习兴趣小组，培养一支能采访、会写稿、懂编辑、善制作的全媒体人才队伍。

4. 技术核心攻关

融媒体中心要顺利地运转，技术是一大关键支撑。尤溪县融媒体中心是以县域综合智慧平台为建设目标，在本县域搭建一个综合性、智慧型平台，通过这个平台连接政府、县域各行业、县域各用户。指挥平台是根据县域的实际情况，根据我们行业的特点，由尤溪电视台的技术人员、业务骨干与技术公司共同研发，这是一套可操作、实用又有中长期规划融媒体平台，真正符合了县级融媒体中心的实际需要。为此，我们专门成立了技术攻关小组，研发设计融媒体指挥系统具有声话、视频和生产任务可视化的三维通信功能，可实现多屏互动、全流程实时掌控、调度以及云数据统计、分析等强大功能，在调度指挥、线索汇聚、内容生产、平台分发等方面皆进行统一管理和共享，为融合生产业务提供强大的技术支撑。

5. 绩效分配提升

一线采编人员实行灵活的绩效工资制，革除"干多干少一个样"、吃"大锅饭"的痼疾。传统媒体由于传播渠道的原因，不能实现传播效果的数据采集，在绩效考评上难以充分考核生产的质量。融媒体中心建设突出的是新媒体，这为实施绩效评估提供了量化条件，通过组织全流程的质量评估，也进一步提升了媒体生产者的积极性，体现全员生产链的融媒体考评目标。为此，经尤溪县委县政府同意，尤溪县融媒体中心设立了专项人才奖励基金，拟对全能型的记者、编辑予以两万元/年的奖励。

二、县级媒体融合存在的几大问题

融合发展是融媒体中心建设的基本要义。首先是机构、人员、业务、平台的合并，这也是融合发展的前提；其次是将媒体资源有效"融合"到具体工作环节，即生产运营过程中的"融合"。真正的融合不是不同媒介的简单相加，而是不同部门、平台、资源、内容、人才等各方面的科学融合、有机融合，这对县级广播电视媒体而言，并不容易，它既是机遇，又是挑战，面临着诸多问题和困难。主要有以下几个方面：

（一）认知不足，一知半解

媒体融合，必须要认识到的一点是：不论是哪一层次，哪一级别的融合，并不是简单的机构整合，或者合署办公，首先应该是各类新闻资源的融合。因为只有新闻资源实现了融合，才能够为舆论传播、媒介运营、应用功能等的融合提供基础。但是，事实上，目前不少地方所谓的媒体融合只是不同部门、机构的合署办公，挂上一块牌子，就摇身一变成了融媒体中心。这种融合往往是单纯地依靠行政指令形成一种"相加"的物理堆砌，其内部恐怕很难产生"1＋1＞2"的化学效应，甚至还有可能会影响各个机构原来的正常运转，对媒体融合并没有好处。

（二）一哄而上，不切实际

不少地方的普遍现象就是，一哄而上，大上快上。即使是一些省市中央级媒体的融媒体中心建设，也出现以"高大上"作为追求，在硬件上必须到位的问题。要有一个"大屏"，还要有一个面积很大的"中央办公区"。宣传思想工作会议的精神是很明确的："要更好引导群众，服务群众。""要把握正确舆论导向，提高新闻舆论传播力、引导力、影响力、公信力，巩固壮大主流思想舆论。"

（三）人才不足，队伍不稳

近几年，传统媒体培养的骨干人才开始大量流失，一部分加盟民营企业，一部分到压力相对较小的国有企业从事公关、宣传等工作，还有一些选择自主创业。对于县级媒体而言，人才流失，人才队伍流动性大的问题则更为突出，除了上述原因外，县级媒体由于地域、经济、薪资等方面的弱势，还面临着省市等媒体、互联网媒体的人才竞争压力。县级融媒体中心的建设人才是第一要素，没有人才，没有稳定的队伍，恐怕即使融媒体中心建设起来了，也难以运转。

（四）技术不均，难以使用

对于处在最基层的主流媒体而言，不论是内部还是外部，在技术布局上依然是很薄弱，存在技术人员、技术资金及技术创新观念等方面的弱势，一些低层次的技术问题以及产品性能不稳定，打不开、用不了等低级问题时常出现。就拿建设县级融媒体中心来说，大多数的县级还只能依靠第三方技术公司，以此来购买"大屏"，设计"中央办公区"，在技术上完全依靠他人，完全是"拿来主义"，甚至融媒体中心建立起来了，连自己都搞不清楚什么是融媒体，融媒体如何运转、如何使用、未来如何发展。

三、推进县级融媒体中心建设的几点建议

（一）加强认识完善顶层设计

要充分发挥"党管媒体"的特性，充分释放主流媒体的政治优势，让懂媒体、懂宣传、懂业务的人来管媒体，在官方的新闻信息来源、稳定的新闻通讯队伍、特定的新闻资质和独家的采访权限等方面予以倾斜。鼓励一些有能力的媒体巨头通过资本运作在"主战场"做大做强，对一些目前处于弱势的小众主流媒体也应给予适当扶持。

（二）着眼实际贴地飞行

县级广播电视媒体开展媒体融合，应探索适合本地实际和本部门特色的组织体系，无论是把新媒体单独设置部门，还是融入新闻编辑部门，都应做到能与传统媒体采访、编辑有机结合，拥有广泛的新闻源和线索资源。县级融媒体中心建设最应该着力的是如何从自身的实际情况出发，发挥自身的优势，提升媒体传播力、引导力、影响力、公信力，真正贴地飞行，为政府服务的同时，也为群众服务。

（三）建立科学的人才选拔制度

在媒体融合的条件下，县级媒体需要培养能写、能说、能拍摄视频和照片的全能记者，适应广播、电视、微信、微博、App 等平台的不同需要，可以说对人才的要求更高、更综合、更全面。在人才选拔上，必须要打破人才的身份界限，实行竞争上岗，任人唯优，对表现特别优异的员工，破格提升，表现不佳的，则适时调岗让位，形成"有进有出，能上能下"的良性循环。通过人才退出机制，对绩效持续不理想的员工，进行内部调岗后仍然不适合岗位工作的，则果断进行劝退。同时，实行自主轮岗、换岗制度。

（四）打造技术领先型主流媒体

主流媒体应主动加强技术力量，结合自身发展规划，注入技术改革活力。注重优化生产流程，加强数据新闻生产、用户数据库建设，提高内容制作和信息处理的能力，为内容生产提供有效支撑。注重产品端的研发，通过大数据技术，更敏锐地把握用户需求，不断提高内容与受众的匹配性。有针对性地生产特色信息产品，做到量身定做、精准传播。

总之，县级媒体融合建设一定要以广电为主，要切合实际，不能盲目跟风，也不一定每个地方都要建大屏。县级广电媒体融合发展的"尤溪模式"其实很简单，那就是立足实际，练好内功，做好自己的主业和专业。最关键的就是做好"内容生产"的融合，实现"更好地引导群众"。一方面在技术上，联合研发、自主攻关，另一方面在人才上，培养全能型专业采编队伍。在做好"内容生产"融合的基础上，力争做好"服务功能"的融合，比如政务服务、便民服务，实现"更好地服务群众"。只有这样，才能承担起"举旗帜、聚民心、育新人、兴文化、展形象"的使命。

（作者系福建尤溪县广播电视台台长、县融媒体中心负责人）

地方媒体做好对外传播的挑战和思考

林振明

推进国际传播能力建设，是个系统的舆论工程。《习近平新闻思想讲义》从让世界认识一个立体多彩的中国、讲好中国故事、争取国际话语权、优化国际传播战略布局四个面向论述国际传播能力建设，清晰阐明了传播什么、怎么传播、传播的目的是什么、如何做好传播等内容，对国际传播领域面临的新问题新挑战做出了高屋建瓴的引导。

相较而言，对外传播是比国际传播范围更广泛的概念，包括国际传播和分裂国家与地区之间的相互传播。比如，中国的对外传播不仅包括主权国家之间的国际传播，而且包括对"一国两制"的港澳台传播，厦门卫视的对外传播就包含面向国际社会的国际传播、面向台湾的对台传播两个维度。

面对复杂多变的国际局势、日新月异的媒体环境以及自身平台的长足发展，地方媒体在推进对外传播能力建设上，遭遇了不少新问题新挑战，同时也因为突围对外传播秩序，获得了新空间新机遇。

一、做好对外传播，地方媒体面临二维传播的双重挑战

单一媒体面向跨地域、跨文化乃至跨种族的不同对象进行传播，成为中国沿边地区、沿海地区媒体对外传播普遍面对的难题。以厦门卫视的对外传播为例，台胞与侨胞不同，华人与外国人不同，面向不同国家的国民也存在传播上的差别，这就决定对外传播在语言、内容、叙述方式技巧乃至传播语境等方面，具有较高的挑战性，形成对台传播与国际传播相对独立、交叉存在的二维传播。理顺对台传播与国际传播的关系，成为厦门卫视作为地方媒体建设对外传播能力的首要课题，类似课题是包括厦门卫视在内的沿边、沿海地方媒体所共同面对的议题。处在两岸交流的最前沿，厦门卫视因台而设，对台传播是立台之本；随着"一带一路"倡议的推进，厦门卫视推进了马来西亚驻点采编工作，在东南亚乃至世界各地更大范围内开拓对外传播的新空间，形成富有地域特色的对外传播媒介。

对外传播的目的是要争取国际话语权，进而优化国际传播战略布局，这就要求我们的中国内容、中国故事要以普世认同的理念传达出去，为国际社会所接受，不能闭门造车，在传播领域"闭关锁国"。而二维传播不仅决定了传播形式的难度，也决定了传播内容的难度，将中国价值进行对外传播，既要让传播形式被港、澳、台等地区所接受，同时也要被国际社会所接受；既要让传播内容被港、澳、台等地区所接受，同时也要被国际社会所接受。也正因如此，在建构对外传播秩序时，地方媒体所面临的机遇各不相同，形成百花齐放的风格。

二、提升对外传播能力，地方媒体可二维并进

提升对外传播能力，地方媒体如何从内容与形式两方面下手，做到二维并进传播，是很值得探索的课题。

（一）内容的二维传播：掌握三个核心要义

对台传播与国际传播要在内容上二维并进传播，关键应掌握三个核心要义：一是传递好中国内容中的大陆内容；二是传播好中国价值中的两岸价值；三是传达好普世观念中的中华观念。

1. 传递好中国内容中的大陆内容

国际传播相对国内传播而言，对台传播相对对陆传播而言，由此衍生出了中国内容、大陆内容，而中国内容与大陆内容则交汇于大陆内容，大陆内容成为厦门卫视对外传播中的核心内容。如何将大陆内容传递好，不仅关乎推进祖国和平统一进程，也关乎中国在国际社会塑造出的形象。就对台传播而言，《人民日报评论员：共同推进祖国和平统一进程——三论学习贯彻习近平总书记在〈告台湾同胞书〉》指出，习近平总书记提出的五个方面重大政策主张，始终贯穿着和平统一的鲜明主题，推进祖国和平统一进程，成为今后一段时间厦门卫视对外传播中大陆内容的核心内容。

2. 传播好中国价值中的两岸价值

传递好中国内容特别是大陆内容，需要包括厦门卫视在内的福建等沿海地方媒体向台胞、侨胞乃至国际社会传递出中国追求统一的清晰信号。更深层次而言，传递好内容的目的是追求两岸社会的心灵契合，而两岸心灵契合的共同价值则是国家利益的最大化，这是对外传播领域中国价值的精髓，也是两岸共同的价值。

3. 传达好中华观念中的普世观念

以当前"西强我弱"的舆论环境来看，对外传播需要在西方所谓的普世观念中，找出一条新路，这条新路便是找出中华观念中的普世观念，"借船出海"。"当代中国价值观念，就是中国社会主义价值观念"，要有意识、有针对性地将

中国社会主义价值观念与对外传播有效结合，在社会制度不同的台湾地区及境外地区进行传播。

（二）形式的二维传播：做好三种创新

明晰对外传播的内容是第一步，做好对外传播的形式则是关键一步。在对外传播领域，媒介渠道、节目形态、传播技巧等需要不断创新，才能实现在对外传播领域立足，最终起到引领作用。

1. 创新媒介渠道，以融促通

在西方占据主导优势的对外传播环境中，中国进行对外传播先天优势不足，不过，新媒体、自媒体技术的快速变化，为创新媒介渠道开辟了新途径。以厦门卫视而言，长期在台采编，也经常有受访者反映看不到自己的受访，这是对外传播碰到的困境，即在地采编、媒介渠道却不落地。地方媒体结合自身传播的内容，借由新媒体平台，比如脸书、推特等平台，多媒体融合播出，推动信息融通，让对外传播的渠道更加立体化。新媒体时代，传播手段极大丰富，门槛大大降低，因为新媒体平台超越了国家的疆界，打破了不同国家传播政策和不同技术标准的限制，很大程度上解决了"准入"的问题；另外，新媒体仍然是个新生事物，我们与西方发达国家处在同一起点上，可以通过新媒体传播，后来居上、弯道超车，实现跨越式发展。

2. 创新节目形态，以缘促合

地方媒体进行对外传播，有着天然的地缘优势。因为地缘相近，便形成了法缘、文缘、商缘乃至血缘上的相近，比如延边卫视的朝鲜语播报、厦门卫视的闽南话播报等。地缘近，语言传播、民俗民情传播、节目合作、人员交流等有天然的亲近感，一些跨地域的开创性合作可以优先探索。特别是处于对台前沿的厦门卫视，创新传播形式是推动两岸社会融合发展的重要手段。从立台至今，厦门卫视进行了一系列开创性的工作，开启了两岸评选十大新闻的先河，进行了两岸第一次双向 SNG 直播"台胞返乡探亲 20 年"特别节目，成为大陆第一个驻点台湾的城市媒体，开设大陆首个驻点南台湾的演播室等等。创新节目形态，因缘而起，以缘促合。

3. 创新传播技巧，以术引人

对外传播要改变宣传上"我讲你听"的惯性思维，要形成"大家讲一起听"的新习惯。在播报方式上，注重人在现场实时传播的即时感与深度挖掘事件背后故事的深度化并存；在事件讲述方式上，注重事件进展中的人物、故事与冲突，营造故事的张力与合力，以更容易被对方接受的方式讲述；以类似活动的方式，通过街访、田野调查等形式，鼓励对方参与，努力与当地民众"打成一片"。

综上所述，地方媒体做好对外传播，在内容方面关键要掌握三个核心要义，在形式方面要做好三种创新，努力成为国家级媒体对外传播的重要补充。

（作者系厦门卫视《两岸新新闻》《两岸共同新闻》制作人）

新营销时代广播主持人的价值定位

龚　超

移动互联技术的快速发展，带来受众层面注意力的分流与争夺，导致传统媒体的有效链接弱化，传播力、影响力与引导力持续下降，进而客户批量流失，广告收入大幅下滑。面对营销环境更新迭变的压力，广播媒体向活动营销、整合全案策划、用户社群运营与精致内容营销转向，进入新营销时代。

在这一过程中，广播媒体的内容运营与营销创收，以主持人为代表的内容提供方与以销售人员为代表的创收经营方的分工与定位均发生显著的改变。作为节目核心与灵魂的主持人，职能价值与角色定位发生着巨大的变化，既是精品内容生产的主导者，又是经营创收的主力军，既是流量核心与销量代言人，也是社群/圈层思想引领者与生活圈的 KOL（关键意见领袖）。复合型、全能型主持人才是未来媒体融合发展的重点，是推进广播媒体引导力、传播力与创收力的重要基础。

一、融合变革中的广播营销模式之变

（一）品牌广告向植入广告与活动营销转移

经济新常态下消费升级，一方面消费者的消费决策更为理性与谨慎，品牌忠诚度受到新品上市与价格促销等因素的影响，出现下降趋势；另一方面企业主面临着较大的生存与发展压力，广告投放预算呈回落趋势，减少品牌维护的宣传力度，增加产品售卖与促销预算，从品牌营销与价值沉淀转向追求流量与价值变现，追求业绩与利润。

近年来，广播媒体的广告经营遇到了天花板，特别是品牌广告的投放与客户数量增长放缓，加之新媒体广告的分流，下滑压力骤增，广播营销纷纷开辟新的增长路径，在维系原有品牌广告经营的基础上，努力拓展植入式广告，将广告与节目紧密连接，丰富品牌广告的营销形式，扩大广告资源量，提升广告传播效果。

现在不少城市电台每年举办的活动动辄上百场，多则数百场，几乎每天或每几天就会有一场中型或大型活动。通过开展活动营销，举办各式各样的线下地面活动，聚集广播人气，促进广播创收。这些活动类型多种多样，公益性活动之外，商业活动有汽车、房产、装修、建材、餐饮、旅游、婚庆、商超等行业活动，以及音乐节、年货大集等节庆活动，活动营销已成为电台经营创收稳定的关键所在。不少电台还专门成立大型活动部门，进行跨媒介、跨区域、跨行业资源整合，推进活动的品牌化、系列化与规模化。

（二）资源售卖型营销向整合全案策划转变

粗放经营时期，媒体主要通过向广告客户售卖频率或时段广告资源进行创收，以时段资源售卖与价格营销为主。随着听众规模的回落，以及移动互联网平台对客户广告预算的竞争分流，广播逐步开始从价格营销与时段资源售卖向价值营销与提供解决方案转向，实现广告营销的转型升级。

经营下行压力巨大，让媒体人意识到向广告主提供一站式解决方案与全案策划、整合营销策划的重要性与必要性。利用数据展现自身的市场价值与对特定受众群体的渗透力，通过数据评估广告传播效果。根据广告客户的广告营销目标、市场地位与竞争环境变化情况，为客户提供量身定制的全套广告投放解决方案，帮助广告客户优化媒体投放策略与广告排期，选择合适的频率、时段、节目与媒体组合策略，通过更贴合目标消费者诉求的广告创意与表现形式，扩大广告传播效果，提升销售转化率，增强投放体验，用销量说话，而不是单纯以较低的价格简单售卖时段广告资源。

（三）听众注意力销售向用户社群运营演进

在融媒发展过程中，移动优先是战略方向，线下听众资源的争夺与听众注意力销售虽然仍是目前战略重点，但是在移动互联网时代，社群运营与粉丝经济才是王道，社群运营可以带来尽可能多的粉丝流量，并维系社群的活跃度与粉丝粘性，成为高频度、高忠诚用户，然后进行价值经营，将粉丝流量进行价值变现。

粉丝用户的网端生活、线上触媒、在线消费与线下消费结合，构成民众日常生活的常态。传统媒体的融合转型核心在于拓展移动端网民影响力，将听众经营转变为用户运营，实现用户的强连接，注意力营销转向全景价值挖掘，生态链延长，打造全新媒体生态场景，形成消费闭环，而不仅仅是售卖听众注意力资源。

二、传统营销模式中的广播主持人核心价值

（一）节目的核心与灵魂，品牌的塑造者

在广播节目中，主持人是核心与灵魂，是广播媒体特性和优势的集中体现者，不同于视频节目可以用丰富的画面与影像素材辅助效果，音频节目对主持人的依赖度更高。对于广播节目来说，主持人的声音在主要类型音频节目中占据了核心位置，是节目的创造者、掌控者，主持人塑造了节目的形象与个性气质，成

为节目的独特标识，广播成为主持人为主体的媒体。品牌传播是当今社会的趋势，是经营的基础。主持人的人格魅力、主持技巧、形象包装是造就品牌节目的基本要素，品牌节目也催生品牌主持人的成长。

品牌一种商业概念，从这个角度来看，广播主持人本身就带有很大的市场属性。

（二）内容运营与创收经营融合者，营销生力军

广播媒体的节目制作与广告经营过去多是分开的，节目组人员负责节目制作，保证节目质量与宣传导向，对广告有着天然的排斥心理，担心广告插播影响节目的收听，影响节目调性，破坏节目的完整性，从而导致听众流失；广告经营人员或代理公司对节目的了解度不够，往往单纯售卖节目时段广告位资源，希望获得更多的广告位与时长，这导致节目与广告之间出现某种程度的割裂与对立。

在广告经营增长压力下，各电台不断调整自己的广告经营模式，在自营与代理之间徘徊，也有部分电台将节目生产与广告经营进行融合，节目组人员兼顾节目制作与广告经营，取得了一定的成效。主持人处于广播实践的最前沿，有很多创造性的做法在改变广播发展方向，近年来，"主持人工作室"已成为不少电台摸索节目市场化的一种有效运营模式，"工作室"一般由一到两名核心主持人为主体建立小型运营团队，通过对广播节目生产与广告营销流程的再造，促进节目资源与广告资源融合，力争使节目背后衍生出成熟的产业项目，取得良好的品牌效应与经营业绩。中央人民广播电台的《海阳工作室》2013年应运而生，吸引大量活跃度高的听众，实现了节目及主持人品牌在互联网、书籍、影视等渠道及平台的突破。另外黑龙江电台的《叶文工作室》、广东电台《黎婉仪财富管理工作室》、《尹铮铮工作室》、南京电台《大聪工作室》等都在深度挖掘具有品牌价值的主持人及制作人潜力方面都有所突破。目前，"主持人工作室"已成为电台在探索用人机制、激励机制和营销模式的一块"试验田"，也代表了当今广播营销的一种发展方向。

三、移动互联时代的广播主持人"新玩法"

（一）优质内容 IP 核心，精品内容生产主导者

网络音频 IP 放大了主持人或主播的作用，主播以个人特质与内涵为核心，在垂直内容领域深耕，聚合粉丝资源，形成系统化、综合化的 IP 品牌，将粉丝牢牢锁定在自己周围，形成稳定的用户群体，进行内容营销与用户营销。蜻蜓FM 与喜马拉雅 FM 等平台上的精品节目，特别是付费节目多半是以主播进行命名的，而高晓松、蒋勋、罗振宇、老梁、吴晓波等网络大 V 名人，均是以自身对节目进行命名，其个人魅力成为节目的灵魂，同时他们也是各自节目制作团队或工作室的主导者，决定了节目的发展方向。

广播媒体中已有不少节目以主播命名，围绕主持人打造节目，打造品牌主持人，旨在增强听众对节目与频率的辨识与认同，将主播个性魅力融入节目中，增强节目吸引力。此种做法在生产适合网络传播的音频节目中更为必要，通过个性化主播吸引特定的人群，以主播为核心，以垂直细分内容为切入，进行内容创造与内容营销，成就优质内容 IP，并围绕优质 IP 聚拢流量，推进平台发展，形成辐射效应，进行衍生经营，实现生态创收。

（二）推进节目，主持人 IP 型精致内容营销

在移动互联网下半场，人们纷纷加强了对用户的价值运营，因为流量的增长遇到天花板，在这个过程中，优质的内容资源、精品 IP 无疑对于用户的忠诚度与粘性至关重要，从而成为各大平台大力扶持、争相抢占的核心资源，加上付费模式的兴起，内容运营与内容营销正变得越来越重要，成为平台的核心竞争力。

对于广播媒体而言，除了在日常节目中加强精品化，提升直播质态，与网络音频节目竞争，巩固直播流的影响力，还需要大力扶持适合于移动网端传播的优质节目与主持人 IP 参与网络音频节目竞争，形成电台在网络平台的影响力，并加强相关内容资源的包装与推广，以及与商业平台的合作和衍生经营，形成品牌、规模、价值，加强优质内容生产与内容营销，增进业绩创收。

（三）流量核心与销量代言人，推进流量价值变现

移动互联网时代，内容即流量，流量即销量，由平台方进行个性推荐与利润分成，再加上粉丝打赏，成为主播重要的收入来源。一个成功的 IP 主播，必然也是优秀的广告代言人，他们能恰到好处地将粉丝的兴趣爱好，与商家的利益诉求完美结合在一起，通过巧妙的植入与关联性品牌代言，与行业内商家进行深度合作与衍生经营，实现自身、粉丝、商家、平台多方利益共赢，将流量直接转化为销量，实现流量的价值变现，也突破了城市广播的地域制约。

在广播电台线下活动中，主持人也发挥着重要的带动作用，主持人见面会、车友会、商业活动等各类型线下活动，无不是将主持人的号召力与直播流节目流量、热度转化为线下听众的踊跃参与支持，甚至是直接发挥主持人的"带货""代言"优势。活动参与者很大程度上是出于对主持人的喜爱与忠诚。

主持人参与的活动促进了听众收听向消费转化的价值变现，主持人对于听众的影响在某种程度上相当于网络大 V 对粉丝的渗透，而城市广播电台主持人能够更好地发挥本地下沉优势，深度链接本地用户。扬州电台《十双球鞋一套房》活动每天发放 100 双主持人代言的定制回力球鞋，完成 100 套房源认筹，以主持人 IP 为核心形成病毒式的传播裂变，三个月内为广告主实现了 300 万元的创收，说明有好的创意，主持人作为流量核心与销量代言人，就能够更好推进流量的价值变现。

未来媒体融合发展过程中，主持人的变现价值无疑将会更大。

（四）粉丝社群/圈层思想引领者，用户生活圈 KOL

移动互联网生态下，每一个大 V 与公众号周边都会聚集一批拥有共同价值观与思想的粉丝，成为一个独特的社群或圈层，在这个社群或圈层中，粉丝们可以互相交流各自的想法，分享自己的生活经历，得到满足与认同。而大 V 或公众号的运营者则成为这个社群或圈层的领袖与 KOL，他们影响着粉丝们的想法、认知与情绪，这种影响潜移默化，作用不可小觑。

大家在网络生活中，根据自己的喜好与个性，加入一个又一个的社群，建立彼此不同的生活圈。广播主持人是广播媒体中最具备条件、最有可能成为大 V 与 KOL 的人。实际上，通过直播流节目他们已经在线下建立起了数量庞大的听众群，只是在这些听众群中，大家彼此互相独立、并无关联、互不交流，主持人也很难直接联系与调动，而只能通过节目间接交流。在媒体融合过程中，主持人需要尽快将其既有听众群发展成为粉丝社群，真正与用户建立强关联关系，实现对用户各方面的深度渗透与对用户价值的深度运营。

四、结语

移动互联网的发展，在给传统媒体施加巨大压力的同时，也变相催生了传统媒体的内容变革与营销变革，变革过程中人员的职能也在重新划分与定位。对广播媒体而言，内容变革的核心是场景化垂直精品内容的生产与营销，营销变革的核心是向线下下沉、流量价值变现与整合营销一站式解决方案转向。

无论是内容变革还是营销变革，广播主持人都将居于核心地位，主持人既要具有产品思维，也要具有营销思维，在生产优质内容、聚拢粉丝流量、促进价值变现、连接用户商家等方面均发挥着主导作用，传统意义上的"广告部"未来将会与人们渐行渐远。

广播媒体的融合发展，需要孵化一个个主播大 V 与优质 IP，培养多面手主播与复合型主播人才，不断增强移动传播影响力与引导力。

（作者单位：扬州广播电视台广播节目中心）

三等奖

"公园+"助推城市广播高质量发展

——基于"扬州广播进公园"的场景化融合实践

庞丹阳　陈　寅

　　改革开放四十年来，中国广播的深刻变革与城市广播的发展创新息息相关。从广播发展的规律来看，本土化的定位也一直是城市广播发展的相对优势。在强调"用户体验"的当下，城市居民的需求往往成为了"特定场景"中的需求。移动互联时代，对于传统广播来说，场景要素的价值正日益凸显，作为移动互联时代应运而生的传播方式，场景在传播学的应用中的含义逐渐由起初的空间偏向扩大为人与周围景物关系的总和。包括场所、景物以及与之相关的空间、氛围等要素①。

【美】罗伯特·斯考伯和谢尔·伊斯雷尔《即将到来的场景时代》

　　在全国宣传思想工作会议上，习近平总书记将"兴文化"作为宣传思想工作的重要使命任务，提出更好满足人民精神文化生活新期待的重要要求，为新时代文艺繁荣、文化发展指明了方向，为广大文化文艺工作者提供了行动指南。人民群众关心什么、期盼什么，发展就抓住什么、推进什么。广播电台的融媒体发

---

　　① 陆明明：《场景：移动互联时代广播的新要素》，《中国广播电视学刊》2016年第11期。

展首先要做的就是打破传统单一的传播形态，当"场景化运作"逐渐成为城市广播推进媒体融合的抓手，扬州广播就站在"更好满足人民精神文化生活新期待"的高度，开始探索"公园＋广播"的播出系统，让广播打破原有习惯性收听场景，将广播母体作为资源平台的核心优势凸显出来，以多方协作、整合一切的开放态度，与新型传播形态展开深度融合，尝试一条推动城市广播高质量发展的新路径。

一、"广播进公园"1.0 版本，听广播媒体公共服务落地生根

城市公园建设为人民，广播媒体的内容服务同样也为人民，"广播进公园"能否双赢？这要从传统广播自带的融合基因和城市公园自带的"场景"基因说起。

（一）为什么说广播自带融合基因？

广播媒体在发展初期就自带融合基因，比如与唱片的融合、与电话热线的融合、与报纸的融合、音乐的融合等①。当基于移动终端传播的互联网信息技术飞速发展，技术逻辑与人文社会科学之间建立起了前所未有的紧密关系。声音，可以实时地嵌入到我们健身、工作、学习、娱乐等各个生活场景中，提供更加人性化或者个性化的服务。而这种"嵌入"的形态，就是一种与技术的融合创新，就是一种"场景化"的尝试，场景化传播必然催生听众的立体化需求。

什么是听众的"立体化需求"？可以借鉴阿基米德 APP 的用户画像②。阿基米德是基于传统广播的移动音频较早开展用户数据画像和使用场景开发进行市场细分的音频客户端。音频平台上的广播节目内容都包含在 11 个场景分类中，既有"上下班路上""跑步""学习"等比较常规的生活场景，响应人们繁忙生活中的伴随性触媒需求；也有诸如"喝醉了""想静静"等更加细分化的场景，实际上是从用户本身的情感需求出发进行伴随性场景构建，容易引发共鸣进而提升情感上的接近性。因此可以想见，"小而美"的场景化传播，也有可能成为"爆款"。与此同时也提醒广播人，场景化主导下的用户体验对于音频内容的要求更高。而这个场景化主导，投射在扬州城市公园体系中，就是要打造一种与扬州人的健身习惯、生活状态、休闲需求相融合的声音节奏。

（二）为什么在扬州构建场景广播要选择城市公园？

2015 年 9 月，扬州市正式启动公园体系建设，全面推动由园林城市向公园城市转变。经过几年建设，覆盖城乡、均衡布局的公园体系建设初具规模，公园体系建设成为了群众最满意的民生工程之一。2017 年底，扬州市提出"公园＋"

---

① 宋青：《广播音频媒体构建：一种媒介学视角》，第三届"广播创新发展"征文三等奖作品。
② 宫承波、田园：《传统广播移动平台的"声音场景"构建》，《新闻论坛》2016 年第 4 期。

概念，推广体育、文化、公共服务、人才招引、房产等主动与城市公园体系相融合。2018 年又推出《扬州市公园条例》，以科学、严谨的态度建构公园体系。"谈及公共体育服务体系建设，江苏省无疑已经走在全国前列，而扬州的公园体系建设更显得独树一帜。"2018 年 5 月 7 日至 9 日，《人民日报》连续刊发系列评论，以扬州为样本深入解析公园体系建设。

　　广播人如何找到与"公园＋"相融合的声音节奏，找到与"公园＋"相契合的功能属性？需要回到广播这一主流媒体的收听方式的演变上来：近年来，移动音频中的广播电台收听习惯正在渐渐重新定义听众属性，听众的收听习惯发生了从"旁听"广播到"想听就听"甚至"想怎么听就怎么听"的转变。作为传统广播媒体，由此产生的危机和压力毋庸置疑。让扬州广播以"伴随性"的属性在公共空间拓展"场景化"属性的发展，能否在公共空间打开的多维度呈现新模式？这是一次触达人口不少于 460 万的场景广播的尝试。扬州广播正式提出了"广播进公园"这个概念。

　　一开始，在初步与公园接洽时，我们也遭遇了一定的阻力，这与城市公园建成后从未在此领域进行过尝试有关，"广播进公园"这在全国也没有先例。另一方面，部分公园基础设施不完备也导致了合作中出现了一定难度。想要在全市的城市公园全面铺开扬州广播的落地，就要寻找一个突破口。扬州新闻频率率先与扬州市首个城市公园——宋夹城体育休闲公园进行谈判，反复多轮磋商之后，为公园方制定了详细的合作意向方案和合作流程，得到了公园方的支持。

扬州广播落地城市公园播出后，广播人还时常走进公园中进行现场试听，并且在公园的各个地方进行收听效果的采集，对有问题的部分进行提出改进方案，并进行具体的设计改进。在城市东南西北的各大城市公园里，几乎都留下了扬州广播人的足迹。同时，也编写了一整套公园广播播出流程和方法提供给公园管理方使用。在执行过程中，扬州广播的诚意也得到了合作公园方的肯定。

2018 年 5 月 13 日，扬州广播进公园启动仪式在扬州宋夹城体育休闲公园举行，正式开启扬州广播在城市公园落地播出的新模式。随后扬州广播五套频率陆续在宋夹城体育休闲公园、明月湖公园、蜀冈生态公园、曲江公园、花都汇生态中心等各大体育休闲公园里试播出，让城市公园成为继收音机、车载收音机、手机后，扬州城市广播打开的新空间。

启动仪式现场扬州广播主持人亮相

二、"广播进公园"2.0 版本，看融媒组合产品做好场景深耕

当新的收听场景成为兵家必争之地，广播人如何做好场景深耕？在扬州广播进公园落地扬州十多座公园的探索中，广播音频正在以一种更加灵活的姿态投入到场景中，服务好公园中的市民们。

扬州花都汇生态公园是扬州一座特殊的公园，2016 年，一座垃圾山变成一处芳草地的故事广为流传，大量媒体和市民聚焦这一改变带来的生态福利，当扬州广播多个时段的节目在花都汇生态公园响起，扬州广播为花都汇量身打造了广播直播背景音、公园定制背景音、短视频、视频直播、线下活动等融媒体推广形式。在启动宣传的 1 个月里，"人间烟火气，花都汇扬州"的宣传语深入人心，融媒组合拳也让花都汇公园在扬州公园里独树一帜，成为扬州广电的创新营销案例。

花都汇公园媒体融合营销产品组合

01 一场鉴宝活动　02 公园付费音频　03 N条新媒体推送　04 两场视频直播　05 N个短视频　06 公园品牌新定位

（一）做好场景深耕，要从声音本身做文章

听众具有收听的动机、情绪和诉求，我们需要在这个基础上研究场景广播的实质内涵。以城市公园为例，公园内的活跃人群如何锁定？需要从时间维度、空间维度来进行分析调研。

根据 2018 年 12 月编发的《扬州市公园体系发展与保护专项规划》①，扬州构建布局合理的空间体系，营造多样化的功能体系，全面落实"公园＋"理念，保护已建公园不受侵占。规划期限近期为 2018 年至 2025 年，远期为 2025 年至 2035 年。城市公园分为综合公园、社区公园、口袋公园（游园）、专类公园四大类，其中社区公园、口袋公园大多覆盖人口相对集中的居民楼区域，更适合提供日常广播服务。综合公园、专类公园则因其承担的复合功能，更倾向于广播为他们提供定制服务，花都汇生态公园就是这样的一座专类公园。例如整体包装推广中的鉴宝活动《晒晒我家传家宝》，就是借力扬州 2500 年古城的文化底蕴，在全市征集传家宝资源，推动鉴宝活动和传家宝的价值评估。与此同时就传家宝的历史和家风制作多个精彩故事用于后期推广，以此宣传花都汇生态公园的古玩市场，让其更有历史底蕴和文化内容、民族情感。

---

① 《扬州市公园体系发展与保护专项规划》，http://www.zgjssw.gov.cn/shixianchuanzhen/yangzhou/201812/t20181214_ 5937518. shtml

（二）做好场景深耕，要借力媒体融合撬动市场

当下的媒体融合，除创新形式外，基本上是音视频图文打天下。如何用好音视频等融合形式？在花都汇的场馆里，扬州广播制作了精彩的历史和家风故事作为定制音频广为传播，让公园中的古玩馆、花木馆等更有历史底蕴和文化内容、民族情感。并通过新媒体图文、短视频、节目宣传为公园讲好中国故事。

好的场景传播，一定拥有现象级的好内容，也一定可以锁定场景中的活跃人群。他们对物质产品有较强的消费能力，对精神生活也有真丰富的需求，所以在场景中，应该坚持让声音作为架构传播内容的主要手段，而不是成为图像、视频等信号的辅助。做好场景服务的三个维度在于陪伴感、趣味性和获得感。因此，在花都汇的一组定制音频和短视频传播中，牢牢抓住了"人间烟火气，花都汇扬州"中的"烟火气"三个字，无论是公益广告的故事、还是定制背景音的制作对象，均已一家三口的周末休闲时光为用户画像，希望走进公园里的没一家人都能和声音共度一段"美好时光"，这样才能真正深耕场景，精准触达消费人群。

（三）做好场景深耕，要做好用户画像带来美好体验

新零售时代，越来越多的模式向人们的生活方式靠拢，人们也越来越重视消费体验。而好的消费体验往往表现为一种基于场景的"生活节奏"。当一家人放下手机，走进公园，公园里的直播节目或定制音频传入耳畔。声音，就可以成为那个"带节奏"的主导者。在与花都汇合作的一个月中，每一天响起的声音，为公园积累了不一样的体验感与亲密度，在有声音体验的公园场景中，人们记住了公益广告中孩子的笑声，记住了鉴宝活动的时间地点和活动诉求。到了活动的那几天，报名的人数远远超过现场鉴宝最大承受量，现场人气火爆，节目中亮点、笑点不断，不仅高质量完成了两场现场活动，还从中挖掘了扬州传统文化和扬州人代代流传的家风故事、人文精神，让活动内涵更加丰富。

花都汇鉴宝活动现场

三、"广播进公园" 3.0 版本，"全园联动" 助推广播高质量发展

当日常生活场景以声音场景创新构建，传统广播电台的时间概念也逐渐模糊化，尤其是在公园中，广播节目的"时段"概念慢慢过渡到了"时刻"概念，而当所有公园处在同一时刻，"全员联动"的理念可以助推更多传播模式的实现。

（一）"公园＋"可以集中力量办大事

2018 年 9 月 21 日，江苏省第十九届运动会正式开幕。扬州广播启动长时段"广播＋网络"直播"省运看扬州"，实时报道省运会开幕式盛况。广播记者奔赴开幕式现场、城市公园等多个点位，实时带来开幕式的各项报道。现场直播还通过运河三湾风景区、宋夹城体育休闲公园、花都汇——园艺体验中心、明月湖公园、蜀冈生态体育休闲公园、曲江公园、扬子津生态中心七大公园广播系统同步直播。

这是扬州广播自推出"广播进公园"这一民生举措后开展的首次"全员联动"。也是广播继居家收听、车载收听后，拓展新空间的又一落点，掀开了广播场景化运作的新篇章。省运会开幕式前一天，扬州广播与合作城市公园一一对接，八座公园广播系统同步转播扬州广播的省运会开幕式特别节目"省运看扬州"。当晚，在扬州各大城市公园，市民们一边休闲锻炼，一边收听着公园跑道沿线广播中正在直播的省运会开幕式，声音与扬州体育公园正在进行的开幕式同步，身处为人民健康而建设的城市公园中，诠释了扬州打造体育休闲公园并承办省运会的意义所在。这次七大公园同步直播揭开了"广播进公园"的新篇章。在随后的江苏省第十届园艺博览会上又推动了包括枣林湾生态公园在内的八大公园联动直播，让"广播进公园"这一民生服务向纵深推进。

2018 年 12 月 26 日，"扬州应急广播"正式挂牌。扬州交通频率以及扬州广播庞大的公园播放系统被正式纳入扬州市应急体系建设。作为"广播进公园"这一创举所衍生出的新功能，今后一旦发生重大自然灾害或突发公共事件，扬州广播在各个城市公园的播出网络，将承担起信息发布、组织动员、普及知识、引导舆论、稳定人心的重要作用。同时，也能将党委、政府的政令、举措及时告知公众，坚定战胜灾难的信心与决心。在面对城市整体的功能性困境，城市局部地域、市民个体的日常紧急事件时，及时以专业素养和权威平台，为公众提供详尽、专业的帮助，为政府部门提供可靠、高效的信息传播渠道。在日常工作中，将应急常识通过生动的主题策划、有趣的表达形式，有效传播给更多的受众，做到日常宣传"春风细雨润物无声"，应急时刻"拉得出打得响"，为城市的应急工作做出应有贡献，为平安扬州建设添砖加瓦。

（二）5G时代，"公园＋"还可以有更大作为

5G时代，万物互联，万物皆媒，终端数量将有巨大爆发，也让城市公园成为一个具有无限发展可能的场景空间。2018年，中国移动终端用户已经达到14亿，这其中以手机为主。而通信业对5G的愿景是每一平方公里，可以支撑100万个移动终端。未来接入到网络中的终端，不仅是我们今天的手机，还会有更多千奇百怪的产品。在公园中，每一个产品都有可能通过5G接入网络，除了智能穿戴等已经为人所熟知的产品外，休闲锻炼者的眼镜、手机、衣服、腰带、鞋子都有可能接入"公园＋"系统，成为智能产品，公园的软硬件设施、运动场所、商家、产品等都可以进入智能时代，也通过5G接入网络成为智慧城市中的重要一环。

公园场景中大量以前不可能联网的设备也会进行联网工作，更加智能。停车场、窨井盖、电线杆、垃圾桶这些公共设施，以前可能很难做到智能化。而5G可以让这些设备都成为智能设备。

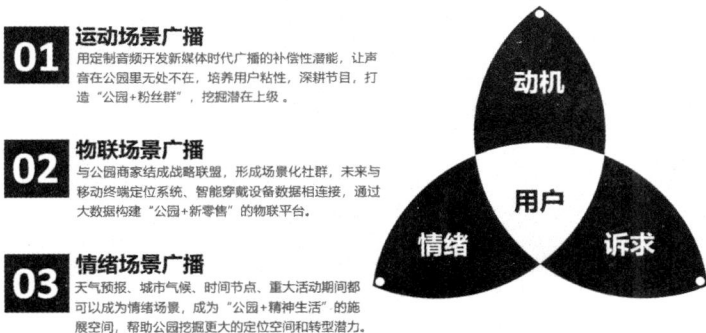

公园+未来，我们还可以做什么？？

01 运动场景广播
用定制音频开发新媒体时代广播的补偿性潜能，让声音在公园里无处不在，培养用户粘性，深耕节目，打造"公园+粉丝群"，挖掘潜在上级。

02 物联场景广播
与公园商家结成战略联盟，形成场景化社群，未来与移动终端定位系统、智能穿戴设备数据相连接，通过大数据构建"公园+新零售"的物联平台。

03 情绪场景广播
天气预报、城市气候、时间节点、重大活动期间都可以成为情绪场景，成为"公园+精神生活"的施展空间，帮助公园挖掘更大的定位空间和转型潜力。

动机 情绪 诉求 用户

此外，利用新技术营造身临其境的场景体验指的是利用虚拟现实（VR）和增强现实（AR）提供封闭或半封闭、高度浸入式的体验，也可以让处于同一个公园，或所有处于公园系统的人群形成社群，即便不在公园中，也可以有身临其境之感。2018年，虚拟现实和增强现实已经成长为高达40亿美元的巨大市场，这些也可以在"公园＋"场景的方寸之间得以实现。

观念引领行动，认识推动实践。随着移动互联网技术的迅猛发展，受众个性化意识正在逐渐觉醒。城市广播要逆风翻盘、再次腾飞就要紧紧围绕人民群众日益增长的美好生活需要，坚持中央关于城市工作的"衣食住行、生老病死、安居乐业"12字工作方针，找准定位，守正创新，提振信心，以永不懈怠的奋斗精神和一往无前的昂扬斗志，推动城市广播电视繁荣发展。广播的发展，也如同

一座城市的发展，扬州广播敏锐把握住一个城市"公园体系"的规划作为抓手，用创新改变社会生态结构、培养人民群众新的精神诉求。当城市里的公园场景构筑起宏观而立体的声音文化社会图景，扬州广播首创的"广播进公园"体系，或将使得城市广播的高质量发展在互联网语境中弯道超车。

万物互联的高速移动互联时代来临，将更为深刻地改变人类社会的行为方式的同时改变媒体的生态，媒体将面临"万物皆媒体、一切皆平台"的颠覆与重生。广播作为大众主流媒体主要社会功能是环境的瞭望者、政策的塑造者、知识的传播者，担负着维护社会良性运行的职责，一度被边缘化为"弱势媒体"的广播，正在借助于收听端口的全面多样化和智能化强势回归，从坚定不移的"喉舌功能"到努力探索"为政府、社会和个人搭建服务和沟通的桥梁"的认知，更彰显其公共媒体"社会化"和"功能化"层面的优势，而场景革命性的创新价值在于，它赋予了广播全新的媒介体验，也勾勒出了广播在移动互联时代的新形态，广播必将又一次成为朝气蓬勃的"新媒体"。

（作者单位：扬州广播电视传媒集团）

融媒时代城市广电舆论监督突围路径探析

曹 竞

舆论监督是党赋予媒体的职责使命，也是彰显主流媒体地位的重要途径。在众声喧哗的融媒体时代，你不发声自有别人发声，你不监督自有他人监督。从长春长生疫苗问题的起底，到"权健帝国"的覆灭，自媒体一次又一次扛起了社会舆论监督的大旗，强势倒逼传统媒体改革创新，推动舆论监督的本位回归，牢牢把握话语权。

近年来，中央、省级媒体纷纷重新发力舆论监督，山东卫视提出"重拾舆论监督，回归电视台本质"；《浙江日报》在头版开设舆论监督专栏"一线调查"；海南也提出了有关"加强舆论监督促进政府工作"的要求。《中国纪检监察报》还专门刊发评论《正确发挥舆论监督作用是必答题》。

与中央台和省级台相比，城市广播电视台扎根基层，舆论监督的题材更为丰富，效果也更为直接。与此同时，受地方人情网交织等影响，舆论监督的实施又面临更多的制约，甚而走向式微。面对新媒体的多重夹击，局地环境的掣肘，主流媒体如何迎难而上，打破困局？本文拟从融合创新层面，探析城市广电舆论监督节目的突围路径。

一、走出对立误区，强化舆论监督与正面引导相融合

当下，谈到舆论监督，很多人甚至我们的职能部门都存在一大误区，即简单地把舆论监督等同于负面报道，这给媒体监督造成不利影响。这种"非正即负"的对立逻辑，偏离了监督走向，必须打破。习近平总书记早年在上海视察新华分社时曾说过，舆论监督和正面宣传"横看成岭侧成峰"，角度不一样，但动机、目标是一致的。[①] 舆论监督与正面引导并不对立，而是辩证统一的关系，二者完全可以做到融会贯通。

---

① 顾勇华、田宏明：《舆论监督与正面宣传何以"是统一的而不是对立的"》，《新闻战线》2017年第2期。

广受关注的"聂树斌案"，《南方周末》《新京报》等媒体记者持续追踪报道了 11 年，在利用舆论监督之力探寻真相的同时，也充分挖掘出正面的启示和意义，让人们看到了我国法治的进步，为社会公平正义做出了新的注解。

如果说现象级的案例基于全国的视野，城市广电更多面对的则是芸芸众生的喜怒哀乐，普通群众的矛盾纷争。基层问题庞杂，不及时化解，会积重难返，难免造成社会秩序的失衡。关键时刻，舆论监督需要介入。怎么介入？需要探寻融通之道。同样的难点，有的地方完全失控，问题集中爆发，有的地方却能成功化解，拨乱反正。例如：农民洗脚进城，"身子上楼了，观念却未改变"，导致不少拆迁安置小区脏乱差现象凸显，已严重影响居民日常生活。再如老小区停车难，为了抢占地盘，一些地方地锁横行，冲突不断。此类问题需要曝光，但如果一味地揭黑亮丑，反倒容易引发"羊群效应"。这就需要注入"正面因子"，找寻相似困局中成功突围的案例，跟踪其破解之策，把负面曝光与正面疏导相结合，两相对比，其义自现，从而能直达监督的目的。

二、树立问题导向，强化批评性与建设性相融合

当前，我国正处于经济社会加速转型期，也是各种社会矛盾和敏感问题的多发期。习近平总书记曾深刻指出："新闻媒体要直面工作中存在的问题，直面社会丑恶现象，激浊扬清、针砭时弊。"新闻媒体应当强化舆论监督，树立问题导向，要善于发现问题、揭露问题，并理性地分析问题，直至解决问题。

（一）瞄准基层问题，发出前瞻性预警

问题俯首可拾，但并非"捡到篮子都是菜"。舆论监督需要抓住要害，抓住主要矛盾。既要关注群众反映强烈的突出问题，也要跟踪那些隐匿深重的潜在问题。根据"海恩法则"，每一起严重事故的背后，必然有 29 次轻微事故和 300 起未遂先兆以及 1000 起事故隐患。新闻媒体就是要发挥主观能动性，善于发现基层那些苗头性的隐患，并提前介入，发出预警，而不是"事后诸葛亮"，跟着问题跑。

例如近年来，一些不法分子打着消费投资返利的幌子，从事非法集资诈骗，隐蔽性较强，监管部门尚未察觉抑或短期内难以定性惩办。此时，主流媒体跟进调查，不露痕迹地追问，让对方的软肋自我暴露，从而能发出预警，也为今后的查处留下有力证据。江苏仪征有家"康盛生物科技公司"号称提炼玫瑰油，投资收益能快速翻番，发展下线还有提成。扬州台的记者在接到热线投诉后深入调查，发现了其中的猫腻，并提醒公众注意防范。报道播出后引起相关方面重视，今年，仪征警方正式以涉嫌非法吸收公众存款对该公司立案侦查。

（二）号准命脉，挖掘深层次根源

找准了问题固然重要，还只是第一步，接下来要做的就是号准命脉，挖掘问

题产生背后的深层次原因。

转型期的社会、强势崛起的新媒体，不断产生新的社会热点，并形成迅速发散之势，这当中不乏杂音噪音。如充斥朋友圈的"微信投票"让市民们不堪其扰。扬州台的记者曾经发现一项"最满意医院"的投票漏洞百出，便由此切入，拓展到当今的微信投票乱象，并剖析现象形成的原因，投票混乱源于门槛太低，管理部门应有所作为。报道由于切中了百姓的"烦心事"，从而引发广泛共鸣，而深入的解析又很好地引导市民：面对"朋友圈"形形色色的投票活动，要加以甄别，对一些以拉粉丝、做广告为目的的投票，应理直气壮地拒绝。

（三）解决问题，推动监管制度完善

找到了症结，就要对症，寻求化解之道。如此，才能形成"曝光－追踪－回应－解决"的良性循环。曝光问题只是手段，发现问题、促进解决，才是终极目标。

迫于收视考核的压力，一些地方台把舆论监督当作夺眼球的工具，只停留在曝光揭丑上，片面追求轰动效应。而舆论监督一旦失控，负面情绪积累，只会放大、激化矛盾，导致不良社会心态的形成，这显然与舆论监督的初衷背道而驰。舆论监督绝不是"捅娄子"，而是"补漏洞"，要通过强有力的监督诉求，梳理出某方面的共性问题，引发社会反思，并提出制度建议，来推动社会治理。

扬州的中学生小马在公共场合被警察错抓，警方却迟迟没有说法，给孩子心灵造成伤害。相关的报道并未盯着某个警察不放，而是向纵深挖掘，揭示出警方"纠错机制"的缺失，并围绕如何建立和完善"纠错机制"进行探讨。节目播出后反响强烈，警方不仅公开道歉，还以此为契机开展了警示教育，对相关制度进行了完善。由此可见，舆论监督不是为曝光而曝光，而是通过曝光达到改进和促进工作的目的。舆论监督既是"照妖镜"，让各类不法行为、丑陋现象无处遁形，它又是疗治社会弊端的利器，推进法治建设的加速器。

三、善于借力打力，强化舆论监督与多重监督的融合

舆论监督，本质上是人民的监督，是媒体代表人民对权力和社会不良风气的监督，是人民赋予媒体的一项职责。[①] 相较于自媒体，主流媒体具有长期积累的公信力，这是优势所在，但很多时候仍受制于职能权限以及专业储备的缺失，难以抵达监督的核心层。而通过借力打力，将新闻舆论监督与政府机关监督、民主监督、司法监督等贯通起来，就能够形成强大的监督合力。

（一）与党内监督相融合，净化政治生态

监督是权力正确运行的根本保证，全面从严治党，必须要做到党内监督与外

---

① 王建珂：《舆论监督：一个不可忽视的话题》，《青年记者》2016 年第 15 期。

部监督相结合。作为外部监督的重要形式，舆论监督在反腐、反四风以及作风建设中发挥巨大作用。加强舆论监督，持之以恒落实中央八项规定，不断优化政治生态、社会生态，也是新闻媒体的应有之义。

近年来，扬州电视台先后与市政府纠风办、市纪委协作，将政府服务热线、政风行风监督等，和媒体传播资源嫁接，推出"12345热线调查""走基层、看作风"等专栏，从事关百姓利益的角度切入，对相关部门和窗口不作为、慢作为等进行曝光，及时纠偏，助力正风肃纪。2016年播出的《神秘的"绿色通道"》，曝光了宝应县民政局婚姻登记处以开辟"绿色通道"为名乱收费的问题，引起宝应、扬州两级纪检部门的高度重视，当地纪委立案审查，相关责任人受到相应处分，扬州市纪委也做出通报，向职能部门发出警示，坚决履行党风廉政责任制。

（二）与司法监督、民主监督等相融合，通达社情民意

在十九大报告中，习近平总书记要求"打造共建共治共享的社会治理格局"，新闻媒体也需有担当、有作为。媒体的舆论监督具有公开性、广泛性和及时性的特点，而人大、政府职能部门的监督具有权威性，通过几方协力，打通监督共治的渠道，也在政府和民众之间搭建同频共振的平台。

扬州台与市人大、政协联手，开辟的"提案365""议案365"专栏，寓意1年365天，只要是群众关心的切身问题，天天都有机会成为"议案""提案"。相关的栏目还与扬州市中级人民法院合作，推出"老赖曝光台"，对拒不履行法律义务的失信被执行人进行曝光，并借助媒体传播，动员群众积极举报。

当前，生态文明建设正处于压力叠加、负重前行的关键期，职能部门需要和媒体、民众等各方通力协作，而新闻媒体也希望借助专业的力量，甄别问题，精准打击，形成全社会共同推进环保的监督氛围。为此，扬州台与环保部门常态化开设"污染防治攻坚"专栏，集中曝光突出的环境问题，并问责地方，跟踪整改，促成了一批老大难问题的解决。由于形成了舆论共振，维护了人民群众的根本利益，新闻媒体的影响力提升，党和政府的公信力也日益凸显。

四、立足真相重塑，强化时效性与专业性的融合

"万众皆媒"并不意味着社会对媒体的专业性要求降低，相反，海量碎片化的信息需要更专业的眼光来筛选与监督。[①]在自媒体平台，各种虚假信息、言论不时出现，其中一些谣言极具蛊惑性，误导受众，制造混乱。这就需要主流媒体及时介入监督，发出真实、准确、客观、权威的声音，及时击破谣言，做舆论引

---

① 彭兰：《新媒体传播：新图景与新机理》，《新闻与写作》2018年第7期。

导的"稳定器"。

2017年11月,扬州人的微信朋友圈里一条信息广为流传,说高邮恶毒婆婆逼死了儿媳妇,随后上百人集聚当事人家庭,吵闹、打砸,场面相当混乱。网传的这条消息究竟靠不靠谱?真相又如何?本地知名的《关注》栏目经过充分调查,在同城媒体中最先推出《拆穿"恶婆婆"谣言》的专题报道,通过层层剥笋式的调查分析,帮助受众识别真相,去伪存真。节目播出后,数万名网友在栏目的微信公众号留言,要求惩处始作俑者。第二天,节目又做了跟踪报道,并邀请新闻评论员进一步阐述,引导市民理性思考,不信谣、不传谣。持续的追踪调查,形成了强大的舆论监督气场。随后,即有一名轻信谣言参与动手伤人的女子主动向警方投案自首。在接到求助后,栏目记者还及时帮助受害的一家三口重返家园,并及时对年幼的孩子进行心理疏导,善始善终,融入人文关怀,体现了媒体人对社会应有的温度。

打铁还需自身硬。任何时候,新闻专业主义都应当是主流媒体的职业操守,只有找准时机,真实客观地反映事实,严谨深入地揭示其本质,才能去伪存真、印证真相,发挥舆论监督因势利导的效力。

五、创设互动情境,强化线上与线下舆论场的融合

当前,媒体版图已经发生显著变化。主流媒体不仅要固守传统的"舆论主场",还要联通网上的"舆论广场"。面对已超8亿的中国网民,主流的声音不能缺位,舆论监督的张力必须触达。

自媒体创造了更开阔、更便捷的舆论表达空间,其优势显而易见:信息传播的快速与广泛、随时随地的互动刷新、信息选择的多元等等。而其中的不少元素可以为我所用,融入传统媒体的创新实践。

央视中文国际频道的《中国舆论场》节目通过电视、网络、手机的多屏互动,引入"在线观众席",构建了信息接收与互动的情境,不仅对热点舆情深度剖析,还融入"红包摇一摇""滚屏评论"等活泼的互动元素,获得了更好的舆论引导效果。

作为传统媒体,一方面,要从网络舆情中发现社会治理的难点、制度建设的盲点,另一方面,要利用新媒体平台,以灵活的方式,吸引"公众记者"参与,建立双向互动,引导公众参与共同监督。扬州台推出的"文明随手拍""爱家园随手拍"等,通过微博举报、微信建群等,引入公众监督,促成了一批社会问题的改进。《法治扬州》栏目紧扣法治舆情,打通线上线下,先做扬帆APP(扬州广电的新媒体平台)直播,再就案例跟踪、采制报道,从而扩大舆论监督的半径,力求形成网上网下同心圆,使价值理念、法治观念趋于正向。

舆论监督不是洪水猛兽,社会善治离不开舆论监督。作为党的新闻媒体,既

要保持"乱云飞渡仍从容"的政治定力，也要增强"不日新者必日退"的创新活力，唯有坚持正确方向，创新方法手段，融合发力，才能提高舆论监督的传播力、引导力，进而促政通达人和，让全民共建共享清朗天下。

（作者单位：扬州广播电视台）

试论新媒体背景下新闻记者的"自我重塑"

——扬州广播电视台的实践探索

管载晟

　　新媒体的发展改变了传统媒体的生态环境，记者在新闻传播中的地位、作用随之产生了变化。作为媒体融合的主体，新闻记者在媒体转型过程中的作用尤为关键，媒体融合的过程也是记者职业身份自我调整的过程。那么，如何适应新的媒介生态环境、实现新媒体背景下新闻记者的"自我重塑"？本文结合扬州广播电视台媒体融合实践，探讨记者职业转型的必要性、可能性以及所面临的问题。

一、传统媒体新闻记者"自我重塑"的必要性

　　毫无疑问，在传统媒体与新媒体的融合过程中，记者处于最前沿，媒体融合最基本的要素是记者的"自我重塑"。近些年来，大批新闻从业人员选择离开传统媒体，尽管离职的原因和去向各异，但一个基本事实是，作为传媒行业主角的记者职业地位正在被无情地削弱，曾经的"无冕之王"沦落为求取基本生存的"新闻民工"。干得好好的记者怎么说不灵就不灵了呢？

　　（一）生存危机前所未有

　　新媒体出现对传统媒体带来改变，最明显的就是受众数量日渐萎缩。根据中国互联网络信息中心（CNNIC）权威发布的第 42 次《中国互联网络发展状况统计报告》显示，截至 2018 年 6 月 30 日，我国网民规模达 8.02 亿，普及率为 57.7%；手机网民规模达 7.88 亿，网民中使用手机网人群的占比 98.3%。[①] 而之前第 41 次《中国互联网络发展状况统计报告》显示，截至 2017 年 12 月 30 日，我国网民规模达 7.72 亿，普及率为 55.8%；手机网民规模达 7.53 亿，网民中使用手机网人群的占比 97.5%。以扬州电视台 2017 年 9 月 4 日与 2018 年 9 月 4 日两天的播出为例，前者开机率尼尔森和索福瑞指数分别为 52.74%、18.93%，

---

　　① 《第 42 次中国互联网络发展状况统计报告》，https：//baijiahao.baidu.com/s？id=1609380843027669731

本地市场份额尼尔森和索福瑞指数分别为 42.19%、50.39%。后者开机率尼尔森和索福瑞指数分别为 45.39%、16.33%，本地市场份额尼尔森和索福瑞指数分别为 43.73%、50.67%。

综上来看，网民和手机上网用户在明显增加，与此相对应，电视媒体阵地虽在，用户正在流失，尽管扬州电视台收视份额在全国城市台处于领先地位，但同全国城市台同行一样，收视率明显降低，广告收入严重下滑，城市传统媒体面临巨大的挑战。

（二）"记者"职业门槛降低，"无冕之王"风光不再

新媒体时代，以互联网为传播介质的网络媒体和以手机为用户终端的手机媒体被广泛使用，每个人都可以像记者一样，通过自媒体平台，生产、传播信息，不仅方便快捷，而且可以与其他用户形成互动，大量非专业性的"市民记者""公民记者"出现在传播领域。新媒体的诸多特性，使得用户与新闻记者的边界日益模糊。

传统媒体时代，新闻记者被冠以"无冕之王"的美称，其主要得益于传媒行业的垄断地位，在新闻生产过程中，从题材的选择，到信息源、话语权的把控，记者起到了媒体"把关人"的作用。而有了新媒体，过去的受众可以通过自己的载体和传播方式发布信息，以往传统媒体的信息优势、资源优势、渠道优势被颠覆，"新闻记者把关人角色地位被泛化、消融，把关权力被去中心化，特权优势受到严重冲击"。

（三）面对全新传播格局，传统记者出现"能力危机"

与传统媒体时代记者"一支笔包打天下"不同，新媒体对记者的工作技能提出了新的要求，记者从过去拥有一技之长向"身兼多职""多栖作战"的全媒体记者转化。这就要求记者不仅要熟练掌握写作和编辑的技能，还要提高自身在获取图片、视频及进行网络互动等方面的能力；不仅要善于在采访中获取线索、挖掘和加工新闻事实，还要能熟练地运用网络，让网络资源成为采访的"第二现场"。这种观念与技能的变化对于大多数传统媒体的记者来说难以适应，有力不从心的感觉，由此导致多数传统媒体记者的"能力危机"。

事实上，新媒体时代的到来，并不意味着传统意义上记者的职业生涯到此结束。记者在媒体融合过程中仍然扮演着重要角色，没有记者参与的媒体融合是不可想象的。那么，我们需要一个什么样的记者呢？换句话说，一个新型记者应该具备哪些素质和技能才能胜任新媒体时代的职业要求呢？

二、新媒体背景下如何实现新闻记者"自我重塑"

改革开放初期，社会上流行一句话，"不换脑袋就换人"，意思是强调转变观念和思维模式的重要性。对于传统媒体来说，摒弃传统，另起炉灶，重复办一

个新的媒体是不现实的。近年来，扬州广播电视台在融合发展过程中，整合资源优势，打好"广电牌"，以自办手机 App"扬帆"（以下简称"扬帆"）为突破口，以服务为导向，集咨询内容、生活服务、交流社区、电商购物、活动发布、参与等服务形式融于一体，将其打造成具有移动化、社交化、视觉化特性的"融合"性集成平台。[①]

在传统媒体与新媒体的融合过程中，除了技术因素，人的因素至关重要，一方面，作为媒体最前沿的新闻记者如何发挥主体性作用、如何实现"自我重塑"，将直接关乎融合的进度和深度。另一方面，媒体融合对记者提出了新的要求，媒体融合过程也是记者转型与自我完善的过程。对此，扬州广播电视台作了积极而有效的探索。

（一）"换脑袋"，改变观念和思维方式

植入互联网思维，以融合思维处理新闻生产的每一个环节。所谓互联网思维，本来属于商业领域的思维方式，其主要特征以用户为中心，注重个性化、互动、分享。基于这种思维，"扬帆"以整合全台资源、形成合力为原则，确立新兴媒体与传统媒体联动机制，改善内容供给结构，提升融媒体内容创作生产能力，同时秉持"将视频直播进行到底"的理念，将广电的资源优势转化为竞争优势。首先，确立"扬帆"首发，坚持移动优先。广电旗下所有媒体都以"扬帆"为首发窗口，对本地突发事件、社会普遍关注的重要时政经济民生咨询，在第一时间向"扬帆"推送。其次，电视节目同步播出。在目前运营中，"扬帆"将扬州广电所属电视节目进行手机同步直播，并且，基于互联网强大的用户交互特性，各节目部门先后对节目内容进行媒体融合的再造，增加节目的交流互动性；一些帮忙类节目，更是直接使用"扬帆"平台的同步播出，实现善款筹集、寻人、征婚等在线交互，将节目的服务性做到了极致。再次，广播节目视频化。借助扬帆视频直播平台，扬州广电五个广播频率已全部实现广播节目同步网络视频直播，让广播不仅能听，还能看，同时，借助"扬帆"，用户还能在收看广播节目的同时，与广播主持人互动，发布文字留言，打赏、点赞，甚至是视频对话，极大丰富了广播节目的表现形式，实现了广播节目的媒体融合传播。

在媒体融合实践中，体现记者互联网思维的是"扬帆"手机直播平台的运作过程，借助直播平台这一系统，扬州广电记者与主持人，能够在新闻事件现场利用手机直播发回现场报道，用户可在"扬帆"手机 App 同步收看，大大缩短了节目制作发布的周期，打破了电视新闻滞后网络新闻的壁垒。除了手机直播，

---

① 陈韵强、赵亚光：《电视大屏与手机小屏的融合与共振——以扬州广播电视台手机 App"扬帆"建设为例》，《中国广播电视学刊》2017 年第 1 期。

"扬帆"平台还开发了功能更为强大的电脑端直播平台，借助电脑与视频采集设备，能够实现手机、专业摄像机、放像机等各类信源的多源直播，大大降低了视频直播的门槛与直播成本，原先不具备直播条件的各类中小型活动也能在扬帆平台进行直播展示，自"扬帆"App上线以来，借助这一直播平台，"扬帆"已发布近300场各类直播，其中更有百台手机参与的大型户外马拉松"扬马"的直播与大型户外音乐节"瓜洲音乐节"的直播，其访问量都在10万PV以上。

与手机直播同理，记者和主持人共同参与"主播秀"，"扬帆"开设了专门的主播秀版块，把视频直播个性化、草根化；目前，已有近50名主播开设账号，定期发起主播秀，与用户互动，据后台统计，每周都有近百个主播秀发布，每个主播秀少则几千，多则上万人观看，借助这一板块，许多主持人、记者成为网络红人，在新媒体领域树立了自己的品牌。

可以说，通过参与"扬帆"新媒体采访、制作等新闻生产过程，记者在使用新技术、享受新技术成果的同时，改变了固有的思维模式和采访习惯，思维活跃，视野开阔，"像变了一个人似的"，如此脱胎换骨的转型意味着必须突破自我。

（二）"换新鞋"，置换身份

在新媒体背景下，新技术被广泛使用，"鸟枪换大炮"，记者的身份也发生了变化，这就要求记者以新的姿态和精神面貌重现新媒体战场。在这里，需要强化几种意识。

1. 技术意识

顺应互联网传播移动化、社交化、视频化趋势，新闻记者必须掌握并运用大数据、云计算等新技术，提高融媒体多屏高清内容采集、制作、播出、传输、存储利用等技术水平。媒体融合的细化层面，便是记者的全方位培养。扬州广播电视台对所有采编人员进行新媒体技术培训，努力建设一支具备全媒体眼光和技能的高素质新闻人才队伍。

2. 信息意识

对于海量信息的掌握和处理是记者的一项基本工作内容。记者的桥梁作用更为凸显。新媒体时代，记者的这一作用得到强化。一方面，新媒体成为记者获取信息的重要渠道，记者将新媒体中有新闻价值的信息提炼出来，经过核实、加工处理等在传统媒体上发布。传统媒体的权威性会赋予信息更多的价值，而新媒体传播的信息经过传统媒体报道后能被更多的公众知悉，引起社会更多的关注。另一方面，记者能够通过微博等新媒体，利用自己的影响力，通过积极传播传统媒体的新闻报道，提升新闻传播效果，进而提升传统媒体的关注度和影响力。例如，电视民生新闻栏目《关注》每位记者每天定时汇总各类有价值的网络信息，结合本地特色，明确选题，为我所用。"扬帆"《话里话外》频道对所采集的信息进行视频直播，其中"今日头条"选择当天最热点的新闻，通过演绎的方式进行表达，全程视频直播；"话说身边事"对今天扬州发生的热点民生新闻进行关注、介绍，结合图片进行视频描述；"心服口服"对国内外热点新闻的一些梳理，提出争议，与听众和视频直播的网友进行及时在线互动。

3. 服务意识

"扬帆"由几十个乃至数百个主题频道组成一个"手机频道"矩阵，每个频道有各自的服务主页，"将资讯、生活服务、交流社区、电商购物、活动参与等功能及服务形式融为一体，通过这些服务聚集，形成业务垂直、精准细分的粉丝、会员社群"[1]。在此过程中，记者发挥了举足轻重的作用，比如，电台记者在传统节目的采访同时，还要承担"扬帆"《车里车外》《话里话外》等频道的采访内容，这些频道以直播的形式提供相关服务内容。电视栏目《新闻女生帮你忙》在"扬帆"推出的《女生公益》频道，除了同步播出电视节目内容，还针对一些重大疾病患者，发布信息，开通救助通道，组织爱心捐助，同时为一般性的寻人寻物、二手物资调剂等提供信息发布和交流服务。

4. 把关意识

新媒体时代，由于传播主体多元化和传播流程简单化，传统意义上的新闻"把关人"角色被弱化。"面对新媒体时代鱼龙混杂的信息和多元复杂的舆论环境，人们反倒比过去更加需要有权威性和公信力的传统媒体来甄别真假、判断是非，需要报刊、电视和广播等传统媒体在关键时刻主动发声，第一时间澄清真相，重大时刻表明立场，以独到的权威性和公信力，引导舆论走向。"[2] 这就需要记者以专业的眼光，合理遴选、评价、辨别，核实信息来源，帮助用户更方便、更准确地理解和接受，成为新媒体时代的新"把关人"。例如，电视民生栏目《关注》专门开设"关注有话说"子栏目，针对网络媒体上的热点话题和有影响力的新闻事件进行深入采访、探讨，探寻事实真相，引导社会舆论。

(三) "走新路"，建立健全新机制，倒逼记者"自我重塑"

新媒体背景下，记者的"自我重塑"不是自发的零散的个体行为，而是一场基于科技变革大势所趋的自觉行动，没有一套媒体融合的管理体系和实操做法，就难以实现记者的"自我重塑"。在这方面，扬州台在城市台媒体融合过程中走出了坚实的一步。

---

① 陈韵强、赵亚光：《电视大屏与手机小屏的融合与共振——以扬州广播电视台手机 App "扬帆"建设为例》，《中国广播电视学刊》2017 年第 1 期。

② 胡恒芳：《新媒体时代的舆论导向与媒体把关》，《青年记者》2016 年第 19 期。

1. 重构业务流程，健全协调机制

编委会定期召开月度深度融合协调会，对融合传播进行统一策划和集中指挥调度，明确融媒体产品生产任务及责任主体，提出创作要求和生产周期。

2. 完善考评体系，激发融合热情

把媒体融合发展推进纳入综合考核体系，统筹收视收听份额、新媒体指数、营销能力等指标，调整各内容主体、技术部门、经营部门绩效考核办法，建立新的适应广播电视媒体融合发展需要的综合考核体系。以手机频道 UV（访问人数）为数据源，兼顾数量与质量，使用包括手机频道访问人数、单个内容最高访问人数、活动参与次数、订阅用户增量在内的四项指标对手机频道的运营质态进行综合评估。为鼓励各部门积极践行融合传播理念，提升人才、技术、新媒体平台核心竞争力，设立融合传播奖励基金。

各节目部门内容根据实际运作情况制定奖罚规则，比如，电视文创中心规定，各栏目"扬帆"频道每天必须更新，并在每天 6 点前将更新内容转发到中心群，对于中心指定转发内容，所有员工必须转发，如不转发，每人次扣罚栏目 100 元。中心所属"扬帆"各频道周访问人数（UV）不得低于 1000 人次，未完成者每次扣罚 3000 元。周访问超过 5000 人次（含 5000），每增加 1000 人次，中心奖励 1000 元。电台记者则做到"一心二用"，一身兼两职，做电台传统节目同时，在采访现场向"扬帆"频道发送图片、视频、文字微博等内容，根据点击量、受众关心度、社会影响等实际效果，给予不同标准的现金奖励，对未完成新媒体采访任务的记者在考核中予以相应的经济处罚。

3. 拓展新媒阵容，助力转型发展

各内容生产主体发挥各自优势，着力打造一批有影响力的网站、微博、微信官方账号，扩展广电新媒体矩阵，壮大融媒体生产力量。以融媒体产品为核心，丰富信息内容，提升互动功能，强化用户体验。与此同时，克服传统媒体与新媒体平台"两条心""两张皮"现象，实现广电栏目与对应手机频道运营一致性，运营团队"一手托两家"，以达到传播效果和经营效益的最大化。

4. 创新制作手段，增强原创能力

充分发挥总台音视频优势，适应新兴媒体传播特点，多生产精准短小、鲜活快捷、吸引力强的信息和音视频，通过"扬帆"手机频道和微信矩阵平台发布。同时，各栏目应根据节目特点，及时捕捉现实题材，加强原创内容策划，创新制作手段，量化制作任务，增加受众黏性。"扬帆"自成立以来，坚持"将直播进行到底"的创作理念，先后举办不同层次的视频创作评优活动，鼓励记者和社会人员参与原创。

良好的机制为记者的"自我重塑"提供了政策保证，加快了记者的角色转型，促进媒体融合良性循环。

三、记者"自我重塑"要注意的几个问题

一般来说，当前传统媒体普遍面临两大难题：一是经济陷入困境，关乎行业的生存与发展；另一个是职业困惑，即从业人员的社会认同。这两者相互关联、相互作用，贯穿媒体的现在与未来。我们探讨新媒体背景下新闻记者"自我重塑"，不仅仅是要求记者在技术层面成为"熟练工""多面手"，而是从专业的角度，重新认识自己，找回职业存在的价值和权力。在此过程中，需要注意几个问题。

（一）功利论

"天下熙熙皆为利来，天下攘攘皆为利往。"随着新媒体的到来和媒体融合的不断展开，给人的印象是，大家均在"为利而往""为稻粱谋"。正如一位资深媒体人离职后所描述的：商业社会改变了一切，让传统媒体人难以接受的是，媒体不再只是媒体，被默认成了公关公司、策划公司、营销公司等商业机构，一切被利益绑架。中国记者艰难地行走在尊严和利益之间，迷茫而又痛苦。这也许是许多媒体人离职的最主要原因吧，始终无法突破职业带来的荣辱冲突，在内心深处备受煎熬与折磨。目前，生存是新闻媒体的第一要务，生存成问题，新闻事业和新闻理想均无从谈起，为了更好地生存，我们不得不走媒体融合之路，主动对接新媒体，谋求新发展。但是，这里需要明确的是，新闻媒体从来不是只为经济利益而存在，挣钱趋利从来不是新闻人的最终目的，否则，新闻人与生意人无异，当然这不是贬低生意人，只是两者职责与使命不同。媒体一旦陷入拜金主义泥潭，每个成员都不可避免被污染，一个身份不干净的新闻记者，能赢得社会的尊重吗？

我们主张新闻记者适应新媒体，并不是将记者塑造成"吸金高手"。"见证历史、记录时代、揭示真相、体现差异性"，这些都是记者的职责。"在人人都可以是新闻人的时代，专业性更为重要、更为紧迫，这也就是说新闻业重塑专业性的机会比任何时候都大。"[1]

（二）悲观论

当下，一些新闻工作者对于传统媒体的转型发展持消极的态度，甚至将新闻理想的失落归咎于新媒体的冲击。在有些人看来，传统媒体日渐式微，媒体人风光不再，在市场化运作下，记者过去引以为傲的关于职业的价值感和尊严，全部被颠覆，曾经的理想和信念也随之而去。"新闻人对职业价值和意义产生了怀疑

---

[1] 彭增军：《因品质得专业：人人新闻时代新闻专业主义的重塑》，《新闻记者》2017 年第 11 期。

和困惑，身份认同以及自我认同都遭遇了前所未有的危机，形势不可谓不严峻，虽然有理由认为最严酷的考验还没有到来，新闻不仅失去了受众，失去了信任，失去了市场，更可怕的是失去了自我认同，失去了方向"，"职业权力的消解，职业认同的丧失，对于一个以公共服务为宗旨，以独立、客观为理念为灵魂的职业来说无疑是致命的。"①

事实上，这些悲观论者没有正确认识传统媒体在这一时代背景之下存在的机遇以及挑战，用哲学的话说，困顿不代表没有希望，结束不代表着死亡，而死亡意味着重生。"传统主流媒体不是在衰落，而是如何适应时代格局，明白自己能做什么，进而成长为与众声喧哗并存的专业新闻机构，这也是一个重塑媒体自信和媒体人自信的过程。"② 真正破解"媒体衰亡论"，重在行动，我们要面对现实，坚定对新媒体的认知态度，坚定转型意识，认真学习探索新技术及新媒体行业经验，加速传统媒体与新媒体的融合，重构新闻话语权，重塑职业自信。

（三）鸵鸟心态　得过且过

媒体融合进行了快二十年，总体来看，效果并不明显。许多媒体重在参与，形式大于内容，口号比行动多，类似扬州台真刀真枪搞融合并取得成效的传统媒体为例不多。"在很多电视台，新媒体融合更多还停留在不断修改的规划，或尝试做些小规模、两张皮的独立探索"。③ 一些传统媒体的记者为了保住自己的一亩三分地，保住收视率，一般不愿意将好的作品拿到新媒体上播，以免砸了自己的饭碗。面对新媒体的异军突起，有人选择了逃离，有人采取逃避现实的"鸵鸟心态"，得过且过，"要死大家一起死"，消极等待，眼看着传统媒体一天天被掏空。

（四）妄自菲薄　甘当传声筒

网络媒体信息海量且传播迅速，面对来势汹涌的新媒体，一些编辑记者显得自信心不足，"或惊慌失措或偷懒或无主见地被新媒体牵着鼻子走，不去创造性地设置议题进而引发讨论，而是简单机械地将网上的信息复制到传统媒体上，成了微博的传声筒、网络的跟屁虫"。在实践中不自觉将自己等同于业余选手，放弃了对新闻质量的追求，也就丧失了赖以生存的核心竞争力。我们应正视新媒体的高速发展，积极融入新媒体的技术环境，合理运用新媒体技术，从专业的角度，发挥主流媒体的主导作用，引领社会舆论。

---

① 彭增军：《权力的丧失：社交媒体时代新闻人的职业危机》，《新闻记者》2017 年第 9 期。

② 应晓燕、王学锋：《破解传统媒体衰亡论的关键是什么？》，《中国记者》2017 年第 9 期。

③ 王义群：《穿什么鞋走什么路》，《视听界》2017 年第 9 期。

四、结语

媒体融合是一个渐进式的系统工程，不可能一蹴而就，观念有待深化，机制措施需进一步细化。我们关注媒体的兴衰，不能忽视在这场大变革中记者的命运，没有优秀的职业记者，很难有高质量的新闻。记者的认同危机、职业危机，关乎新闻的未来，更关乎社会的未来。时代在变，记者的精神与使命不变。

（作者单位：扬州广电传媒集团）

从"广播"到"点播" 让声音更具价值

——扬州新闻广播采编团队融合创新探索

季　刚

当前，媒体融合正在往纵深推进，一批叫好又叫座的"融媒产品"已经赢得市场青睐和业界肯定。从近几年来的优秀融媒体作品可以看出，在移动先行的环境中，作品呈现出的形式已经难辨其背后所属单位的性质，以 H5、短视频新闻、新媒体报道界面等媒体融合作品越来越模糊传统媒体之间的界限。

如今，传统媒体在融合创新的道路上探索出一部分经验，一直具有忧患意识的广播也正面临着前所未有的挑战。从拓展平台多维呈现到精准定位细分受众，广播一直以来也在摸索中寻找属于自身的融媒体发展路径。中央广播电视总台推出的广播专题栏目《致我们正在消失的文化印记》和《梁家河》等崭露头角，制作精良、音效丰富、内容经典，赢得受众喜爱和业界学界肯定，并通过二次传播和网络推广在新媒体端展现声音的魅力。与此同时，《给 90 后讲讲马克思》《秒懂》的一批新颖的短音频作品通过各大传统广播的传播，也引爆了广播收听和音频点播的热潮。

另一方面，喜马拉雅 FM、得到、樊登读书等一批以音频为主要服务的应用程序也获得了受众的热捧，以音频点播的形式进行伴随式收听的人群越来越多。一档档有观点、有立意、有口碑的优质网络音频节目也脱颖而出，凯叔、蒙曼、郦波等名人加入创作的音频产品已经成为常态。

融媒体语境下的广播创新需要综合考量，运用全媒体手段进行融合传播，既要符合当下受众接受信息的特点，又要充分展现广播的作用；同时也要适度把握，既要弥补广播线性收听方式的弊端，又要适度权衡各形式之间的比重，让内容价值发挥到最大化。

一、扬长补短，定义广播融媒新理念

传统广播收听方式主要有通过收音机的居家收听和通过车载收音机的驾车伴随式收听，随着智能手机的兴起，通过手机应用程序收听广播的人数也越来多。但随着移动互联时代的构建，传统广播收听迎来了多方挑战，广播融媒体创新需要扬长补短，通过对自身特点的新一轮塑造来迎合受众接收信息的习惯。

具象呈现，广播需要"适度可视"。"非视觉传播"是广播有别于其他媒介的特点，是广播以声音作为唯一传播形式的优势。但随着电视、网络的兴起，视听化传播媒介多多少少对广播发展带来了一定冲击。广播虽满足了一部分人群"只听不看"的需求，也让广播推广逐渐窄化，不利于移动互联时代的内容推介和传播。当下，广播与新媒体融合让"广播可视化"成为现实，"看得见的广播"让人们所听即所看，通过"两微一端"等平台进行互动交流。但同时也容易形成本末倒置的现象，削弱了声音属性，所以广播需要"适度可视化"。

触手可及，广播需要"点到即'至'"。传统广播具有线性传播的特点，导致听众被动收听，内容稍纵即逝，信息量有限，但随着音频应用程序如雨后春笋般不断更新和发展，点播功能的出现把主动权交给了伴随式收听的人群，收听模式更加多元，收听场景更加丰富，收听内容更加细分。对此，广播在融媒体创新方面需要弥补这一短板，让受众就广播中的内容也可"点到即'至'"。

终端多元，广播需要"无所不在"。如今，我们已经进入一个万物互联的时代，各种各样的智能终端出现在人们身边，房联网、家电联网、车联网等让人们随时随地接收资讯，广播作为伴随式收听的特点就有了可以拓展的平台。广播应该积极对接这些智能终端，让内容在"适度可视"的同时，成为智能终端不可缺少的一部分。并且将高品质、多元化的内容提供给不同的细分人群，满足他们掌握不同类型信息的需求。让广播在日常生活中"无所不在"。

二、迎合受众，拓展广播传播新路径

调查显示，近几年来，广播传统收听终端的使用比例逐年下滑，手机收听终端的使用比例持续大幅增加，但与此同时我们也要清醒地认识到，截至 2018 年 12 月底，中国网络视频用户规模达 7.25 亿，占整体网民的 87.5%。其中，短视频发展迅速，用户规模 6.48 亿，而网络音频用户才刚刚突破 3 亿。

酒香也怕巷子深，广播节目即使做得再好，在短视频独占鳌头的当下，也难以被受众发现、收听。比起广播内容的详实准确、制作精良，怎么样让人们知道这档广播节目便显得更加重要。

2018 年 4 月 18 日，扬州首条快速路——城市南部快速通道开放交通，这一新闻对于扬州这座日渐拥堵的城市来说显得尤为重要。当天上午 8 点 30 分到 10 点，FM98.5 扬州新闻广播启动了长达一个半小时的现场直播，并且在此之前通过全天候的广播节目进行预告。但在前期宣传中我们发现，得知这一直播的人群主要是具有收听广播，特别是收听扬州新闻广播习惯的固定听众，让更多开车人知晓这一消息，并且通过这档直播让开车人掌握在快速路上驾驶的相关规则成为当时直播主创需要思考的问题。4 月 17 号下午，一张竖屏电子海报开始在扬州人的朋友圈和微信群中传播。这张题为《你好，城南快速通道》的电子海报上注明了广播直播的时间，以及可以"长按扫码"直接收听网络音频直播的二维码，扫码进入后便是正在直播的扬州新闻广播。

此后，扬州新闻广播还为连淮扬镇高铁建设四周年融媒体直播、扬州市两会、2019 扬州首届防范金融风险短视频大赛暨非法集资案例展播活动新闻发布会、"12355 青春热线"中考减压专场等制作可以"长按扫码"收听收看现场网络音视频直播的电子海报。

运用新媒体手段，让广播"可视"后，在更多平台中加以宣传和推广，由此我们可以感受到几点变化：

一是推广速度快速化。一张电子海报在朋友圈或者微信群中几乎是以指数级增长的速度在推广，由于内容的积极正面，并且与自身利益和城市发展相关，很多人乐于传播和转发类似内容的电子海报。

二是听众吸纳普遍化。通过电子海报的宣传，原本没有收听广播习惯的用户会在特定时间打开车载收音机或者手机应用程序，收听所要掌握的相关资讯，虽然不能就此培养出收听习惯，用户也将会因此而与广播融媒体进行一次亲密接触。

三是媒体形象可视化。由于广播以声音这一形式传播，往往给听众一种"神秘感"。通过一张真实可见的电子海报，让媒体形象从"听觉"走向了"视觉"，多了几分具体和亲切，重新定义广播媒体在受众心中的形象，所以广播融媒体创新让媒体形象得到崭新塑造。

四是信息扩展最大化。具有重要服务性或者一定推广价值的内容通过这一创新传播后，得到最大化拓展，充分传播，规避了因传播途径单一导致信息传播度不够广的缺憾。融媒体让广播伸开了"拳脚"，打开了"脉络"，让声音价值得到充分体现。

三、尊重受众，深耕广播融创新品牌

无论是传统媒体还是新媒体，万变不离其宗的便是"内容为王"，这已经成为讲好中国故事、传播好中国声音的底色。传统广播需要通过融媒体创新生产出越来越多的优质内容，向受众提供高质量的声音作品。

2018 年，扬州新闻广播精挑优秀采编人员，历时半年，飞越 1500 多公里，以"江苏华建"这一建筑企业为样板，推出广播系列融媒体作品《扬家匠》，展现改革开放 40 年来的国家巨变和大国崛起。采访的音视频素材累计长达 60 多小时，主创从中精挑细选，秉持"小切口、大时代"的创作思路，立足地方、反映现实，既有问题意识，也有人文情怀，讲好这一精彩的中国故事。

　　该广播系列融媒体作品播出和推送后，得到各方积极反馈。在同类型报道中，这件作品打出了"差异牌"，为地方台如何结合本土特色，做好重大题材报道做出了良好示范。值得一提的是，这件融媒体作品不仅在广播中以系列报道的形式推出，在扬州广电扬帆 APP 和扬州新闻广播微信公众号的推送中，内容由音频、视频、图片、文本等统一组合，既满足热衷短视频的一部分受众，也满足了伴随式收听的听众需求；同时，该作品还以音频的形式在"喜马拉雅 FM"手机应用程序上供听众点播。

　　弥补广播线性传播的短板，跨越广播传播和音频点播的鸿沟，一张电子海报的背后，其实是广播在融媒体探索中的坚守和创新。长按二维码，即可点播相关音频、视频，阅读新闻作品图文，把接受信息方式的主动权和选择权交给受众，更加多元地展现融媒体的元素，适当突出音频的位置，便于受众操作。

　　依据这一融创思路，扬州新闻广播创作出了"74 岁党员杨文华历时 9 年让27 位烈士'魂归故里'""戒毒日记""大修文昌阁"等一批广播融媒体作品，用音频、视频以及图文丰富受众体验，讲好故事，多媒介融合打造广播融媒体作品、产品的新品牌。

　　尊重受众的时间，尊重受众的感受，就需要深耕广播融媒体产品、作品，以此在广播融合创新途中逐渐形成自身品牌，引领融媒体产品、作品的新形态，更加符合受众需求。

　　一是让优质海报成为打开精品内容的大门。中国产业发展研究网发布的《2018 年中国微信公众号发展现状及发展趋势分析》显示，2017 年微信公众号的原文点击率整体有升有降，但是打开率/分享率整体呈明显下滑趋势。如何在海量内容中让精品内容直接抵达受众面前？电子海报在朋友圈和微信群中的传播、转发就起到了关键性作用。不仅用直观的视觉冲击感染用户情绪，引导用户操作从而得到进一步接受，而且还能以音视频、图文集结呈现的精品内容在"这扇大门"打开后让受众感觉"别有洞天"。

　　二是让多媒介融合呈现丰富受众体验。与其他媒介推广的融媒体产品略有不同，广播所呈现的融媒体作品很难放弃声音这一重要元素。正是因为将音频融入到融媒体作品中，才能全面地展现出所要表达事物的本来面目和真实情感，多维度地呈现新闻事件中现场的感官体验。

　　三是让音频点播锚固广播线性传播中的亮点。生动的新闻现场、感动的人物故事，在传统广播的传播途径中，听众无法进行重复收听，收藏、评论、点赞等评价手段更无从谈起。将广播中的优质内容制作成音频，投放到网络中，受众可以反复点播，还可以收藏、分享、评论，弥补了广播线性传播这一属性带来的缺憾，让传统广播在内容创新和节目拓展领域发展出更广阔的空间。

四、引领受众，创造广播声音新价值

当直播平台烧钱大战后的硝烟散尽，短视频平台争夺市场头部艰苦鏖战，我们不难看出，传统广播的融媒体之路依然存在无限可能，音频市场的开拓还有更多未知的天地。从其他媒介融媒体发展路径中，我们可以把握的准则是，不可取代的"声音"具备无法媲美的魅力和难以超越的价值。

内容为王，精耕细作。一个能够让人回味的声音首先从听觉感受上不能给予人不适感，这是一条底线；然后还要具备能够调动听众情绪的能力，具有感召人、感染人的特点，这是一条寻求共鸣的路线；最重要的是其要具备能够予人以思考的本领，让人得到思想上的感悟和升华，这是一条高线。想要让一件广播融媒体作品出现这三条线，就需要坚守"内容为王"，捕捉最真实、最能引发共鸣、最能体现社会主流价值观的选题。同时还要精耕细作，把新鲜的"高档食材"做成极品的"美味佳肴"。

拓宽渠道，迎接百变。《2019 中国网络视听发展研究报告》显示，2018 年底，中国网络音频用户达 3.01 亿，其中新一线城市对网络音频的使用率较高，达到 44.5%。传统节目形式在网络发掘新阵地，成就行业新动能。与视频市场相比，音频市场方兴未艾，传统广播要积极借助优质音频平台，主动调整发展策略，顺应网络音频市场的发展趋势，让优质广播融媒体作品在网络媒介中得到最大程度地推广，让更多受众得以接纳和喜爱。

秉持守正，无限创新。随着音频市场的进一步开拓，声音的呈现方式也将更加多元，声音的魅力也将得到更深层次地挖掘。音频纪录片、音频教学片、音频书籍等将会拥有更多细分受众，迎来更好发展的可能性；越来越多的社区、公园、家庭等也把不同的声音作为场景背景音，作为日常生活感官享受的一部分。当音频市场迎来蓬勃发展的时候，传统广播需要以优质的内容站稳脚跟，用守正创新的态度去延伸声音的无限可能，创作出将声音价值最大化的融媒体作品，乃至影响平台或者行业的发展，引领社会的核心价值。

综上所述，在媒体融合的战场中，传统广播想要突出重围、华丽转身，既要牢牢守住和打磨声音这条"生命线"，也要以受众普遍接受和喜爱的形式让声音价值得到最大化体现。

当下，互联网、大数据、人工智能正开足马力，创作一个无限可能的未来世界。习近平总书记说："读者在哪里，受众在哪里，宣传报道的触角就要伸向哪里，宣传思想工作的着力点和落脚点就要放在哪里。"广播融媒体创新探索需要顺应时代发展，创新内容、形式、手段，有效融创，讲好故事，拓展媒体影响力。

（作者单位：扬州广播电视台）

文化空间与媒介建构：城市广电媒体的
双重价值与实践路径

杨郑一　　徐丹丹

　　城市文明是人类文明的重要形态，作为一种现代性的产物，城市为异质文明的集聚对话提供了场域，最大限度的汇聚了人类的社会权利与历史文化[①]，成为"普遍的社会力量的一种证明"[②]。作为一种现代性的文化实践，城市文化一方面因现代传播技术的赋能而变得愈发强大，另一方面也在经济资本的封装中不断割裂、破碎和异化，马克思所言的生产力和生产关系的矛盾既定义了人与城市的关系，也指明实现人的自由全面发展能够在与城市权利的合谋中彰显主体性和能动性。改革开放以来，中国在推动城市化的过程中取得了无与伦比的成就，同时也伴生了诸多问题。党的十九大报告中就提出，我国社会的主要矛盾是人民日益增长的美好生活需要同不平衡不充分发展之间的矛盾[③]，这种不平衡不充分，既体现在物质生活方面，也体现在文化和精神层面，习近平同志也深刻指出：要用社会主义核心价值观凝魂聚力，更好构筑中国精神、中国价值、中国力量[④]。面对新的时代背景和时代问题，我们迫切需要正确认识城市广电媒体的作用和价值，以其为介质和手段创造性的引领和建设城市文化，从而弥合城市权利的争论，建构共同认可的价值。作为新左派的代表，斯图亚特·霍尔的文化循环理论为我们提供了一种理论工具，让我们可以窥见城市文化生产的复杂机制，并从中定义城市广电媒体的作用、价值和行为路径。基于此，本文试图从霍尔的理论出发，

---

　　①　［美］刘易斯·芒福德：《城市文化》，宋俊岭、李翔宁、周鸣浩译，中国建筑工业出版社2009年版，第1页。

　　②　ERIC LAMPARD. The history of cities in the economically advanced areas, Economic Development and Cultural Change, 1955（3）：81～136.

　　③　新华社：《习近平：决胜全面建成小康社会 夺取新时代中国特色社会主义伟大胜利——在中国共产党第十九次全国代表大会上的报告》，http：//www.xinhuanet.com/2017-10/27/c-1121867529.htm

　　④　新华社：《习近平在看望参加政协会议的文艺界社科界委员时强调 坚定文化自信把握时代脉搏聆听时代声音 坚持以精品奉献人民用明德引领风尚》，http：//www.xinhuanet.com/politics/2019/h/2019-03/04/c-1124192099.htm

讨论如下三个问题：一是城市文化与城市权利之间的互构关系；二是城市广电媒体在城市权利生产中面临的问题和困难；三是城市广电媒体怎样更好地发挥作用。

一、共享文化空间：一种城市权利与城市文化的合谋

（一）城市权利

城市权利的是新马克思主义理论家提出的理论观点，代表人物有列斐伏尔（Henri Lefebvre）、卡斯特（Manuel Castells）、哈维（David Harvey）等。新马克思主义城市学家们认为，城市权利（the right to the city）不仅涉及获得城市的形体空间，同时涉及获得城市生活和参与城市生活的更为广泛的权利，涉及平等使用和塑造城市的权利，居住和生活在城市的权利①。关乎城市权利的博弈本质上是对城市所提供的共享资源的争夺，城市为人的发展提供了更丰富的物质基础和更广阔的实践领域，也让实现人的发展成为城市权利斗争的明确要求。在工业文明时代，城市的文化空间表征着城市权利，其作为一种上层建筑，是城市权利的外化显现。正如芒福德（Lewis Mumford）所言：城市是"文化的归极"②，城市的深层本质是文化，文化成为城市的生命，构成了城市权利的基本内容。③ 在实现城市化的过程中，保障市民的文化权利，保持城市文化的多样性、成长性是重要考量因素，也是实现城市权利的基本途径。

（二）文化循环

斯图亚特·霍尔（Stuart Hall）从马克思主义物质生产理论出发，认为文化是一种基于传播活动的意义生产实践，是"社会和群体生活正在改变的方式，以及个人和群里用来相互理解和交流的意义网络"④。在霍尔的理论中，文化不仅仅是一个接受的过程，也是一个表达的过程，认为文化建构的过程是包含表征、认同、生产、消费、规则等五个环节，具有复杂结构的"文化环"（如图一），即"文化的循环"（the circle of culture）。在文化循环的运行体系中，各个环节之间没有固定的开头与结尾，而是"以一种复杂偶然的方式不断地相互堆叠和互相缠绕"⑤，在这里，文化作为一种基础性的力量从来不是封闭和固化的，城市社会中的每个人都是意义的生产者，各种文化形态都具有自己的位置，并能

---

① ［美］戴维·哈维：《叛逆的城市》，叶齐茂译，商务印书馆2014年版，第3页。

② ［美］刘易斯·芒福德：《城市发展史》，宋俊岭、倪文彦译，中国建筑工业出版社2005年版，第417页。

③ 陈忠：《城市权利：全球视野与中国问题——基于城市哲学与城市批评史的研究视角》，《中国社会科学》2014年第1期。

④ 陶东风、周宪主编《文化研究》，社会科学文献出版社2016年版，第308页。

⑤ 陶东风主编《文化研究精粹读本》，中国人民大学出版社2006年版，第3～4页。

够有机的参与到意义的建构实践当中，文化成为"人民理解意义，看待事物的一种方法"①。

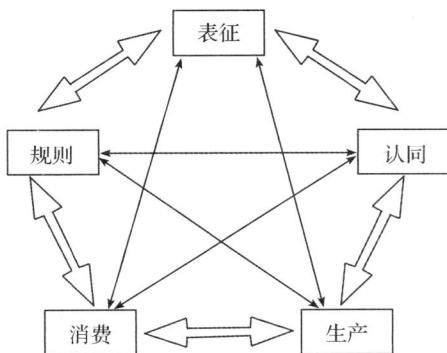

图一②

(三) 城市文化空间

城市权利与文化的循环都是基于马克思主义理论对文化生产机制的阐释，二者在理论上同源。城市权利更加关注城市发展过程中人的主体性的实现，即人如何在实践中塑造自身与城市的关系；文化的循环更加注重解释文化的生产机制，即人在怎样的实践中来塑造文化，二者合谋的成果就是城市的文化空间。城市文化空间是城市文化的空间化，是关乎一个城市的景观、习俗、历史、语言、习惯等的集合，是多种文化表征的聚合，并以一种"文化循环"的形式建构共享的文化空间，城市市民在享有和创造共享文化空间的过程中得以主张自己的城市权利，并得以在消费城市文化空间的过程中消除个体之间的差异性，从而实现个体的自由全面发展。因此，降低和消解城市文化空间的建设成本，建设和供给更高质量、更广范围的共享文化空间，可以发展市民的文化权利，更好地满足人民对美好生活的向往，这既是推动社会主义文化繁荣兴盛的必由之举，也是建设社会文明、维护公平正义的有效举措。

二、文化生产危机 ：城市广电媒体在文化空间中的缺位与失位

文化的循环是共享文化空间的生产机制，而城市居民可以通过共享文化空间来占有城市权利。城市广电媒体作为一种大众媒介，有机参与了城市文化空间生产的各个环节，在文化循环的过程中发挥了"意义生产者"的重要作用，既提供文化产品，也引导社会力量，还担负维护公平正义的职责。在当前的媒介生态中，城市广电媒体在城市文化空间的建构中正越来越多的面对缺位和失语的困

---

① 甄红菊：《斯图亚特·霍尔的文化理论研究》，人民出版社 2018 年版，第84页。
② 鲍彬彬：《斯图亚特·霍尔文化传播理论研究》，华中师范大学硕士论文，2015 年，第18 页。

顿，主要的问题有：一是文化自身的同质化；二是现代性对传统文化的消解；三是媒介受众与传播环境的变化。要特地申明的是，城市广电媒体是一个比较宽泛的概念，不同的城市所拥有的广电媒体在自身体量、传播能力、受众群体、经济资本等方面具有巨大差异，其中最具代表性的是地级城市的广电媒体，因此本文所讨论的城市广电媒体仅限于地级城市的广电媒体。

（一）文化风险：城市文化的同质化和碎片化

正如学者所言：人类的精神思想是在城市环境中逐渐成形的，反过来，城市的形式又限定着人类的精神思想。[①] 在现代性的空间中，城市的发展越来越同质化，高度同质化的符号表征所形成的封闭的文化景观正在消解异质文化生产的根基。以城市广电媒体为例，其文化产品同质化的现象普遍存在，主要的表现有：一是内容的同质化。各城市广电媒体的视听产品不论在名称、内容还是节目元素上均具有极大相似性，一些比较成功的节目形态常常被各地复制，形成"似曾相识""转角又见"的编排和样式。缺乏多样性带来的问题显而易见，那就是信息供给不足，在受众层面缺乏可编码的表征信息，话语层面陷入单一固化的逻辑，意义生产被困于"表层解码"而缺乏深层次的意指空间，这样的环境中城市文化的生命力和创造力会变得难以维持。二是舆论的同质化。舆论的形成会受到个体的人格、心理、意识形态等因素的影响，但是受其接触的外部信息的影响更大，当信息供给出现同质化之后，在其导向下的舆论会进一步同质化，出现左者恒左，右者恒右的态度分化，在这样的态度分野中，不同观念人群形成对话与认同的机会出现下降，不利于城市共享文化空间的建立。三是消费的立场化。近年来，分众化、精准化成为节目生产策划的重要依据，精确地聚焦受众本身并没有问题，但是当市场化成为媒介发展主要推动力的时候，受众就转化为消费者，他们是否消费城市媒体的产品就体现出他们的立场和态度，因此城市媒体有必要保持话语民主，为各个社群提供发声的空间，从而避免自身被边缘化。

（二）记忆丢失：文化传统与城市记忆的消逝

霍尔认为，文化形象的建构不需要人与人之间直接的对话，而是可以通过表征为中介完成建构意义的实践，传媒的作用不是再现现实，而是建构现实[②]，而哈维提出："文化是一种共享形式的资源，但不可否认，文化曾几何时已经成为某种类型的商品"[③]，实现城市文化传统和文化记忆的存续与流转，需要彰显文

---

① ［美］刘易斯·芒福德：《城市文化》，宋俊岭、李翔宁、周鸣浩译，中国建筑工业出版社2009年版，第4页。

② 甄红菊：《斯图亚特·霍尔的文化理论研究》，人民出版社2018年版，第74页。

③ 张学昌：《空间与权利：城市文化的双重变奏及现实选择》，《北京行政学院学报》2018年第2期。

化传统和城市记忆的公共性，并恰当的定义普通民众享用城市文化的代价，从而保存和丰富城市的文化空间，彰显多元的文化权利。在此方面，城市广电媒体的工作仍显不足，具体有：一是对文化符号的采集不足。传统文化与传统记忆多是以口口相传、师徒相传的模式流传的技艺，或是自然流转的生活习俗和生活场景，当其传承人或生活环境消失时，这种习俗就面临消亡的危险，与此同时城市广电媒体一方面没有为其培养或选择传承人的能力，另一方面也受困于视听符号系统的局限性，无法完整记录如环境、性格、气味、触感等现场性的元素和信息。二是对文化记忆的建构不足。记忆不仅是个体的，更是具有社会性的，从社会记忆的生产机制来看，媒介可以通过专业化采集、编辑、存储来延伸市民获取社会记忆的能力，以"外包"的方式实现对生物记忆的解放（邵鹏，2014），但是受困于固定的节目编排形式和特定的播出时段，城市广电媒体尚不能完全满足市民即时的信息需求。三是对消费主义的约束不足。如果说传统的广电编排模式以一种刻板的形态限制了广电媒体的信息供给能力，那么城市媒体旗下花样繁多的移动终端则让受众陷入信息爆炸的焦虑，其与广电媒体对于市场占有率、收视率追求的共谋也让信息的供给出现碎片化、肤浅化，过度片面或零散的裁剪社会现实，让城市文化中超越维度的内容出现缺位，消解了城市广电媒体传承文明，引领发展的能力。

（三）群体隔阂：城市媒体与城市市民的割裂

霍尔认为大众传播的过程在一定意义上符合"生产——流通——消费——再生产"的物质生产结构，作为传播活动的产品，城市权利是一种个体主动联合的民主实践而非少数人的悲情抗争，它既包含对个体发展的无限向往，同时也隐含对集体行动的定向和约束。现代媒体的发展在提供海量信息的同时也带来了社群的区隔与固化，各个群体都在追求自身的主体性，那么城市文化作为一种公共场域，就需要一种力量来弥合冲突，引导对话，并提供一种规则管制，城市广电媒体是一种理想的载体，但也需要克服自身的局限：一是要把握信息和价值的平衡，城市广电媒体的主要价值在于生产信息，并通过引导和调控大众文化实现市民习俗、实践与观念的转变，如通过对社会主义核心价值观的宣传激发市民对行为规范的认知，但是一些城市媒体经济效益的驱动下出现了泛低俗化、泛娱乐化的倾向，使其与传统文化和精英文化出现割裂。二是要把握覆盖与聚焦的平衡。城市广电媒体的重要作用在促进信息的流通，那就需要尽可能的覆盖到各种市民群体，但是近年一些城市广电的节目矩阵设置出现窄化，热衷于服务老年群体、青少年群体、公职群体等比较容易接触的社群，而忽视了新市民、商业群体、高知群体等的需求，导致城市媒体对社会环境的还原是不充分的，其形成的"拟态环境"就不具备充分的民主氛围。三是要把握内容与边界的平衡。在大众传播的环境中，公众更加依赖媒介信息来建构文化形象，那么城市广电媒体就必须有能力提供一种价值的评判，这种评判应该是对符码排他性边界的建立，即哪些符号是可以被传播的，哪些符号是不能被传播的，从而形成对城市文化形象的整体性塑造，在这方面还有个别媒体仍然喜欢强调"博眼球"式的批评话语，而没有充分关注主流意识形态的需求，从而让市民形成了对城市文化的负面刻板印象。

三、实现双重价值：城市广电媒体在文化空间构建中的实践路径

在城市化的过程中，城市与空间的互动共同推进了城市化的发展，这种发展是基于物质丰富的实体景观的发展，也是基于知识溢出的文化景观的发展。城市化的发展为城市媒体提供了发挥作用的广阔场域，城市媒体可以其中实现双重价值：其一，实现文化生产的价值，通过对城市文化代表性符号的整合和传播，构建城市文化形象的"表征链"，从而实现对城市文化意义的建构和传播；其二，实现城市权利价值，通过满足城市市民对于共享文化产品的需求，促进城市市民实现更好更全面的发展，从而消解社会矛盾，实现公平正义。在此过程中，城市广电媒体作为一种极具力量的媒介平台，可以也应当要发挥重要作用。

（一）要以代表性符码建构表征链

城市文化空间建构的其实是"文化循环"的一种表现形式，从文化的"源像"到城市文化再到城市的文化空间，是一个符码层层浓缩并积累普遍性的过程。城市广电媒体作为一种大众传播媒介，需要更加充分的使用传播权利，加强代表性符码的供给和传播能力，从而更好地建构城市文化的意义。一是要梳理代表性表征符码。一个城市的文化可以在代表性的表征符码的反复使用中形成意义的关联，人们会以一种惯例式的固定反映去接受城市文化的意义和规则。那么要建设一个城市的文化空间，就需要城市广电媒体提供高质量的信息供给，对城市文化中包含的典型符码进行统一的梳理，一方面充分把握主流意识形态的本地转化，寻找和掌握能够浓缩意识形态观念，并为市民所广泛认可的文化形象进行广泛传播；另一方面需要深耕本地文化，寻找能够充分代表城市文化内涵、能够引发普遍联想的符号，如民俗、意识、歌舞、曲艺等，以他们为代言人来宣扬城市文化。二是要形成统一的宣传规划。城市文化空间的建构实际上是一种认同的建构，那么城市广电媒体在其中发挥的作用应该是提供阐释的"框架"，建立稳定和持久的意义载体，这就需要广电媒体在城市文化宣传中保持一种延续性的规划，在不同节目载体中对同样文化符号的阐释应该是固定和统一的，并通过固定话语的重复来固化市民的观念，统一大家的认识，从而为对话搭建起共享的意义空间。三是要建立排他性边界。一个城市的文化是在漫长历史中积淀下来的，既包含精华、向上的内容，也难免会存在落后、糟粕的东西，城市广电媒体作为一

种大众媒介，就更需把握好"创新性阐释、创造性转化"的原则，在城市文化的传播中把握价值尺度，清晰地了解哪些东西是可以被传播的，哪些东西是不能被传播的，特别是在文化多元发展的背景下，更需要城市广电媒体发挥主流作用，提供一种价值选择和价值判断，从保护城市文化的健康发展。

（二）要以多元式传播构建文化认同

城市权利是一种关乎人的发展的权利，市民享受城市权利在文化消费中实现自身的发展，那么城市广电媒体在此过程需要提供的就是正义、引导和共享。一是正义，就是要实现对各个社群文化权利的公平彰显，城市在发展的过程中既包含有老市民、也会出现新市民，他们拥有的话语权利和传播能力是不均衡的，那么城市媒体就需要均等赋予各个社群市民以话语权利，保障他们对城市文化的消费，例如在节目设置上就要适当考虑各个文化层次人群的需求，在文化服务上要提供一种普惠性和均等性，从而保障城市市民都能够共享城市文化空间的发展成果；二是引导，所谓引导就是要体现历史与现代，本土与外来的和平对话，要充分把握"和而不同"的原则，即尊重城市文化的多样性，也要充分保护城市记忆，延续城市文脉，那就需要城市广电媒体在开展自身工作中提供更广泛的参与性，将多元的文化内容进行整合和汇聚，形成一种不断进步的集体意识，从而使各个社群都能在城市文化空间中找到根脉和归属，在城市文化空间反复结构和重构的实践中实现人的发展。三是共享，就是要尽可能保护不同文化层级人群的媒介使用权利，显而易见一名受过高等教育的大学教授和一名未受过系统教育的普通市民在媒介使用能力上是具有显著差异的，那就需要城市广电媒体在提供文化服务的时候更加注重包容性，善于采用雅俗共赏的话语、提供多元信息获取渠道、激发文化市场活力，从而防止城市文化空间的使用权利出现垄断。

（三）要以一体化发展实现传播机制重构

信息革命带来生态变革让媒介生产的"田野"不断拓展，大众媒体在文化形象建构的过程中获得了"首席资格"，"众人皆媒""万物皆媒"的社会化传播时代已经到来。习近平同志在主持中共中央政治局第十二次集体学习时提出了"全程媒体、全息媒体、全员媒体、全效媒体"[①] 的"四全媒体"的概念框架，对城市广电媒体的融合发展、改革发展提供了顶层指导。城市广电媒体改革的目的在于实现更高效率的信息生产机制和信息传播机制，其目标是更好的服务人民的需求，这与人民关于城市权利的诉求具有一致性。那么在新的时代背景下，城市媒体加强自身建设，就需要把握"四全媒体"的原则，一是加强对事件的定

---

① 新华社：《习近平在中共中央政治局第十二次集体学习时强调 推动媒体融合向纵深发展 巩固全党全国人民共同思想基础》，2019 年 1 月 25 日，http：//www.12371.cn/2019/01/25/ARTI1548411219417372.shtml

义能力，善于统筹使用传统媒体和移动媒体的工具，提供更多的信息消费场景，从而避免在文化事件或文化宣传中出现缺席；二是加强讲故事的能力，讲故事在本质上是一种话语，是对文化信息的一种合理的编辑手段，在新的传播环境和受众需求下，城市媒体需要更加灵活的使用话语和语场，让市民能够自然、亲近的接受，从而增强他们介入城市文化空间的自觉感、体验感和责任感；三是加强自身队伍建设。要提升城市媒体队伍运用各种媒体手段开展工作的能力，通过不断地提升"四力"，解决文化传播中的理论和实践问题，从而在更好的为人民服务中彰显城市广电媒体的价值。

（作者分别为：扬州大学新闻与传媒学院戏剧与影视专业 2018 级研究生，扬州广播电视传媒集团记者；扬州大学教育科学与技术学院教育管理专业 2019 级博士生）

城市台对"美好生活"的可视化建构

任文杰

杭州市政府在《2018 年政府工作报告重点工作责任分解》中提到，2018 年是贯彻党的十九大精神开局之年，要积极开展"争做最美杭州人、创建最美文明城"的城市精神活动，体现杭州精致和谐、包容大气的城市精神，提升杭州生活品质之城的形象。杭州从 2006 年开始至 2017 年已连续十一年被评为"中国最具幸福感城市"。幸福感从何而来？它来自于杭州市民对城市的安全感、满足感、归属度和自豪感，来自于杭州市民对生活美好的欣赏和认可。为此省委常委、杭州市委书记周江勇在《不忘初心 持续奋斗 不断创造杭州人民的美好生活》报告中提出，"只要是惠及民利的事、事事定当尽力，一步一步把宏伟蓝图变为杭州人民的美好生活"。

一、研究源起

习近平总书记一直以来都强调党的奋斗目标是实现人民对美好生活的向往，党的十九大提出把不断创造美好生活的奋斗目标作为新时代的根本使命。如何创造和构建人民美好生活呢？这是一个急需寻找答案的理论和实践命题。从理论角度探讨，结合当下我国国情需要深入阐述"美好生活"的内涵，这一内涵关乎哲学、社会学和传播学等学科理论基础。"生活"概念在马克思历史唯物主义理论体系里强调历史的发展就是生活的进步和发展。[①]

探求怎样生活是一个古老又核心的哲学问题，如何美好地生活就是人类去追寻生存的终极目标，实现自我终极价值并最终获得安全感、满足感、归属感和尊重感的过程。

从社会学学理分析，社会的本体论基础是生活，好社会代表着好生活。美好生活又属于客观现实和主观体验感受的统一，美好生活的现实需要通过媒介这一载体去传播和相关主体的形象推广，让人民认知并进行丰富的体验才能对美好生

---

① 王雅林：《回家的路：重回生活的社会》，社会科学文献出版社 2017 年版，第 45 页。

活有更切实的感受，意识到生活的幸福和美好。从实践角度分析，生活是一个常用词，每个个体都在社会中生活，都在努力追求个人美好而幸福的生活，包括物质财富和精神需求的满足，"生活"看似简单却又蕴含了丰富而深刻的内涵。

罗曼·罗兰说："幸福是一种灵魂的香味。"杭州作为连续十一年的最具幸福感城市，真正将幸福和美好生活演绎进了每个市民寻常生活和生命里，这种幸福感的满足正是对创造美好生活的完美呼应，符合杭州这座城市"精致和谐、大气开放"的精神，是城市市民认同的精神价值与共同追求。杭州一直在着力打造生活品质之城，杭州市政府提出"创造人民的美好生活"，美好生活与品质生活是不谋而合，是对人民生活期待的了解和满足，是相互包容的生活理想和追求。

为了让市民对美好生活的理解有更深入的体验，不但让他们意识到自己生活环境的美好，物质生活的满足，更能引导市民努力追求属于自己的美好幸福生活，提升生活品质，树立正确的生活观和价值理念，作为反映社会真相、坚持真实报道的媒体需要承担起应有的社会责任，坚持客观真实报道民情民意，同时在人们需求和价值观塑造方面起到引领作用。对于城市市民而言，无论媒体市场如何风云变幻，他们依然是城市台的忠粉，将城市台当作获取本地民生新闻和了解本地美食、健康、时尚、养生的重要渠道。城市台虽然比不过央视和省级卫视，但它有自己的特定受众群体和本地化区域化优势，它身处基层，离受众最近，最接地气，播出的内容与百姓生活息息相关，同时又作为城市的主流媒体，也担当着传播主流价值观，引导市民积极向上的职责和重任，是主动参与美好生活构建不可或缺的主体。同时，城市台一直坚守严格的把关和审查制度，让市民信任它的报道是客观真实的，这为美好生活的创建提供了强有力的公信力背书，甚至将这份公信力转移到网络、两微和移动端。

杭州文广集团旗下的杭州生活频道坚持自己的优势和特色，抓住生活频道的本义，在杭州方言中，"做生活"就是"做工作"，"生活"一语双关，既包括日常生活，又包括工作创业。生活频道以市民生活作为主要报道来源，从生活出发，打造生活服务类节目，引领市民对美好生活的向往，又积极面对媒体时代的变革，实行全媒体策略，打造出适应新形势的生活服务类产品，延伸围绕生活的多元化产业，将市民对美好生活的追求坚持到底。

二、关于"美好生活"内涵和杭州生活频道建构美好生活的分析

（一）美好生活的内蕴

著名社会学家费孝通把生活引入社会学概念，提出"人与人共同生活才有社会"。那么"生活是什么"？党的十九大提出新时代"创造人民日益增长的美好生活"是一个多层次意蕴的包容，不仅包含人民物质生活的富裕与舒适，精

神生活的丰富与充实，而且包括人性向善的道德自律，最终使个性得到完善的自由而全面发展。

从社会学视角分析，"生活型社会"需要创造丰富的物质、精神和生态财富，不断提高人民生活品质，不断改善人民的生活方式和生活理想。

无论是美好生活的创造还是生活型社会的提出，两者的主体、内涵与目标基本一致，生活是否美好是人民的主观感受。由于不同生活者教育程度、经历、个性、区域等不同，即便是同一生活状态在主观感受上也存在着差异性。同时，美好生活也具有客观的考量标准，这就是满足人们的各种生活需要，包括生存需要、成长需要和自我实现需要等，以此为基础给人们带来一定的幸福感。美好生活如前所述是主观性和客观性的统一。

因此，"美好生活"不仅仅是一个社会学和经济领域名词，需要同时提高物质生活水准和精神层面的成长和自由，使个性和自我终极价值最终得到实现。

（二）杭州生活频道建构人民美好生活的形态分析

1974 年，美国传播学者布鲁姆勒和卡茨在《大众传播的使用》一书中提出了"使用与满足"的基本假设。他们认为：受众寻求信息是为了满足某种需求以维持心理结构的平衡，媒介只是满足个人需求的途径之一。这个研究揭示了不同时间对某种媒介内容有兴趣的各种类型的人，甚至包括哪种节目最适合在什么时间播放，人们出于什么动机对媒介内容产生兴趣，并满足其需求和愿望。这一理论在当下互联网思维和竞争激烈的新媒体时代尤为适用，每个媒体都在努力寻找受众的需求和动机来确立媒介定位和内容，内容为王的理论根源正基于此。长久以来，传统媒体思维习惯单向传播，无视受众需求，而互联网时代则倒逼传统媒体必须以受众需求为先导，变不知为知，从单向到双向互动，从个人经验到利用大数据，真正满足受众对内容个性化需求。

杭州生活频道正是这一理论的成功践行者。如前所述，该频道在城市市民美好生活的构建中起着至关重要的作用，不但因为它离市民最近，最接地气，更因为它立足本地城市，寻找并明确当地市民对信息内容的需求，对老百姓在物质消费、精神生活满足、人与自然环境和谐共处等方面起着不容忽视的引导意义，推动着杭城市民为人人向往的美好幸福而努力生活、创业和工作。

1. 体验和美食类节目实践美好生活的物质基础

丰富的物质条件是拥有美好生活的前提和基础。正如美国心理学家马斯洛提出的五层次需求理论，认为阳光、空气、水、食物等是维持个人生存所必需的基本要素，也是五层次需求理论中最低层次生理需求的满足。

比如杭州生活频道节目《做给你看》，是全国首档主持人的职业体验节目。刚开播时由于没有调查清楚观众的需求导致节目的"滑铁卢"，前几期选择了去天子岭垃圾填埋场的填埋工、垃圾发电厂的垃圾分拣员，但是这些体验内容脱离了生活服务类节目的定位，不能满足老百姓对于寻常生活、养生健康的需求。节目重新进行了内容设置，转变成一档以具有地方特色富有亲和力的主持人来体验乡野生活，用最真实的镜头向观众介绍农产品，并通过专业人士的讲解来传授分辨产品优劣的专业知识，深受中老年人群的喜爱，满足了他们对产品品质的追求，节目收视效果非常好。每次节目结束后都有观众打电话给节目组，要求购买节目里提到的产品。后来根据观众需求，以节目为依托为优质农产品背书，开拓了以"活力农产"为品牌的线下营销人员，让老百姓能买到价廉物美的优质农产品，真正满足了老百姓物质丰富性的需求。

既然美好生活的物质满足离不开衣食住行，个体微观世界才是最真实的生活，只有真实细腻、鲜活生动的生活细节才能打动观众，产生情感共鸣，杭州生活频道《生活大参考》将这个理念融入到节目制作中去。这是杭城最具人气美食服务类节目，平均收视率 3.5，收视份额 6.5，它的受众上至老年群体，中至中青年群体，下至孩童，人群之广泛，在强调精准传播的媒体时代实为罕见。晚餐吃什么，怎么吃才有营养，哪里有价廉物美的美食，怎么能让家务轻松有趣等类似生活中让老百姓纠结又头疼的细节问题，只要你看《生活大参考》必然能找到满意的答案。节目有着浓厚的人本主义思想，将镜头对准生活中的普通人碰到的小生活问题，主持人以其对生活的满腔热爱来感染受众，从生活细节让老百姓真正领悟到什么是美好生活的真谛，进而热爱生活，提升生活品质，让每个人都有权利拥有这种幸福，获得美好生活的获得感。

2. 以脱口秀形式来说新闻，实践美好生活的安全感和权利保障

获得美好生活的重要内容之一还在于人民是否真正获得了合法权利，体现社会公平公正精神，让老百姓充满安全感，愿意为了个人和社会的美好幸福生活而努力奋斗，这也是马斯洛五层次需求理论安全需要和社交需要的满足。

生活频道《我和你说》栏目正是实践这一目标的最好中介和载体，也一直是新闻类节目收视率的佼佼者。这档节目区别于传统民生新闻，主持人翁仁康和徐筱安用杭州话以脱口秀的方式讲述新闻内容，地道的杭州方言加以独到的新闻观点和抑扬顿挫的声调、幽默的语言颇有特色。该栏目设置本地市民关注度和使用率极高的"新闻热线"作为节目线索来源，再结合当天热点话题事件，直接连线新闻现场并予以观点阐述，虽然有些新闻是家长里短，但小事件窥大观点，深受观众喜爱。

不管技术如何发展，新旧媒体如何变革，民生新闻的内容永远离不开人性和叙事。《我和你说》体现民生新闻的接地气和亲和力，有温度又朴实生动，并且形成市民的舆论话题。

与《我和你说》相匹配的一档民生监督类新闻节目是《市民监督团》。如果《我和你说》是听老百姓说话说老百姓爱听的话，以老百姓视角来说新闻，那么《市民监督团》则是它的左膀右臂，将社会热线内容和民生热点事件整合，进行舆论监督和帮办百姓，让老百姓真正感到有话可说，有诉可投，有利可保。比如2018年6月18日播出的关于网络诈骗的新闻《对于这起网络诈骗，我们该如何防范，一旦发现被骗该如何维权》，告诉百姓要警惕预防此类事件发生，并且维护自己权利。当天播出一条《从业不签劳动合同》新闻，告诉市民从业必须签订书面劳动合同，确认双方劳动关系，保障自己权益。目前节目的投诉和爆料是两种，电话热线88901890和微信爆料热线，两种爆料的主体有明显区分，电话热线88901890以老年人为主，而微信爆料热线则以年轻人为主，包括能熟练使用微信的中年用户。

3. 专注策划栏目文化活动，提升市民美好生活能力

马斯洛五层次需求理论从低级到高级，包括生理需求、安全需求、社会需求和自尊需求以及最高级别的自我实现需求，从衣食住行到心理安全感和社交归属的满足，再到高级别的获得他人尊重和自尊自信直至到自我实现，每个人的生活都可能包括这五种需求。它们共同形成了我们所言所行的动机，美好生活的幸福感在物质丰富和权利需要满足之后，还要让生活充满理想，提升人生目标和意义，促进精神需求的满足，从而获得幸福感和满意度，真正实现个人自由而全面的发展，这也是作为生活者应该承担的责任，由个人的美好上升到社会的美好和幸福，不仅仅是索取者，更是创造者和奉献者。

2018年6月18日端午节杭州生活频道策划了"端午节 你跟家人团聚了吗?"采用网络直播买粽子，和网络主播小树合作，一个上午在河坊街五芳斋门口做直播。主播小树说："因为我想家了，今天是端午节，我看到他们买粽子就感觉家人在买粽子。"在新闻节目里记者进行随机采访，让观众重温了端午节的传统习俗，比如杭州人要吃黄鱼、黄鳝、黄瓜等五黄，河南游客说在老家过端午要走亲戚，回娘家，买油条、糖糕和粽子，节目主持人用杭州话来说新闻，最后总结道："端午节过好啊，再来的小长假就是中秋节的叻。个卯，大家工作学习都蛮忙的。所以，趁了这种假期，好好叫跟窝里人聚一聚。"（杭州方言）整个节目散发着浓郁的思念情怀，讲了老杭州人和新杭州人不同的故事和习俗，传承了中国传统节日文化，再现了社会诚信和谐的核心价值理念。同时，节目的传播方式也值得学习、借鉴，借力网络主播，与网友实时互动，吸粉引流量。

今年《我和你说》联合方回春堂举行了36场健康进社区的活动，不但帮助老百姓满足身体健康的基本需求，在活动内容方面也给市民提供了好的精神食粮，体现了节目通过整合各种社会资源，主动承担社会责任，提升频道公信力塑

造良好社会形象。2016 年推出的栏目剧《生活像花儿一样》，每年都会进社区给居民送花籽，装点幸福生活，展示杭城幸福和谐的独特韵味。

优美的生态环境，是美好生活的必要条件。生活频道从 2015 年开始至 2016 年，开展了寻找杭州最美森林古道活动，参与者走古道，找历史，访人物，讲故事，慢慢揭开森林古道美丽真颜，最后投票产生富阳龙门山古道、临安昌宁古道等十条最美森林古道。

三、杭州生活频道构建"美好生活"的启示

城市台的生存危机是显而易见的，但仍有夹缝中求生存的可能性和必要性。作为最接地气的生活频道而言，生存之道就是本地化，本地化的重点又在于生活服务，依托频道多年积累的政府资源和社会资源，为市民提供生活服务，构建美好生活是不二法则。

（一）整合集团资源，进一步创新"电视 + 电商"生态模式

该频道利用官微和《生活大参考》《做给你看》《生活 GO》等几个栏目，开设电商微栏目、实体门店和官微商城，是杭州所有频道中最早做频道生活电商的。2017 年，频道开辟了一档日播 10 分钟的电视电商类节目，直接导流到电商平台。开播后大大增加商城的导入流量，带动销售。后台数据显示，生活频道电商的下单粉丝数量从 2016 年的 2 万多人增加到了 2017 年的 3.2 万多人，人均客单价从 100 元增加到 280 元左右。

对于观众而言，能在他们信任的渠道购买到通过电视节目了解的优质产品，甚至价格低于其他市场，是非常乐意的，这也是生活频道对市民美好生活的一种构建方式。这条路如何走长远，让更多受众接受认可并参与进来，是一个频道战略问题。"电视 + 电商"这一模式的根本性优势就是媒体优势，扩大"媒体 +"的影响力。在整个电商市场从媒体电商化转变为电商媒体化，进一步确立媒体对电商产品认识化传播化的优势，以己之长顺势而为，主动引导消费。2017 年下半年开始，生活频道线下门店陆续引入了新的合作伙伴，开启了加盟式合作。12 家观众服务中心宗旨名称不变，但是每一家的特色有所区分。充分利用合作方的资源优势、经营优势，和频道自身的品牌宣传、产品策划优势。这样的模式不但提前锁定了利润，还有利于细分专业，形成良性循环。通过这样的模式，2018 年年初时就将线下门店全年利润的 70% 基本锁定。

生活频道电商经过 3 年的摸索，初步证明了"电视 + 电商"这一生态模式是良性的可行的，也是建立在生活频道生活服务定位之上的。生活频道有大量的自办类生活服务类节目，拥有天然的观众客群，集团内包含有大量的资源，包括频道频率、产业公司、剧院剧团等，其中有一部分同样具有生活服务的特性。如果可以选择一到两家最合适的资源，在集团层面进行战略整合，那就可以更好地

实现 1 + 1 > 2 的效果，把加法升级为乘法。

（二）从小生活到大生活

频道通过"电视 + 电商"的模式，提高了市民的生活水平，改变了生活方式，是对品质生活的解读。这里的小生活即小日常生活，我们的衣食住行乐的层次建构；大生活是试图超越"物化"范畴、超越"日常生活"以及超越"此时此刻"，生活物质水平是小生活，继而进行生活方式的改变，提高生活品质，最后形成全新的生活形态的大生活观的转变。

生活频道应该立足生活服务，创造观众喜闻乐见的节目，将普通人平凡、温情、感动、体悟当作栏目主要内容，让观众看到最本真的原初生活，最本土最贴近生活的杭州形象。在此基础上实践大生活概念，给市民提供更多更优质的精神食粮，传承社会文化，引导市民生活方式和价值观。

（三）全媒体导入，从电视媒体变成传播互动平台

"互联网 +"和移动智能时代，作为传统电视生活频道要根据不同受众群体，发展全媒体战略。生活频道观众有一部分是老年群体，一般接触频道以白天为主，而年轻群体则是白天接触官微或移动客户端，晚上才可以看电视频道。比如栏目《做给你看》将传统电视内容手机化，包括论坛，发图，音频，视频等，开拓其作为社交平台的传播作用。

生活频道要借助后台大数据分析，借力新兴媒体和高新科技，搭建全媒体信息发布平台，利用电视、电话、网络、论坛、微博、微信和移动客户端，采用文字、图片、动画、微博、微信、短视频等形式，使内容全方位呈现，传播遵循实时和互动原则，比如节目播出前在官微进行预告，吸引一部分粉丝，播出时可在电视上扫二维码或微信公众号上面实时发起互动环节，你问我答或者激发某个热点话题的公众探讨，播出后可以请主持人或微博 KOL 进行点评分析。《我和你说》微信公众号目前只有新闻报料、杭城印记和微商城三个菜单，形式上也只有图片和文字，最新一篇文章是 2016 年 12 月 5 日，缺少充分的互动和实时更新，生活频道其他栏目的微信公众号也面临同样的问题。这在新媒体时代，是巨大的平台资源浪费，没有把"两微一端"当作真正的与用户实时沟通的互动平台。

在新媒体科技不断发展的今天，仅仅依赖电视频道已经走不长远，美好生活的打开和构建方式需要全方位、多渠道、立体式的矩阵传播互动平台，传递真实、寻常、温暖又能打动人心的美好生活。

（作者单位：浙江工业大学之江学院）

新世纪苏州题材电视纪录片综论

张晓玥　陈　斌

　　苏州人文慧灵，风物清嘉，融古典于现代，是中国最具魅力的城市之一。新世纪以来，以著名电视艺术家刘郎执导的《苏园六纪》（2000）为起点，先后有《苏州水》（2001）、《手艺苏州》（2003）、《水天堂》（2003）、《烟波太湖》（2005）、《七弦的风骚》（2006）、《拙政园》（2007）、《狮子林》（2007）、《昆曲六百年》（2007）等一系列以苏州风情、文化与历史为题材的电视纪录片陆续呈现荧屏。10年之后，由苏州本土电视人孙欣担任总导演的28集纪录片《苏州史纪》（2017）横空出世，在国内"首次以大体量的影像语言全方位叙述一座城市的历史"。[①] 由此，一个持续近20年的电视文化现象——"影像中的文化苏州"，实现了由专题开掘向全景透视的跃升。"影像苏州"系列作品显示出电视精品意识与地方文化特色的紧密结合，将历史文化的区位优势成功转化为电视艺术优势，也在与著名编导的跨区合作过程中推动了苏州本土电视人才的成长。无论作为电视艺术作品还是媒介传播产品，"影像苏州"在中国电视艺术史上都具有不可替代的重要价值和意义。

一、影像苏州：画境与诗情

　　"影像苏州"系列作品的艺术个性，首先在于其独树一帜、一以贯之的电视美学立场的坚持，即注重创造写意的诗化风格，抒情性与沉思体验相结合，在精美考究的镜头语言与流丽优美的文辞解说的互动中提炼意象，营造意境，探询苏州文化的独特气质与精神。主创人员要给予观众的，不仅仅是视听享受，更主要的是心灵的触动和开启。

　　《苏园六纪》以隐逸的园林文化和风雅的园林情韵为纲，以园林诸要素为目，提炼出"吴门烟雨""分水栽山""庭院幽深""蕉窗听雨""岁月章回""风叩门环"六个诗的意象，从历史源流、造园手法、园林意境、园林兴衰等多

---

　　① 夏欣才：《感受历史余温 展现整体真实》，《电视研究》2017年第7期。

个视角进行分类梳理，既层层拆分，又高度整合。《苏州水》和《水天堂》都聚焦于苏州的水。前者主要思考人与水之间的历史文化关系以及生态关联；后者则具有恬适悠远的风格，侧重以情动人。两部电视片都是诗，一部透出行吟者沉思的目光，一部流溢着栖居者闲淡优雅的心态。《眼波太湖》意图表现苏州文化地理空间阔大的一面，也同样遵循了形散神聚的整体构思。电视片中，太湖是作为家的象征来予以表现的，而家最鲜活的要素是人，船因此成为人不断离家与归家的一个具象化符号。于是，作为物理视像的水和船，与指向心理体验、情感寄托的家和人之间，构成了一个形象的系统，视像与心象彼此映照又互相阐发，呈现出文化太湖的生命感和诗意美。不同于这种"一勺则江湖万里"的恢阔之气，《七弦的风骚》是要创造"一峰则太华千寻"的高古凝重。"把古琴介绍成一种乐器，是形而下，而把古琴彰显成一种道器，才是形而上。"①具备这样的文化自觉，编导刘郎的选择当然是后者。在电视片对古琴的阐释中，琴史即文明史，琴乡即文化乡，琴弦即心弦，琴境即心境，关于古琴的方方面面，都指向"大音稀声""大象无形""宁静致远""天人合一""逍遥游"等中国古典哲学和美学境界。相比而言，《手艺苏州》则要素朴得多，这种素朴是含情的，长达26集的电视片不完全是抒情，而是叙情，叙情与抒情不同，抒情是倾诉式的，叙情则是以倾听的态度记录。电视片在介绍工艺技巧和铺叙文史知识的同时，常常抓住人与艺之间情的关联做文章，如创造乱针绣技法的任嘒閒关于刺绣的童年记忆，缂丝大师王金山重访当年技术创新的故地——厂房里未启用的厕所间，又如漆艺巧匠林怡为制作漆刷而蓄发剪发，还有苏扇老艺人徐义林对自制刀具的把玩……电视镜头里那些看似不经意的细节，透露出一种眷恋和挽留的绵长之情，对于手艺的挽留，就是对往昔生活方式和精神意趣的挽留。

《苏园六纪》的风雅，《苏州水》的深沉，《水天堂》的恬适，《烟波太湖》的恢阔，《七弦的风骚》的高古凝重，以及《手艺苏州》素朴绵长，都在创造诗意，表现诗境。诗有沉思的，也有主情的。思常常是深邃的审读，也不乏信手拈来的顿悟，情有浓有淡，或倾诉，或含而不露。在人们的精神世界越来越趋于平面化、粗糙化、空洞化、感官化的今天，当心灵世界的流连、驻足和沉潜日益遥远和陌生的时候，"影像苏州"这样的艺术创造，是回归，也是开启，能够产生审美净化和精神升华的作用。

"影像苏州"的美可以用"诗情画意"一词来概括，诗情是文学的色彩，画意则来自电视镜头的含光吐影、摇曳组合，以及音响的配置。常常有人认为，电视画面是实证性的，引发的是集束性思维，而文字则是虚拟性的，具有发散性思

---

① 刘郎：《道器同根 体用一元》，《中国电视》2006 年第 7 期。

维的特点。这种绝对化的分析无论就文字还是电视来说，都过于武断。"影像苏州"电视片的魅力，很重要的一点恰恰就来自于写意的镜头语言，这体现为匠心独运的画面捕捉及其与解说词的精妙搭配，体现在电视镜头中再现物理时空与表现心理时空的浑然一体。

《苏州水》第一集中，编导以"天人合一"的文化哲学视角解读水城苏州独特的人居环境，镜头中呈现的是枕河人家的娴静女子晾衣的画面，人与水的亲近其实就是日常生活本身，最朴素的亲近又暗示着深沉古老的文化。如果说这样的阐释是化虚为实，那么不妨再看一个举重若轻的例子。干将莫邪的传说，是吴中古国曾经重剑好武的一个缩影，但苏州之水还是"沉埋了吴王的宝剑"，重剑好武的传统终被重教好文的风尚所取代。如此凝重的文化历史思辨，转化为镜头语言，是虎丘"剑池"二字在水中的倒影，是几条红鱼宛宛游过，漾起淡淡的涟漪，弄皱了一池秋水，也摇碎了那两个苍劲有力的红色大字。这样精心的设计，这样浑融的音画相协，都有力地证明：电视镜头里能够流淌出诗意。构成这诗意的，不仅是哲理、历史和文脉，还有情，绵绵不尽的情，涵纳着精神力量的情。

《手艺苏州》中有一个纪实性的细节链："咬手"。做漆器时油漆会"咬手"，那是皮肤过敏，制扇的造型刀会"咬"手，雕刻的刀具也"咬手"，连绣花针也会刺破手指。这当然是肌肤之痛，但却不带来心灵之苦，在那些身怀绝技的艺人们眼中，这是一种磨砺，是对手艺活的考量。尤其是漆器艺人，手艺再好也无法避免被"咬"，"咬"得习惯了，他们就发自内心地觉得"咬"得舒服，"咬"得贴心。编导没有阐释，只是默默地录影录音，默默地聚集那一双双饱经沧桑的手，朴素而且真纯的情感早已漾满了电视画面——艺人们不说"伤"和"割"，却说"咬"。"咬"何尝不是"亲"的一种形式呢？此外，诸如《苏园六纪》用掠过高墙的长臂摇镜头将园林与街市对比，表现城市山林的闹中取静的韵味；《七弦的风骚》通过后期处理，古琴的近距离特写常常叠加一线飞瀑的远景来衬托，水线与琴弦形似，更有与"宁静致远"的琴境相暗合的神通；《水天堂》总要捕捉老老少少们上桥下桥的画面，道的就是那一点恬适与从容。"影像苏州"系列电视片以诗化的镜头语言，注重虚实的巧妙结合，通过画面捕捉来创造画境，化实景为虚境，融抽象于形象，是高度意境化的美学创作。

二、城市影像史诗：苏州风度与气派

在通常的印象中，苏州是小桥流水人家，代表着江南儒雅婉约与精致细腻。这也是 21 世纪前十年苏州纪实影像所着力开掘的侧面。与断面式的书写不同，《苏州史纪》所呈现出的是一部生生不息、大气磅礴的两千五百年城市区域通史。纪录片以古苏州地区发现新石器时代遗址为开篇，全景式展现了苏州自先秦泰伯、仲雍奔吴开启吴中文明，直至辛亥革命的历史长河。处理这样的题材，常见的思路是采用宏大叙事的论说体。但苏州电视人却有着自己独辟蹊径的艺术追求。以缀珠成链、结节织网的整体思维，意象化地捕捉历史细节，情感化地体验历史人物，生活化地还原历史现场，进而在情与思相交融的文化寻根中把握历史精神、历史规律，是这部纪录片作为苏州史诗所展现的独特风度与苏州气派。

结构布局的完整使《苏州史记》讲述更加细腻和有章法。在第一集中以"石器""稻谷""玉器""陶器"四种不同阶段文明的代表，从原始社会、氏族社会到奴隶社会、封建社会，循序渐进地铺开苏州大地历史的开端。最后一集中，苏州有识之士为民主共和革命奔走呼号，最终辛亥革命成功，苏州光复开启新的历史时代。期间二十几集穿插人与城、人与事、事与城的三者关系，在纵向上梳理了苏州历史的脉络，又在横向上建立了苏州文化的标志。而以一个文明的开端做始，以另一个时代的开端做结，这是一种呼应，也是电视片呈现历史的一种往复，这个"结"不是结束，而是结果，果实的成熟代表着收获，也代表着新一轮播种即将开始。电视片这样的安排，不仅在艺术上达到了首尾的一致，更在传播和接受上为我们留下了更多遐想的希望。统摄全篇的序幕就奠基了这样的章法。以延时摄影和当下场景及历史场景再现交叉的方式，在大跨度时间和特定范围空间的流动移转中，短短一分二十秒就为观众把城市发展历程做了最简单又完整的全局呈现，既为电视片做了引，又让观众有了总的把握。我们常说，一部电视片的气质往往产生于电视制作者的气质，《苏州史记》的风度与气派不得不让我们由衷的感叹和钦佩苏州电视人的浑然自成、了然于胸的谋划布局和独到别致的思索、真诚投入的情感。也正是如此之多继往开来愿意为苏州付出与贡献的"苏州人"，才让苏州风度与气派更加可感、可观、可敬、可佩。

在人与城，尤其是士人与苏州的关系探询苏州人文生态与历史精神的丰沛多彩，是电视片开掘苏州历史长河的主线。电视片往往一集围绕一个历史朝代或时期，并以某一或某一类代表人物作为讲述的主体，通过这个人物的人生经历穿插表现其所处时代的风风雨雨。汉代有吴郡地区形成以顾、陆、朱、张为代表的士族集团，唐代有先后担任苏州刺史的诗人韦应物、白居易、刘禹锡，宋代有"先天下之忧而忧，后天下之乐而乐"的范仲淹，以及临危受命、出使敌国的石湖居士范成大，元代有至今在苏州仍在被世人祭奉枭雄张士诚。明清以来，苏州已然是天下文华荟萃之地，不仅有结社讲学、精忠用世的张溥，行万里路、读万卷书矢志复国的顾炎武，编纂"三言"的冯梦龙，绝意仕途、寄情于评点"六才子书"的金圣叹，以及以唐寅、祝允明、沈周等为代表的吴门画派和吴门书派等。

注重挖掘历史现场中富有人情人性的细节，使得电视片在历史讲述别具苏州的温婉与多情。《江东子弟》中，刺客要离为了刺杀主君的政敌庆忌而自断右臂，但最终却仍然忠义难两全。电视片不仅以演员表演的方式再现了这一历史事件，也从上帝视角揭示着历史人物的心理活动，又通过文史专家的进一步解读和当时出土文物如兵器、法器的展示，为观众深入地进入历史、理解人物提供了更生动形象的方式。《天国遗梦》中，忠王李秀成被迫受命回京，他的天国理想最终遗落在苏州，去驻两难，只留下空空摇动的门帘。《远涉沧溟》以从苏州太仓出海开启世界大航海时代的郑和为中心，同时又着力关注了郑和的普通随从周闻与妻子的生离死别。至于诸多苏州士人的高义风范与苏州才子的文采风流，也都在个体与时代交织、当下与过往相映的互动张力中展开。电视片为观众带来的不是博物馆式的静态封闭展示与说明，而是有温度、有活力的体验，苏州的历史也因这些时代中的个体而有了真实可感的生命力。

在这水网密布的吴中大地上，水成为了吴中文明的生命源泉，也成为了与苏州古城命运休戚相关的统摄性象征意象。《苏州史记》的第一集就明确指出了太湖对苏州的重要性，苏州最早的文明印迹就与这个巨大而神秘的湖泊密切相连。大禹治水使姑苏从泽国进入真正农业文明，迈入国家时期。而后在春秋战国的争霸中，雄踞太湖流域的吴国借助开凿姑苏城到太湖的胥溪一举打败劲敌楚国，成功登上春秋争霸的擂台，又开凿邗沟战胜齐国，真正成为一代霸主，而连接着长江与淮河的邗沟也成为京杭大运河的肇端。水系的发达也形成了"前街后河，河街并行"的独特城市风貌，现今仍保存在苏州市碑刻博物馆的《平江图》石碑为我们展示着将近一千年前的苏州古城正是大小河道纵横交错，陆路与河道相伴而行的水乡景观。而"苏湖熟，天下足"的民谚在反映当时苏州地区高度发达的农业文明的同时，也折射出文化事业发展的优越环境。"经历秦汉魏晋的拓荒和灌溉，含纳唐风宋韵的兼收并蓄，到明清时，这里已是气象开阔，一派水影花光。"明清时的苏州不仅是天下最富足的地方，也成为了地域文化的中心。苏州手艺的代表有太湖之滨香山帮、陆慕金砖、桃花坞年画，以及安居石湖一代苏绣宗师沈寿；叠山理水的苏州园林，寄托着传统文人的理想和情怀；延水而建，枕河人家，独具一格的苏州市镇；"百戏之祖"的昆曲是水磨腔，悠扬婉转的评弹说尽人情冷暖。电视片让观众看到了苏州千年文化与吴中大地的丝丝缕缕，在丝丝缕缕中又看到苏州前人的不断坚守与传承。

三、写意：中国美学的胜利

关于"影像苏州"诗化写意风格，在纪录片界曾经有过一些争论。有人认为，刘郎的电视片过度依赖解说词的文辞美，实际是偏离了电视的本体，因此不过是"文本的胜利"。围绕电视片的拍摄，历来有客观再现与主观表现两种不同的观点。在过于强调电视的宣传教化功能的时代，主观论向来是主流，这种主观不是我们要讨论的主观，它以集体意识取代创作者的个人体验和自我意识，有可能因为理念造成对真实的遮蔽。与此紧密相连，八九十年代之交出现过一次"新纪录片运动"，强调客观纪实，这其中隐含的纠偏意识值得肯定，但如果因此就完全否定表现型的电视片创作方法，就不免是矫枉过正了。需要指出的是，任何所谓的纪实都无法抵达绝对的客观，镜头以及电视片的时空容量是有限的，纪实总是选择的结果，选择本身就是一种主观的介入。

"影像苏州"是地地道道的中国派，而且是中国的古典美学派，是中国古典美学与现代传媒手段成功对接的产物。其美学追求，就是当年苏东坡对王维诗歌的评价——"味摩诘之诗，诗中有画；观摩诘之画；画中有诗"（《书摩诘蓝田烟雨图》），而且是动态的画和有形的诗。电影界一直有"作家电影"之说，"影像苏州"系列电视片则可以称之为"诗画电视"。《七弦的风骚》有这样关于古琴的解说："与凝重的青铜在一起，它是那样融洽；与剔透的玉器在一起，它是那样的匹配；与华贵的丝绸在一起，它是那样的亲近；与晶莹的瓷器在一起，它是那样的和谐。"评论者称之为"完成于笔下的蒙太奇"[①]，实在恰如其分，这反映出撰写者心中的画面感和镜头感。从整体上看，"影像苏州"的音画关系，就类似于中国画的题诗山水，追求的是点染之间的浑然一炉。《苏园六纪》被誉为是"再现园林和表现园境"的佳作，这其实也是一次画与诗的相得益彰。专就画的一面而言，《苏州水》也罢，《水天堂》也罢，中国画"平远、高远、深远"的三种境界，已经内化为镜头摄取和组合的内在法则了，再如上文所论的种种虚实相生、轻重转化的暗示和烘托，归结到一点，"影像苏州"就是像苏州园林与昆曲那样去写意和造境的，这是中国古典美学与现代传媒科技成功对接而成的诗画一体。刘郎由古琴读出了"道器同根，体用一元"，而就刘郎以及其他"影像苏州"的主创人员而论，他们用的"器"是摄像机，他们"道"和"体"就是中国古典的美学，诗化写意的美学。套用"文本的胜利"一说，我们将"影像苏州"的艺术创造称为：中国美学的胜利。

《苏州史纪》的写意风格，是辞赋体向史诗体的转换和腾跃，是在软水温山中探询历史赓续发展的精神力量。挑战与斗争往往成就发展，温婉如姑苏，也经历了一番荆棘险恶之路途。挑战向来钟爱这一方土地，也磨炼着这一方土地和生活在这一方土地上的人们，电视片注重在面对挑战时，展示着苏州大地和这一方人们是如何的坚韧顽强，也使得电视片的节奏更加激昂与顿挫。水是吴中大地生命之源，但在远古的时期同样是生命的威胁。那一片浩如烟海的神秘太湖，那大地上一缕缕如丝绸顺滑的干流和支流，那大禹治水的传说，那劈山开道的水利工程，电视片在展示着水对这里的重要性时，也暗含着这里的人们与水不断的斗

---

① 倪祥保：《哲思与文心的具象》，《光明日报》2006年5月19日。

争，这里的生存是在应对挑战中争取而来的。再如，明末的苏州市民运动。万历二十九年（1601年），葛成领导苏州织工展开了一场有组织的反税监斗争，取得胜利，最终葛成主动投狱，为斗争者担起了责任。天启年间，苏州人又因保护东林人士而与阉党激烈冲突，颜佩韦等五位苏州市民最终慨然赴死。背景音乐与画面再现的配合，加以旁白的解说阐释，暴政的黑暗让人义愤填膺，壮士的断腕则让人扼然长叹。苏州向来不缺挑战，也向来不缺回应挑战的人，挑战和回应挑战展示了情节的矛盾冲突，也构成了电视片内在的节奏发展。

"影像苏州"侧重心灵体验的主观化立场，具有内在的必然性。其创作的素材是历史传统遗留下来的富有诗意的文化符号，诸如昆曲、评弹、苏州工艺，园林、建筑、古村古镇，以及那些独领风骚、风华绝代的苏州历史人物等。无论静态的还是动态，它们作为文化符号，都经历了漫长岁月浸染和淘洗，因此成为人的精神和情感积淀。积淀是过程化的，而不是凝固在某一固定的坐标上。不同人走进园林有不同的感受，同一个人在不同的时间走进园林感受也不会一样；人们与苏州杰出文人雅士、历史精英们对话，也因时代的发展而不断碰撞出新的情与思。文化与诗都离不开人，离不开人的心灵的体验和感受。电视编导们不约而同地通过电视语言的音与画去探询苏州的文化精神、美学格调和人文风情，体现出的是他们的主体意识和情感关怀。对于文化载体的拍摄，或者说是纪录，都不能没有心灵的投射，投射意味着一种跨越时空的心灵对话，失去了这一点，将是空洞和苍白的。或许有人会说，既然素材本身的蕴涵那么丰富，何不客观地还原和呈现呢？这不仅不可能，而且无意义，拍什么不拍什么以及从什么角度在什么时空条件下拍，都不可能"客观"。如果真的"客观"了，那倒不如亲身一游，还拍什么电视呢？正所谓"东墙角的一枝花影，比西墙角的一枝花影意味更加深永"①。美是心灵的一种发现，文化是心灵的一种映照。

与主观表现的创作立场相联系，诗化写意的创作手法，也具有内在的合理性。孔子育人讲究"因材施教"（《论语·为政》），苏东坡著文主张"随物赋形"（《文说》），这透露出中国传统哲学与美学的一个基本观念，"和"的观念，一种追求人与人、人与物心灵相协的观念。这看似古典，其实也未必不现代，因为它合乎人性与人心的自然。"影像苏州"的创作对象本就是诗画天堂，雅致婉约，曲折有致。诗意与画境相容，正是古典园林的造园法则所在。苏州园林是底蕴深厚的文人写意山水园，古代的造园者大都能诗擅画，以画为本，以诗为题，内化在他们别具匠心的叠山理水、栽花种树和筑楼造亭之中。因此，刘郎等主创人员用电视诗一般的写意手法来拍摄，追求诗意与画境的交融，是随物赋形也

---

① 朱光潜：《我与文学及其他》，安徽教育出版社1996年版，第7页。

罢，体物缘情或者传神也罢，都源于对文化苏州的深入理解以及细腻体验，他们尊重文化苏州，也尊重自己的灵。这种物我合一的创作意识，也是"影像苏州"之中国美学精神的另一层面的表现。

（作者单位：浙江工业大学人文学院）

多层次考量南京新媒体广告业态

孟芳宇

一、南京新媒体广告业态的宏观考量

（一）经济全球化、新经济增长对南京新媒体广告的影响

新经济增长理论主要针对宏观经济变量的长期动态变化发展趋势进行研究。新经济增长理论强调知识积累的作用。新经济增长理论的发展和完善推动了高新科技革命并促进了知识经济时代的发展。新经济增长理论强调"对外开放"对于发展中国家在经济发展过程中的积极和重要作用。经济全球化的演进和新经济增长理论的完善对于南京地区新媒体广告的发展带来了积极的影响。

一方面，经济全球化使得新媒体广告产业资源和生产要素得到合理配置，推动了南京地区与国内乃至国际间的技术、人员流动，实现优势互补；另一方面，新经济增长强调了新媒体广告行业发展过程中技术和人才的重要性，推动了南京地区新媒体广告的开放交流，为南京新媒体广告奠定知识基础和人才资源，大大帮助了地区新媒体广告行业的健康发展。

（二）国家文化产业布局与南京新媒体广告的关联性分析

根据文件显示，江苏在产业综合指数和影响力层面排名进入全国前五名，"十三五"规划纲要指明要实现"公共文化服务体系基本建成，文化产业成为国家经济支柱性产业"的目标。随着文化产业在国民经济中的战略地位的崛起，江苏省在 2014 年度首次文化产业创造的增加值占到全省的生产总值的 5%，跨过了国民经济支柱性产业标志的门槛。近年来，区域经济带辐射在文化产业中的影响受区域经济发展战略的作用不断扩大。南京市的广告园区通过资源和人才的汇聚，加快了空间聚集效应，通过产业集群化的发展模式，有效地进行资源整合以及配置，通过资源共享和提高产业间关联度降低了生产成本，实现规模效应。

（三）特大型城市建设对南京新媒体广告发展的影响

长三角城市群以上海为核心，与周边紧密相连的若干城市组成。在长三角城市群规划范围内，南京成为唯一的特大型城市。长三角城市群的发展中期目标是

到 2020 年基本形成一个充满经济活力、汇集高质量人才、创新能力强、高效集约型的世界级城市群架构,进一步改善人口密度,尽力在百分之二点二的国土面积上聚集百分之十一点八的人口和百分之二十一的 GDP 总值。

南京作为特大型城市带来的人口聚集优势对于当地新媒体广告行业的发展产生了积极影响。人口的聚集必然会导致精英人才的汇聚,城市大量的人口导致工作竞争压力大的同时也提升了产业的工作效率和业务水平,更多的人力资源涌入新媒体广告市场也有助于更好地发展这个行业。

从宏观角度来看,世界经济发展趋势、国家经济文化政策、地区发展定位都对南京新媒体广告行业发展有一定的积极作用。

二、南京新媒体广告业态的中观考量

（一） 南京区位优势与南京新媒体广告发展

南京区位优势明显首先表现在交通方面,南京公路、铁路网络密集,穿过京沪线、沿江通道,沿海靠江,运输业发达,同时南京也是重要的航空港口,可谓承东启西贯南穿北,形成了全方位、立体化、大运量的交通运输网络,是华东地区重要的交通枢纽;其次南京处于中国沿海和长江两大经济带的交接处,也是长江三角洲经济核心区的重要城市和长江流域中的中心城市之一,经济腹地广,是长三角地区仅次于上海的第二大中心城市,是重要的产业城市和经济中心。

优越的区位优势为南京地区经济、文化、政治的发展进步提供了空间,地理位置的优越性有利于前期南京新媒体广告行业招揽人才和吸收资源配置,有利于中期新媒体广告的投放和传播,也有利于后期进行统计分析和进一步交流、修改和整合。

（二） 南京文脉资源与南京新媒体广告发展

南京是一座当之无愧的历史文化名城,是中国最著名的四大古都之一。现如今,南京城仍然是一座文明之都,科学教育发达,拥有 37 所各类高等学校,640余家科研机构,经济发展速度稳步提升,金融贸易频繁,工业基础雄厚,社会环境治安稳定。新媒体广告行业发展属于社会经济效应层面,与此同时也与社会文化发展紧密相连。

从马克思唯物主义的观点来看,社会文化环境对于新媒体广告行业的发展也积极地起着能动作用,积极向上的社会文化环境能够推动新媒体广告的健康发展,因此南京历史悠久的、优秀的文脉资源对于新媒体广告行业的发展起着积极的推动、促进作用,优秀的、有想法、有创意的高学历人才可以推动行业的发展壮大。

（三） 南京人口聚集与南京新媒体广告发展

根据数据统计显示,截至 2015 年底,南京市的常住人口达到 823.59 万人,相比于 2010 年增长了近 23 万人口，居于全省第三名的位置，是江苏省人口增长最快的城市，五年内人口增长 0.14%。

如上文所述，人口聚集有利于汇集精英人才，提高新媒体广告行业从业人员的整体素质。同时，大量的人口流动也有助于为新媒体广告行业注入新鲜血液，新媒体广告是一个需要活力、朝气和创意的行业，不能够原地踏步、不思进取、一成不变，因此大量创新型人才精英对于新媒体广告行业发展起着举足轻重的作用。

（四）江苏精神与南京新媒体广告发展

江苏精神为"创新创业创优、争先领先率先，敢闯敢创，守诚守信，敬贤敬业，博学博爱"。

结合江苏精神来看待南京新媒体广告行业的发展，首先"创新创业创优"和"敢闯敢创"精神体现了我省对于创新发展的重视；其次"争先领先率先"的战略精神表现出我省一定程度上的前瞻性，新媒体广告行业可以说是在打一场"时间仗"，只有把握好时间和机遇的人才能在发展过程中占据领先地位和优越位置；"守诚守信"精神更是对新媒体广告行业从业人员的道德规范和法制要求；最后"敬贤敬业"是新媒体广告从业人员发展事业的根本立足点；"博学博爱"预示着江苏一种开放进取的包容精神，当社会达到博爱，各个经济产业包括新媒体广告产业自然处于平衡健康发展的状态。

透过江苏精神的丰富内涵我们可以发现，南京新媒体广告行业的发展一定是要符合整个社会和时代的精神需求，具有一脉相承、相互贯通的特点。

从中观角度来看，整个南京新媒体广告行业不论从地理、人口还是从文化、精神层面，都有着光明的发展前途。

三、南京新媒体广告业态的微观考量

在传播学研究史上，H. 拉斯韦尔的"5W"模式是最早提出也是至今推广程度最高、使用范围最广的。虽然其作为一个单向传播模式的确存在一定程度上的缺陷，但将其用于新媒体广告传播的一般性研究中的确有很大的实用性（如图 1 所示）。

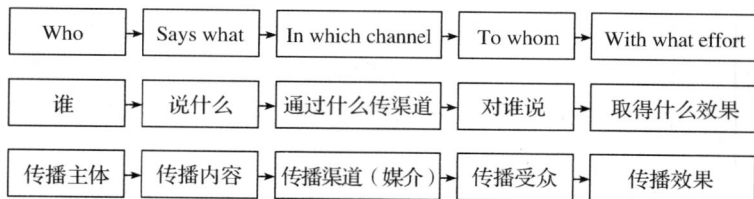

Who	Says what	In which channel	To whom	With what effort
谁	说什么	通过什么传渠道	对谁说	取得什么效果
传播主体	传播内容	传播渠道（媒介）	传播受众	传播效果

图 1 基于 5W 模式的新媒体广告传播体系图

如图 2 所示，媒体广告传播效应不仅仅是传播或二次传播，而是非常复杂的多次传播。新媒体广告流向新媒体（图中 A 组）和本市外部受众（图中 B 组）的内部受众。A、B 两组分组逐级传播或伞交跨群体传播，而 A、B 两组相互不断沟通，所以形成大的循环模式。总之，新媒体环境将大众传播、组织沟通、团体沟通、人际沟通在一起，在短时间内形成新媒体广告内容流动的径向影响，继续辐射和传播新媒体广告，传播不是单纯的一次传播或是二次传播，而是极为复杂的多次传播。

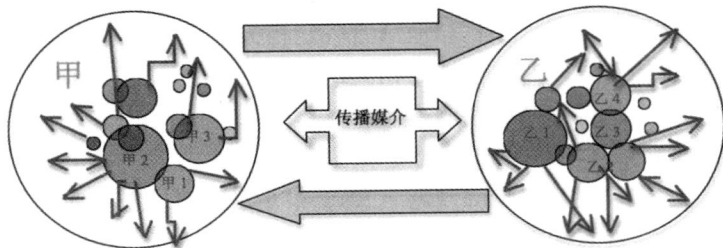

甲：新媒体广告传播内部受众

乙：新媒体广告传播外部受众

甲 1、甲 2、甲 3、甲 4、甲 5……：新媒体广告内部受众子群体（个人或组织）

乙 1、乙 2、乙 3、乙 4、乙 5……：城市形象外部受众子群体（个人或组织）

图 2　新媒体广告传播效果模型

（一）南京新媒体广告业态的主体构成

新媒体广告业态的主体构成应该包括广告主、广告经营者以及广告发布者，但是由于新媒体广告打破了三大主体的身份界限，有时候主体会出现合二为一甚至合三为一的现象。

从新媒体广告的传播主体角度来说，可以分为体制之内的广告传播主体、市场导向的广告公司传播主体和消费者自身三大类。

1. 体制内的广告传播主体包括三网融合、互联网＋等数字媒介平台。

2. 市场导向的广告公司传播主体包括以提供大数据技术支持型的数据服务机构；以定向技术、搜索引擎营销等核心技术提供大数据支持服务型的新型数字广告媒体公司和掌握大量受众数据信息型的新媒体运营商等。

3. 广告消费者自身也是广告生产者。首先，随着媒介融合的不断深入，广告受众不断走向从用户到广告消费者、产品体验者、内容生产者和媒介舆论传播者的统一；其次，广告消费者不断在掌握广告传播和营销服务的主要话语权，受众将始终占据新媒体广告传播关系的主导地位。

（二）南京新媒体广告业态的受众分析

新媒体广告传播，包括内部沟通和外部沟通，新媒体广告受众可分为内部受众和外部受众。

内部受众，包括忠实消费者和已浏览广告的群众。值得注意的是，忠实消费者和已浏览广告的受众在作为新媒体广告传播受众的同时，亦是新媒体广告传播的主体，他们的双重身份决定了其在传播新媒体广告方面的重要性，尤其是基数庞大的浏览过广告的群众，是新媒体广告的二次传播的重要中介。

新媒体广告外部受众则包括潜在的消费者、潜在的浏览群众和有意向者，具有高度的离散性，难于接近；且与地域有一定相关性，对新媒体广告传播的参与意愿低，不易接受新媒体广告传播的相关信息，更难于取悦，存在着诸多的不确定因素，是新媒体广告传播实践的难点所在。

（三）南京新媒体广告业态的制度掌控

针对新媒体广告监管困难的问题，2015年9月1日实施的《广告法》中增加了关于互联网广告的条例。除一般规定外，加入了（1）互联网信息服务的提供者不得以介绍健康、健康知识和其他伪装形式发布医疗、药品、医疗器械和保健食品广告。（2）未经当事人的同意或要求，不得向其家庭住宅、通讯工具发放广告，也不能以电子信息方式发送广告。通过电子方式发送广告的，要做到明确告知发件人的真实身份和联系信息，并且将拒绝继续接收的方式提供给接收方。（3）使用互联网发布、发送广告，不应该影响用户网络的正常使用。弹出式广告应标有关闭标志，以确保做到一键关闭。（4）违反上述规定的，法律责任包括：没收违法所得，罚款等。

另外根据《互联网广告管理暂行办法》规定，对于新类型的互联网广告监管更加严格，明文规定要求付费搜索广告清楚表明为"广告"，让消费者可以迅速辨别其广告性质；新媒体广告发布者的范围纳入了包括自然人在内的自媒体。

2017年3月，南京市政府办公厅下发关于印发南京市"十三五"广告产业发展规划的通知。"十三五"期间，南京全面推进"迈上新台阶，建设新南京"，实行市场准入机制、投融资制度、财务支持制度、税收扶持制度等等。

从微观层面分析南京新媒体广告的发展趋势，由于传播模式、主体构成、受众层面、制度掌控等多方面因素的影响，南京新媒体广告行业还需要根据自身情况，结合地域特色，扬长避短，避免一些不良现象的出现，端正发展态度和正视发展目标，走绿色、健康、和谐的发展道路。

通过三个层次考量南京地区新媒体广告的整个行业状况，我们可以看出首先新媒体广告产业的发展过程中，政府、市场、技术等都是推动新媒体广告产业健康发展的重要力量。但是根据中国"大政府、小社会"的国情，政府虽然对于新媒体广告产业和产业子系统具有直接作用，但是不能一手包办所有新媒体广告业务，所以我们应该在坚持"监管不能阻碍发展"的前提下，形成以企业为主体、政府引导推动产业发展、多方面共同监督的发展模式。

（作者单位：南京林业大学）

新媒体环境下城市电视台外语类栏目的
困境与变革路径

——以武汉广播电视台《Han News》栏目为例

杨敏学

随着全球化进程的加速，中国的国际影响力也日益提升。与之相伴的是我国电视媒体的国际传播力仍需进一步加强。习近平总书记在党的新闻舆论工作座谈会上强调：连接中外、沟通世界是新闻舆论工作的职责和使命之一。因此越来越多的城市电视台纷纷开设各类外语类栏目，提升自身的传播影响力。但目前，全国城市电视台开设的外语类栏目虽多，但其节目形式仍以新闻播报为主，在外语类栏目制作理念等方面与其他栏目仍有着较大的差距，城市电视台外语类栏目也普遍缺乏具有代表性的精品。武汉广播电视台《Han News》栏目，自2017年开播以来，延展了传统外语类栏目的元素与内容空间，开启了外语类新媒体领域的破题航向，形成了别具一格的"汉派"外语栏目风格。《Han News》成为武汉人了解外国的窗口，在汉外国人了解武汉的精神家园。

一、当下城市电视台外语类栏目发展之困

（一）栏目内容单一，受众定位模糊

目前，大多数城市电视台的外语类栏目仍以新闻播报为主要节目类型，尽管近年来外语类栏目在演播室运用、镜头运用、视觉设计等方面有了长足的进步，但在其内容组成上仍较为单一。由于城市台外语类节目的选题大多是地方外事活动以及经济和文体活动的资讯，一方面，这类内容缺乏一定的国际视野与情怀，部分会议性的内容较为枯燥乏味。另一方面，许多内容与当地外国人生活贴近不够，缺乏受众的吸引力，让节目产生了一定的"距离感"。特别是近年来在电视领域流行的纪录片、真人秀等个性化的元素，在城市电视台的外语类栏目中仍较为少见。

此外，城市台外语类栏目的受众定位十分不清晰。外语类栏目究竟是给外国人看还是给本地人看的问题一直困扰着此类节目的制作播出。同时，由于地方电

视台自身的影响力有限，也导致当地的外国人并不知晓栏目的存在。城市电视台在开设外语类栏目的初衷，往往是源于地方的国际化进程和宣传工作的需要，但诸如外语类栏目的主要受众是谁？栏目主要的报道对象的谁？栏目的观众需求又是什么？等一系列的问题似乎并没有思考清楚，因而外语栏目的收视率普遍较低，其栏目的影响力也往往处于城市媒体的最末端。

（二）媒体融合乏力，新媒体传播力有限

与城市电视台推出的各种新媒体融合产品相比，城市台外语类栏目在媒体融合领域普遍缺位。目前，除上海外语频道等专业化的外语频道推出了客户端以外，在其他城市电视台中少见具有标志性的外语类新媒体产品。而在"一带一路"的深度推进下，越来越多的外国人将来到中国学习生活，但具有本地化特点的外语类新媒体产品却一直处于空白，城市电视台外语栏目也并未能根据自己在内容上的优势，推出相应独具地方特色的外语类新媒体产品。

也基于此，城市电视台的外语类栏目在新媒体领域中的影响力上也普遍较弱。一方面是由于外语类栏目的制作要求较高，外语类栏目普遍存在专业人才的不足的情况。目前，外语类栏目新媒体平台的运营工作往往是由记者兼任，在地方台专业外语记者普遍缺乏的情况下，对新媒体平台的运营实在是捉襟见肘。另一方面，由于外语类栏目选题和制作具有一定的局限性，也让外语类栏目的新媒体平台大多数是新华社或中国国际电视台新闻的转载。而在短视频、网络直播等风口的浪潮下，城市台外语类栏目也并没能利用自身优势，发掘出个性化的移动端内容产品。

（三）内外交流不够，创新因子短缺

当下，各城市电视台的外语类栏目在内容选取和制作上大多"自成一派"，与新闻中心、社教中心等业务部门的联系不够紧密，导致外语类栏目的内容缺乏多元性，报道的视角较为局限。在对外交流上，城市台外语类栏目系统内还没有形成资源交换的业务平台，优秀的节目素材一般也只向中国国际电视台等上级媒体进行交流。城市电视台的外语类栏目也没有实现真正意义上的国际化传播，让一些城市电视台的优秀外语类栏目"酒香也怕巷子深"。

而城市电视台在转型融合中面临的诸多困境，也让部分外语类栏目丧失了创新的原动力。由于很大一部分城市台外语类栏目是应地方相关部门的要求开设的，导致很多城市台的外语栏目在完成基本的报道任务之后便提前进入了"养老模式"，缺乏变革创新的勇气与思路。诸如外国人怎样融入本地的学习生活，外国人在本地的工作历程等题材都是优质的电视和新媒体传播内容，但在目前城市台的外语类栏目中却很难看到。此外，城市台以英语为传播主语言的外语类栏目，在主持人口语风格等方面也缺乏一定的创新，而具有娱乐性、纪实性元素的外语类栏目就更难在城市台看到。城市台外语类节目因此普遍都难以适应外国受众的收视需求与收视习惯。

二、《HAN News》栏目的创新传播之路

（一）多元文化碰撞，延展内容空间

作为城市电视台的外语类栏目，《HAN News》自开办之初，就将其定位于"看武汉，看发展，看前景，国际范"的新闻综合栏目。《HAN News》栏目除了报道武汉市各类外事活动的同时，更将镜头聚焦在每一个在汉学习生活的普通外国人上，讲述外国友人"吃武汉饭""说武汉话""办武汉事"的点滴故事。《HAN News》将武汉的地方文化与其他国家的文化进行多元碰撞，产生了生动的故事火花。栏目以外国人物故事为核心的制作理念和多元文化的选题视角，不仅延展了内容的空间，更提升了《HAN News》栏目的可看性，使其打破了受众之间的国别限制，无论是本地人还是外国朋友都喜欢看《HAN News》，成为了四海一家的融汇舞台。

如《HAN News》栏目邀请了在汉的外国留学生作为栏目的嘉宾主播，让外国友人自己来播报自己身边新闻，拉近了栏目与外国受众之间的距离的同时，也吸引了国内受众的关注。《HAN News》栏目开播的第一期就直接走向武汉三镇的街头，对外国朋友进行随机的街采，请外国朋友聊聊自己在武汉看到了什么？感受到了什么？交到了什么样的朋友？等等趣味性的问题。与此同时，《HAN News》还更多地纪录外国人在武汉生活故事，讲述了英国媳妇吉米买菜的砍价心得、德国留学生伯恩的中国水墨画情结、泰国电视主持人周坤坤在武汉的学习中文的痛苦经历、武汉的"洋太太团"等等，每期《HAN News》栏目都有一个外国人的点滴故事，让中国受众感受到原来外国人的生活和自己一样，有欢乐也有烦恼。

（二）抓住短视频风口，助推新媒体影响力

由于城市台外语类栏目的受众相对较少，导致其影响力也相对较弱。因此，提高栏目在网络中的传播力和影响力就至关重要。时下正处于短视频行业风口期，在抖音、西瓜视频等平台上有大量关于"歪果仁"题材的趣味短视频内容，《HAN News》栏目基于此，在抖音、秒拍、西瓜视频等平台开通了官方账号，将每期节目"歪果仁"题材内容和节目花絮依照短视频的制作风格，重新剪辑配乐后上传。同时，《HAN News》栏目还利用其资源优势对短视频内容进行专题策划，与今日头条湖北公司联合制作了武汉大妈和巴西小伙子同跳广场舞、在武汉学中医的印度小姐姐、带歪果仁 15 秒发现武汉等等爆款网红内容。以短视频为主的传播策略使《HAN News》栏目在线上领域产生了巨大的影响力，平台短视频累计播放量达 800 万。

同时,《HAN News》栏目以 2019 年武汉世界军人运动会为契机,积极展开国际传播。栏目于 2017 年组织了多场"网络外国大 V 武汉行"活动,邀请在自媒体上富有影响力的外国大 V 红人,在黄鹤楼、东湖绿道等知名地标性景区以及军运会的场馆进行全球性的网络直播活动,累计收看人数达 500 万,极大地提高了武汉的国际知名度。此外,《HAN News》栏目还策划了洋学生泡上中国茶、独一无二的外国潮婚礼、武汉有个"洋嫂子团"等个性化、生活化的主题直播内容,让武汉人与外国人之间架起了一座相互了解的桥梁。《HAN News》栏目在新媒体领域的频频发力,成为了武汉建设国际化城市的闪亮窗口。

(三)依托"汉派优势",打造"造血力"样板

武汉作为全国高校资源丰富的城市之一,众多外国留学生每年慕名前往武汉留学生活,这为城市台的外语栏目提供了绝佳的优势资源。《HAN News》栏目除了与武汉各驻外领事馆保持紧密联系外,还与武汉市各高校的国际教育学院、留学生学院等单位深度合作。一方面,和高校共同组织留学生参与体验武汉的系列活动,搭建在汉外国留学生的兴趣社交平台,并从中挖掘独特的新闻素材和新闻人物。另一方面,邀请外国留学生做《HAN News》栏目的特邀主持和校园记者,将他们自己身边发生的故事拍摄并分享出来。通过这种形式,栏目挖掘了在汉坚持参与公益活动十年的法国籍教师张福瑞等人物,并引来了中国国际电视台等媒体的报道传播,《HAN News》栏目突破了城市电视台外语类节目"无题可报"的窘境,栏目也因外国学生们的加入而更加富有创新与活力。

《HAN News》栏目也构建了自身的微生态圈,通过线下公益项目、线上社交聚会活动、语言培训等多元项目板块的加入,提升了栏目自身的造血能力。在城市电视台营收困难的普遍情况下,造血能力的提升摆脱了城市台的外语类栏目的"只见投入,难见回报"的处境,对栏目自身制作水平的提升和避免人才流失提供了一定的保障。

三、结语

在进一步对外开放的大背景下,越来越多的外国人将会来到中国学习、工作和生活。城市电视台作为最"接地气"的地方媒体,在外语类节目中绝不能轻易开启"养老模式",而要因时而动,主动出击,将城市文化、国际传播和新媒体融合三者结合,充分依托自身的地域优势,挖掘生动的外国人在当地的生活故事,力求把外语类栏目打造成为内容精深,制作精湛,传播精良的城市台特色名片和国际窗口,助推城市国际形象和影响力的提升。

(作者系江汉大学武汉语言文化研究中心研究助理)

城市广电媒体融合路径思考

沈弘磊

习近平总书记发表"2·19"重要讲话后，从中央到地方，不同层次的传统媒体都在较短时间内，由增量发展到初步融合，再由初步融合迈向深度融合，在产品创新的同时推进制度改革。① 从国家层面来观察，中央媒体及部分经济实力强、影响力大的省一级传统媒体都取得了很好的成绩，人民日报社、新华社、光明日报社、中央广播电视总台先后成立新媒体工作机构，持续不断新媒体产品。各直辖市和省级媒体也都围绕融媒体中心建设开展深层次的改革创新，取得了明显成效。但对于数量众多的地市一级的传统媒体来说，除了少数城市，无论是产品力、影响力还是团队力，融合发展的程度和深度都还普遍存在参差不齐、差强人意等情况，有的有了物理属性上的"加"，但在化学属性上的"融"难以深入，有的甚至在"加"上也难以迈出步子。尤其是对于某些城市广电媒体来说，因为新媒体带来的冲击没有像平面媒体那样来得直接和直观，危机感和紧迫感不强，因而错失了第一波的发展良机。

一、城市广电媒体融合的困局

从经济基础看，对于绝大多数的地市一级广电媒体来说，长期依赖传统的广告收入生存，多元化经营格局难以形成，经济实力并不强，在没有"做大"之前进行融合发展、转型发展面临着巨大的经济压力。而现阶段，传统媒体要继续"做大"已经没有了"风口"，但新兴媒体需要持续投入，且盈利前景尚不明晰，因此，地市一级广电媒体实施融合"两步"并成"一步"，实现弯道超车难上加难。从外部环境看，经济实力强、影响力大的中央、省一级媒体扩张版图日益增强，利用新媒体手段，它们的根须和触角积极向下延伸，深耕地方资源，融合进各县市区的媒体中心，客观上挤压了城市广电的发展空间。从内部体制看，城市广电不少地方管理体制趋机关化倾向严重，考核机制、分配机制、用人机制等都

---

① 崔士鑫：《我国媒体融合发展走在世界前列》，《人民日报》2017 年 2 月 19 日。

难以理顺。据笔者观察，城市广电媒体融合发展的困局除了以上根本原因外，还面临以下困局。

（一）同城竞争之困

"两微一端一网"是目前传统媒体创办新媒体的主要形态，客户端和微信公号是用得比较普遍的新媒体产品。过去，我们经常听到的一句话就是"城市门户网站"，指的是一个城市有代表性、权威性的综合网站，这是个人电脑时代的互联网生态。而在移动互联时代，城市门户网站的角色往往就由这个城市最具影响力的 App 来实现了。一般地市级城市人口基本在 300 万至 800 万之间（个别省会城市除外），这样的人口规模之下，一个城市需要几个代表性的 App？目前还没有确切的数据来支撑，但是基于 App 创办所需要的资金投入以及政策层面的许可，这个数量应该不会太多。

有一定经济基础的城市广电在媒体融合中通常会首选创办自己的 App，推出"台、网、端、号"融为一体、具有广电特色的融媒体产品。但这不可避免地会遇到由平面媒体创办的集"报、网、端、号"于一体的 App 的竞争。过去，在传统媒体时代，报纸、广播、电视等媒体特征迥异，从早上到夜晚，收听、阅读、收看，可谓是各具特色、各据一方、各领风骚。如今，一个手机抹平了媒体传播的特征。而在图片、文字、视频、音频等内容展示手段同质化的 App 竞争中，先发优势尤为重要。先发者得以抢占先机、垄断资源、固化接收模式、形成阅读惯性，甚至通过"关键少数"，扩大政治影响力，进而影响政治生态圈。而这正是城市广电 App 作为后发的劣势。

（二）内容定位之困

无论是传统媒体还是新媒体，内容为王始终是媒体人不懈的追求。"党台姓党"，城市广电的主要任务是要占领主流媒体的舆论制高点，围绕城市党委、政府的中心工作，做好宣传和舆论引导工作。城市广电的新媒体同样姓"党"，在内容上不能抛弃原来的任务和宗旨，搞另外一套。所以，城市广电新媒体的内容和广播、电视端的内容必定会有重合、重复、重叠。在同样的导向要求下，开展内容创新是打通两个舆论场的关键。

和传统媒体经常受制于版面、时段不同，新媒体的海量空间拓展了内容的无限边际，但根据各自的经济实力、人员配置、资源要素的整合等，因地制宜地发展自己的新媒体最为重要。究竟是做大而全，还是小而精，或者是自采还是做平台，都需要清晰考量。特别是当同城已经有了其他媒体办的 App，后来者是走同样的老路、同样的内容定位，还是走错位发展之路，以不同的定位和特色吸引更多的粉丝和用户，也都需要审慎设计。同样，在单位内部，传统媒体和新媒体也可以有不同的定位，比如传统媒体侧重于时政类的资讯节目，新媒体可以更贴近民生服务类，都需要做出正确判断，并及时调整。

（三）资源整合之困

某种程度上说，媒体融合的过程就是资源整合的过程。经过十多年广电发展的黄金期，城市广电的"多频战略"已经形成一套以频率频道或者以中心为生产单位的格局。在媒体融合的大背景下，需要把这些频率频道或者各个中心的资源进行重新整合排列，要求单位内部突破部门界限，实行资源共享。这就需要做好顶层设计，打破原有的利益格局强势推进。据笔者观察，大凡媒体融合做得好的广电机构，必然是资源整合比较好的。有的城市广电机构成立了单独的新媒体部门，但单位内部没有建立相应的协调机制、考核机制，造成了节目资源不能共享、重要活动不能配合，严重的还出现了互相争资源、挖墙脚等无序的竞争状态。有的广电新媒体部门为了解决内容来源，不得不招兵买马、扩充人手，在重要的采访场合派出自己的记者和同单位的电视记者、广播记者一道奋战在采访第一线，造成了人力资源的极大浪费。集团或者总台层面的新媒体平台不能在内部进行资源共享，对于单位内部的各个宣传业务部门的媒体融合发展也造成困扰，难以形成以 App 为龙头、各微信公号、微博为补充的新媒体传播矩阵效应。

（四）业务转型之困

无论是 App 也好或是各个频率频道的微信公号也好，一般情况下，文字加图片是主要的新媒体特征，广电擅长的声音和画面并没有占据到主要地位（以视频、音频为主要卖点的除外），而这正是平时以文字和图片为主的平面媒体转型做新媒体最得心应手之处。反之在新媒体的作品中，广电媒体从业人员存在的诸如文字和标点符号不规范、图片不严谨等短板则愈显突出。因此，在媒体融合中，首先广电记者必须转变为"全媒体记者"，从过去单纯采集音频、视频采写稿件转变成为"多栖作战"的全能型记者，同时也必须树立一种即到即发、第一时间发稿的全媒体意识；对于审稿把关者来说，责任更加重大，除了把好政治导向关之外，还需要对文字、图片等细小的错误加以认真审核。如今在媒体融合大潮下，广播很多节目在向可视化方向迈进，对广播节目的生产流程、主持人的转型提出了更高的要求，这些都是媒体融合在传统业务基础上带来的变化。同时，媒体融合不是放弃原来的传播平台而是要两者兼顾、兼容，在坚守主业的基础上，大力发展新媒体。双轨运行之下，尤其要在业务管理方面跟上时代前进的步伐。

（五）人才队伍之困

城市广电的"多频战略"大多已在 21 世纪的前十年完成，也由此奠定了现有城市广电内部的基本格局。电视少的有三套节目，多的有五六套，广播也基本差不多。支撑这些频率频道的从业人员也大多在扩张期中招入。近年来，随着传统媒体受到冲击、效益滑坡，收缩战线、低成本运作成了广电人的共识。但如何消化冗员也是摆在现实面前的一道难题。媒体融合虽然重要，但在新媒体盈利前景不明情况下，各家也不敢大规模地投入人力成本，"老人出不去，新人进不来"，造成新媒体急需的技术人才、创意设计人才、内容策划人才紧缺，人到用时方恨少。这也是广电新媒体的困扰之一。

二、城市广电媒体融合的思考

媒体融合在经历了近 5 年的大发展后，开始进入攻坚克难的深水期。习近平总书记在 2019 年"1·25"讲话中要求媒体融合向纵深发展。习近平总书记就媒体融合所作的一系列重要指示，为全国广播电视媒体升级发展与创新融合指明了大方向和路线图。习近平总书记的讲话既高屋建瓴，又具有针对性和指导性，认真学习习近平总书记的讲话精神，许多困扰城市广电媒体融合的难点都可以从中找到破解之道。

（一）内外联动，进一步深化体制机制的改革

媒体融合发展成为国家战略之后，各地党委、政府都十分重视本地的媒体融合发展过程，这为城市广电加快媒体融合提供了很好的外部环境，广电人要抓住这个历史机遇，积极谋划推进媒体融合工作。要有自信和信心，以实际行动回击唱衰传统媒体的论调。

首先，要着重做好规划，制定方案，明确任务和方向，从战略和战术上作统筹谋划。其次，对外要积极争取党委、政府在资金、政策、人才等方面的支持，利用媒体融合的相关政策，赢得政府在专项经费或者项目合作上的支持，减轻在投入等方面的压力；对内要以极大的勇气探索体制机制创新，通过一系列的改革举措，力争在用人制度、酬薪制度、激励制度等方面打破原有的藩篱，加快建立现代企业制度，进一步激发活力。再次，要千方百计稳定原有的创收途径，同时努力开展多元化经营，做强优势产业，拓展新兴产业，争取产业发展上新的台阶，为做大做强打好经济基础。

（二）守正创新，进一步放大主流媒体的声音

媒体融合不是对传统媒体的否定，而是依托传统媒体多年的业务积淀、影响力积淀，利用新兴媒体的传播优势，继续扩大主流媒体的声音，把握舆论宣传方向。媒体融合也不是各唱各调，而是要把传统媒体和新兴媒体的内容统筹协调，以不同的呈现方式满足不同受众的需要。在扩大影响力方面，两者可以互相导流，实现 $1+1>2$ 的效应。

城市广电要始终秉持主流价值观，传播社会正能量。城市广电作为主流媒体和主阵地，优势在于"接地气"。要坚持内容为王，加强正面典型宣传，根据本地特色，挖掘一批素材，策划实施一批适合全媒体传播、贯穿全年的重磅系列主

题宣传和新闻行动；要加强舆论监督、观点评论，持续提升主流媒体的影响力；要加强节目栏目的创新研发，用新的制播模式，通过广播电视独特的表达方式和表达途径，充分展示绚丽多彩的地域文化；要深耕本地，注重服务，深入电子政务、本地服务、智慧城市建设等服务领域，从增强服务城市的积极性、主动性和创造性着眼，把服务民生放在首位；要积极和地方合作，参与整合当地资源，组建县级融媒体中心，扩大垂直影响力和传播力。

（三）顶层设计，进一步做好资源整合的文章

城市广电的主要领导要以顶层设计的思维、以极大的勇气和决心推进媒体深度融合，要坚持一体化发展方向，加快推进流程优化，有效协调好传统媒体和新兴媒体的关系，实现广电内部各种媒介资源、生产要素有效整合；要改革内部管理模式和组织架构，建立起高效、精简、有活力的管理体制，改变人员臃肿、过于机关化的倾向。

目前看来，《人民日报》"一次采集、多种生成、多端传播"的"中央厨房"模式已经成为各地学习的榜样。地市一级广电媒体在很多资源要素上并不具备完全按照《人民日报》模式进行媒体融合的条件，但是，至少它的架构值得我们学习借鉴，尤其是内容资源整合可谓最佳方式。这一模式通过对采编流程进行再造，把原来的各自为战变为协同作战，在内容、技术、平台、渠道方面打通壁垒，实现后台数据资料共享，然后对同一新闻事实经过不同视角的编辑编发，在广播、电视、两微一端甚至是移动电视等多个平台播出，达到立体呈现、传播力倍增的效果。当然，这一模式也对媒体单位的管理者如何进一步改进主题策划、题材选择、采编业务等指挥系统，如何对不同工种的从业者在同一个大平台上的工作协同、考核管理等提出了考验，需要决策者作好科学设计。

（四）移动优先，进一步打造矩阵传播的优势

城市广电的主要决策者要审时度势，强化移动优先的发展战略。要确立以云平台、官方网站、App 为核心和龙头，各宣传单位、下属机构微信公号、微博等为辅助的新媒体架构；要强化新媒体产品开发，精心开发制作一批 H5、动图、可视化长图、微音视频、微电影、微动漫等适合互联网传播的产品，力争在全媒体矩阵建设、互联网直播、短视频音频传播、社群建设等方面取得实质性突破。

要坚持适度竞争、差异化发展战略。在同城竞争中，作为后来者需要付出比先发者更多的努力。后来居上的关键点在于核心竞争力，广播电视的核心竞争力就是丰富的音视频节目资源。不论你开办的 App 是新闻资讯类，还是生活服务类，抑或是学习培训类，都要利用好传统媒体的资源。同时，要研究同城新媒体的长处和短处，做到知己知彼；要依靠大数据，研究城市新媒体传播的规律和特点，做到有的放矢；要找准目标定位，为客户开展量身定制的个性化服务。

在省一级以上媒体中，广播的新媒体基本上都是单独设立 App。地市级的广电媒体是否需要单独设立，目前还没有统一的说法，主要原因是很多城市台的广播和电视的新闻中心已经合二为一，广播只是以节目为主要生产单位而存在。笔者认为，有条件的城市台、广播和电视分开运作的单位，可单独设立广播的新媒体，通过独自兴办、合作兴办、借船出海等方式，开发具有独特功能和体验的广播 App，从而在单位内部实现错位发展。

（五）学习转型，进一步建立引才育才的机制

媒体融合对城市广电的人才储备带来极大考验。大多数地市广电系统经过十多年的高速发展，业务流程和人员都已相对固化，迫切需要转型。我们的记者编辑需要转型为"全媒体记者""全媒体编辑"，我们的主持人需要转型为"多才多艺"的主持人。短期内，广电的融媒体人才还是需要依靠外部引进和内部培养，比如要和专业院校合作，引进一批具有全媒体业务能力的年轻毕业生充实新媒体队伍；要调整采编结构、重构采编流程，从制度和考核机制入手，在实践中培养全媒型、专家型记者编辑；要完善人才考核激励体系，通过评优、进编、年薪、房贴甚至股权等多种精神和物质上的激励，引进和留住优秀人才；要适时调整频率频道资源，必要时可以压缩频率频道，对富裕的人员进行培养培训，充实到融媒体业务中去。

（作者单位：宁波广电集团）

从台州小微金融改革报道看城市台广播经济报道的实践探索

芦　刚

　　城市台做经济报道，通常面临着眼界狭窄、站位不高、手段欠缺、浮在面上、做过就算等方面的问题。如何突破这些障碍，让基层媒体发挥出信息灵、接地气、贴近服务、辐射传播的优势，是各地广电媒体都在努力探索的一项工作。

　　作为中国股份合作经济发源地和民营经济最具活力的城市之一，台州在改革开放的大潮中涌现出了小微金融服务改革创新的闪亮成果。近年来，围绕金融服务实体经济的主线，这条具有台州特色的小微金改创新之路走向全国，为全国各地解决小微企业融资难提供了有益借鉴，台州也因此被确定为国家金融改革创新试验区。作为地市级广播媒体，台州综合广播立足平台特点，根据本土民营经济先发地区实际，关注小微企业融资痛点，多种渠道、多种形式宣传台州小微金改成效和经验，主动介入打造银行和企业融资供需平台，坚持不懈地为当地经济社会发展加油鼓劲，着力探索具有自身特色的宣传、服务改革实践的媒体工作路径。

一、立足本土特点，着眼服务公众，做精特色新闻

　　"贴近实际、贴近生活、贴近群众"是我们宣传思想战线必须长期坚持的原则，作为"三贴近"原则的具体体现，加强新闻的服务性是一个重要方面。经济新闻针对性强，切实可用，着眼为社会经济生活提供有价值的信息服务。多年来，置身于改革开放热土之中的台州广播，在新闻实践中始终紧盯改革进程中的现象和成果，宣传改革，服务改革。特别是针对台州独具特色又卓有成效的小微金融改革探索，在全方位关注报道的同时，充分发挥媒体的桥梁作用，一头连接银行，一头面向小微企业，急社会之所急，想社会之所想，用信息搭建平台，真心实意为公众服务。在新闻报道的内容上，以"新闻立台，做精做强"为宗旨，力争独家新闻的采集和播报，在新闻第二落点上力争做深做透，实现内容再造，扎扎实实做精新闻，做好服务。

（一）认准新闻主题，长期跟踪报道

台州作为我国民营经济的先发地区，大量小微企业的存在是当地经济生态的重要组成部分，小微企业的生存状态事关经济的整体健康和民生福祉。面广量大的小微企业因其人员变动快、轻资产、风险承受脆弱，在银行融资体系中一直饱受信息不对称、担保难、收益与风险不对等问题困扰，融资问题是制约小微企业发展的一个主要障碍，而台州的小微金融服务创新正是基于这样一个现实土壤应运而生。特别是台州被国务院确定为国家级小微企业金融服务改革创新试验区以来，台州市政府聚焦重点补齐短板，在金融服务信用信息共享平台、小微企业信用保证基金、动产融资与银税互动等多方面进行了诸多尝试。

作为当地的主流媒体之一，通过多年的重点关注和长期深入基层的采访，台州综合广播多年前就把本地的金融改革实践确定为重点关注的社会经济现象，作为长期跟踪的新闻题材。在具体的做法上，首先是深入基层，精心策划。指定有丰富经济报道从业经验、又有工作热情的记者，承担小微金融改革报道的专线采访工作，与台州的金融界和金融管理部门建立了密切的联系，掌握当地金融战线的每一个新做法、每一项新成果。同时及时报道他们的困难与要求，主动向银行方面传递相关信息。根据掌握的信息与动向，有计划有步骤地推出一系列的主题报道，形成报道声势，挖掘报道深度。

（二）主动设置议题，介入新闻过程

除了及时报道传递小微金融改革的每一个动向与成果，为当地经济社会发展提供信息服务以外，台州综合广播还创新服务形式，主动设置议题，不仅做新闻的报道者，同时也扮演新闻的策划者与参与者的角色，以此深度介入到小微金融改革过程之中。

从 2012 年起，台州综合广播联合当地银监部门，发起举办台州小微企业融资对接会，邀请当地市级商业银行和股份制银行到会，助力全市小微企业。通过融资对接会，把各家银行制定的系列扶持企业发展的政策和项目推送到企业面前，实现企业与银行的"1＋N"对接，帮助企业把握政策机遇，争取信贷资金。另一方面，通过对接会，银行业机构也能及时发现有融资需求又资质良好的优质客户，有针对性地拓展小微金融市场，提高综合收益。台州综合广播在举办这一活动时，大量投入宣传资源，既有线下的现场活动，又有线上的专题节目，通过广播、电视、微信公众号、网络视频直播等全媒体平台展开立体宣传，使这一活动成为当地经济活动中一个令人瞩目的新闻事件。

几年下来，台州小微企业融资对接会这一品牌已在当地业界拥有较高知名度，赢得了当地银行与企业界的认同与信任，充分发挥了媒体的桥梁与纽带作用，也凸显了媒体议程设置的功能。

二、突破传播区域，借力大台视界，做大报道声势

破解小微企业融资问题，对各地来说都具有借鉴和推广的价值。作为地市级媒体，面对本地在小微金融服务改革方面涌现出的成果，在宣传报道上可以说既有优势，也有劣势。优势是接地气，守着新闻富矿，近水楼台先得月。劣势是传播区域受限，报道视界偏小，往往难以从更高的层面来观照新闻含义。要把小微金融改革题材做出价值、做出深度，必须依靠更多与更高的平台来补齐短板。在台州金改的报道过程中，台州综合广播一直寻求多方合作，扩大台州金改影响力，提升台州金改报道的高度。

（一）利用更高平台，借力更高视角

针对台州金融改革独特的新闻价值，台州综合广播充分利用广播传统的外宣渠道，积极向省台、中央人民广播电台中国之声等提供新闻信息，寻求更广的传播影响范围。与此同时，与中央人民广播电台经济之声、第一财经等建立了经常性的沟通渠道，利用中国长三角经济广播联盟等专业财经平台推送台州小微金改亮点素材、成品，以多元渠道，多元形式，扩大台州小微金改在全国的知名度。2015 年底，报送的台州小微金改题材引起中央人民广播电台经济之声的高度重视，迅即派采访团队来台州与我们展开联合采访，联合采制的系列报道《小微金融炼成记》连续 4 天在其核心栏目《天下财经》头条播出；我们在台州撤地建市 20 年之际推送的台州创业创新故事和典型案例，也吸引了中央人民广播电台经济之声和第一财经组团来台州采访，并在各自平台上连续播出台州的"双创"经验。与上级大台的合作报道，不仅扩大了台州金改的知名度，也在合作中获得了宝贵的学习机会，使我们得以从全局角度来认识和理解小微金改的意义和价值，提升了报道质量。近年来，每年都有数十条次的台州小微金改信息通过中国长三角广播联盟平台在长三角各城市经济台播出，把台州小微金改的声音推向各地。

（二）多渠道出击，跨平台展示

在台州小微金改的宣传报道中，台州综合广播没有单纯地停留在广播媒体的传播渠道中，而是抓住机会，利用尽可能多的渠道扩大宣传面，实现自身的报道意图。这里面既有与传统媒体电视、报纸等的合作，也有与新媒体的拥抱与结合。其中最为典型的是把台州金改形象推上了央视的舞台。2016 年，小微金融在各大广播平台播出后，中央电视台二套经济频道《对话》栏目敏锐地注意到了这一条新闻，主动联系我们了解台州小微金融情况，并要求我们全程参与他们的节目制作。面对这一跨平台的传播机会，我们组织精干记者，调动各方资源，按照节目要求及时准备前期采访线索，提供长期积累的新闻素材。记者本身也成为节目嘉宾之一。最终，包括时任台州市长、台州主要金融机构负责人、当地金

融管理部门领导在内的嘉宾团队参加了《对话》栏目在北京的录制。由于该节目是在全国两会期间播出的，播出后产生了较大的反响。

三、围绕报道主题，坚持媒体融合，强化传播效果

媒介理论家保罗·莱文森提出"补偿性媒介"理论，他认为任何一种后继的媒介都是一种补救措施，都是对过去的某一种先天不足的功能的补救和补偿。广播作为传统媒体，尽管有其独特的个性与优势，但也有其难以克服的限制与不足。而依托互联网技术的新媒体则恰好能弥补传统广播的不足，延伸传统广播的传播距离，强化广播原有的优点与个性。鉴于此，在媒体融合传播已成为大势所趋的时代背景下，台州综合广播在围绕小微金改主题的报道过程中，始终坚持把新媒体的手段与观念运用在其中，走媒体融合之路，强化传播效果。

伴随着台州小微金改报道过程的，是不断地运用新媒体手段进行报道和推广。2015年，台州综合广播联合台州银监分局，共同推出了微信公众号"台州微金融"。这一公众号的内容以宣传各种金融业管理政策、投资理财知识为主，兼顾知识普及和公众服务，在功能上引入了银企双方的信息发布通道，和对银行方面服务质量进行评价的投诉平台。综合广播负责"台州微金融"的全部运维工作。作为整个小微金融改革报道的一个组成部分，这个公众号迄今已正常运行了4年。在台州广电的官方App"无限台州"推出后，综合广播又负责打造"生活"专业云频道，把有关金融业知识，金融服务的内容在专业云频道上进行展示，并不断完善其互动功能。与此同时，各种新媒体手段也与传统广播手段不断结合，产生了全新的更加广阔的传播效果。如网络视频直播已成为各类线下活动的常态化配置，频道在实施"银企对接会"等线下活动时，通常都采用网络视频直播进行同步直播，使金改的影响进一步扩大，金改的红利也能为更多的人所享受。

台州小微金改如火如荼，为全国提供了可借鉴、可复制的经验，台州活跃的民营经济为本地媒体的经济报道打下了良好的基础。作为地市级广播媒体，台州综合广播立足本地实际，抓住台州小微金融特色，突破媒体传播常态，将自身融入其中，打造银行和企业的融资供需平台，为解决小微企业融资难提供另一途径。同时，紧跟时势，突破媒体传播区域和播出形态限制，扩大传播影响面。坚持媒体融合思路，向全媒体传播延伸。这些尝试为自身的经济报道实践积累了有益的经验，也可供各地的媒体同行相互切磋。

（作者单位：浙江台州广播电影电视集团综合广播）

媒体品牌重塑：地方广电媒体突围的现实选择

刘敏俊

在当前舆论生态深度演进，融媒体正向智媒体升级的环境下，地方广电媒体特别是大多城市台仍面临前所未有的压力，媒体融合的盈利模式尚未明显见效，经营创收持续下行，媒体影响力亟待止跌回弹。地方广电媒体革新图存、披荆斩棘的利剑在哪里？本文试以问题导向推进媒体品牌重塑的视角，探索地方媒体彰显品牌价值，提升传播力、引导力、影响力和公信力的有效路径。

一、破旧：重新认识融媒时代背景下的广电媒体品牌建设

（一）媒体品牌建设的价值需要重新审视

媒体已进入品牌竞争的新时代，品牌建设关乎媒体生死存亡。在传统媒体时代，各级媒体在信息资源、传播渠道等方面形成一定垄断，品牌建设可能还只是"锦上添花"的亮点工程。然而，在移动互联网时代，任何媒体都可能淹没于信息海量、用户自主、渠道多元的时代洪流中。未来各种媒体之间的界限将越来越模糊，只会区分两种媒体：有竞争力、影响力的媒体和没有竞争力、影响力的媒体[①]。

品牌建设直接体现媒体融合的成效与价值。传统媒体深化融合发展的首要目标是重塑传播力和话语权，重塑主流媒体地位。品牌在媒体融合的推进过程中，通过各种终端反映媒体的真正价值，凝结着媒体的传播力、公信力、影响力，体现着用户的认知和认同。从某种程度而言，媒体融合的过程，是媒体品牌影响力再造的过程。媒体品牌能否重塑成功，事关媒体主流地位的回归，事关新形势下宣传思想工作能否强起来的具体成效。

（二）媒体品牌建设的路径需要重新设计

在过去，传统媒体往往只需强调"内容为王""内容品牌"，而且内容趋向闭门造车式的单向生产，因为传播渠道掌握在自己手上。融媒时代，微信、今日

---

① 杨华：《新媒体时代也是主流媒体的新时代》，《新闻战线》2017 年第 5 期。

头条、百度新闻等聚合媒体客户端虽无内容生产能力，却作为平台型媒体快速崛起，抖音等超级新面孔不断涌现。传统媒体的传播平台与渠道不断弱化，媒体品牌的打造成本与难度大大增加。

同时，随着移动互联网技术与大数据、人工智能技术的普及运用，内容生产高度多元化、自媒体化、井喷化。据国家广播电视总局 2018 年 6 月公布的《2017 年全国广播电视行业统计公报》显示：2017 年全国网络视听节目自制专业栏目（不包括网络剧、网络电影和电视剧）存量 1441.45 万小时（8.65 亿分钟），用户生产节目（UGC）存量 8.36 亿个，比上一年同比增长 49.55%①。显然，传媒已失去内容垄断优势，也面临"品牌易碎"的挑战。传媒原有的文字、线性播出的音视频等产品形态，已远远不能适应品牌传播的需要。由此，媒体品牌建设的路径需要告别经验主义，导入媒体融合新思维与新方式。

（三）媒体品牌建设的体系需要重新解构

在媒体品牌建设体系中，传统媒体在微观上往往囿限于节目品牌、内容品牌的打造，表现形式与传播渠道比较单一，在宏观上酝酿的频道品牌、集团品牌缺少核心品牌的支撑和推动，难以形成品牌的集群联动效应。同时，媒体品牌运作中普遍存在重建设、轻管理的现象，品牌得不到有效维护和开发。在融媒环境下，广电媒体需要适应新的传播规律，以用户需求为出发点，重塑富有传播力和影响力的品牌体系。如何有效延伸媒体品牌价值链，提升媒体的舆论引导力和市场价值，成为广电媒体推进品牌建设中亟待回答的新时代命题。

二、守正：融媒体时代地方广电媒体品牌建设的构建策略

道正，才能声远。在众声喧哗的新媒体传播语境下，广电媒体要筑强广电品牌建设的"四梁八柱"，还要把握新趋势，找准符合主流的发展坐标和策略，才能在品牌塑造中成为声名远播的"金话筒"。

（一）坚守媒体品牌建设的核心价值

核心价值理念是媒体品牌之魂。媒体品牌具有浓郁的意识形态特征，影响着人们的人生观、价值观和世界观。坚持什么，反对什么，倡导什么，媒体品牌的"三观"是否正确，决定了品牌是否走得远、走得好。为博一时眼球的"三俗"之风，已被无数的事实证明了，只能是"昙花一现"。广电媒体品牌建设必须把政治导向摆在首位，牢固把握"党媒姓党"的主基调，以习近平新时代中国特色社会主义思想为指导，践行社会主义核心价值体系，坚持真实、责任与使命的相统一，服务于社会进步和公众利益。

---

① 国家广播电视总局：《2017 年全国广播电视行业统计公报》，http：//www. gapp. gov. cn/sapprft/contents/6588/379318. shtml

同时，媒体品牌是能给媒体拥有者带来溢价、产生增值的一种无形资产，不仅有其特定的政治价值，也具有社会价值和市场价值，这也决定了媒体品牌应该是"宣传品、作品、产品"的有机统一。尽管不同媒体品牌在核心价值的表现形式与表现强度上会各有差异，但"形散神不散"，无不潜移默化地体现媒体品牌建设中的核心理念与价值追求。

（二）挖掘媒体品牌建设的竞争优势

按照迈克尔·波特的竞争战略理论，竞争环境和竞争对手是媒体制定战略时考虑的关键因素[①]。在竞争环境上，尽管社会化媒体、自媒体等社交平台的勃兴，给传统媒体带来冲击，但是大数据、人工智能技术也极大地赋能传统媒体的深度融合，更重要的是党和国家层面全力推动媒体融合，加强规制管控，规范传播秩序，整治流量为王下的自媒体乱象，竞争环境不断得到优化。

在竞争对手的辨察上，表面上是蓬勃兴起的各社交平台抢占阵地，实质上是传统媒体对技术更迭迅速、传播业态演变的不适应，需要广电媒体把握品牌转型升级的窗口期，以革新思维整合运用自己的优势资源。一是内容生产优势。媒体是内容产业、思想产业，只有内容才能承载起传统媒体的过去、现在和未来。不管技术如何演变，内容始终是传统媒体的核心竞争力。二是体制政策优势。媒体需要借助党和政府赋予的官方定位和主流价值，整合和联动政府、社会资源，用体制力量合纵连横，做强做大媒体品牌。

（三）把握媒体品牌建设的主流走向

在一日千里的新媒体环境下，广电媒体需要适应和把握媒体品牌塑造的新规律新特点。一是品牌建设的阵地移动化。原有的频率频道只能作为渠道之一。随着 5G 时代的到来，广电媒体在移动互联网的传播力构建越显迫切，需要在思路和行动上加快转型为"互联网＋"；二是品牌建设的中心个体化。原来的品牌塑造更多基于自身平台的权威、垄断优势吸引受众和市场，而现在已转化为以用户体验、用户需求为中心。引导群众、服务群众成为媒体品牌功能的应有之义；三是品牌建设的载体融合化。原有的以主持人、栏目等主体通过单一渠道去创品牌的时代已一去不复返，品牌传播渠道需要多元，品牌表现方式需要多样，品牌内容架构需要多层，媒体品牌创建需要全方位、立体式融合推进；四是品牌建设的过程持久化。在移动互联网时代，品牌塑造的目标群体更加呈现细分化，品牌热点营销的生命周期极度缩减，精心营造的项目、活动可能在短短一两天之内就会很快被其它热点所覆盖，品牌建设需要更多的资源和力量持续长期投入。

---

① 薛可、余明阳：《媒体品牌》，上海交通大学出版社 2009 年版，第 64 页。

三、创新：多维实践，探索融媒时代广电媒体品牌的实现路径

守正不渝，创新不止。有"现代营销学之父"之称的菲利普·科特勒认为，品牌建设之所以越来越重要是因为创新越来越难了。从这个意义上说，创新是品牌建设的核心动力。在革新图存的关键节点，地方广电媒体需要在破旧、守正的基础上，以问题为导向，在实践操作层面全力创新推进品牌重塑，探求突围路径。

（一）立足实际，调整品牌布局"出发点"

格局决定路径的选择。面对新媒体冲击下的品牌影响力弱化、品牌支撑力缺失等严峻现实，广电媒体需要理念先行，以融媒思维合理调整媒体品牌的布局。

1. 优化节目产能

目前，地方媒体普遍存在产能过剩，运行成本高，也成为品牌建设的桎梏。广电媒体要以供给侧改革推动节目资源的管理，淘汰同质化严重、定位模糊、投入产出不成正比的节目栏目，可以探索将个别频率频道改为播出平台的尝试，而在不久的将来，过剩频道频率建立退出机制将成为可能①。由此，可以释放节目和人力资源，集中力量创品牌拓市场，向用户输出优质产能。

2. 突出品牌定位

品牌定位是塑造品牌的基础和前提，富有创造性和挑战性，决定品牌建设的成败。媒体品牌定位没有固定的模式，在具体方法上，从自身实力、市场调研、受众倾向、文化内涵等角度而选择不同的策略，但是寻求差异、打造特色，应成为媒体品牌定位的基本追求。如浙江卫视的中国蓝品牌、湖南卫视的娱乐品牌塑造，又如近年来不断涌现的《朗读者》《中国诗词大会》《见字如面》《国家宝藏》等品牌节目，挖掘人们所期待而又未开发的空档，进行文化自觉的主题策划，融入核心价值的独特内涵，注重形式的表达创新，较快打响了品牌效应。

3. 改善品牌架构

传统上，广电媒体以打造品牌栏目为重点，因节目是广电媒体产品的主要表现形态。在移动互联网时代，传播渠道和平台多元，产品业态丰富多样，广电媒体要调整品牌结构，着力培育新媒体平台上的品牌栏目，以个性化品牌主持人和形式创新的品牌活动助推品牌栏目的塑造，促进传统媒体和新媒体平台上的品牌联动，引导用户从关注和认知栏目到频道（频率）品牌、媒体机构品牌，最终导向媒体平台品牌，从而实现媒体品牌在融媒环境下更大的政治价值、社会价值和市场价值。

---

① 祖薇：《过剩频道频率将建退出机制》，http://ent.people.com.cn/n1/2017/0517/c1012-29280076.html

（二）谋新求变，改良品牌内容"生产线"

当前，在融合发展尚未完全破局、经营持续下行的状况下，一些地方媒体人才流失加剧，内容生产乏力，原有的品牌栏目创新不够，难以为继，有的甚至成为政府部门的附属宣传窗口，靠有限的财政资金维持，而创建新的品牌栏目、品牌活动缺少有效的机制激发和推动，导致媒体的影响力日渐式微，形成恶性循环。广电媒体需要深刻理解并遵循习近平总书记"以内容优势赢得融合发展优势"的要义，积极探索新机制新方法，建立高质量、良性互动的"生产线"，以内容品质化推进媒体品牌化。

1. 革新运作机制，激活生产动能

地方媒体面对激烈的媒体竞争环境，核心思路还是要通过内部机制创新，挖掘竞争的原动力，激励专业人才打造品牌节目和品牌活动，吸引和留住更多人才，形成良性的循环。在纵向上，媒体内部设立主持人、记者辑辑、摄像专委会，对专业人才实行垂直业务指导；在横向上，打破部门之间甚至频率频道之间的壁垒，引入市场化的薪酬激励机制，实行节目项目制、活动项目制、工作室制等扁平化管理架构。如北京卫视打造"U盘式生存"的团队组合模式，根据项目需要，不同团队和成员之间可分可合，像U盘一样即插即用，构成高效运转的机器[①]。湖南卫视建立了12个一线团队工作室，全部以个人名字命名。工作室在用人、薪酬分配上拥有充分的话语权，并有创新、创收、收视等一整套评估体系。工作室制运行以来，在节目播出量占比上超过了60%，执行了全台80%的自制大型季播节目，占创收的96%以上，主创节目屡获全国创新创优节目，起到了头部引领作用[②]。

2. 深化移动优先，倒逼内容生产

5G时代的到来，将使万物互联成为可能，移动优先将演变为移动唯一[③]。"得手机者，得天下"，昭示着移动传播时代的生存法则。地方媒体需要打通各类资源，以"准、新、微、快"倒逼广电互联网产品的生产，形成移动网络直播和优质特色媒体产品为主的生产传播体系，抢夺移动网络这一关键流量入口。同时，面对海量用户，地方媒体仅靠自身显然难以支撑优质内容生产，需要多方渠道联动央媒、省媒及新媒体资源，上至"人民号""央视移动互联网"等央媒平台的入驻，下至县级融媒体中心的媒资共建共享，横向上与同级区域媒体的联

---

① 《总局公布2017年度创新创优节目，5家机构分享节目创新创优秘籍》，http：//wemedia. ifeng. com/55033618/wemedia. shtml

② 林沛：《增加至12个工作室！湖南卫视工作室制给了同行哪些启示?》，http：//wemedia. ifeng. com/82600525/wemedia. shtml

③ 杨驰原等：《2017—2018中国传媒创新报告》，《传媒》2018年第23期。

盟，以及与社会媒体平台的合作。特别要加强的是，地方媒体要深谙移动传播特质，加快形成与用户新型互动的内容生产机制。刷爆朋友圈的"军装照""中国一分钟""跟着嫦娥去探月"等新媒体互动产品给我们带来实践的生动启示。

3. 注重"求异存同"，增强内容魅力

"求异"主要是内容的差异化、个性化和形式的创新性、独特性。受众心理研究表明，受众在理解、接受、欣赏视听作品的时候，同时潜藏着保守性和变异性这两种截然相反的审美心理倾向[1]。这需要媒体在品牌创建中要加强创意策划，不断推陈出新，以契合受众的审美取向。同时移动互联网时代的品牌传播，在形式上强调与新技术的融合，应是集合了文字、音视频、图片、用户生产内容（UGC）、界面交互功能等具有多种综合体验的富媒体形态。

"存同"主要是本土化、贴近性。地方广电媒体要充分运用地缘因素，深挖地域特色，以鲜明的媒体特征、贴心的内容服务拉近与受众的距离。佛山电台根据"佛山"与"花生"广州话发音相同的特点，别开生面地策划了花生节，引入很多互动环节和营销娱乐活动，还组织市民现场拼起了载入吉尼斯世界纪录的花生拼图，制造了市民的周末欢乐盛宴，不仅增强了媒体品牌在市民心中的影响力和美誉度，还取得可观的经济效益。

（三）打通"症结"，架起媒体用户"连接桥"

地方媒体运行的"两微一端"尽管已成为标配，但微博、微信依托于第三方社会平台，受到平台的多种限制，实现不了对用户的数据沉淀、分析和服务，而自主开发的客户端因技术、功能、定位等因素制约，往往用户少、活跃度低、盈利模式缺乏。业内人士普遍认同，传统媒体深陷困境的根源就在于用户连接失效。找不到自己用户在哪里的媒体自然很难打响品牌，深化媒体与用户的连接成为品牌创建的当务之急。

1. 打造自主平台，以先进技术增强用户黏性

主流媒体需要做强自主可控的互联网平台，是媒体融合发展的必然要求，这已成为业界的普遍共识。但是，传统媒体需厘清这样的认识：融合平台不能只关注技术的更迭升级，而应以用户体验为中心，用户才是主导传播和演变趋势的力量，否则脱离了用户需求的融合平台最终只能沦落为传播技术的堆砌物[2]。由此，地方媒体需要因地制宜，根据有限的技术和资金实力，探索适合自身实际的平台化发展模式。一方面，城市台要提升"中央厨房"的运作机能，逐步建立大数据资源平台、人工智能生产和传播平台以及用户沉淀平台，另一方面要开发

---

① 刘昶：《简析国际一流广播媒体品牌建设：路径与经验》，《中国广播》2013 年第 8 期。
② 朱春阳：《县级融媒体中心建设：经验坐标、发展机遇与路径创新》，《新闻界》2018 年第 9 期。

和整合资源，通过提供沉浸化、生活化的体验和服务不断吸引用户使用，从而提高区域用户数量。如浙江安吉广电集团打造的"爱安吉"客户端，全方位整合生活娱乐、交通旅游、政务服务等核心资源，接入全县公共摄像头网络，供市民遇水患等情况时查看，同时将各机关企事业单位的每月伙食补贴转化为可以在客户端签约商户消费的云豆，成为当地人们离不开的生活应用平台。

2. 创设多种渠道，以精准服务深化用户连接

媒体品牌的生命力在于服务用户。地方媒体在品牌创建中要回归用户属性，但不是屈附于用户，而是在互动中找准用户的需求点，发挥自己的特色和不可替代的价值。首先，要通过"两微一端"及节目栏目了解用户的特定偏好，分析解读用户数据，及时改进传播的内容和方式；其次，加强媒体品牌的互动传播。如开展品牌栏目展播、品牌研讨会、广播节、粉丝见面会以有户外媒体、移动新媒体的宣传等，增加媒体品牌的到达率；更重要的是，要创意开展形式多样的品牌活动，将服务深嵌入市民生活。如媒体组建市民义工团、市民监督团、社区记者站、消费维权工作室、美食品鉴团、车友俱乐部等，在为民解忧助困、提供生活服务中强化媒体属性，增强用户黏性。

（四）延伸拓展，构筑媒体品牌"价值链"

在拼流量的新媒体时代，媒体品牌需投入的资源成本加大，而品牌生命周期大为缩短，品牌延伸成为城市台媒体品牌建设中的现实选择。品牌延伸（Brand Extensions）是指利用现有品牌名进入新的产品类别，推出新产品的做法①。媒体品牌延伸可以在一定程度上有效缓解"品牌易碎"的状况，衍生孵化出新的品牌形态、子品牌或品牌产业，拓展品牌市场，从而构筑品牌价值链，助力媒体突围。

1. 根植媒体主产品，纵横扩展品牌价值链

在横向上，广电媒体结合自身丰富的内容产品，联动广播、电视、新媒体上的各优质品牌栏目，实行资源的共享和优化，形成品牌的集聚效应和衍生开发效应。如温州台将广播、电视的少儿栏目统一运作，并设立广电鹿鸣少儿文化公司，延伸出少儿艺术团、小记者团，开展少儿春晚、少儿主持朗诵大赛等，并与广电幼儿园形成联动效应，拓展少儿产业。在纵向上，地方广电媒体立足自身核心品牌，深耕产品 IP 和产业链开发。如一些城市台利用品牌汽车栏目，组建 4S 店联盟，开展汽车销售、维修、保养"一条龙"服务，打开了发展新空间。

2. 依托媒体影响力，跨界开发品牌价值链

融媒时代，行业边界将越来越模糊，唯有品牌价值决定行业走向。城市台以

---

① 百度百科：https：//baike. baidu. com/item/% E5% 93% 81% E7% 89% 8C% E5% BB% 6% E4% BC% B8/7284342？ fr = aladdin

媒体品牌公信力为背书，在艺术培训、演艺、旅游、展会经济等行业跨界运作，成功案例可圈可点。如无锡台布局演艺产业，还介入到当地的票务营销中。一些地方广电媒体近年来策划的"房产会""家博会""车博会""美食节""主播带你游名城"等活动风生水起，产生多赢的品牌效应。同时，有实力的地方广电媒体结合当地实际争取政策支持，布局文化创意园、文化综合体，有很大的成功可能性。如苏州广电集团打造的现代传媒广场成为城市新地标，也成为产业拓展的"新蓝海"。此外，媒体和资本公司、互联网科技公司等的跨界合作也成为探索方向，如贵州日报报业集团与杭州凡闻科技有限公司合资成立大数据公司，提供大数据产品和服务，尝试媒体内容变现和运营转型。

3. 警惕跨界"大冒进"，稳妥延伸品牌价值链

品牌延伸是一把双刃剑。面对经营持续下滑的状况，一些地方媒体在品牌延伸中自乱阵脚，容易出现两种不当的偏移。一是随意透支品牌。媒体以品牌栏目、品牌主持人为"噱头"，甚至以媒体机构名义，与外面公司合作销售分成，办"滋补节""海参节""皮衣展"等，由于对质量难以把控，产品问题纠纷频出，媒体获得眼前小利却削弱了赖以生存和发展的公信力；二是贸然背离主业。一些地方媒体缺少风险意识，在项目风险防控不足、人才技术支撑不够的情况下，兴冲冲进入金融投资、电商等领域，结果跨界跌入"泥潭"，"赔了夫人又折兵"，也对媒体品牌造成难以挽回的负面影响。在品牌价值链的构筑中，广电媒体要结合自身优势，注重多维度评估，找准媒体和品牌之间的平衡点，延伸的不是媒体本身，而应是品牌的价值，尤其在跨行业的延伸时要保持定力，掌握尺度，规避潜在的风险。

结语

知常明变者赢，守正创新者进。地方广电媒体惟有坚持守正创新这一根本遵循，坚定媒体的政治站位，适应融媒时代品牌塑造的新规律新特点，创新方式方法，实现从"出发点"到"生产线""连接桥""价值链"的有机融合和品牌重塑，以品牌力量冲破内外部环境交织的层层困境，进而努力打造高质量融合发展的新型主流平台媒体。

（作者系温州广播电视传媒集团广播中心副主任）

广电如何应对算法新闻

屠淑洁

一、算法正在重塑新闻业的生态系统

在新一代新闻生产中，算法已成主流趋势，腾讯与今日头条有显著优势。[①]传统新闻生产模式转变为聚合资讯类新闻生产方式，人机协同完成新闻生产。

传统媒体生产方式就是单向型新闻生产模式。（见图 1）算法可基于用户的兴趣推送相关新闻，形成用户的"私人订制"版媒介环境，用户打开 APP，进行点击、阅读、评论等的一系列用户行为数据又反馈给算法，算法利用用户行为数据进行更新，可精准地推荐用户感兴趣的内容。这种基于用户行为分析的推荐算法处于动态的变化之中，算法自身也在不断更新，形成"信息闭环"，聚合资讯的新闻生产模式为闭环式新闻生产模式。（见图 2）

图 1　单向型新闻生产模式　　　　图 2　闭环式新闻生产模式

新一代新闻生产模式的来临，算法技术已颠覆新闻内容的采编、分发模式、用户信息反馈等环节，促进新闻行业全方位升级。今日头条否认自己有媒体属

---

①　王佳航：《数据与算法驱动下的欧美新闻生产变革》，《新闻与写作》2016 年第 12 期。

性，并强调"算法无价值观"。平台把算法的精准性服务理念诠释至深，让各类服务变为内容的一部分，但此平台有强大的媒体特征。

麦克卢汉认为，所有媒介（技术）都是人的延伸，包括时间和空间的延伸、心理和物理的延伸。[①] 媒介是如何在时间序列上延伸人，进而在空间范畴上延伸人？媒介的形态如何影响受众的心理，进而影响物质化环境和社会化生存？

二、数据与算法给新闻业带来冲击

穿透广袤的时空环境，保留影像是媒介时间的延伸，传播信息和思想是媒介空间的延伸。古登堡的印刷术推动媒介空间传播的发展，之后的报纸、广播、电视、网络等都是媒介空间领域的延伸。[②] 媒介的形态对社会物质化环境和社会心理产生了深远意义。

算法对传统媒体行业的法律规范、生产方式、分发渠道、内容消费等构成了冲击。算法聚合下的内容生产平台与传统媒体的对弈反映在版权上，这实质上也反映出技术型平台对内容资源的迫切需求。伴随着传统媒体的逐渐衰落，数字媒体的发展，算法技术对新闻业的巨大挑战，传统媒体早已无力制约。

第一，算法淡化媒体审核员角色，将"把关权"交给机器。传统的新闻内容审核需编辑把关。可算法改变了这一模式，内容未经过人工审核，通过算法直接推荐到用户的客户端。在这一过程中，用户成了真正审核人，因为算法新闻是基于用户行为的数据积累而筛选出来的。算法新闻颠覆了媒体和受众的角色关系，信息的选择权、主导权基本由受众决定。[③] 可是算法推荐的新闻资讯出现大量假消息，谁来辨别这类假新闻，谁来建立算法辟谣机制呢？

当用户点击浏览一篇文章，算法会快速聚集类似新闻，不容用户拒绝。算法分发模式是人工智能吗？人工智能到现在还无法实现非线性思维。[④] 用户选读一篇文章，大多出于新奇而感兴趣，可这是本能不是智能。

第二，算法解构了传统新闻选择的价值观。算法若是基于社交和用户点击量来推荐内容，是没有价值观导向的，仅仅是迎合用户的兴趣，培养的是"吃瓜群众"。算法的新闻选择标准是基于人想要的东西，而非人需要的东西。这就造成刺激用户感官、猎奇用户心理、标题党掩盖下的假新闻盛行。算法需要价值观，人工智能需承担更多的社会责任。

---

① 姜红、鲁曼：《重塑"媒介"：行动者网络中的新闻"算法"》，《新闻记者》2017年第4期。

② 方师师：《算法机制背后的新闻价值观——围绕"Facebook偏见门"事件的研究》，《新闻记者》2016年第9期。

③ 丁慎毅：《算法再高明也不能目中无法》，《法制日报》2018年4月12日。

④ 搜狐网：《看不看今日头条，取决于你属于哪个阶层 | 冰川时评》，2016年12月29日，http://m. hnr. cn/article/finance/20161229_ 358237_ 0. html

平台越大，责任越大。以算法为核心的网络平台，正掏空受众的时间，青少年群体长时间刷手机现象严重。如果青少年点开一个不良短视频，平台就不断推送相似内容，这严重影响青少年的健康成长。

算法有多了解受众呢？曾有研究者根据5.8万名志愿者在脸书上的点"赞"，推测出了一系列高度隐私的个人特质，包括性别角色、个性特征、教育水平、快乐程度、审美趣味、智力情况、伦理倾向等。物联网数据交换使得算法更智能，可谁来约束算法？①

第三，算法剖析了新闻业的公共特点。新闻业分精英阶层和大众阶层两类。迈克尔·舒德森提出"故事"和"信息"两种新闻模式。② 一般而言，工人阶级与故事取向相关，大众和故事模式的代言者是《世界报》。受过良好教育的中产阶级同信息取向相关联，代表精英及信息模式的则是《纽约时报》。精英传统视公共服务、公共利益为最高追求，孜孜守护公共利益，具有理性、独立的特点，追求高效率，实现自我价值。可大部分人是需要一些事物沉迷，如宗教、小说或者今日头条，大众化的价值取向往往被诟病为"低俗"。今日头条不认为自己是"生产新闻"，"算法无价值观"之论恰巧正本溯源了其注重大众群体诉求的"价值观"，是想刻意避开"媒体精英"。③

第四，算法加重了"信息茧房"问题。桑斯坦认为公众的信息需求并非是全方位的，往往只选择自己感兴趣的领域。④ "信息偏食"使得用户盲目自信，先入之见将逐渐根深蒂固。这就形成一个顽固循环，阻碍人的全面发展，导致其现实世界的认识失真，使每个人都成了一座信息孤岛。

三、广电研发机器人编辑，人机协同合作

算法聚合下的新一代新闻生产模式引起业界广泛关注，主要围绕算法到底是否技术中立和有无价值观两个问题进行争论。扎克伯格否认脸书是一家媒体公司，更否认脸书在美国大选中对民众舆论进行干扰，但事实证明脸书的假新闻影响了总统选举。一家数据平台窃取脸书用户数据信息，分析用户的政治倾向，通过算法精准推送新闻，达到对用户洗脑的目的。⑤

---

① 范荣：《新媒体应如何赋予算法价值观》，《北京日报》2018年7月6日。
② 范荣：《新媒体应如何赋予算法价值观》，《北京日报》2018年7月6日。
③ 搜狐网：《Facebook 5000万用户信息遭泄露，用户数据安全如何防护？》，2018年3月23日，http：//www.sohu.com/a/226053168_ 99979179
④ 搜狐网：《看不看今日头条，取决于你属于哪个阶层 ｜ 冰川时评》，2016年12月29日，http：//m.hnr.cn/article/finance/20161229_ 358237_ 0.html
⑤ 环球网：《新闻不用看的用聊的？Quartz 机器人就能和你聊》，2016年9月12日，http：//smart.huanqiu.com/roll/2016－09/9472530.html

业界认为，算法将是新一代的新闻生产模式，编辑将从信息生产的负荷中解放出来。新闻业需要产生算法审查机制、信息控制平台、价值观导向，间接影响用户的信息消费行为。若完全依靠算法生产新闻，会导致人性扭曲、精神异化。算法新闻需要人工监管审核，更需要正确价值观的引导。

在移动互联网时代之后将是人工智能，新闻生产开始了人机协同合作。美联社虚拟机器人 wordsmith 每季度可写 3000 篇文稿，它解放了众多记者，使记者们集中精力去报道有深度的新闻。纽约时报的头条主编 Blossom 竟是一个智能机器人，它能够分析、预测出具有社交推广效应的内容，撰写爆款社交媒体文章，使时报的流量涨了 38 倍，减轻了编辑的工作负担。[①]

在快速迭代的智媒环境中，媒体的新战略是研发 Messenger 聊天机器人。网友无需自己看新闻，机器人像用户与朋友聊天一般的方式，辅助用户解读新闻。

2009 年，英国学者意识到算法的应用已渗透到用户的日常生活里，形成了技术的无意识性。来自阿姆斯特丹大学的 Natali Helberger 发现算法介入分发系统，新闻媒体的角色从公共信息的中介已经转变为"私人定制"服务。她提出"公共媒体实践"的理念：即应该树立价值观和原则来引导媒体和用户之间的关系，规范算法对新闻内容的呈现。加拿大学者认为算法挑战了传统的公共理论，因为算法的技术操作不能提示形成公众所必需的反思和意识。

社会的进步离不开先进技术的开拓者，更离不开基本价值的守望者。[②] 算法时代要坚持人文精神的回归。目前，今日头条大量培育审核员来完善内容的审核机制，同时对算法本身进行优化。美国实用主义哲学家杜威提出的"有机知识"新闻观值得借鉴，这里的"有机"是对其功能或影响的期许。真正有"分量"的新闻从没放弃去思考，酝酿并推动社会的变革。杜威强调了新闻生产要对启蒙民主教育、探索科学精神、回应现实矛盾、推动社会变革具有积极意义。

综上所述，算法聚合下的新一代新闻生产模式对行业格局的重构产生了重要变革。"算法"利用数据技术，精准推送用户感兴趣的内容，提升了新闻的分发效率，可高效地打造"私人订制"。可"算法"也带来"信息消费的个性化"问题，网民容易迷失在繁杂冗乱的信息大爆炸中，"算法新闻"需要人工监管审核，要冲破"信息窄化"效应，更要传播正确价值观，注入"有机知识"新闻观。应对网络空间"巴尔干化"现象（指网络分裂成不同利益群体，一个子群的成员利用网络传播吸引本子群的其他成员），新闻平台要建构网络"人行道"模式，增加信息偶遇的机会，塑造认知广角。应对意见"回音室"现象，媒体

---

① 靖鸣、王瑞：《舆论监督历史演进的技术逻辑及其展望》（上），《新闻爱好者》2015 年第 11 期。
② 靖鸣、王瑞：《舆论监督历史演进的技术逻辑及其展望》（上），《新闻爱好者》2015 年第 11 期。

要合理把关言论，遏制舆论暴力的发生，还应提高用户媒介素养，增强网民的判断力。为避免信息流瀑中的"回音室"效应带来的狭窄视域，媒体要坚持人文精神的回归，做到以主流文化引导人、多元文化塑造人。①

（作者系温州广播电视台编辑）

---

① 杨慧：《微博的"信息茧房"效应研究》，湖南师范大学硕士研究生论文，2014。

地方广播电视台怎样避免栏目制作中的
同质化现象

崔海默

众所周知，我们所处的时代是互联网时代，也是全媒体时代。身为主流媒体，必须强化自己的影响力和传播力。否则，很难成为合格的党和人民的"喉舌"。当前地方广播电视行业存在的同质化现象不容忽视，主要表现在栏目雷同，内容相近，话题相仿，议题类似，甚至，节目的表现形态惊人的一致。可谓是千人一面，空洞乏味，令人咋舌。这种同质化现象已经严重制约和降低了主流媒体的主导地位和传播力，长此以往令人担忧。那么怎样才能有效避免同质化现象呢？近些年来，鞍山广播电视台，脚踏沃土，站稳脚跟，寻找独特，锐意创新不断强身，探索出了一条地方广播电视台怎样避免栏目制作中的同质化现象新途径。

一、站稳脚跟，在地方特色上做好文章

常言道："月是故乡明"。广播电视的栏目的创办，要立足于本土丰厚的文化资源。本土的文化资源具有地域文化特色和就近深入开掘的优势。把立足点植根在具有接近性的地域文化的土壤上，既是一种优势，也是一种特色，更是一种情怀。好的作品只有具有独特个性，才能唤起受众的获知欲望。地方题材往往能最大限度地反映个性化和差异化特征。地方台要避免同质化问题，应该深入挖掘本土的民族、民风、民俗文化的特色题材，这是增强创优提高竞争实力，避免同质化问题的着力点。当然，对地方台来说，在汲取地域文化的过程中，不是简单地照搬照抄，而是要去其糟粕，取其精华，使节目创作做到推陈出新。为此，他们根据广泛征集意见和受众的要求及建议，先后创办了固定栏目和阶段性栏目如《直播前言》《领航新征程》《记录钢都》《网络民生》《我与改革开放共奋进》《讲文明树新风》《广播微博》《微影院》《法律咨询》《鞍山资源》《鞍广社区》等20多个栏目。鞍山广播电视台本着"贴近生活，服务市民，贴近群众，以人为本"的宗旨，在节目内容的深度、广度、关联度上大做文章，充分体现了本土化特色的优势所在。如今，电台创的《为人民服务》栏目，被誉为城市市民

的"信息超市"，已经成为人们生活必不可少的一部分。5 年来，鞍山交通台秉承时代使命，成为鞍山广播的中坚力量，并且打造出一批高质量、高品位、个性飞扬的节目。其中，《路路平安，声声传情》栏目中播出的节目——《普通的哥的爱国情》获省播音作品一等奖。2010 年，鞍山电台《音乐航班》栏目主持人创作的歌曲《人生最爱父母情》，该歌取材于鞍山市一位诗人所写的一首诗。他看到后立即与作者商量修改成歌词，由于取材新颖独特，反映了深厚的人文底蕴，又有地方特色，最后由其谱曲并演唱，在省内获奖并在社会上产生很大反响。

二、锐意进取，在创新立意上狠下功夫

在市场竞争激烈的媒体领域，只有独具匠心，勇于创新，节目才能不失竞争力、吸引力和影响力，才能有效地应对同质化现象的出现。什么叫创新，比别人思想提前一步是创新，比别人行动多想个角度是创新，比别人多几项技能也是创新。创新是广播电视事业发展的灵魂，是核心竞争力的根本体现。正因如此，多年来，鞍山广播电视台把节目创新作为媒体发展的重中之重，坚持以观念创新、机制创新、栏目创新、技能创新为发展的核心动力。他们以观念创新激发活力，以机制创新迎接挑战、以栏目创新打造品牌、以服务创新增加效益。通过不断的创新，来改写历史、打破旧习、超越自我。正可谓："多思乃谋事之本，奇谋乃胜战之诀"。

为了切实担负起党和政府"耳目"与"喉舌"的重任，发挥主流媒体的监督职能，促进和提高各级机关公务员牢固树立"权为民所用、情为民所系、利为民所谋"的服务理念，鞍山广播电视台没有把此项工作停留在一般号召上，而是在创新立意上狠下功夫。他们集思广益，别出心裁，在鞍山市委、市政府领导的高度重视下，鞍山市纪律检查委员会与鞍山电视台锐意探索大胆尝试，在全省率先创办了《热点关注》栏目。该栏目以端正党风政风为宗旨，以解决问题为出发点，以曝光批评为手段，使新闻舆论的监督作用得到了充分的发挥。据统计，开办 5 年来已连续制作播出 170 多期节目，一次次节目的播出都成为社会舆论的焦点，极大地促进了全市机关企事业单位，工作作风的积极转变。栏目开办后，鞍山市纪委来信来访量和投诉件每月平均下降 5%。辽宁省纪委领导专门来鞍山调查，给予高度评价，并请鞍山电视台在全省介绍经验。与此同时，该栏目在辽宁省记协、省协会"名版名栏"评比中分别获得一等奖，并被省记协推荐参评"中国新闻奖"。该栏目组荣获了省、市优秀集体等荣誉称号；栏目主持人获得了第四届全国"金话筒"铜奖。

三、换位思考，站在听众角度确立栏目

人们在日常工作中，总是习惯于站在自己的角度去思考问题。换位思考是人

对人的一种心理体验过程。对于广播电视工作者来说，善于换位思考就是将心比心，设身处地将自己的内心贴近对方，用平等交流的情感表达方法和思维方式，切实让对方感受到彼此的心是相通的，彼此的立场和观点是相近的，从而产生内心深处的共鸣，进而形成和谐的氛围，架起了沟通理解的桥梁。应当承认在我们的广播电视编采人眼中确实存在着自以为是、孤芳自赏、闭门造车的习惯。他们认为自己视野宽，站得高看得远，把自己当"阳春白雪"，把受众"当下里巴人"。这种严重脱离实际，脱离群众，脱离生活的作风，其结果是浪费资源、收视率低、广大受众不买账。俗话说，"做事不由东累死也无功。"我们必须清醒地认识到，我们所开办的节目是给人民大众看的，不是给少数人看的，因而必须换位而想、换位而思、换位而为。

鞍山广播电视台始终坚持"以人民为中心"的服务理念，全心全意为人民服务，做到了有责任、有担当、有作为。近年来，台里以换位思考的角度先后创办的栏目有：《评书联播》《鞍山技艺》《政策问号》《文明之路》《记者热线》《为民服务》《车行天下》《第一健康》《鞍广社区》《声声传情，路路平安》等。其中，深受省内外听众喜爱的《评书联播》栏目，历史悠久，娓娓动听，精彩耀世，演义千古传奇，一段段说学艺术红遍大江南北。通过录制传播，全国听众超过亿人，因而鞍山被誉为"评书之乡"；《文明之路》栏目，吟诵文明之歌，秉持侠骨情柔，传递人间冷暖，道明家长里短，理清是非善恶，传播公平正义，为鞍山市被评为"全国文明城市"立下了汗马功劳；《政策问号》栏目，急百姓之所急，想百姓之所想，帮百姓之所需，答百姓之所问，解百姓之所疑，体现的是广电与受众心心相印。

四、不断强身，在文化底蕴中产生灵感

伴随着社会的发展与进步，人民群众不仅需要一般性的新闻事件的报道，而且还需要丰富的文化生活节目，这就要求从事广播电视的编采人员不断学习博大精深的国学文化知识，借以增强自己的文学艺术修养和创作灵感。否则，就会志大才疏，想创办好文学艺术栏目，就会成为无源之水、无本之木。为此，鞍山广播电视台除了号召全体编采人员主动自觉地强化自己的文化底蕴外，还开办了《广电大讲堂》，请省内外名家学者讲授国学知识和相关业务知识。在此基础上，他们经过广泛深入的调查研究，决定开办一系列具有地域特色的文学艺术栏目：《笔墨鞍山》《千山大讲堂》《汉字英雄会》《文坛知音》《经典诵读》《荐文》《文化惠民大讲堂》《鞍山文艺名人名家谈》等节目。

2012 年创办的《笔墨鞍山》栏目，立足本地，以"品鉴笔墨，感悟人生"为宗旨，其内容具有专业性、学术性、艺术性的特点。该栏目力图用好看的画面，好听的音乐，展示艺术的魅力，进而达到弘扬传统文化，提高大众文化品位

的目的。与此同时，对鞍山本地的书画家书法作品，以及书画界的动态，进行全景式的宣传报道，为鞍山文化市场书法展示交流提供了靓丽的平台，得到了社会各界的普遍关注和认可。到目前为止，已经播出了 320 期，曾被评为辽宁新闻奖栏目一等奖。2016 年强势推出的鞍山电视台新闻专题栏目《千山大讲堂》，该栏目集学术性、文化性、趣味性于一体。其栏目形式新颖，特色鲜明，通过精彩大气的解说词，不留痕迹的剪辑技巧，很好地将嘉宾在演播室的讲解和外景主持人的现场采访有机结合在一起，增加了节目的可视性。该栏目内容包罗万象，包括了千山的方方面面，分别以视野的角度说千山；从建筑的角度说千山；以景观的角度说千山；以宗教的角度说千山；以人物的角度说千山，被人们誉为影相版的千山全集。

（作者单位：辽宁鞍山广播电视台）

县级台如何提升对农节目精准化服务

——以瓦房店广播电视台《乡村四季》栏目实践为例

宋玉生

当下县级台虽然处于比较尴尬的境地，但作为最基层主流媒体，它所发挥的作用是显而易见，特别是在对农电视节目上，从城市台到省级台可以说层级越高的电视台对农电视占比越低，而距离"三农"最近的县级电视台，应该责无旁贷地担负主力军角色。瓦房店广播电视台是辽宁省大连市下辖的一个县（市）级广播电视台，创办于 2000 年的固定对农电视栏目《乡村四季》，目前已经成为对农宣传服务的主阵地，特别是近几年在为农意识的实践上不断地做了一些有益的尝试和探索，把本土化、实用性以及融媒体作为提升对农电视精准服务着力点，在实现"三农"梦中扮演着重要的角色，发挥的作用也越来越凸显。

一、县级台要以本土化提升对农电视精准服务

办好县级台的对农节目必须坚持立足本土，对准目标受众群体，众所周知，县级电视台作为最基层电视台，无论是在资金、人才、物力、技术装备上都无法与中央、省市级台相比，唯一的优势就是大都地处农村最前沿，在地域、心理上与农民更接近、更熟悉。特别是本土的政策信息，本土的新闻人物、新闻事件以及生产技术对当地农民来说是最重要的，所以本土化是县级台提升对农节目精准服务的立足点和出发点。由于我们的受众都是在县域内，不像上三级台的节目主要满足广阔地域观众的普遍要求，县级台所要满足的是当地观众特殊要求，这就决定了其对农节目必须在精准细微上做文章，突出本土特色，在栏目设置上要符合实际，与当地风土人情相契合，在内容上要有自己的特色，让节目更接地气，为观众所喜闻乐见。瓦房店市是一个拥有百万人口的县级市，其中农业人口占70%，主要目标受众群体在农村，打好"对农节目"这张"地域牌"就显得尤为重要，特别是本地农村特定的地理环境，特定的生活方式和特定的栽种养结构，决定了广大农民对当地的电视台涉农节目情有独钟，只有准确把人缘、地缘、情缘做到了位，才会深受本地农民朋友的喜欢，使对农电视成为活跃县级台

电视节目的一条有效途径。瓦房店广播电视台自 2000 年开始创办对农电视栏目，至今已有 17 个年头了，虽然几经改版，但是栏目的所有编采播人员心系农村、关注农业、服务农民的宗旨始终未变。《乡村四季》栏目创立初期每周播出一次，每期时长 10 分钟，后来进行改版调整后，栏目每周播出二次，节目时长为 15 分钟，栏目的定位是：关注农村新人新事，反映农民愿望呼声，提供农业技术信息，聚焦"三农"服务发展。我们在节目中设置了《家乡农事》《专家支招》两个小板块，《家乡农事》主要报道发生在家乡百姓身边的致富创业典型和庄稼院家里的有趣事、新鲜事、感人事等；《专家支招》是把适宜本地发展的新技术、新品种和各种病虫害防治办法等及时地介绍给农民朋友，致力提供尽可能多的信息与服务。由于县级台受地域的局限，新闻的选材相对来说受到一定的限制，我们能做到的是小而精，通过讲农话、唠农嗑、说农事、展农情，让栏目接地气，更具有贴近性，指导性和服务性。俗话说，一地一特色，一乡一风情，北方的农民是不大会去关注南方热带水果的种植方法，山区也不会去关心发展海产品养殖，每个地域农民的审美期待与审美接受习惯也不尽相同。把握好当地农民审美需求不仅要考虑到了草根大众对故事真实性与平凡性的需求，而且表现形式也要与当地风土人情相契合，所以在节目中《家乡农事》这个板块，不论是讲故事还是说说身边的新鲜事、有趣事和感人事，它都是每天发生在邻里乡亲身边的，是看得见、摸得着的，我们只是通过电视手法来展现"凡人微芒"，这种真实再现的叙述的方式也必须是草根式的，就是话要讲到农民心里、唠到农民心里，越容易被农民朋友所接受并产生共鸣。所以，本土化运作让《乡村四季》栏目具有质朴、实在、接地气的平民化气质和浓郁的乡土情怀。

二、县级台要以实用性提升对农电视精准服务

"务农重本，国之大纲"，发展现代农业，让农业成为有奔头的产业，是习近平的"农业梦"，关注"三农"，服务"三农"是当下新闻媒体义不容辞的责任，也是电视媒体自身发展的需要。作为最基层的县级电视台，站在农村的最前沿，我们的主现场是农村，绝大部分工作是上山头、跑田头、走村头，把镜头对准"三农"，服务贴近"三农"，从农村生活中去发现亮点，总结经验，叙说农民熟悉的身边事，传递农民想知道的政策信息，把有本地特色的致富典型、致富经验介绍给农民朋友，把适宜本地发展的新技术、新品种作有效传授推广，突出对农服务的实用性。《乡村四季》栏目播出的节目内容，不像上级台对农节目那样高、大、上，所覆盖地域那么的广阔，而我们在节目中所传递给受众的是周围的人在干什么，靠什么致富，怎样生活，表达的是观众身边人的心声，提供的是本地农民需要的政策信息、科技信息、市场信息以及手把手教的技术指导，实现精准服务。在栏目里《专家支招》这个板块，通过与市农业技术推广中心的专

家和乡、村农技推广员等合作，充分考虑农民朋友的实际需求，致力提供尽可能多的信息与服务。瓦房店市温室生产起步早、发展快，目前已是当地农民增收致富一个主导产业。前些年，秸秆反应堆技术在农业生产特别是温室生产中发挥重要作用，它可以使农作物增产30%以上，但由于当时是一项新技术，不少农民持怀疑态度，在刚开始的推广中遇到了一些难题。《乡村四季》栏目用长达两年的时间跟踪这项技术的应用推广，通过专家讲座、现场操作、使用者现身说法等多种形式进行不间断的跟踪报道，让农民去效仿、去实践并从中受益，最终使这项技术被广大农民接受并大面积推广应用，对提高温室效益，促进农民增收起到了很大的推动作用。对于县级电视台的农业节目，我觉得"可看性"在一定范围内可以理解为"实用性"。因为农民最关心的是碰到问题应该怎么办，我们做的节目，农民朋友看得明白、看得解渴，可以从中借鉴学习，能在生产中出效益，生活中有启发，这比什么都强，而这种可看性必须是建立在时效性的基础之上，在农业生产中，季节时令对农民来说很重要，因为过了农时，再好的技术和信息对农民来说也是白搭。所以要唱好本土化的农业"四季歌"，就要结合当地"三农"实际，要按农时合理采编节目。比如农作物各个季节的管理、病虫情报、农事安排，把节目细化到农业生产的各个环节，包括销售形势注意事项等等。而对于大风、冰雹、暴雪等极端天气，一定要及时发布，提前预告防范，并在灾情发生后，指导农民如何进行抗灾自救等等，这些对农民朋友很实用，农民也最欢迎，同时提升了节目的影响力，更给广大受众在创业致富上以智慧启迪。

三、县级台要以新媒体融合提升对农节目精准服务

如今，对农电视节目的"融媒体"尚在兴起之际，积极顺应"融媒体"发展形势、顺应受众需求是大势所趋，这就需要在实践中不断地探索和尝试。瓦房店广播电视台手机客户端的搭建和推广，就为县级台提高对农服务水平，开发新兴业务、扩大受众范围、拓展市场空间提供了众多新的手段、渠道、平台。2016年1月1日，瓦房店手机台正式上线运行，可以说为对农节目打造了自己的新媒体平台，我们有自己的视频播出网站，再接合微信客户端、微博发布的节目推荐和链接，多渠道宣传介绍对农节目内容，以求达到最大的传播效果，极大方便了节目受众，增强了对农电视节目的互动性和服务性。比如，媒体传播＋好心人助力，瓦房店阎店乡老两口乐了！就是一个很好的例子，在瓦房店市阎店乡左屯村有一对六七十岁的老两口，他们多年精心经营的桑葚园今年终于迎来了成熟季，没想到桑葚的成熟却给他们带来了烦恼，由于当时处于高温干旱少雨天气，气温增速快，树上的桑葚一下就成熟了，如果不及时采收，满园的桑葚眼瞅着就要烂在地里，无奈之下，他们通过栏目热线希望能得到电视台的帮助，得知这一情况后记者立即前去采访，并于6月17号在《乡村四季》栏目里播出了《千株桑葚

成熟在即无人采收愁坏老汉》节目，本台微信公众号也进行了相关报道，特别是经过瓦房店手机台 APP 的传播后，短短的几天时间，关注度迅速蹿升，几天时间点击量达 3 万人次，紧接着社会各界爱心人士通过微信公众号和朋友圈接力传播及采摘客的到来，让这片寂静的桑葚园产生了价值，老汉脸上也露出了笑容。观众正是通过微博、微信公众平台和移动客户端入口，方便及时地了解信息、提供信息、参与节目或者通过手机观看节目视频，来实现对农电视节目与新媒体的互动。2015 年瓦房店市被确定为国家电子商务进农村综合示范县，作为最基层主流媒体要主动适应对农电视服务模式的不断变化，助力一方经济发展。我们在做好为农村群众提供资讯服务、输送精神文化产品的同时，主动融合新媒体开拓市场，充分发挥基层主流媒体优势，根据不同季节、不同事件、不同产品来发现焦点、聚集焦点，通过合理的传播扩散，引发消费者关注和购买，并通过有效利用对农电视播出资源，让线上产品和服务的宣传到线下实体店销售形成良性互动，加速了对农电视与互联网融合的步伐。在未来的发展规划中，我们县级台的对农栏目应该抓住目前"互联网＋"所带来的发展机遇，在节目设计和传播方面做出更大的努力。不仅是内容策划，还包括传播渠道的拓展，借助新媒体获取更大的发展空间，加大新媒体的使用力度，利用微博、微信等各种社交媒体，主动为受众推送相关节目信息和创业致富信息。锁定目标受众群后，变被动的用户搜索为主动的信息推送，更加及时、方便地为受众提供所需信息，提高信息的使用价值，从而有效提升了服务"三农"的水平，使农民获得了实实在在的实惠。

（作者单位：瓦房店广播电视台）

融合传播背景下地方广电的累加绩效管理

田园园　韩晓飞　田和旭

融媒体是指报纸、电视、电台等传统媒体，与互联网、手持智能终端等新兴媒体的融合生产与传播形态。本质上是新旧媒体生产形态的融合、传播方式的融合。从生产与传播的角度来说融媒体是一种新的媒体内容生产方式和传播方式，是一种综合性的媒体生态。融媒体概念的出现也对媒体内容生产者的概念予以了全新的赋予与界定。在发展融媒体、建设新型主流媒体的背景下，媒体内容生产者的职能、职责、权利等都发生了巨大的变化，因此，其管理激励机制也应与其相适应，邯郸广电的累加绩效管理就是媒体融合传播背景下管理模式的一种探索。

一、融合传播的传媒格局要求地方广电生产的"多端化""多态化"和生产方式的"多能化""协作化"

融合传播是地方广电适应形势的一种集体选择。传统媒体传播方式和生产方式是与其所处的生产力水平紧密相连的。纸与印刷术的出现产生了报纸，无线电技术的出现产生了广播，电视技术的出现发展出来电视传播形式。在互联网迅猛发展的基础上，传播形式发生了与以往单种媒介升级或更替不同的巨变，互联网实现了新媒体与传统媒体的有机整合，"媒体融合""融合传播"成为当今最受关注的传播学概念。

传统媒体和新媒体只有彼此融合，形成融合传播的媒介新业态，才能有广阔的社会空间。传统媒体在以网络技术为基础的新媒体冲击下正面临前所未有的危机。网络媒体虽然以其在线传播的方式，显示出了海水漫灌无所不在的普罗态势，但是新闻传播角度的先天缺陷和技术的不够成熟使其在短时间内还很难一统当今的媒体，再加上作为意识形态的政府的要求和社会的期望，波浪过后总给人一片凌乱总在规范的印象。从社会发展来看，传统媒体和新媒体只有实现优势互补，彼此融合，形成融合传播的媒介新业态，才能弥补单一媒体自身存在的缺陷，才能有广阔的社会空间。

社会的需求、市场的需求使融合传播成为趋势。同一个新闻选题，报纸、广播、电视记者的前期采访成本比例大约是 1：1.8：3.5，电视采访成本高于报纸三倍还要多。[①] 地方广电的融合传播，使不同媒体实现互动和整合，媒体资源使用最大化。同样的新闻资源通过不同的形式，生产成适合不同媒体传播平台的产品，"多态化""多端化"传播，既扩大了市场，以相对小的成本获取相对大的收益，同时也在具体地域内强化了交互传播的累积叠加效应。互为呼应、烘托的媒体传播也增强了媒体单位的影响力，具有了塑造品牌的作用。

融合传播的发展趋势是移动化、平台化、智能化、数据化、工具化、聚合资源，融合传播的传媒格局要求城市广电生产的"多端化""多态化"和生产方式的"多能化""协作化"。推动广播电视媒体与新兴媒体融合发展，打造融合传播的新型主流媒体，才能巩固扩大舆论阵地的传播力、引导力、影响力、公信力。

二、地方广电融合传播生产的"多端化""多态化"和生产方式的"多能化""协作化"决定了必须对传统媒体生态的涅槃式的再造或鼎新革故

融合传播的形态一般是"广播＋电视＋报纸＋网站＋客户端＋微信＋微博"的聚合式矩阵形态。融合传播是信息传输通道的多元化下的新作业模式，是把报纸、电视台、电台等传统媒体，与互联网、手机、手持智能终端等新兴媒体传播通道有效结合起来，资源共享，集中处理，衍生出不同形式的信息产品，然后通过不同的平台传播给受众。

在传统宣传主业基础与影响力平台之上，广播电视的传媒服务业产业属性也决定了融媒体背景下的地方台的"多业化"。蔡雯教授认为媒介融合的三个核心层次是"内容融合、渠道融合和产业融合"[②]，表现在具体方面包含在融合传播平台上，依托公信力、影响力、聚合力开展的文化活动、体育活动、聚销活动、短视频生产展示平台建设等；为配合服务对象开展的高端论坛、行业峰会、众筹路演、品牌推广、新品发布、企业年会、商业秀场、教育培训会议等；利用影响力举办的房展会、年货会、文艺巡演等活动；利用平台对社会热点进行的突发新闻、重大事件、重大文娱活动的直播等；以及通过技术开进行的数据分析、信息咨询、社区服务、婚介、房产等服务活动。

融合传播改变着传统媒体向媒介新业态转变。在新闻生产上，融合传播是信

---

① 陈国权：《中国媒体"中央厨房"发展报告》，《新闻记者》2018 年第 1 期。

② 蔡雯：《试论"融合新闻"的特点与运作》，《新闻战线》2007 年第 1 期。

息整合的具体方式、报道形态，以多媒体素材集成报道；在传播渠道上，融合媒体是向各种平台终端强力渗透的产品和品质，汇聚新一代受众群；在商业模式上，融合传播是完善对传统媒体广告之外的市场布局。融合媒体平台提供多媒体产品，通过电视、广播、互联网、手机、户外电子公告牌等等多渠道分销这些产品从而满足用户个性化需求，实现用户价值。

在这样的传播形态背景下，融合传播要求城市广电生产的"多端化""多态化""多业化"和生产方式的"多能化""协作化"，决定了传统的媒体生态需要有涅槃式的再造或鼎新革故。

地方广电所有部门都应该具有融合传播部门的性质，所有记者都是融合传播记者，在所有采访中记者都要有融合传播的要求。采编人员要学会熟练使用各种数字设备、摄录设备、媒体制作软件，甚至还要学会播音主持。编辑记者要成为具备集文字、摄影、摄像、主持能力于一身的融媒体记者。2017 年 9 月起，邯郸广播电视台新闻频道组建融媒体部，选拔"多能化""协作化"的融媒体记者，既要求其是电视节目内容的生产者，也是网络多端媒体形态的供稿人，同时又是"邯郸新闻频道"客户端视频节目的主持人等。媒体融合的进展不断促进着信息获取方式的改变，促进着采访报道方式的改变，促进着新闻发布方式的改变，促进着新闻理念的改变，也促进着传统媒体从业人员向融合传播实现蝶变与升华。

三、频道、栏目、部门对内容生产的"多端化""多态化"和产业发展的"多业化"的要求与探索

对地方广电来讲，新闻节目是立台之本，在融合传播的背景下，电视新闻报道与新媒体渠道相结合才能在人人都是媒体人的时代凸显主流媒体的引领旗帜作用。《邯郸新闻》《直播邯郸》等在"今日头条"平台和"微信"平台"邯郸新闻频道"号上进行先期预报、剧透，播出后进行第二落点、第三落点的深度开发，强化对不同对象的分众化服务，吸引更多的"小屏"读者等目标群体的关注。以频道为组织单元，以融合传播为手段，精心策划融合媒体背景下的"爆点""热点"主流新闻。引入全媒体"聚合式"报道形式，精心选择编排"标题式"新闻。整合社会资源（含全台资源）每天电视端新闻条数达到 23 条以上，移动端新闻精选 20 条左右，巩固提高新闻第一平台地位。注重加大连续（系列、组合）报道的选题策划，坚持从新闻性和重要性入手，打造"新闻头条"，通过多端预报、剧透等凸显"亮点"，制造"爆点""收视点"。节目推介多端化，节目生产状态互动化。注重片中直播话题讨论，片尾观众留言互动。电视栏目与手机栏目号在微信、微博及视频网站互动烘托渲染。建立"多屏多端"

的新闻发布模式等。

以直播为突破点，抢占"小屏"移动终端新阵地。邯郸广电《直击2018高考》手机直播，多点位联机近十个小时的直播，单次直播在线观看人数突破30万大关。进一步探索多点联机直播、市县区同步直播的合作与创收模式，逐渐形成一套自己的可推广的"小屏"直播模式。以入住"人民直播""央视新闻"、移动网"新华直播"等主流直播平台为契机，打造本地直播主流阵地。加强节目的直播连线，通过现场手机4G直播等方式扩充新闻内容。

邯郸广电新闻频道在全频道公开公布频道重点微信微信号、今日头条号、微博号及天天快报、百家号、一点资讯、搜狐新闻、网易新闻、微信直播平台、今日头条直播平台和一直播平台等频道号，所有编辑记者可以随时随地根据采访需要进行融媒体现场发布以及现场建立直播间进行直播，真正使融媒体平台做到"人人可以做网红、随时可以发新闻"。

积极支持参与融入"邯郸云"平台的开发与建设，开展包括新闻、文化、房产、健康、直播、天气等服务平台的建设，进行电视端和手机端节目形式的探索。重点打造融合平台的娱乐和服务功能，探索政务查询、视频点播、便民服务等频道、版块建设，将政府资源的权威性和服务平台的便利性相结合，吸引用户体验和广告商参与。探索"中央厨房"的生产模式。

探索广电聚销新途径，稳步推进广电房产项目的落实，以"舞动邯郸"栏目为平台，线下聚集中老年团队，成立新闻频道美女营销团队，联络乡村土特产、家用必需品等等，建立市县一体的网络营销平台。探索"栏目＋新媒＋产业"发展新模式，《联播邯郸》《直播邯郸》广告承载与产业发展达到各500万。《绿色邯郸》《健康大讲堂》《经营邯郸》广告承载与产业发展达到各100万以上。

建立"频道全媒体工作群"，每个部栏目制片人或责任编辑必须加入融媒体的生产过程中。针对小屏进行二次创作、三次创作，避免出现节目的融合传播"换屏粘贴"的形式。鼓励奖励常态出现100000＋产品。要求各部门并负责将本栏目每日选题、活动内容等信息发送到频道全媒体工作群，由融媒体部及时进行筛选，从中提炼出ABC三档适合融媒体发送的信息。

加强与国家级融媒平台的合作，如人民网、中央电视台、新华网、腾讯以及阿里巴巴等平台的入住与合作；扩大与加强全国省市县级媒体的联系与联合，如北京奥地美亚的121平台、广电实战的百台云平台的合作等；与全国省市县三级融媒体中心建立长期战略合作等，为打造当地品牌融媒体平台联盟奠定基础。

在运营好融媒体平台的基础上，强化活动为引领，拓展产业结构调整，利用融媒体平台联盟，开展特色化、本土化产业活动链条，继续开展"孝老爱亲"

文化、"儿童"文化、"环保"文化等为主要产业内容，加强与广电联盟的深入合作。

利用技术优势，加强服务合作，在专业服务托管有所作为。频道联上已与全国百台云、121平台、米联直播等全国平台签订协议，对下已合作复兴区、肥乡区、峰峰矿区将其微信公众号、微信矩阵进行了全年的合作托管，开辟了新的运作模式。

以创建融媒体全国"大号""名号""名平台"为目标，以融合媒体的思维方式，依托主流媒体阵地，构建集合社会资源的新闻平台。树立了"融合媒体人才"概念。以平台建设为突破点，整合社会新闻资源，建设"引导力、传播力、影响力、公信力"突出的新兴主流媒体阵地。

四、基于融合背景下项目制实绩累加绩效奖励办法

2017年9月，邯郸广电新闻频道根据融合传播生产的"多端化""多态化"和生产方式的"多能化""协作化"趋势，制定了基于融合背景下项目制实绩累加绩效奖励办法。

（一）首先强化"融合媒体人"的概念，以绩效奖励刺激新兴媒体人的蝶变

融合媒体人不仅是单纯的编导、摄像、编辑等角色，在融合媒体背景下，还要担当起融媒体制作者、活动策划者、会议策展者、产业领办者、广告经营者的新任。

积极鼓励全员融入台、频道的融媒体"多端化""多态化"的生产过程中，记者整理的融媒体稿件、部门人员制作的融媒体稿件，制作者个人按台、频道制定的融媒体传播奖励办法领取奖励。频道所有融媒体平台（微信、今日头条、微博、天天快报、百家号、一点资讯、搜狐新闻、网易新闻、微信直播平台、今日头条直播平台和一直播平台）全部开放。频道员工向新媒体部推送稿件采用一条按一条电视新闻量考核，点击量超过10000按两条计算，超过100000以上按3条计算，超过500000以上按4条计算，超过1000000按5条计算。频道员工在工资构成中增加新媒体推送绩效项目。

融媒体工作实行累加绩效奖励。记者需按要求完成日常电视节目的播出、完成IPTV条目的上传、完成邯郸云稿库条目的上传。记者除完成基础融媒体工作量外，按超出条数与社会影响进行每条50-200元不等的奖励。重大有社会影响的报道、得到市领导批示或口头表扬的报道，进行每条500-1000元不等的奖励。每月统计为条王的记者，进行1000元的奖励。

融媒体部负责全频道记者员工新媒体工作量的奖励与处罚统计核定。按月报送综合部经总监审核后由频道列入每月绩效分配。对重要稿子采访者，新媒体没有及时推送情况，参照漏失重要新闻条数进行处罚。

（二）广告、产业实绩累加绩效奖励

积极鼓励频道所有人员策划、组织、引进、参与广告、产业等项目的运作，树立"频道广告""频道战略合作伙伴"的概念。主要广告引进者、产业实现者以项目负责人的身份进行工作，一般员工列为作为制片人、部门负责人的后备人才。全台所有栏目、部门、人员要积极配合其高标准完成项目，钱到账后，项目责任者规定发放劳务费等。频道员工在工资构成中增加广告工作绩效项目。广告、产业利润收入的10%作为主要广告引进者、产业实现者的劳务费发放给个人。广告、产业利润收入的10%作为策划方案、广告拍摄、维护等等的劳务（部门制定报表报频道审定）发放。

（三）社会活动、文娱活动、经济活动、会议论坛等工作量的累加绩效奖励

频道员工在工资构成中增加参与活动绩效项目。全频道员工参与运作、维护、经营的各项活动。活动收入的40%作为栏目、部门的举办活动经费，其中10%作为策划方案的劳务，其他30%作为活动执行、劳务等等成本费用。参与活动人员由活动的组织策划者选定。原则上按每人每天200元的标准发放劳务费，编辑、包装及特殊工作人员的劳务费在30%的活动经费中由活动组织策划者造表报频道总监审定后发放。

台、频道所组织的大型活动按项目制的形式对参与人员进行工作劳务发放。由活动部门按实际参与工作量、贡献值核定，报综合部经总监审核后列入每月分配方案；费用从活动经费中支出。

（四）建立"养事"不"养人"的薪酬绩效分配制度，实行项目制，对参与项目的频道员工进行项目绩效（劳务）累加式的无上限绩效（劳务）分配

对制片人和运营主管分别依据收视率、影响力（含融媒体传播）、执行力、特别贡献和广告创收等方面进行考核，进行梯级、导向性奖励。强化收入来自干事观念。强化频道绩效考核和分配的杠杆作用，加强执行力建设，为做好各项工作打好基础。

鼓励人才脱颖而出，建立项目负责人遴选制度；大力招揽人才，在干事业中选拔和培养后续力量。以创意策划、新闻策划评比为手段，以业绩考核、综合素质考核为基础，以实干实践为平台，大胆使用有责任、有创新、有想法、有思路、肯干事、能干成事的台内台外人才，力促新人开创新领域、新人开辟新局面。通过负责人遴选制度，发现更多的项目、发现更多干项目的人才，从而形成一个轰轰烈烈干事业、你争我抢做项目的干事业局面。

（作者分别为：河北卫视记者；河北邯郸广播电视台记者；河北邯郸广播电视台高级记者）

用服务打造城市交通广播品牌

郭应巍　阴卓慧　陈　蕊

2003 年 12 月 1 日，郑州人民广播电台都市广播 FM91.2 成立，作为主打交通服务的广播媒体，FM91.2 近年来在车载收听率市场表现不俗，综合索福瑞、尼尔森、赛立信三家调查公司的数据，2016 年至今，郑州都市广播 FM91.2 一直稳居河南收听市场车载收听率第一的位置，同时，创造了人均创收超 200 万元的经营业绩。

郑州都市广播快速发展的这几年，离不开以"服务郑州建设，服务市民出行"为己任的广播理念，通过品牌建设、践行公益不断提升公信力，加强媒体融合、持续创新创优，扩大综合影响力，以下将通过具体数据和案例说明。

一、实时路况，郑州品牌

近几年，郑州都市广播 FM91.2 先后与河南省公安厅高速交警总队、郑州市公安局 110 指挥中心、郑州市公安局交巡警支队、新郑国际机场紧密合作，先后建立了 FM91.2 驻河南省高速公路指挥中心直播室、郑州市 110 指挥中心直播室、郑州市交巡警指挥中心直播室、新郑机场直播室等四大外场直播室，每周进行全时段常态化播出。

为加强实时路况功能，郑州都市广播 FM91.2 不断进行技术硬件投入，引入郑州市公安局视频监控系统，在郑州都市广播的导播间即可看到郑州全市千余个路口的实时路况；同时，加强信号覆盖，FM91.2 率先成为郑州市首批实现隧道和地下停车场覆盖的频率之一。另外，与郑州市公安局交巡警支队飞行大队合作，派驻记者乘坐警用直升机空地直播报道路况。

至此，郑州都市广播 FM91.2 完成了从地面到空中、从市区到高速、从隧道到高架的立体交通服务体系构建。

为打造"实时路况，郑州品牌"，郑州都市广播 FM91.2 全天直播节目路况优先，常态情况下，每 15 分钟外场路况主播连线一次，每 15 分钟微信一键路况更新，突发路况随时插播。全天节目强化"路况弹窗"式播出的服务意识，不断强化"直播现场""事故研判""常规预报""紧急预警""优选路线"等城市广播交通服务的独特价值。

2017年，FM91.2又与导航软件"百度地图"合作，融入了百度地图大数据，交通服务进一步升级。

交通广播的职能，不仅仅体现在日常交通信息服务上，更体现在交通品牌影响力中。

2017年"12·2全国交通安全日"，FM91.2开发出微信"海报自动生成器"功能，推出"文明出行万人代言"活动，改变了以往"全国交通安全日"活动广场集会式、大成本投入宣传的模式，转变为网络UGC式宣传。该活动一经FM91.2推出，就在微信上形成了传播热潮。截止到当天活动结束，网页点击量超过10万，网友上传海报15000多张。本次活动创意还引发了连锁反应，公安部交通管理局、福建交通广播、吉林交通广播、南阳交通广播等也纷纷推出"文明出行万人代言"系列活动，活动影响力蔓延到了全国。

通过构建立体交通服务体系，不断强化交通品牌影响力，郑州都市广播FM91.2已将"实时路况"这一品牌形象牢牢植入郑州及周边区域受众心中。

二、爱满郑州，践行公益

一直以来，郑州都市广播FM91.2坚持践行公益，着力打造"912，就要爱"的公益品牌。

郑州都市广播FM91.2坚持爱心送考14年，高考前组织爱心车队免费送考，高考进行时启动特别直播保证考生顺利出行。从最初一两千辆车参与到现在的上万辆车参与爱心送考，14年的坚持，FM91.2携手爱心市民一起创造了爱的奇迹。

爱心送考之后，郑州都市广播FM91.2继续关注莘莘学子。2016年6月28日，由郑州都市广播FM91.2联合郑州希望工程共同发起一场为爱众筹演唱会，这是河南省第一个电台主播个人专场演唱会，以FM91.2主持人张弛的唱歌梦想为起点，经过50天筹备，放票三天即销售一空，共计1320人购票支持，18家企业参与公益众筹，当晚活动现场座无虚席，网易视频直播超过14万人次观看，演唱会当天所得门票款全部捐给"希望工程圆梦行动"。

2016年~2018年，FM91.2连续三年与河南省红十字血液中心、映像网联合推出世界献血者日12小时大型音视频直播，邀请献血志愿者和爱心企业代表走进移动直播车，分享献血故事，传播献血常识和爱的力量。2016年6月14日早上8：00到晚上20：00，12小时音视频直播过程中，爱心人士献血总量达443400毫升，2017年这一数字飙升到472150毫升，2018年为412300毫升。

由于郑州都市广播FM91.2在促进献血方面的出色工作，FM91.2荣获由国家卫计委、中国红十字会总会、中央军委后勤保障部卫生局共同颁发的"2014

~2015 年度全国无偿献血促进奖特别奖"，该荣誉是对 FM91.2 公益事业成绩的肯定，也是给郑州这座大爱之城的奖章。

公益服务是党的主流媒体的责任，郑州都市广播 FM91.2 通过连续不断的公益服务和公益项目的持续升级，成功打造了"912，就要爱"的品牌公益形象，提升了频率公信力和影响力。

三、应急广播，媒体担当

2014 年 2 月 17 日，郑州都市广播 FM91.2 挂牌成为河南省第一家应急广播电台。之后，FM91.2 陆续与郑州市应急办、郑州市交通委、郑州市公安局、郑州市城管局、郑州市卫生局、郑州市环保局、郑州市安监局、郑州市地震局、郑州市气象局、郑州市消防支队、郑州市电梯应急中心等多家单位共同成立了"郑州市应急广播电台应急联络委员会"。

面对自然灾害、事故灾难、公共卫生事件和社会安全事件等各类突发事件，郑州都市广播 FM91.2 建立了一整套应急预案，能够做到第一时间发布权威信息，为广大群众避险和降低损失提供服务。

2016 年 11 月 14 日晚上，许昌一岁半的汪馨宁小姑娘突发疾病，出现呼吸衰竭症状，急需转院到郑州治疗。接到求助后，FM91.2 郑州市应急广播与许昌交通广播第一时间形成联动，并启动爱心接力应急直播。同时，FM91.2 迅速与郑州市交巡警支队取得联系，协调交通疏导。最终，急救车一路顺畅，10 分钟时间从郑州高速口到达河南省人民医院急救室。当晚，孩子脱离危险。

为了让应急报道更专业，2016 年，郑州都市广播 FM91.2 又采购了橡皮艇等应急设备，成立了应急报道小组，对员工进行应急培训。

应急体系、应急预案、应急设备的不断丰富完善，使得 FM91.2 郑州市应急广播电台在郑州上空架起了一座空中应急的指挥平台，获得了社会各界的一致好评。

四、融合服务，多方共赢

融媒体时代，郑州都市广播 FM91.2 在广播融媒体方面走在了同行前列，并通过融合服务，实现了多方共赢。

2016 年是视频直播元年，当年 4 月，FM91.2 将传统直播室改为音视频直播室，增加了活动推介窗口和广告承载体，直播室的视频广告曝光日净收入在 2 万元以上。但这些图片广告的简单露出只是融合新媒体的 1.0 版本，可持续性较弱。FM91.2 很快推出了融媒 2.0 版本，将日常广播节目和特定客户的需求结合起来，为客户定制节目。

2016 年春夏之交，某置业公司委托 FM91.2 宣传推广。该置业项目位于郑州南部的一座山上，属于高端度假别墅，山水环绕，但无人知晓，急需找准定位人群。结合客户需求，FM91.2 郑州都市广播策划了"DJ 看你的——主播在山上"活动，推出了山顶直播间、悬崖高尔夫、DJ 泳装秀等一系列真人秀活动，传播手段为广播导流、视频直播、微信传播。

"DJ 看你的——主播在山上"活动创造了多项"奇迹"：这是一场 24 小时不中断的广播真人秀，纯线上视频直播，网络流量累计 30 万人次；FM91.2 仅花费 500 元的设备成本就撬动了 50 万元的广告创收；视频直播商业效果惊人，72 小时就将广告主位于某山区的别墅一期项目全部售完，广告主赞叹这场视频直播使得"山窝窝里的金凤凰终于飞上枝头"。

在 2017 年 9 月 3 日的全国广播活动联盟 2017 年会暨广播超级碗评比中，"DJ 看你的——主播在山上"项目从全国 100 多个广播创新性活动中脱颖而出，获得第一届广播超级碗最佳融媒活动。

以"DJ 看你的—主播在山上"为开端，FM91.2 开启了融媒体服务的全新盈利探索。

2018 年年初，FM91.2 敏锐察觉到单纯视频直播的风口已经成为过去，又推出了融媒 3.0 版本。2018 年 3 月，FM91.2 启动广播精致短视频项目，并注册了极富地域特色的抖音号"胡辣汤"。从 2018 年 3 月初至今，发表创意短视频 60 余条，累计播放量超过一亿人次，获赞超过 200 万人次。超高的观看量和点赞量引来不少企业的关注，抖音号"胡辣汤"上线不久就实现创收，可口可乐、普罗理想国、泰国 RAY 面膜、杉杉奥特莱斯等多家知名企业都与 FM91.2 进行了短视频的广告合作。

目前，FM91.2 的融媒跨界尝试，涉及话剧、电影、原创音乐等多种艺术形式，为服务受众的精神文化生活开拓了新形式。

习近平总书记在中央城市工作会议上对城市工作提出了 12 个字的要求，"衣食住行，生老病死，安居乐业"，这也是城市电台做好转型发展的根本。

郑州都市广播 FM91.2 作为郑州的主流媒体之一，在近几年的精准定位和持续创新下，通过立体式交通服务体系，打造了"实时路况，郑州品牌"；通过全年不断的公益活动，打造了"912，就要爱"的公益品牌；通过与职能部门的紧密合作和应急服务，打造了郑州市应急广播品牌；通过融媒体创新和跨界尝试，打造了在中原广播市场独领风骚的广播融媒体品牌，"四驾马车"齐头并进，服务深、透、细、实，充分发挥了城市电台"本地化、本土化、贴近性、服务性"的优势，为城市交通广播发展树立了典型样本。

（作者分别为：郑州人民广播电台都市广播总监；郑州人民广播电台都市广播常务副总监；郑州人民广播电台都市广播编辑）

商丘"乐美"融媒体平台模式的可贵探索

曹凤礼　赵国立　齐　永

近几年，随着互联网及移动互联网的迅速普及，市县广播电视台的广告创收大幅下滑，以至于影响到我们的生存。虽然危机存在，但只要有思路善创新，仍然可以成功自救，获得良好发展。

一、影响我们生存的是什么？

2014 年是个我们起初并不在意、现在看起来意义重大的年份。就在这一年，互联网广告收入首次超越了电视广告收入，并且自此之后一路高歌猛进逐年增长，而电视广告却在节节萎缩。

根据权威部门资料，电视广告在 2013 年达到顶点，为 1119 亿元人民币。而后逐年下滑。而互联网广告 2013 年略低于电视广告，之后一直保持高增长，2017 年达到 3500 多亿元，2018 年上半年，已经突破 4000 亿元人民币。这种趋势直至今天仍在继续。据国家广电总局财务司的数据显示，2017 年广播电视广告收入稳中趋降，总收入 1518.75 亿元，同比下降 1.84%；请注意，是"广播""电视"的广告总量。还不及当年互联网广告的 44%。

更令人无奈的是，电视广告的这样的体量，还集中于央视和"五大卫视"。2016 年全国电视广告收入 1031 亿，同比略有下滑，而仅五大卫视收入合计就超过 300 亿（央视数字没有透露）。整体来看，一方面，电视广告收入整体自 2013 年来开始逐渐下滑，每年下滑 2%－3%；另一方面，五大一线卫视收入规模不断提升，广告时间段也呈现进一步集中化的趋势。

"马太效应"进一步彰显。省级电视台的广告收入已经是无可奈何地大幅滑落，更不要说市县广播电视台了。当然，不否认有的市县广播电视台如浙江长兴县台、湖南浏阳市台以及广东、江浙等经济发达地区的其他市县广播电视台，有的依仗传统经济发达优势，有的锐意改革，创新驱动，发展得红红火火，但这些毕竟是极少数，全国绝大多数的市县广播电视台都已经陷入生存困难的状况。

目前，全国有县及县级市（旗、特区、林区）共 2861 个，这些县市几乎都有一个广播电视台。这是最基层的、传播最广的媒体，党和政府在县市级区域的发声主要靠此，其生存发展绝不是一个小问题。

影响市县广播电视台（本文特指全国大多数的市县广播电视台，并非全部。下同）生存状况的因素有：

（一）内部因素

体制因素所导致的内部活力不足，创新不足，内容老套、千台一面等等。

（二）外部因素

这是大环境使然，外部的因素成为更重要的、决定性的因素。网络媒体的冲击，手机客户端的迅速普及，自媒体雨后春笋般的繁荣昌盛，腾讯、爱奇艺、快手、火山等短视频网站的迅速发展等，都威胁到了广播电视台的生计。正像2017 击垮著名数码相机品牌尼康的对手，不是佳能、索尼，而是完全另外一个行业——智能手机。

二、广播电视台受到冲击的原因

（一）工作思路跟不上时代的发展

随着互联网技术快速发展，新媒体凭借方便、快捷的特点迅速被应用到人们的生产和生活中。人们的在线时间，特别是移动客户端在线的时间越来越长，中国的广告支出正迅速而持续地向数字化移动互联网媒体转移，广告主们尤其重视视频和社交媒体的广告投入。这就必然给广播电视媒体带来巨大的压力，部分市县广播电视台尤其是经济欠发达地区的中西部市县广播电视台面临生存危机。

（二）原有业务被挤占

以前，广播电视台既要管生产（内容），也要管传输——通过有线网络或者无线电波传输。广播电视台既是内容生产商，也是渠道供应商，兼具两个身份。那时，用户想看电视得想方设法接通电视信号。现在情况变了，不用客户去接通电视信号，各种通道——有线、无线、广播电视台、网络公司、再加上中国联通、中国移动、中国电信三大运营商都在想方设法抢客户，都在迎合客户需求，主动"送货上门"。当广电网络公司还在为传输费高低费脑筋时，三大运营商已经通过免费的配套设施获取了用户：免费赠送信号传输、全免费光纤扯到家里、免费赠送机顶盒。广播电视台的"渠道供应商"的份额被挤压得越来越小。上星的卫视台还可以维持，地面台、特别是市县广播电视台，已经被四面八方的渠道挤压得岌岌可危。即使是第二个身份"内容生产商"，也是岌岌可危。全家坐在客厅里围看电视的时代已经结束，人手一机随时随地看新闻看电影电视剧的时代已经来临。当看手机的不看我们的节目时，我们称自己为"内容生产商"的底气也不那么足了。

所以，必须变革。

三、根据发展趋势探索改革方向

在深化改革的大背景下，市县广播电视台需要探索下一步发展的方向和道路。首先必须认清当今时代发展的大趋势。

第一个大趋势：互联网、"互联网＋"。

2015 年，李克强总理首次提出："推动'互联网＋'行动计划，推动移动互联网、云计算……健康发展。"这个重大经济战略一经提出，各个领域争先恐后参与到"互联网＋"的阵营中，转型升级。

第二个大趋势：平台及平台经济。

平台经济是一种以互联网为基础的虚拟或真实的交易场所，虽然平台本身并不生产产品，但可以促成双方或多方供求之间的交易，收取恰当的费用或赚取差价而获得收益。百度、阿里巴巴、腾讯以及淘宝、京东商城、凡客诚品、一号店、当当、亚马逊、携程、艺龙、途牛、去哪儿等等，无一不是平台经济的代表。

第三个趋势：共享经济。

共享经济最核心的两点要求：竞争要非常充分；剩余产值特别大。其关键在于怎么重新分配利用市场资源。共享经济其实就是租赁经济。共享经济商业模式最需要的是流量和资源。

共享经济就是把全世界大量碎片的、闲置的资源整合到一个平台，把闲钱、闲人、闲思想、闲 IP 整合到一个平台，建立价值洼地，速度完成，重构市场。

第四个趋势：媒体及媒体融合。

媒体融合是我们的领域，应该做得得心应手。

2014 年 8 月 18 日，习近平总书记在中央全面深化改革领导小组第四次会议上指出："推动传统媒体和新兴媒体融合发展"；2015 年 12 月 25 日，习近平总书记在视察解放军报社时又说："要研究把握现代新闻传播规律和新兴媒体发展规律，强化互联网思维和一体化发展理念，推动各种媒介资源、生产要素有效整合，推动信息内容、技术应用、平台终端、人才队伍共享融通。"2016 年 2 月 19 日，习总书记在党的新闻舆论工作座谈会上讲话时说："尽快从相'加'阶段迈向相'融'阶段，从'你是你、我是我'变成'你中有我、我中有你'，进而变成'你就是我、我就是你'，着力打造一批新型主流媒体"。今年 8 月 21 日，习近平在全国宣传思想工作会议上讲话，更加明确地指出："要加强传播手段和话语方式创新，让党的创新理论'飞入寻常百姓家'。要扎实抓好县级融媒体中心建设，更好引导群众、服务群众。"大方向非常明确：推动传统媒体和新兴媒体融合发展；强化互联网思维和一体化发展理念；尽快从相"加"阶段迈向相"融"阶段；抓好县级融媒体中心建设，更好引导群众、服务群众。

四、怎样做才能自救？

商丘广播电视台在市委市政府以及广电行业领导的关心和支持下，与中国传媒大学凤凰学院合作，解放思想、大胆创新，在如何实现广播电视的转型升级方面做了有效的探索。

首先要解决的一个认识问题：什么是融媒体？新媒体，怎么样算新？融媒体，怎么样算"融"？有些同志认为，广播电视＋互联网＋手机客户端＋报纸，加起来就是"融"媒体了，并且用了一个新名词叫"中央厨房"。

首先，加在一起，并不一定就是"相融"了。媒体的"相加"和"相融"并不是一个概念。"融"，有四个要素：一是互联网与新闻宣传之"融"；二是新闻宣传与经营创收之"融"；三是经营创收与便民服务之"融"；四是便民服务与区域经济发展之"融"。

这四个"融"做到了，才是真正做成了"媒体融合"，才真正是脱胎换骨，浴火重生。

其次，我们认为，"中央厨房"的概念并不太适合市县广播电视台，中央厨房的概念是我给你做的什么菜都有，不怕你不吃。对县级台而言，不是先预备好什么菜都有的大厨房，而是看吃客点什么菜我就上什么菜，点的多了，就知道哪几个菜受欢迎，就重点准备。也就是说，做大而全的产品然后等客户来买，这是老思维；先做好市场，看客户需要什么产品，喜欢什么产品，我就生产推送什么产品，这才是市场经济中媒体融合的强项。"今日头条"就是靠这样一条准确推送之路而成功的。

市县融媒体中心建设正在激活市县广电媒体，融媒体中心再造的内容整合式、融合型、智能化、移动化采集聚合分发机制和巨大社会动员及服务功能，就有可能让市县广电媒体成为既具有主流媒体公信力、引导力，又具备互联网思维、互联网用户意识、互联网传播功能的基层新型主流媒体。因为，其他的媒体再强、其他的APP再大，群众也永远是首先需要身边的信息服务。

河南商丘广电的融媒体平台——"乐美同创·智慧城市"平台是中国传媒大学凤凰学院、河南乐美供应链管理有限公司合作的课题项目，是一个崭新的广播电视融媒体跨界运营平台，创造了一个崭新模式：以"互联网＋"为基础，以跨界运营为手段，以客户需求为导向，以移动客户端为目标，深耕本地市场，服务于客户、商家，打造出"媒体搭建平台→平台经营跨界→跨界催生产业链→产业链提升媒体影响力"的商业闭环生态链。

这个模式的中心是"四个整合，一个闭合圈"：

（一）整合自身媒介

我们把自身的所有媒介，广播、电视、网络电视、各频道频率及各栏目的微信号、手机报等等，在平台上融为一体，做成一个内容丰富的宣传矩阵，形成从中央到本地地方的新闻全席，以全新的推送形式满足群众的新闻需求，从而落实党和政府交给我们的新闻宣传任务。

（二）整合地方政务

广播电视台是党和政府的喉舌，我们将本地的政务门户网站整合在一个平台上、进而扩大政务门户网站的浏览量、扩大政府声音的覆盖面是整合地方政务门户网站后，便于地方政务信息的采集与分发，同时建成了线上政务大厅，使群众足不出户就可以办理一应事务，譬如工商执照的网上办理；社保金的查询、缴纳；医保费的查询、报销；住房公积金的缴纳以及申请使用；交通违章的网上处理交费等。不但方便了群众，而且服务于政府部门、扩大了服务渠道。对于各政府部门来说，他们对于网络运营、微信号运营并不熟悉，还要扩大招收计算机专业人员、网络专业人员、新闻专业人员等。我们就可以代为运营、托管服务，让专业的人干专业的事，有助于形成双赢的局面。

（三）整合民生服务

现在国内的各个城市，水电暖等费用的缴纳渠道不尽一致，电费、通讯费是全国性的条条管理，而水费、取暖费、燃气费等是地方性的块块管理。没有一家渠道能能够完成所有的民生交费服务，这给我们留下了施展拳脚的机会。我们将这些民生收费项目集合到一个平台，群众只上这一个平台就可以解决所有问题，给当地的群众带来极大的方便。

（四）整合社会服务资源

这是我们的平台区别于全国性的大平台——淘宝、京东等的独特优势。广播电视台有一大批在社会各个领域熟悉的记者编辑，他们有良好的社会人脉资源，可以迅速建立各个行业的"行业联盟"，譬如餐饮联盟，旅游联盟，教育联盟等，将本地的商家整合到我们的平台上，用平台上的大量的优质客户为商户引来优质客源，让实体商户生意不再难做，同时，初始会员都是商家的原始终身会员，商家可以享受会员在其他行业、其他门店消费的即时分润，达到"开一家店，赚千家钱"的目的。而千千万万的会员们，我们为他们打通全市全县的吃、住、行、游、购、娱商家，手机在手，到哪里都是 VIP，都享受优惠折扣；可以设想，如果县域市域连成一张网，会员们走遍全省乃至全国，吃饭、住宿、购物、娱乐、旅游等都有优惠，"进一家店，享千家惠"；他们就一定是我们的忠实的粉丝级的会员。

这样四个整合，就完成了"媒体搭建平台，平台运营跨界，跨界催生产业链，产业链提升媒体影响力"的，完整的新型融媒体生态闭合圈。

商家得实惠，才能尽力发展会员；群众得实惠，才能成为忠实粉丝。"乐美同创·智慧城市"是"互联网＋广播电视＋创新驱动＋商业流通＋消费端"共生的新型媒体融合平台，虽然开始时费力，但盈利模式创新，转型升级自然，是一个可持续发展的、适应性极强的、可以广泛移植的"商丘模式"。

我们脚踏着这块土地，深耕这块土地，做谁也代替不了的本地服务市场，广电 APP 就变成大家须臾不可离开的工具，就成功了，做到"加强传播手段和话语方式创新"，我们才能在完成"引导群众"的任务的同时，不断发展，不断壮大。

"服务"是广电融媒体平台永远的主题，也是我们市县广播电视台今后赖以生存的基础。郡县治，天下安。市县融媒体中心建设首先是一项政治任务，关系到最接近基层群众的这块意识形态前沿阵地掌握在谁手里，关系到党和国家的大政方针到达的深度和广度。

2018 年 9 月 20 日至 21 日，在浙江湖州市的长兴县召开的县级融媒体中心建设现场推进会上，中宣部对在全国范围推进县级融媒体中心建设作出部署安排，要求 2020 年底基本实现在全国的全覆盖，2018 年先行启动 600 个县级融媒体中心建设。

随着中央做出相关部署，市县融媒体中心建设在全国各地广泛展开。市县广播电视台的融媒体建设之路刚刚起步，我们将在不断探索中找到适合自己的方式，撸起袖子加油干，书写新的篇章。

（作者分别为：商丘广播电视台台长、总编辑；商丘广播电视台融媒体中心主任、"乐美同创"平台创始人；商丘广播电视台高级记者、商丘市影视家协会常务副主席）

新时代城市台会展营销的创新发展

——以淄博广播电视台的实践为例

陈　亮　邢海峰

近年来，各地城市电视台品牌广告断崖式下滑，创收压力倍增。为了弥补创收上的缺口，城市台着眼现实、立足本地，不断开拓、探索新的营销模式，会展营销就是其中主要形式之一。但由于缺乏专业人才、政策扶持、公共服务等，目前各地城市台举办的会展活动还处于粗放、低端的初级阶段，活动效益水平亟待提高。因此，城市台必须注重新时代新常态经济下各类会展活动的创新发展，提升展会的附加值，打造区域性品牌活动，更好地服务群众。淄博广播电视台策划举办的国际汽车博览会、家居节、婚博会、年货展销会等会展活动在当地获得了很高的知名度和美誉度，积累了一些可资借鉴的经验和做法。

一、会展业的不同发展时期

回顾会展业的发展，也是由一个小到大、由弱到强的过程。1953 年北京展览馆开工建设，标志着中国会展业业进入了新生期。20 世纪 80 年代起，多数来自德国、英国的外资展览公司进入中国，1998 年国务院机构精简，应运而生的大量行业协会组织成为主办中国各类展览的先锋军，中国展览业进入成长期。21 世纪初，国内各行业协会主办展会迅速扩大、民营展览公司遍地开花、外资巨头收购各类成熟展会、展馆建设从上世纪末的 50000 平米起到如今的 200000 平米起、各级政府不断出台利好政策……中国会展业进入了壮大期。从整体而言，会展业竞争压力日益激烈，对尚处于成长期的城市台会展营销来说，其创新发展的重要性愈加凸显，时间表更为紧迫。

二、城市台会展现状和存在的问题

传统展会的运营模式、传播方式和会展效果已经越来越令城市台困惑，特别是在当前的大经济背景下，招展越来越难、会展成本不断攀高、专业观众难以精准邀约，如果参展企业对某个展览会的销售额不满意，还可能招来很多埋怨和非议。从各地城市台来看，目前城市台展会主要存在以下问题：

（一）会展数量多，题材少，品牌更少

由于城市台举办会展尚处于初级阶段，缺乏长远考虑，一味地从短期的利益出发，没有争取更多政府支持，几乎是孤军奋战，同时囿于许多城市展馆规模小、数量少、设施落后，甚至有些城市的基础设施差，满足不了会展的需要，造成城市台展会规模小、效果差，基本没有形成品牌。

（二）粗放管理，组织不力

对参展者只收费而对其资质、产品和信誉不进行审查或把关不严，导致了一些展会办成了杂货铺或年会。另外，有的城市台好大喜功、华而不实，不仅没有发挥会展应有的作用，反而劳民伤财，浪费了大量的人力、财力、物力。

（三）对展会综合协调不够

举办会展是一项系统工程，从筹办到招展、展出涉及的部门很多，由于利益的驱动往往出现多头办会展，部门之间缺乏自律制度及协调制度，展会之间缺乏互相交流，不利于会展营销的整体提升。

（四）缺乏高素质的专业会展人才，使展会活动的质量和效益欠佳

会展经济也是智力经济，随着知识经济时代的到来，人员素质就是会展水平的体现。一次成功的会展，如果没有很好的策划、组织和管理，是很难想象得到的。

（五）互联网思维亟待加强

固有思维方式下，展会宣传还停留在电视的"一亩三分地"，对互联网、移动端等新兴媒体重视不够，没有充分利用多屏互动。

三、会展营销的创新

创新的实质效果是优胜劣汰、破旧立新，这是习近平总书记在2012年12月召开的中央经济工作会议的讲话中指出的。新时代新常态经济环境下，城市台传统会展营销必须创新发展，争取政策扶持，植入文化内核，强化公益属性，运用技术和数据手段增加展览会的附加值，提升客户的服务、体验和个性化需求，打通全渠道、融合全产业链、赋能其他行业和产业运营。

（一）强化品牌建设

从各地实际来看，城市台举办活动往往片面追求人气，却忽视了品牌所蕴涵的巨大宣传效应。因此，在营销过程中，城市台必须注重形成会展活动品牌的主题和特色，以品牌为指向对特定的参展商和专业买家进行招商。同时，要抓住各地市加快会展业机遇，策划电视台所在城市与会展活动的整体营销，提升会展档次。近几年，烟台等地市陆续出台《关于加快全市会展业创新发展的意见》和《会展业发展奖励办法》，把会展发展规划纳入国民经济发展规划当中。在当地政府优化会展产业布局、强化会展品牌建设、培育会展市场主体、打造新旧动能转换的重要支点

和新的经济增长极的有关政策实施过程中，城市台可以寻找机会，争取产业政策、税收政策、财政政策、公共服务等方面的支持，通过优化题材、完善功能、健全机制进一步提升会展格局和会展品质，打造和培育区域性自主、高端、特色品牌会展。

近年来，淄博广播电视台作为淄博地区的主流媒体，从战略高度充分认识会展活动在全台经营工作中的重要性，立足社会，服务大众，积极策划了满足广大观众需求的各类大型活动，注重各类会展活动的创新发展，国际汽车博览会、家居节、婚博会、年货展销会、金融理财节等品牌规模展会更加活跃，品牌知名度、美誉度和特色度逐步提高。

（二）植入文化内核

文化是一种"软实力"，"软实力"是会展最重要的实力之一，也是会展品牌生命力的源泉。城市台在策划展会时，必须深入挖掘地域文化内涵，结合文旅搭配等打造新亮点，丰富会展业态，通过在活动中植入文化内核，让观众在观展的同时了解文化、体验文化，体味到独特的文化魅力。

2018年淄博广播电视台举办电视家居节，同期推出结婚产业博览会。电视家居节组委会联合淄博市慈善总会举办了"一元起拍公益拍卖"活动，现场征集了18件家居产品进行拍卖，拍卖现场观众踊跃参与，共筹集善款7700多元，以"淄博电视台爱尚家居慈善基金"的名义捐助山区的特困少年儿童，取得了较好的社会效益。婚博会现场的传统民俗婚礼展演、婚礼主持人网络评选和现场大赛等活动，集趣味娱乐、传统文化教育为一体，让观众在欢声笑语中了解当地婚俗文化，受到了现场观众的认可和欢迎。在2018年车展现场则推出了"我爱我车·淄博好少年才艺汇演"，孩子们各种才艺展示与汽车文化互相映衬，相得益彰。新能源引领新方向。新能源汽车是汽车产业的发展方向，代表着未来。2018年车展特别设立了近2000平方米的新能源汽车展区，北汽新能源、江淮新能源、吉利新能源等国内8家新能源汽车品牌展示了近50款产品。靓丽的统一包装，令人耳目一新的新能源、新技术展示，成为淄博公众走近新能源、了解新能源的良好契机，强力引领淄博公众的消费取向。

（三）打造会展生态

科技创新成为驱动展览业升级、打造会展生态的原动力。现代信息技术正在与会展经济加速交汇融合，大数据和智能化应用成为行业创新升级的新动能，广泛应用于精准邀约、现场展示、组织管理、展后服务等领域，有力推动业态模式和管理服务创新。

城市电视台要因势而谋、应势而动、顺势而为。电视宣传是电视媒体自身举办会展活动最大的优势。在充分发挥这一优势，做好会展活动电视宣传的基础上，积极运用互联网、移动端等新媒体和新的理论研究成果，创造性地运用常见的营销手段，利用互联网＋、移动直播等新模式，加大会展活动的信息化、网络化程度，打造数字化会展，实现城市台（主办方）、场馆方、服务商等全产业链互通互联，为参展企业和观众提供更加高效、便捷、优质的服务。

与传统的实物会展相比，数字会展在时空、地域、资源、成本、效益等方面有着明显的优势，极大地互补和解决了传统会展发展的劣势和瓶颈。同时，会展业是最重视数据的行业之一，大数据汇聚、分析与应用已经成为行业与企业的核心需求，会展业正在变为一个需要量化价值的行业。城市台要树立"观众"变"用户"意识，在举办会展的策划、组织、总结等各阶段都要将来自各种源头的追踪数据进行归集整理，做好大数据分析，并辅助业务决策以及改善客户互动体验，为会展各参与方提供多方位的大数据服务。

在条件成熟时，城市台可以尝试线上＋线下融合全景"OAO"双线模式，线上浏览锁定目标，线下定向互动公关，"双线融合"可在传媒自身的专业领域和范围里大大挖潜和提升会展品牌和效果。追求现场参观人数的同时能发现根本性的需求才是关键点，线上展会并非简单地将传统展会迁移到线上的数字化，而是把线下参展的观众、城市台（主办方）、承办方、场馆方、展商、展装商导入到线上，让他们在这个数字信息化的空间里能够产生持续的交互，盘活所有的关联，放大所有的可能，进行有效数据分析，带动各行业联动，同时带动城市宣传，带动区域经济发展，使专业互联网平台的品牌优势、专业运营、渠道传播和跨界融合等得以全方位的集聚和放大。数字会展的双线驱动模式，这是会展行业的未来趋势，也是未来的新会展经济形态。

淄博广播电视台2018年车展活动全程进行了全媒体宣传的深度尝试，从百度、今日头条、微信朋友圈、易车网等APP、网站进行集中推送宣传，公众号申领车展门票，到车展现场大数据的采集，最美车模、最美车型的网上票选，再到淄博手机台的活动直播，"我的车展我的车抖音大赛"的推出，多渠道、全媒介、全方位的宣传和互动渗透到了车展的方方面面，极大地丰富了公众的视听感受、观展体验，也大大提升了展会的区域辐射力及影响力。

会展业被称作新世纪"无烟工业"，已经成为国内第三产业的重要组成部分，会展业创新发展已经成为现在经济发展的一项重要途径。城市电视台必须通过行业现象来逐渐改变思维模式，从线上＋线下、全媒体宣传、大数据运用等多维度、多角度的对展会项目加强策划，与优质会展品牌主办方对接沟通，增强会展活动的区域合作、互联互通，上规模、上水平形成展会的规模效应和聚集效应，只有这样才能抓住创收的关键增长点，才能实现更大的社会效益和经济效益。

（作者单位：山东淄博广播电视台）

聚合优势　突出原创　构建城市台融媒发展特色

王三征

五年来，城市电视台的融媒体发展已全面进入产品融合阶段，目前正在向融媒体技术中心和融媒体数据中心建设迈进。

和中央级媒体不同，城市台的媒体融合不可能按照"高大全"的模式进行，如何突出优势，有效聚合力量，扩大规模效应，形成本地传播影响力，仍然是城市台的中心任务。城市台的电视人必须克服双重危机：一是自己的新媒体还没有做大做强；二是电视端已出现"人财物"方面的危机。如何打破困局，保障融媒体的持续发展，是城市台面临的现实，为此，必须在四个方面"下功夫"。

一、突出新闻优势，在实质融合上下功夫

目前，城市台媒体融合存在内容简单复制、相加的问题，如何实现从形式融合到实质融合的转变，济南台选择依托新闻优势，突出新闻客户端与电视端的融合。

（一）日常报道以客户端为先锋、以电视端为节点

济南新闻频道原有电视端的优势主要包括时政报道、民生新闻报道、政务监督报道等，过去以电视端带动两微一端，现在以新闻客户端为先锋，先报先发、坚持移动优先、视频优先。在时政方面，如报道全国两会中本市代表的整个行程。从出发，到车上，到驻地，到会议，到访谈，新闻客户端全程直播跟踪、动态更新；电视端依托四档新闻栏目，做节点性综合报道和直播连线，客户端拓展了电视端的局限，当日赢得50万点击量，同时电视端的综合类报弥补了客户端直播的碎片化，同时反哺客户端，形成二次传播。

同样的运作，还有市委市政府代表团两次赴南方城市考察学习，客户端全程跟踪直播，电视端做节点报道，客户端点击量超150万。

（二）新闻直播以客户端为全程、以电视端为综合

重大新闻事件的直播，改变过去单纯依托电视端，而是以客户端为全程设计，电视端为节点报道、深度报道、综合报道。

比如全程直播济南市法院抓捕"老赖"，新闻客户端从当日凌晨六点警方行动开始全程三路直播，路上警方的联络、抓捕对象的动态、紧急情况下改变预案等被全部记录直播，当日达到 15 万点击量，整个过程持续到当日下午四点，此间和此后，电视端做出节点报道，当晚做出综合报道，取得良好效果。

同样的运作，还包括直播济南市食药监部门现场抽检外卖服务的整个过程。从现场电话预约到送餐员送达、再到奔赴配餐地方现场取样、送检到检验中心等过程，客户端承担跟踪、动态报道；电视端承担节点、综合、深度报道。在当天晚上电视端发布抽检结果，客户端同步更新，当日点击量超过 20 万次。

与纸面媒体相比，电视记者的视频拍摄和编辑优势更为突出，客户端直播和电视端直播表现出同样的专业水准，这是电视媒体的优势。目前，济南电视台的新闻客户端用户超过 140 万，电视端收视份额在济南地区继续保持第一的位置。

二、坚持原创战略，在全媒体传播链上下功夫

媒体融合无论是"你中有我、我中有你"，还是最终达到"你就是我，我就是你"，其根本目的是在新一轮传播格局中提升城市台的品牌影响力和公信力。而目前城市台的融媒体建设存在"重视聚合，轻视原创"的倾向，聚合产品比较容易操作和实现，而原创产品，特别是符合本土特点、具有区域优势的原创产品往往不容易做，反映在现实中，即传播场里被中央和省级媒体牵着走，如何改变这种被动局面，恰恰是城市台必须要下苦功夫的地方。

有原创产品，还要有依托原创产品，设计、构建全媒体传播链的能力，在这方面济南电视台紧紧抓住和聚焦电视问政监督节目，实现品牌传播的最大化。

2015 年，济南新闻频道开播了大型问政节目《政务监督面对面》，2018 年初改为《作风监督面对面》（以下简称问政节目）。问政节目请全市各个主要部门、区县负责人到电视台演播大厅，以"直面问题 践行承诺"为主题，针对问政记者的报道、市民的提问进行现场答复。

三年来，问政节目赢得各级领导和广大市民的高度关注、高度认可，在区域形成广泛传播影响力，尤其"直播季"成为街头巷尾、本地网络的新闻热点。

借助这一优势，济南台运用互联网思维，依靠多媒体传播平台，打造了以问政监督为核心的多产品、多形态、立体化、全时段的传播方案。

（一）在产品内容上，聚焦区域用户关注的重点、热点问题

城市台必须立足区域优势，围绕本级党委政府的工作重点，赢得本级党委政府的支持，在区域重大社会热点问题上有力发声，形成属于自己的传播引导力、公信力。

济南台的问政节目，在选题上，紧紧围绕济南市委市政府提出的"打造'四个中心'建设'大强富美通'现代化国际大都市"的中心目标，节目以市民

关注的重点、热点为中心，以 2018 年下半年六期直播节目为例，分别聚焦征地拆迁、交通拥堵、雾霾治理、食品安全、教育就医、营商环境等，节目中相关负责人现场答复、现场办理，推动问题解决，比如新建小区配套学校建设不足、回迁小区房产证难办、多条城区"断头路"迟迟打不通、渣土车管理漏洞、学校周边的无证食品问题、就医难问题、民营企业融资难问题等。整个问政节目，期期问题涉及区域群众切身利益，引起社会各界普遍关注。

通过对这些重大热点问题的关注，形成城市台资源的独占性，其他媒体以城市台的多媒体传播平台为新闻源，这样，城市台在传播中就形成了自己的引导力和公信力。

（二）在传播链上，构建与区域用户互动的全媒体传播体系

融媒体发展中，必须以互联网思维，高度重视传播的分众化、碎片化，从随时随地的易得性，和持续有效的互动性来设计全媒体传播链。

以问政节目为例，节目全年常规时段为每周一期，上半年和下半年各连续推出六期直播节目，以此节点，新闻频道筹划全年的传播方案。

电视端和新媒体端推出多形态传播产品，包括前期问政线索征集、多渠道反映线索，如热线、客户端、济南政府网、济南 12345 服务热线、纪委网站等，线索统一汇集到新闻客户端，全年记者根据每期主题不同，采取公开调查和暗访调查两种手段展开，此过程一直持续到问政节目播出，这是第一轮传播。

问政监督节目播出后，相关问题的回复、问题的整改落实、市民和相关部门的反馈、记者的追踪报道、纪委对相关情况的通报等，这是第二轮传播。

从传播轨迹上看，每当问政直播之前、之中，电视端和新媒体端都呈现出双波峰效果，其中新闻客户端的累计点击量超过 1500 万人次。

从产品形态上看，以每周一次的问政节目为主打产品，新闻客户端同步直播。此外，每天在新闻频道的四档新闻节目中设有追踪报道，其中在民生新闻《今晚》栏目开设《问政监督今晚播报》作为问政追踪常设性栏目，针对本周问政内容回访、问题的整改落实等情况进行跟踪式报道，保证"天天有问政、日日有反馈"。同时问政监督，市民可以通过新闻客户端、济南网、政府 12345 热线等多个渠道反映反馈到新闻客户端，用户数据和问题数据得以汇集和分析，对于下一轮的问政聚集什么主题、市民关注什么等选题策划，提供数据支撑。

实施原创战略，实现全媒体传播，2018 年济南广播电视台荣登第八届中国电视满意度博雅榜全国城市台十强榜，成功入围全国稿源单位移动端综合传播力 20 强，成为唯一一家上榜的地方广播电视类媒体，在创新融合发展方面的经验做法也得到了人民日报社《新闻战线》杂志的重点关注和介绍。

三、理顺机制，在全媒体人才队伍建设上下功夫

人才资源是第一资源。人才紧缺是制约城市台融媒体发展的重要因素，城市

台的融媒体建设需要一支既懂电视业务又懂技术的团队。

济南电视新闻中心的团队不分新、旧媒体，统属于一支队伍；平台与平台之间每日以编辑会形式沟通；团队内部形成"技术和业务沟通、调度和灵活结合"的机制。

从某种意义上说，城市台的融媒体建设，在技术和架构上难胜过中央级媒体，但在贴近本土，打造一支会打本地仗的团队方面却是优势和希望所在。

因此在培养业务和技术并重的人才队伍方面，城市台要舍得投入，实现"培训一批、引进一批、吸收一批"，让全媒体团队真正成为融媒体中战斗力强劲的生力军。

四、依靠行政和市场，在经营多样性上下功夫

目前城市台的融媒体建设仍然处于高投入阶段，盈利模式没有形成，基本上靠电视媒体的经营来支撑，如何破解经营方面的压力，济南广播电视台借助品牌影响力，依靠行政和市场两种手段，在经营多样性上下功夫。

（一）变"分散经营"为"一体化服务"

2018年济南广播电视台主要负责人带队，走访了本地30多个部门单位，并与之签订战略合作协议。同时，打通广播、电视、新媒体宣传，成立专门的总台策划部，一体化服务，把以往涉及公安、食品、城管、卫生、教育等多个部门的宣传，做针对性的策划和打包服务，赢得了本地部门单位的支持。此外，把本台的融媒体中心建设与济南市智慧城市建设连接在一起，与多个部门的数字化中心实现共通共赢，强力拓展融媒体发展的空间，获得效益的共赢。

（二）变"单一形式"为"线上线下"互动运作

依托频道资源和用户特点，成立公司，如少儿频道成立专门服务少儿教育的公司，包括少儿书画、少儿口才、儿童剧展演等；依托主持人、舞美等资源，成立婚庆公司，推出高端婚庆服务，目前成为济南区域规模最大、业务量最多的婚庆服务机构；依托宣传优势，聚焦会展业、家电业、美食业等，以大型电视购物节为节点，四季推出展会、活动，有力开拓了本地市场，经营创收改变单纯依靠广告的格局；同时依托媒体优势，拓展发展平台，比如和轨道交通公司合作，开拓了轨道公共视频媒体；和公交公司合作，完善了公交移动媒体，此外，出租车媒体、户外大屏媒体等，也纳入全媒体传播体系和经营创收一体化运作的平台。

毫无疑问，今后一段时期，城市台的融媒体建设亟待技术、机制、资金等多方面的突破，但是突出自身优势、强化原创战略、加强人才建设、深耕本土市场，无疑是城市媒体融媒体发展必须着力解决的问题。

（作者系济南广播电视台新闻综合频道《今晚》栏目制片人）

坚持新闻立台　提升城市台影响力

邓丙午

新媒体的快速发展深刻改变着今天的媒体环境，传统媒体受到空前挑战，在覆盖和投入上先天不占优势的城市电视台（下称"城市台"）面临的冲击更是首当其冲。城市台的影响力下降，受众流失，收视份额减少，广告下滑。而在媒体融合过程中，城市台又普遍存在技术、资金和人才等困难。城市台如何应对挑战？笔者以为，城市台必须发挥地域优势，坚持新闻立台，把传播主流声音、引导舆论作为第一要务。

一、新闻立台是城市台恒久的命题

互联网环境下，城市台下行的发展趋势不同程度引发广电人的焦虑。为了实现减员增效、增收节支的目标，有的台开始对节目进行调整，延长电视剧播出时长，减少自办栏目，甚至压缩新闻节目。这一做法势必导致城市台新闻舆论传播力、引导力、影响力、公信力的削弱，并加快滑向"边缘化"。大家知道，驱动传统媒体与新媒体发展的核心始终是内容创新。无论互联网怎样快速发展，对作为党和政府喉舌的城市台而言，内容创新十分重要。新闻内容创新、新闻立台是恒久的命题。

（一）新闻立台是落实举旗定向的使命任务

习近平总书记在"2·19"讲话中提出了做好新闻舆论工作的"48字"方针，在全国宣传思想工作会议上又强调要自觉承担举旗帜、聚民心、育新人、兴文化、展形象的使命任务。城市台作为广电媒体的重要组成部分，必须自觉承担举旗定向的使命任务，高举马克思主义、中国特色社会主义旗帜，推动习近平新时代中国特色社会主义思想深入人心、落地生根。城市台首要职责是努力营造好发展环境，净化社会舆论，围绕市委、市政府中心工作，加大策划力度，有效开展主题宣传、战役性宣传，打好组合拳，唱好连续剧，讲好城市前行的精彩故事。

（二）新闻立台是巩固阵地的职责要求

中国人民大学教授喻国明认为："新闻是电视媒体诸种社会功能中的'重

器'，……新闻履行社会的守望功能，在相当的程度上决定着社会视野'议程设置'和'舆论导向'，一家媒体的社会分量和社会价值很大程度上取决于它在新闻传播中的影响力和权威度。"① 今天，媒体格局正在发生深刻变化，巩固新闻舆论阵地的必要性更为凸显。谁掌控了新闻舆论话语权，谁就掌握了主动权。城市台要用好党赋予的话语权，既要牢牢守住广播电视阵地，更要抢占互联网信息传播的制高点。党媒姓党，要求我们必须做到守土有责、守土负责、守土尽责。

（三）新闻立台是心系民生的情怀担当

城市台天然的优势便是地域性，与当地老百姓走得近贴得紧，因此新闻必须回归百姓生活，聚焦民生。民生新闻以平民视角、民生内容、人文叙事为表现形式，在电视媒体中占有相当大的比重。民生新闻立足于关注老百姓身边的新鲜事、有趣事、突发事、麻烦事等，助推政府职能部门改进工作，帮助老百姓释疑解惑，排忧解困，体现了电视人"民生民本"的情怀担当。在当地百姓关注的新闻中，民生新闻也最受热捧。

（四）新闻立台是安身立命的必然选择

对于城市台来说，一方面坚持新闻立台，第一时间把市委、市政府主流声音传得更远更响，服务于中心工作，这是必须承担的政治责任。另一方面，每一座城市的土地下都有挖不尽的新闻富矿，这也是城市台的核心竞争力。新闻、影视剧、综艺被认为是拉动收视率的三驾马车。其实，拼投入、拼明星的综艺，大多城市台只能望而却步；同样，高成本的影视剧也只有少数实力强的台才购得起第一轮播出的新剧。而致力于深耕本土、精耕细作的新闻类频道，或是口碑不错的新闻类节目，都持续保持较高的收视份额，赢得了社会效益和经济效益双丰收。

二、新闻立台的实践与探索

新闻立台是城市台的职责主业，也是新媒体环境下生存发展的必然选择。目前，广电媒体仍然是影响最广泛的主流媒体。城市台必须增强新闻立台的方向意识和责任意识，坚持正确的政治方向、价值取向和舆论导向，对标央媒把城市台办成讲导向、有文化的传播平台。

（一）强化新闻立台发展战略，凸显新闻性

央视坚持新闻立台，以密集的新闻资讯及时满足公众的知情权，从而在公众中树立起难以撼动的影响力、公信力。城市台要对标央媒，以建设新型主流媒体

---

① 喻国明：《"互联网＋"时代关于新闻立台的思考》，《中国广告》2015年第12期。

为目标，以办成讲导向、有文化的传播平台为根本遵循，强化新闻立台发展战略，把新闻内容的生产和创新放在首要位置。多年来，长沙台电视频道不断优化节目布局，聚焦新闻资源的挖掘和创新，构建了多样化的新闻节目体系。新闻频道、政法频道晚间 18：00～24：00 新闻节目播出比例分别达到 30% 和 80%。长沙台开办有《长沙新闻》《晚间新闻》《长沙观察》《廉洁长沙》等时政综合类新闻节目，《政法报道》《夜线》《政法调解室》《法润长沙》等民生新闻栏目，《开讲》等新闻评论栏目和《全媒体大直播》等融媒体新闻直播节目。"智慧长沙"客户端是近年来倾力打造的新闻移动新媒体。

（二）强化新闻的喉舌功能，凸显权威性

唱响主旋律、壮大正能量、鼓舞士气、提振精神，新闻宣传发挥着巨大作用。电视台最大的优势，在于它的权威性。城市台在报道党和政府的决策、反映人民心声的过程中，培养了雄厚的受众基础，形成了稳定的收视习惯。在互联网新媒体格局下，长沙台新闻频道坚守传播权威信息、服务发展大局的定位，不断适应新形势，通过创新提质点亮品牌。《长沙新闻》《晚间新闻》全新升级栏目包装，更加大气、时尚，同时在内容策划编排上进行深入探索。首先，是对标央媒省媒，改进规范领导活动和会议报道，部分市领导的报道安排在《晚间新闻》中播出。其次，是扩大信息量，2018 年改版后发稿量增加 1 倍，多数稿件时长控制在 1 分钟以内。再次，是突出内容的丰富、权威和可视性，既突出市内报道，又精编省内新闻；既注重时政新闻，还增加民生新闻；除新闻资讯外，还增加"常新平"评论和深度调查版块。最后，是做实做活做强新闻头条，坚持围绕重大活动、重要会议、重大项目等中心工作，推出分量足、叫得响的重头报道，策划"预热、解读、反响、评论"系列新闻，形成环环相扣、首尾贯通的强大气势。

（三）做足主流民生新闻，凸显吸引力

城市台最忠诚的受众就是身边的人民群众，报道他们的所思所想，写他们的精彩故事，讲他们听得懂的话，自然会受到人民群众的信赖和喜爱。长沙台政法频道扎根本地、深耕民生，长期保持高收视率，成为当地具有活力、富有特色的专业频道。频道立足于做透民生新闻，不播影视剧，以新闻资讯、新闻专题、新闻评论等构建全天节目编排，多管齐下抢占民生新闻舆论制高点。《政法报道》《夜线》以民生视角关注社会热点，回应社会关切；《特工组》化身新闻"特工"，揭开种种不法内幕；受众还可以在《问政长沙》中与政府官员对话，在《开讲》中探讨热点话题；烦心事可以在《政法调解室》《我要找律师》中倾诉和化解。民生新闻不仅只报道社会新闻，与人民群众生产和生活相关的题材都在记者们的关注中。近几年来，民生新闻力戒低俗媚俗，不断提质，向民生新闻主流化转型。《政法报道》等民生栏目聚焦主流大民生，推出《脱贫攻坚：最后一公里》《天天正能量》《文明高地 爱满星城》等主题策划报道，展现民生类新闻媒体的责任担当。

（四）挖透新闻事件，凸显引导力

微传播深刻改变了人们的阅读习惯。"微传播以传播突发事件以及碎片化传播、快速传播和浅传播见长，电视新闻完全可以发挥专业性强的优势，整合各类资源，在策划性传播、整体传播、准确传播和深度传播上以及系列化、专题化传播上重磅发力，久久为功，从而有效掌控舆论引导的主动和主导权。"① 在移动优先和碎片化阅读的趋势下，电视新闻资讯类节目的时效性、收看的便利性已经失去了优势。针对不断变化的收视市场，城市台要着力在深度报道、专题报道上出特色、出品牌。近几年来，长沙台新闻频道、政法频道突出抓了大片新闻、调查性报道、问政节目和新闻评论。纪录片《城垣之上》《浏水听春》《秋收起义》、系列报道《"龙"腰挺起 共舞长沙》等抓住一个"大"字、突出一个"深"字，从形式到内容都追求感天动地的效果。深度专题栏目《长沙观察》围绕热点选题，冷静观察，理性探究；舆论监督栏目《特工组》聚焦暗访事件，抽丝剥茧，揭示真相；大型访谈栏目《问政长沙》搭建的是老百姓与政府沟通监督平台，促进政府把好事办实；深度评论栏目《开讲》每天观点碰撞，在辩论中唱响主旋律，把事件挖深、把观点说透，牢牢吸引观众，从而达到感染观众、引导观众的目的。通过这一系列节目和专栏的高频次推出，长沙台新闻频道、政法频道既赢得了口碑，又实现了良好的收视效果。

（五）加快媒体融合步伐，凸显传播力

推动媒体融合发展既是一项政治任务，也是广播电视生存和发展的必由之路。在互联网和新媒体快速发展的背景下，城市台必须切实强化媒体融合顶层设计，创新体制机制，推动内容、渠道、平台等方面的深度融合，进一步增强新闻传播力，切实提升核心竞争力。长沙台在实施新闻立台战略中坚持推进融合传播，以融媒体产品开发为抓手，在搭建技术平台、整合新闻资源、再造采编发流程上作了有益探索。2016 年，通过多方考察学习，长沙台决心技术先行，率先搭建了全媒体指挥调度中心，设置了采访报题、采访调度、热点新闻汇聚、媒资管理、媒资分发等多种功能模块。全媒体指挥调度中心建好后更要用好，为此，为拓宽新闻的传播力，扩大传播效果，全台尝试推出大型新闻直播栏目《全媒体大直播》。由广播、电视、移动电视、"智慧长沙"新闻客户端等"两微一端"共同参与采编制作的《全媒体大直播》并不等同于并机直播，前方采访由各媒

---

① 周国强：《微传播语境下的电视新闻创新》，《中国广播电视学刊》2016 年第 3 期。

体临时安排记者组成，直播中调度中心提供视频、音频共享素材，各媒体结合自身特点，自选素材、自设主持人、自请嘉宾、自行制作、自成特色。在近两年的时间里，全台共组织了 40 多场《全媒体大直播》，展示了融合传播不同凡响的魅力。《全媒体大直播》采编发的操作倒逼了新闻资源整合和采编发流程再造。2018 年，全台进行了新一轮中心频道制改革，将原新闻频道、政法频道、"智慧长沙"客户端整合为新闻中心，瞄准传统媒体和新媒体两大战场，火力全开，成倍放大传播效果。

三、新闻立台存在的问题与思考

目前，城市台收视影响仍处于下行通道，与此同时，新媒体产品及其盈利模式还不清晰。在此背景下，有的台还存在着对新闻立台认识不深、投入不足、创新意识不强的现象。必须综合施策，才能使新闻立台真正"立"起来。

一是通过对新闻立台发展战略的再认识，坚持政治家办台。当前媒体格局、舆论生态、传播技术发生深刻变化，但无论时代如何发展、媒体格局如何变化，党管媒体的原则不会变，政治家办台的要求不会变。城市台要坚持新闻立台方针，坚持高标准，坚守底线，努力攀登正能量高峰。二是通过优质内容的开发，构成新闻融合传播的节目体系。一方面，城市台生产了海量的节目，但大部分质量不高，原创性不足，仅仅满足于"一次性播出"。另一方面，短视频、中短视频、音频产品等新媒体内容匮乏。鉴于此，城市台要在提质量、强品质上下功夫，优化各类新闻节目配置，加强深度报道，推出更多大片新闻、调查性报道、问政节目、访谈栏目和新闻评论。要把新型的媒体内容研发作为主攻方向，生产更多适应台、网、端融合传播的融媒体产品。三是通过融媒体技术平台搭建，形成保障有力的技术支撑。广电媒体创收能力遭遇严重挑战，新技术转型升级不断加速，而新设备、新技术投入不足成为新闻内容生产创新转型的痛点。城市台既要依靠多元化发展，壮大自身实力，还要争取上级支持，合理保障主要媒体经费需求。要推动各种媒介资源、生产要素有效整合，推动信息内容、技术应用、平台终端等共融共享。[①] 实施移动优先战略，抢占移动传播先机。四是通过完善人才激励和保障机制，造就素质过硬的采编团队。新媒体、新业务和新产业对广电媒体人的专业化程度提出了更高要求。城市台采编队伍呈老化趋势，人员结构不合理，新媒体人才更是缺乏，普通面临着"人才之困"。新闻立台关键是人才。人才的培养、引进、激励关系队伍的事业心、归属感和忠诚度。城市台要重视重点人才和特殊人才的引进，建立人才培训基金，加强岗位培训。完善激励约束机

---

① 庹震：《推动媒体深度融合再上新台阶》，《新闻战线》2018 年第 19 期。

制，探索实行协议薪酬、专项奖励等灵活的薪酬分配办法；① 完善一线采编人才的业务晋升渠道，通过设置首席记者等方式提高一线采编人才待遇，通过设立名制作人、名评论员工作室培养业务名师，发挥示范、引领作用。

（作者单位：长沙电视台女性频道）

---

① 陈惠勤：《建设高素质的新时代新闻舆论队伍》，《福建日报》2018 年 6 月 11 日。

融媒时代城市台供给侧改革的有益探索

——以湘潭市广播电视台"文明大舞台"活动为例

陈友胜

2017 年 7 月份，湘潭市广播电视台执行承办的"文明大舞台"活动被作为湖南创新基层宣传思想文化工作案例向全省推广，新华网、中国新闻网等网络新媒体以《湖南湘潭：把文明创建的舞台搬到居民家门口》为题进行了连续报道。概括起来，该活动取得成效的关键是把握了以下四点：

一、"文明大舞台"原创品牌是传统媒体把握受众市场脉动，用人文精神增添城市魅力，实施新闻产品供给侧改革诞生的产物

互联网时代，世界是平的，但在文化领域，原创便是厚土，经典即为"高峰"。习近平总书记多次强调："没有优秀作品，其他事情搞得再热闹、再花哨，那也只是表面文章，是不能真正深入人民群众精神世界的，是不能触及人的灵魂、引起人民思想共鸣的。"获得第七届鲁迅文学奖的报告文学作家纪红建认为，文化产品要做到"又有营养又有营收"。他说："营养是什么？是灵魂，是精神，是情怀。这是文化产品的内核。一件文化产品如果没有营养，就不会与观众和读者同频共振，更不能给他们带来思想上的洗礼，就没有存在的价值。'营收'不仅仅是经济收入，更是观众和读者对文化产品的冷暖感知。文化产品好不好，广大的观众和读者才是最好的裁判。"①

为进一步推动全国文明城市创建工作，提高市民对社会主义核心价值观的知晓率、参与率、支持率，湘潭市广播电视台、湘潭市创建办从 2016 年 5 月份以来，面向城区 134 个社区，每月平均举办两期"你我共创建"社区文明大舞台活动，通过"一个展示、一个话题、一个推选、一个诵读、一个传唱"的"五个一"形式，走进社区居民身边。每期活动通过湘潭市广播电视台新闻中心主

---

① 易禹琳、龙文泱、陈薇：《〈坚持党的领导是根本保证〉在湖南宣传文化界引起强烈反响》，2018年 8 月 14 日，华声在线。

办的《都市日记》微信公众号，进行视频直播 2 个小时以上，据微信公众号后台数据显示，在线观看的观众平均 10000 人次以上，互动留言 300 条左右。该活动不邀请大牌明星艺人，舞台上所有主角全部是每个社区、农村居民，全部是"草根"百姓，注重用户体验，强化效果导向，提高新闻产品供给的精准度和有效性。2017 年 11 月 14 日，湘潭市成功跻身第五届全国文明城市行列。

2018 年湘潭市拉开了创建国家森林城市的大幕，湘潭市广播电视台与湘潭市创森办、湘潭市林业局、湘潭市绿委办及相关县（市、区）适时推出"国家森林城市宣传流动大舞台"，宣传绿水青山就是金山银山的理念。5 月 28 日，湘潭市创建"国家森林城市"宣传流动大舞台走进昭山示范区美丽乡村七星村。以绿色为主题的大型歌舞、民乐联奏、魔术、小品等节目为现场观众带去了美的享受，特别是小品《上阵父子兵》，紧紧围绕创森主题，用身边上坟祭祖的小故事来告诉大家预防森林火灾人人有责，表演生动，教育意义深刻，赢得现场掌声阵阵。更是宣传了"让森林走进城市，让城市拥抱森林"的目标，让更多群众能够参与到"创森"的行动中来。现场创森知识抢答和微信抽奖的互动节目更是点燃了观众们的激情，将热烈的气氛推向高潮。五个县（市、区）举行湘潭市义务植树基地授牌仪式。全年举办创森大舞台活动 14 场，2018 年 12 月 13 日国家林业和草原局授予湘潭市"国家森林城市"称号。

2019 年是新中国成立 70 周年，湘潭市擂响了创建国家卫生城市的战鼓，湘潭市广播电视台先后推出"创建国家卫生城市宣传流动大舞台""欢乐潇湘宣传流动大舞台——庆祝建国 70 周年"等一系列活动。湘潭市广播电视台原创品牌"文明大舞台"围绕全市中心工作进行强势推动的做法已列入全市绩效考核的重要内容。

二、找准受众需求，精心设置议题，改传统的传受单向传播为互动多向传播，提高新闻供给产品的有效到达率、渗透率

湘潭市广播电视台每期会精心拍摄一段短片，将社区存在的不文明现象、不文明行为集中表现在短片里，在"社区文明大舞台"播放给现场观众看。节目采取有奖问答的形式，让观众指出短片中不文明现象和不文明行为，再由主持人走进观众席中，以访谈的形式，让社区居民发表意见，说出对这些现象的看法以及解决办法，在你一言我一语中认识陋习、改变陋习，通过现场微信互动，引导他们为文明创建献计献策。"社区文明大舞台"现场还设置了"金点子"征集环节，广泛发动社区居民来给"创建文明城市"工作献计献策。正是通过有回音有奖励的互动，在这个草根舞台的熏陶下，不少市民都慢慢地转变了态度。2016 年 4 月以来，在湘潭市的社区、小巷共举行与创建有关的话题讨论有 120 多场次，在互动、开放式的交流中，居民群众逐渐从"旁观者"转而成为创建的主人。

事实上，即便置身碎片化、快餐式消费时代，"内容为王"依旧是文化企业的王道，"厚积薄发"依旧是打造文化巨制的不二法门。凡是传世经典之作，必然是笃定恒心、倾注心血后的结晶，必定是反复打磨、精益求精的作品。文化精品的产生也要有"工匠精神"、下"绣花功夫"，也需要有"功成不必在我"的理念和胸襟。湘潭市广播电视台记者与湘潭市创建办干部，与社区工作人员一道，深入社区采访，与群众深入交谈，寻找、发现文明创建中的美。据统计，自2016 年 4 月活动开展以来，共收集、整理反映创建成果的资料 430 多份。要增强原创自觉，提高原创能力，把提高作品的精神高度、文化内涵、艺术价值作为追求，让目光再开阔一些、再深远一些。小品《扶不扶》是社区文明大舞台的热点节目，讲述的是一个好心人骑自行车被追尾之后，被一名突然晕倒的老人碰瓷的故事，围绕着扶还是不扶这个话题，将矛盾冲突一一展开，情节跌宕起伏，映射了现实社会中高尚品德和个人私利之间的冲突。扶还是不扶，这个是台下的观众都可能遇到的问题，在捧腹大笑之余，也引起了他们的热烈讨论。对收集到的反映创建成果的资料，运用摄影图片、微视频、电视专题片、H5 页面等进行广泛宣传和传播。

三、挖掘平凡典型，紧扣以人民为中心的新闻理念，更多聚焦人民群众中的先进典型，发挥正面宣传鼓舞人、激励人的作用

湘潭市这片红色沃土文源深、文脉广、文气足，有培植经典的沃土，也有创造佳作的底气，进入 21 世纪又因道德模范典型层出不穷而在全国再度闻名。湘市广播潭电视台先后成功推出荣获全国道德模范的全国优秀导游文花枝、带父母弟弟上大学的孝子杨怀保、"板凳妈妈"许月华；以及获得全国道德模范提名奖的"爱心爷爷"赵在和、"向日葵"女孩何平、"数控女王"杨芳等典型；还先后推出了"英雄母亲"杨应君等数十位闪耀湖南全省，感动湘潭的省、市道德模范以及"爱心奶奶"周宝莲等数十位"中国好人""湖南好人"。

在 2013 年召开的全国宣传思想工作会议上，习近平总书记提出了"多宣传报道人民群众中涌现出来的先进典型和感人事迹"的要求，强调在先进典型的宣传报道上，要更多地关注普通群众。湘潭各个社区里不乏平凡的身边好人，将这些平凡人挖掘出来，选好人、赞好人、敬好人，感染一片、带动一片。宣传报道先进典型意在通过树立学习的榜样，为社会凝聚正向能量。对于如何向先进典型学习，习近平同志早在 2006 年就有相当深刻的认识。在《要善于抓典型》一文中，他提出：人们主要应该学习典型蕴含在深层的精神，而不是表面上的言

行。文中写道："新时期要抓什么样的典型？有的认为要抓致富'能人'类的典型，有的认为要抓行业'新人'类的典型，有的认为要抓发展的'带头人'、群众的'贴心人'、政策的'传播人'这样的典型。无疑，这些典型都是我们所要倡导的，都是人们应该学习的。抓典型，更具意义的是要树立精神上的榜样，让人们学习典型所体现的精神，让典型身上的精神发扬光大。"①

在活动前，"社区风采"寻找队广泛发现身边的榜样，然后社区组织居民推荐并投票，产生一位"文明使者"，由湘潭市广播电视台为其拍摄一段短片，采访社区居民对他的评价，在"社区文明大舞台"现场宣传播放，请社区负责人走上舞台宣读"文明使者"的推荐辞，既拉近了社区居民之间的距离，又形成好人受追捧的宣传氛围。吉湘君是江滨集团的职工，17 年照顾患先天性脑瘫妻姐左娅，每天把妻姐抱上抱下、催屎催尿，这一照顾就是 6000 多个日日夜夜。让所有人都没有想到的是，这位 46 岁的先天性脑瘫患者，并不是吉湘军妻子的亲姐姐，而是他岳母收养的一个女儿。在社区这个小舞台上，十年如一日照顾继母的谷光弟，20 年如一日清扫卫生的杨自根夫妇，用 16 年做好一件事、尽心照顾瘫痪妻子的朱罗海，辛苦打工努力归还一百万欠款的郑淑元，八年记录下了 42 巡逻本的半边街社区老年巡逻队，古稀之年的垃圾清运义工李伏云等天天在居民们身边的平凡人，触动着每一位观众心中的那一片柔软。三年时间里，展现了 40 多位文明使者平凡而又崇高的境界，让社会主义核心价值观的"种子"深植于社区居民心中。湖湘社区文明使者张清河，长期免费为 60 岁以上老人理发的事迹，中央电视台以《湖南湘潭：坚持五载 小伙为老人义务理发》进行报道。这些人物的"共同特点是来自基层的平凡人物，通过记者的发现和报道，他们身上的一些闪光点得到聚焦与凸显，异彩纷呈，熠熠生辉。他们或者业绩突出或者品行高尚，播撒着积极向上的正能量。由于他们原本就是平凡世界中的普通一员，报道者又把这类典型人物还原到具体的生活情境之中，尤其能产生引人向上、催人奋进的感染力和感召力。"②

四、实行矩阵传播，在做好现场传播、电视端播出的同时，充分运用新技术、新手段，提高传播力和影响力

"文明大舞台"活动实现三种方式传播：一是活动现场通过市民互动、文明展示、树立身边的榜样等方式实现面对面实时传播；二是制作了 VR 全景、创意图解、动漫解读等主题融媒体产品，通过微信公众号、"大美湘潭"APP 等新闻

---

① 习近平：《之江新语》，浙江人民出版社 2013 年版，第 212 页。
② 陈信凌、李志：《论典型人物的宣传报道——学习习近平同志关于典型宣传的论述》，《新闻战线》2015 年第 3 期。

客户端推送，同时还运用视频直播手段，粉丝通过在线观看、互动留言实现网络传播；三是通过电视手段全场录制，然后经过后期精心制作，在湘潭电视台新闻频道、公共都市频道分不同时段播出，进一步放大电视端传播效果。全新打造传统媒体与新媒体优势相结合的"文明大舞台"报道融媒体矩阵，各具特色的融媒体产品精彩纷呈，为读者送上一道道色香味俱全的"新闻大餐"。

湘潭市广播电视台还组建一支"社区风采"寻找队，寻找发现社会主义核心价值观宣传中出现的典型变化，展示文明之美。大阳新村马路市场是河东城市管理一道出了名的疤痕，盘踞道路20多年之久，严重影响交通，湘潭市委书记、市人大常委会主任曹炳芳曾亲自带队实地督查整改。如今精美湘潭建设、三化两拆两改、老旧小区提质改造、社区街心公园等建设，让昔日的脏乱差小区旧貌换新颜，路平了，菜地成了健身场、小区停车也规范了。湖湘社区大阳新村马路市场今年年初也正式搬进了1200平米的农贸市场里。"社区文明大舞台"也搬到了居民家门口，湘潭市广播电视台特地用航拍镜头把这些变化展现在了居民面前，让居民们看得见、摸得着，也真切感受到了创文给他们带来的各种实惠和可喜变化。

"社区文明大舞台"更是唤起了广大社区民居参与创文、创森、创卫的积极性。如今列入棚户区改造的洗脚桥社区1800多居民，积极配合改造，告别旧居，让滨江路和沿江风光带顺利拉通，一栋栋高楼鳞次栉比，一条条道路整洁如画；曙光社区定期召开民情恳谈会，居民们对社区存在的问题献计出力，和平社区的小学生到了暑假，就直接走进了社区里举办的暑假第二学堂，进行爱心义卖和资助智障儿童；吉安路社区里昔日那些被征地村民不再打牌赌博了，纷纷参加社区举办的社区培训班，就业率高达97%，吉安路社区获得湘潭唯一一家国家级充分就业社区。2017年11月8日，中央电视台《朝闻天下》《中国新闻》栏目以《十九大精神进基层·社区流动大舞台 宣讲活动入人心》为题进行报道，12月25日晚，中央电视台一套《焦点访谈》栏目重点推介了湘潭创文惠民经验，"社区文明大舞台"再次呈现精彩。

在传统媒体经营模式遭遇严峻挑战的形势下，湘潭市广播电视台迎难而上，积极探索与新媒体融合经营的新渠道，做大活动节会品牌，做好对各部办委局、各单位的宣传服务工作，把触角延伸至各县（市、区）、乡镇，拓展农村市场，弥补硬性广告急剧下滑的空白。2017年以来，先后完成了第20届湘潭房博会、百姓春晚、春天的声音暨"书香湘潭"启动仪式、"七一"经典诵读暨百姓微宣讲展示、恒大达人来了、华银孝悌十佳、拳王擂台赛、九华湖音乐节、湘潭万达广场珠江啤酒节、窑湾涂鸦文化艺术、花石荷花节等300多场大型活动及节会。面对新媒体冲击、经济下行、政策影响等多重危机，湘潭市广播台巩固传统广告业务和活动创收，策划举办了各行业展会活动，特别是积极对接政府购买公共服务，既服务于湘潭市委市政府中心工作，又取得了可观的经济效益。

（作者单位：湖南湘潭广播电视台）

移动优先推进地市电视台媒体融合

郭琼峰

媒体融合，看上去全国的大小电视台都已经在做了，几乎所有的电视台都有自己的手机 App 移动端，有微信公众号、有微博；也有了聚合电视、电台、新媒体的"全媒体新闻中心"这个全新的机构。但是，大多数电视台，特别是地市级、县级电视台并没有见到预期中的效益：收视率未见提升，社会影响力未见增强，经济效益未见提高。媒体融合带来的红利在哪里？大家未免困惑，甚至对融媒体的思路产生了怀疑，这条路到底走不走得通？

有数据显示：2017 年年底，手机网络视频用户 5.49 亿人，网络直播用户 4.22 亿人，同比增长 22.6%，社交媒体用户规模巨大，微信日登录量已经超过 9 亿人，而相对应的电视却是收视率的下降，收视场景的消失。①

《中国新闻事业发展报告（2017 年）》指出：媒体融合依然是 2017 年中国媒体发展的主题，传统媒体与新兴媒体融合提速升级，内容与平台、渠道、技术、管理一体化发展，正向"融为一体、合而为一"的深度融合迈进。中央媒体持续发力引领深度融合，融合传播能力迅速提升；省级和市县级媒体因地制宜、主动作为，逐渐形成各具特色的融合发展模式。

在媒体融合的路上，很多电视台已经为我们做出了探索，摸索出了成功的经验，从中央媒体的层面，中央电视台的媒体融合堪称表率：从"V"观、到视频直播、到《中国舆论场》等新媒体新品牌，央视的新媒体以及媒体融合可以说是做得风生水起。"央视新闻"经过短短几年的发展，已经成为媒体融合的成功范例，微博、微信、客户端用户总数接近 3 亿，牢牢地占据主流媒体的领先地位。

省级卫视层面，上海电视台的"看看 news"是融媒体的新闻产品，覆盖卫视、互联网和手机客户端，形成了"多平 + 多平台"的全生态布局。

---

① 杨明品：《网络视听：唱响网络强国建设的广电乐章》，《中国广播电视学刊》2018 年第 7 期。

地市级层面的浙江杭州电视台、金华广播电视台、江苏常州电视台都在媒体融合方面取得了骄人的成绩。

放眼国外媒体，BBC、CNN 等很多知名电视台和媒体都进行了媒体转型和媒体融合的成功改革。

《中国新闻事业发展报告（2017 年）》强调，中国共产党和中国政府高度重视新闻事业发展，习近平总书记多次就新闻舆论工作发表重要讲话，有力指导中国新闻事业改革创新、健康发展。党的十九大对提高新闻舆论传播力、引导力、影响力、公信力提出新要求、做出新部署，为发展新闻事业确立了新的航标。①

作为主流媒体，电视台必须担负起历史和时代的使命，引导社会舆论主流、宣扬社会主义核心价值观、引导社会公平正义。

所以，毋庸置疑，改革是电视台必经之路，媒体融合是必经之路，成功与否取决于我们的思维方式是否改革到位。"融为一体、合而为一"融合的是一种新媒体的思维模式，合而为一的是一种贴合用户需求的表达形式。

一、用户决定平台：不跟着用户转移平台是社会资源的浪费

从电视台自身来说，特别是地市级和县级电视台，没有收视率调查，所以做出战略决策时，没有硬性的指标用来参考，唯一的参数就是创收任务完成的数据。电视硬广告已经是强弩之末，做活动创收成本越来越高，客户越来越不满意效果。行政事业单位对电视宣传更多的是完成任务，对电视的收视率和影响力，大家心知肚明，所以投入的热情越来越小。尽管如此，还有部分电视台，仍然在加大电视的投入，殊不知，这种自娱自乐的作风，是对电视台人力、财力、物力的一种浪费，也是对员工工作热情的一种浪费和打击。

自娱自乐不仅是对社会资源的浪费，而且从工作职能而言，也远远未达到党和政府对宣传工作的要求：主流媒体的平台如果影响不了大多数人群，就会失去主流的地位和影响力。从新华社成立伊始，主流新闻媒体一直是党和政府最有力的发声之处，所以称之为喉舌。如果不能强势发声，让声音淹没在自媒体之中，党和政府的声音又怎么能让人们听到，怎么发出号令？怎么以正视听？怎么完成党和政府赋予电视的使命？

二、移动优先战略：平台决定形式

习近平总书记在全国宣传思想工作会议上强调，做好新形势下宣传思想工作，必须自觉承担起举旗帜、聚民心、育新人、兴文化、展形象的使命任务。要把握正确舆论导向，提高新闻舆论传播力、引导力、影响力、公信力，巩固壮大

---

① 《中国新闻事业发展报告（2017 年）》：中国记协网 2018 年 6 月 20 日。

主流思想舆论。要加强传播手段和话语方式创新，让党的创新理论"飞入寻常百姓家"。要扎实抓好县级融媒体中心建设，更好引导群众、服务群众。①

正如习近平总书记指出的，受众在哪里，宣传报道的触角就要伸向哪里，宣传思想工作的着力点和落脚点就要放在那里。② 从完成历史和时代使命的要求来说，电视宣传要和群众打成一片，就不能自娱自乐、自欺欺人，这是讲政治的要求，也是发展的必然，不进则退，电视台的媒体融合必须要跟着群众一起转移宣传阵地。那么首先要做到的是移动优先。

三、移动优先战略：形式决定机制

明确了移动优先，就有了正确的战略定位，这个优先就要体现人力、财力、物力投入的优先上，体现在体制的优先上。

以金华电视台为例，浙江金华广播电视台的媒体融合被誉为"金华模式"，通过媒体融合，金华台转型发展取得成功：新闻外宣连续两年从排名靠后到获得全省一等奖；两年 11 个节目获得浙江新闻奖和政府一等奖，走在全省前列；经营创收连续两年实现正增长，并保持持续上升势头，2018 年 1～4 月增幅高达 12%；2017 年举办首届全国全媒体主播大赛，网络点击量高达 9.3 亿人次，获评 2017 年度"影响中国传媒"最具影响力活动。

他们体现在移动优先上的做法，可以总结为：一是体制改革优先。成立融媒体中心，实现机构融合人员融合，搭建全台记者及时发稿的平台，实现文稿、图片、视频素材统一收集、统一生产、统一分发的采编流程；二是发稿模式的优先。做到了新媒体首发责任化，"首发"二字说起来简单，但是要做到快发、又发、连发带动用户转发，就需要记者全面转型，必须按照新媒体发稿的思维，做到及时、简短、以图为主、碎片化、有吸引力、方便转发的新媒体特性；三是直播常态化。直播手段其实是广电的强项，也是符合受众对现场感、参与感的收视要求的有效引流形式，金华台直播点击量从 8 万到 30 万＋，成功地打造了直播流。

金华台"移动优先"的首发以及实现手机屏、电视屏、电脑屏的"三屏"融合，新媒体移动端原创内容从 2017 年的每月发稿 900 多条，到 2018 年月均发稿 1400 多条，稿件质量和点击量明显上升。③

金华台的成功给我们带来最重要的一点启示是，媒体融合必须要实施移动优

---

① 《习近平在全国宣传思想工作会议上强调：举旗帜 聚民心 育新人 兴文化 展形象 更好完成新形势下宣传思想工作使命任务》，央视网 2018 年 8 月 2 日。
② 高晓虹：《立足新闻传播新业态 构建电视报道新格局》，《电视研究》2018 年第 4 期。
③ 楼伟民：《推进深度融合 打造新型主流媒体》，《中国广播电视学刊》2018 年第 7 期。

先战略，把优先落到实处。首先是机制的改革、人力财力物力的优先。保证移动端的顺利运行就要建立一个新的考核和用稿运行体系，也就是要建立一个可持续运转的"中央厨房"。很多地市台的新媒体中心其实就是以电视台新闻中心记者为主体，将没有新媒体用稿纳入考核，或者说纳入了考核也没有一个整体性的运作机制。

说到"中央厨房"的建设，很多主流媒体都进行过探索，有失败的教训也有成功的经验，比如，澳大利亚《悉尼先锋晨报》试图"一键分发"，但是，实践证明内容产品仍然停留在传统媒体层面，以失败告终。澳大利亚广播公司将各广播电台、电视频道、数字点播中心等全平台完全统一整合，内容差异和针对性越来越模糊，属于过度整合的失败。BBC 的成功是将内容重新划分、机构重组、资源最大化共享，不足之处是没有建立全媒体记者团队。CNN 的成功是资源集约化的最大运用，不足之处是电视内容平移到新媒体平台，错过了社交媒体发展最初的黄金期。

CGTN 即"中国环球电视网"，2017 年建立了融媒体中心，按照"多形式采集、同平台共享、多渠道、多终端分发"的融合传播理念打造核心业务平台，也就是"中央厨房"。经过统一策划采集信息，差异化发布，传播效果非常好。如 CGTN 采制的 15 集大型主题报道《中国方案》，不仅有电视版，也有以短视频、图文、短评方式呈现的新媒体版本，成功地进行了融媒体传播。①

由此可见，"中央厨房"经过不断实践、失败和摸索，得到的最核心理念就是"统而不同"。

还有很多地市级电视台特别是县级电视台，对于"中央厨房"的建设，没有领会核心理念，而是纠结于硬件设备的投入，认为没有大的投入，"中央厨房"则是天方夜谭。其实，从很多电视台成功的经验来看，"中央厨房"最关键的不是硬件和设备的投入，而是掌握并运用先进的运作理念，具体运用体现在统一策划、统一采访、分步骤、分平台发布。

（一）统一策划、分步骤、分平台发布

为了避免资源的浪费和选题发布的无序，统一策划也是资源的统筹运用，明确了采访主题、各个平台发布的方案，统一安排记者进行前期信息采集，统一安排全媒体记者采访，同时部署新媒体编辑前置，以确保内容采集的针对性。发布端不搞"一键分发"，而是所有内容根据各个平台上的特性和要求，进行差异化编辑和发布，同时更好地实现新媒体移动端的及时首发，这是第一阶段的发布，要求以新媒体实时快速、短小精短、图片、短视频为主。根据主题要求，电台可

---

① 江和平：《新时代新战略新探索 CGTN 重新定义融合传播》，《电视研究》2018 年第 1 期。

以做到及时发布和连线。这一步骤使两个平台很好地满足了受众及时性的要求，抢占了发布的先机。第二阶段是电视报道：有同期声和画面，报道更加生动具体和翔实。新媒体移动端、电台随时跟进发展的最新动态以及深度报道。

（二）统一采访

根据主题重大与否和主题的特点，统一安排记者，记者承担的融媒体记者的职责，要做到新媒体首发、电台连线、电视台发稿几个平台分别发布，同时体现不同平台的稿件特色。这对记者的要求比较高。

（三）机制改革是基础保障

采访和发稿的形式要求都变了，实现这些转变的前提就是对记者用稿稿酬考核机制的转变、对发稿平台的贯通和保障，移动新媒体首发不再是可发可不发，不再是一种奖励机制，而是硬性的发稿要求，没有做到就没有完成采访任务，这是考核机制根本性的转变。对平台建设来说，首先就要畅通新媒体移动端发稿的渠道，很多电视台在建设平台时被各种设备的价格所局限，其实在移动时代，手机功能非常强大，图文、短视频的发布用手机就可以实现实时化，但是实时发布的平台要有保障，接收的渠道处理方式要有基本保障。

四、移动优先战略：形式决定产品

以移动平台优先，首先要设计符合移动平台特点的媒体产品。现在大多数电视台建起了移动平台，但是基本上没有适合平台形式的产品，有的内容是改编报社的新闻，只不过换成了图文形式。这个状况说明仍是按照电视和报纸的思维在做新媒体。那么，新媒体的特性是什么？共享和互动是新媒体的本质属性，其价值在于以用户为中心的双向触达，是个性化、定制化内容推送的前提。也就是时效性第一、碎片化、互动性、直播化。我们要紧紧围绕这些特点设计我们的新媒体产品。

（一）开设移动平台"直播专栏"

新媒体首发满足的就是新闻的时效性，"信息直播专栏"要求做到新闻实时发送，这不仅是移动平台上提供的一个手机实时发送图文新闻、短视频新闻的平台，满足单条快讯发布的需要，同时也是一个微直播的平台。电视台的移动手机平台上有这样一个窗口，随时发布当地的重要时政新闻信息、重要的生活服务类信息，重要的活动直播。同时可以加强实时互动，以各种形式的直播发布，提升收视关注和互动参与性。

这个平台的建立，要加强对记者的新媒体发稿的培训和规范要求。按照图片优先、短视频优先的原则，配发简短文字，以最快的速度发布图文新闻、发布短视频、通过手机进行微直播。

（二）开设"单条信息发布专栏"

信息类产品的打造遵循的原则是碎片化，它符合现在快节奏和大众了解资讯的习惯。制作新闻和信息产品的原则是要简短、图片、精彩。碎片化的特点，要求我们对信息有持续关注和随时发布的意识，特别是对受众关注度的重大事件和重大主题，新媒体和电台可以发挥碎片化的特点，随时跟踪随时更新发布，满足受众的信息需求。对新闻事件，新媒体碎片化的发布可以抢占发布的时效性，在第一时间发声，第二阶段是跟踪事件发展随时发布进展情况以及事件的深度报道和背景分析。

"单条信息发布"板块对于融媒体来说，还有第二层含义，那就是现阶段被很多电视台忽略的一点：用碎片化的收视习惯，在新媒体上发布传统的电视电台节目。现在打开很多电视台的新媒体移动端，30 分钟的电视节目、一个小时的节目都是一整期节目的点播。殊不知，现在的受众没有时间和耐心和看电视一样看手机上的视频节目，我们要做的是碎片化发布：把整期节目拆分为单条发布，有简短图文版配上单条的视频。图文版浏览后，有兴趣的可以点击视频版。有的信息发布还可以根据特点剪辑短视频发布。前面提到的金华广播电视台等就已经做到了移动新媒体对电视新闻的单条发布。

（三）开设"爆料互动"板块以及加强各个板块的互动性

共享和互动是新媒体的本质属性，其价值在于以用户为中心的双向触达，是个性化、定制化内容推送的前提。移动平台重要的产品设计环节在于互动和共享的产品设计，新媒体一定要专门开设醒目的点评、爆料、投稿的板块，才能把用户变成关注者、参与者和生产者，建立自己的社群、与受众共建社群。同时"爆料互动"板块也是一个信息共享，收取受众主动参与投稿的板块，在手机应用强大、移动互联网时代，每一个人都有条件成为信息的发布者，受众积极为媒体发送图文、视频，都是值得我们重视的参与和关注的形式，这个板块是吸粉的渠道，让受众和我们一起制作节目、关注时事，是媒体是否成功融入当地群众的一个衡量标准。

同时，在移动平台"直播专栏"和"单条信息发布"等各个版块同样都要加强互动性，做到每个版块和专栏、每条信息点击之后可以点评、互动交流。

以央视《中国舆论场》为例，三屏联动是栏目的最大特色，节目的每一环节都与互联网进行链接，由观众自己选议题，在嘉宾阐述议题的同时接受观众的在线提问，并根据问答给予更全面的解答，纠正网络舆论的偏差。受众既是议题的提出者也参与评论，观众可以发送表情、文字、图片、短视频与节目现场互动，构建了一个人人策划新闻、人人评论新闻的交互空间。"在线观众席"设置微信抢票环节。同时立足于手机用户体验，每期节目不定期发送礼品和红包，总价值约 10 万元，带动观众参与。亲民、互动、民主、权威，《中国舆论场》搭建了一个新时期正确舆论引导的主流媒体场。据统计，《中国舆论场》每期节目互动人次超过 400 万。[①] 只有和受众建立连接，媒体才真正能够吸引大众。双向反馈才能形成信息和人情的流动，得到认可和依赖。这样的受众就会变成粉丝关注媒体。

（四）打造直播品牌

直播是电视台、电台的最大优势，也是观众关注度和参与度高的一种形式，电视融媒体直播，要做到微直播的常态化、形成直播品牌，让观众形成直播收视习惯。重大事件和活动的全媒体直播，同时可以通过移动新媒体直播带动电视直播的收视率提升。

打造移动新媒体直播品牌包含两个内容：一是移动端做好自己的直播产品，打造品牌直播产品，对于"两会"、重大政务活动的直播要主动策划当仁不让，作为主流媒体要把讲政治放在第一位，也要成为我们和自媒体竞争的核心竞争力，重大活动主流媒体的发声是代表党委政府的声音。一定要做好重大活动的直播，用实力和影响力说话。例如，湖北省恩施州电视台，充分运用"云上恩施"手机移动平台，进行大活动的微直播，对州委州政府两会等大型会议进行全媒体直播，对重大的文体民族活动进行新媒体直播，如水运会、摆手节、"女儿会"等，每次直播受众达到 3 万至 5 万人次，移动新媒体直播已经成为一个品牌，正在为各级党委政府接受并成为首选；二是发挥电视、电台传统媒体的优势，在移动新媒体平台上开辟阵地，建立直播节目的版块，广播、电视节目是电视台新媒体区别于其他新媒体的最大特点和优势，目前，电台节目基本实现了全天候直播，现在很多电视台移动新媒体对电台节目的基本上也只是节目平移，要在移动新媒体首页足够醒目的首页上设置电台的直播节目版块，方便受众点击和收听，培养收听习惯。同时根据碎片化的特点，制作《5 分钟早新闻》等一系列简短新闻综合信息节目在新媒体和电台同时直播，促进了广播节目的碎片化收听。另外，通过电台直播节目的视频化来提升听众的关注度。

直播已经是一个热词，这种形式接受度非常高，电视台、电台要运用自己的强项和时尚接轨，就在于用好直播手段。手机微直播成本小、方便快捷，电视的移动新媒体也要通过直播活动，推出自己的网红。同时，通过直播手段带动小活动的长期开展，大活动的全媒体直播，用直播带动活动开展，一是提高活动宣传的可视性和吸引力，加强宣传效果；二是用直播增加活动开展的数量和质量，提

---

① 王鹤、张梅：《中国舆论场：打造舆情权威平台 建构融媒体舆论格局》，《电视研究》2018 年第 4 期。

升电视台的人气，提高创收。

五、移动优先战略：小屏幕推动大屏幕

电视台融媒体首先是移动媒体的强势发展，然后是用移动媒体的思维，经营电视台、电台产品，通过"小屏带动大屏"，增强全媒体的共享性和互动性，才能实现全媒体有生命力的真正融合。

移动优先，如何倒推电视节目形式和内容的改革？就是把移动新媒体的思维用来改造传统的电视节目，首先是形式上的改变，比如，用短视频的制作和传统的专题片结合，或者是为专题片制作便于推广分享的短视频，用微电影、微剧场取代传统的专题片和广告片。补上电视互动不足的短板，在移动新媒体上加强电视栏目和观众的互动，增加提问、答疑、爆料的版块。视频直播电台节目，增加移动新媒体上电台节目的互动版块。立足本地优势，做精做强以新闻信息、服务为主的内容，做到选对平台、找准形式、做精内容，打造地市级、县级融媒体优秀产品。

把握移动优先这个融媒体建设的核心，无需更多的硬件投入，只要我们转变思维方式，一切皆有可为。有为才有位，只有建立用户思维，跟着用户转移平台，用平台的要求改造产品形式、提高内容质量，用移动优先的战略思维，做好融媒体传播，地市级、县级电视台才有可能重新得到观众，恢复主流媒体的地位，才能很好地完成党和政府的宣传任务，真正成为党和人民的喉舌，实现新时代主流媒体的社会价值。

（作者单位：湖北恩施州电视台）

问政类节目亟待提升四种能力

胡桂林　胡羽茗著

　　问政类节目是 10 多年来新兴的电视节目类型，据不完全统计，全国已有 100 多家地市级以上电视台、广播电台先后开办问政类节目。尽管它们内容、形式、名称各不相同，但都是坚持问题导向，以人民群众为问政主体，以党政领导干部为问政对象，以党委政府高度重视、人民群众反映强烈的现实问题为问政内容，以曝光短片为问题表达的主要形式，以演播室访谈与直播为主要节目形态。它们无一例外地获得好的传播效果，因为它们跨越了中国当代舆论监督从未跨越过的障碍，第一次将党内监督、行政监督、民主监督、法律监督、群众监督、舆论监督有机整合在一个平台上，形成了前所未有的监督合力。正是因为有了这个合力，问政类节目得以成为截至目前社会干预度最高、推动能力最强、监督力度最大、监督效果最好的电视节目，成为党委政府重视、人民群众信赖、媒体受众喜闻乐见的电视节目，成为治庸问责的新利器、公共治理的新平台、民主建设的新样本、官民沟通的新渠道、舆论监督的新典范、电视传播的新品牌。

　　但是，近两年，一些地方电视问政的收视率与影响力有下滑趋势。除了内容、形式上的创新不够外，主要原因是在问题的发现、表达、分析、解决上出了问题。"问题"是问政类节目成败的"总钥匙"与"总开关"。把问题解决好了，电视问政的社会功能就发挥到位了，节目的传播力、引导力、影响力、公信力就必然会大大提升。所以，进一步强化问题导向，提升问题发现能力、表达能力、分析能力、解决能力是问政类节目关键中的关键。

一、提升问题发现能力

　　问题发现能力，是衡量一名记者、一个新闻媒体专业水准的重要尺度，以问题为导向的问政类节目更是如此。如果说监督是问政类节目最主要的功能，问题就是问政类节目最主要的抓手。

　　发现问题是表达、分析、解决问题的前提与基础，发现问题的水平，决定了表达、分析、解决问题的水平。

然而，问题的陈旧、琐细、普通、轻浅、偏差严重地制约了问政类节目的质量，问政类节目主创人员的问题发现能力亟待提高。

一个节目的问题发现能力至少可以从如下五个方面来衡量：

（一）发现问题的敏锐性

即对处于隐含状态问题的敏锐程度与发现速度。它可以从两个方面理解：一是发现别人难以发现的重要问题；二是及时发现问题。有了发现问题的敏锐性，你发现的问题就具有及时性、前瞻性与时新性。

（二）发现问题的广阔性

即发现问题的广度。也可以从两个方面理解：一是发现问题的范围是否广泛；二是对同一个事物或者事实，能否从多角度、多方向发现问题。发现问题越具有广阔性，就越具有准确性、代表性与典型性。

（三）发现问题的深刻性

即发现的某个问题具有代表性、典型性、重要性，能够透彻反映某一类问题的本质，并能够揭示某种规律性。深刻的问题往往是信息承载量与思想承载量很大的问题。发现的问题越具有典型性，就越具有概括力与深刻性。什么叫典型性？个别的事物或事实所具有的体现出某一类事物或事实本质的特性。典型性是个性与共性、普遍性与特殊性、偶然性与必然性的高度统一。

（四）发现问题的准确性

即发现问题符合客观实际的程度。准确性要求发现的问题应该是真实的、客观的、精确的、确定的，"点"上的真实与"面"上的真实是一致的，样本的情况与总体的情况是相统一的。

（五）发现问题的创新性

即发现问题过程中表现出来的创新意识、创新方法与创新结果。也可以从两个方面理解：一是发现问题的新颖独特；二是发现问题的方法的新颖独特。

在发现问题的这五个方面中，深刻性是核心。离开了深刻性，问题的价值量就会大打折扣。

当然，问题发现力，实际也包括问题的遴选、研判能力，而在遴选、研判过程中，往往考验着主创人员的统筹兼顾能力。以武汉电视问政为例，在遴选问题时，必须兼顾如下要件：

1. 年度性——遴选的问题必须是本年度"十个突出问题"；

2. 地域性——必须是发生在武汉市辖区的问题；

3. 兼容性——必须是党委政府高度重视，同时，又是市民群众反映强烈，都希望通过电视问政推动解决的问题；

4. 重要性——必须是关系到改革、发展、稳定大局的问题；

5. 典型性——必须是个性与共性、普遍性与特殊性、偶然性与必然性统一的问题；

6. 相关性——必须是与接收问政的责任人及其所代表的单位部门相关的问题，即这个问题的发生与发展，责任人及其所代表的单位部门应该负有很大的责任。许多短片曝光的问题，是基层工作人员的能力、行为造成的，你拿到问政台上来，根本上不了台面，或者说接收问政的责任人及其所代表的单位根本无法负责，效果肯定就不会好。

7. 可整改性——必须是党委政府正在推动整改、市民群众迫切要求整改、有关责任单位通过努力可以整改到位的问题。

二、提升问题表达能力

问题的表达，在一定程度上决定问题的分析与解决。要把问题准确、真实、客观、巧妙地呈现出来，并非易事。

问政类节目呈现问题或者说问题的表达主要是通过曝光短片、音视频连线、问题爆料、主持人访谈等环节。

（一）曝光短片

精心拍摄曝光短片是做好问政类节目的基础，每一个短片都是节目的精彩看点，问题的焦点，也是访谈的重要支撑点。

好的短片一定要以发现问题的敏锐性、广阔性、深刻性、准确性、创新性为起点，否则，品质很难保证。同时，要从以下几个方面下足功夫：

1. 鲜活的现场：现场是电视表达的强项与优势，而现场的全息信息最有说服力、感染力，也最能吸引受众的注意力。我看了很多问政类节目的曝光短片，基本上都是配音加画面，好一点的做到了声画对位，差一些的是声画两张皮。记录现场应该是声画同步，而不是声画对位。好的现场应该是具有强烈互动感的事件中心带。

2. 进行的时态：进行时态可以彰显短片的现场感、真实感、紧张感。短片应该让受众感受到时间的进行，感受到事件正在发生之中，感受到调查主体探访的进程。拍出时态感，是所有电视工作者的基本功。

3. 曲折的过程：袁枚说："文似看山不喜平"（《随园诗话》），意思是说，写文章就好比观赏山峰那样，喜欢奇势迭出，最忌平坦。做电视与写文章是一个道理。在采访、拍摄与后期制作中，要注意追求一波三折、悬念迭起的过程，这可以大大增强短片的表现力和可看性。

4. 确凿的证据：做新闻，最重要的功夫是采访到有效的事实；做问题报道，最重要的功夫是收集到确凿的证据。确凿的证据必须具有以下特征：一是固定牢靠，不可推翻；二是公信力强，难以怀疑；三是说服力强，以一当十；四是链条完整，佐证有力。

5. 震撼的声画：就是声音画面应该具有强烈的视觉冲击力与心理冲击力，最大限度地呈现现场细节与矛盾冲突，并通过它们揭示问题。

6. 精悍的篇幅：短片过长，会破坏整个节目的节奏感与悬念感，还会影响访谈的正常进行。所以，短片最好控制在 1 分半钟左右。不必追求信息的完整无缺，只把最重要的事实与细节加以呈现，以便给访谈部分充分"留白"。短片中一般性采访，大可删去，或者将它们变成访谈内容。短片"只摆事实，不讲道理"，凡交代背景、讲明道理方面的内容都留给演播室访谈去解决。

7. 客观的语态：一些问政类节目的曝光短片存在的明显缺陷就是语言的感情色彩、是非色彩非常浓厚。一些短片爱用形容词，而且形容词用得非常不适当。问政节目与一般新闻节目不一样。新闻采访的主体毫无疑问是记者，而问政的主体不应该是媒体、记者，而是人民群众。所以，短片中明察暗访的主体尽量要让人大代表、政协委员、人民群众、问政督查员来承担，电视记者最好隐藏在幕后。这样做，对广播电视媒体来说也可以规避一些不必要的风险。

呈现问题不是越严重、越尖锐越好，要适度，要留有余地，不要把话说满，要懂得重话轻说、急话缓说的道理。此外，短片在数量上、分量上要特别注意地区、行业、单位、部门之间的平衡，在每条短片中，也要注意各方话语权的平衡。

（二）音视频连线

音视频连线的作用：一是可以将此时此刻演播厅以外的最新情况与动态即时呈现；二是让那些必须来演播现场参与节目而由于种种原因不能前来的人员实现即时参与。

问政类节目中，音视频连线的运用必须紧紧围绕问题的呈现、分析与解决来推进，而不是为连线而连线。

在什么情况下可以运用音视频连线呢？一是在短片对问题的最新情况来不及呈现而新情况对问政非常有用的情况下可以连线；二是在接受问政的责任人对短片呈现的问题进行质疑而连线的内容可以进一步证明短片的真实性与客观性的情况下可以连线；三是在场外有人可以提供新的、更有力的证据的情况下可以连线；四是在需要不能到场的人士就某个问题进行解读、评论、提供新信息的情况下可以连线；五是节目需要不能到场的有关人员进行必要互动与反馈的情况下可以连线。

（三）问题爆料

问题爆料主要包括各新闻媒体爆料、市民群众爆料。爆料包括演播室问政现场爆料、演播室外爆料。场外爆料包括热线电话、微博、微信等渠道。

问题爆料很好地解决了问题的点与面的关系问题。如果说曝光短片的侧重点是呈现问题的严重性，那么，问题爆料的侧重点就是呈现问题的普遍性。许多爆料是短片的佐证。

问题爆料环节最重要的要注意两点：一是问题爆料的可控性，必须保证爆料问题的真实性、时宜性、准确性、恰当性。二是与问政主题、内容的一致性。

（四）主持人访谈

在主持人访谈环节，也会常常呈现问题。在这个环节呈现问题要注意两点：1. 只有在前面三种手段已经表达但问题仍然没有表达清楚的情况下。2. 主持人不可直接说出问题的真相，必须通过"问"，让被访谈人说出问题及其真相。

三、提升问题分析能力

分析问题就是找出问题发生、演变的原因、症结与责任所在，并正确研判各种因素的区别与联系。分析问题贯穿于发现问题、表达问题、解决问题的全过程。分析问题的质量，决定发现、表达、解决问题的质量，决定问政的效果与水准。问政类节目作为一档新闻类、访谈类、直播类节目，在分析问题方面有它特殊的要求。

（一）要精当

电视传播，长于纪实，拙于说理。电视观众对议论与说理的接受度也远远低于叙事。所以，问政类节目分析问题一定要简明扼要，高度凝练，一语中的。

（二）要明快

明，就是透彻；快，就是不拖沓。如何做到既"明"又"快"？问政类节目主持人访谈的主要内容包括四个方面：1. 短片、连线、爆料等方式对问题呈现不清楚、不到位的地方，需要通过访谈问清楚、问到位；2. 通过访谈问清楚问题产生的主要原因；3. 通过访谈问清楚主要责任者（包括单位与个人）；4. 通过访谈问清楚如何查处整改。四个方面的访谈内容都不能拖沓，其中原因与责任部分，属于分析问题的内容。在问原因、责任时，主持人很容易被问政对象"绕"进去而难以抽身，结果很多主持人一下子把自己变成了"庭审的法官"，这是不好的，一定要避免类似情况的发生。如何避免？在一果多因的情况下，只需要问明主要原因，把其他原因交给有关部门去查实。问责任也是一样，只抓主要，不问其余。基本原因责任清楚了，立马往下走，不恋战，不纠缠。

（三）要准确

如何做到这一点？首先是访谈嘉宾遴选得正确恰当。他们要知情、权威、客观、有话语权、表达要清晰。其次是要做到"问方"与"被问方"话语的平衡，让他们在对话中达成"共识"。三是前期调查要到位，是违章、违纪、违法、还是犯法？主创人员对问题的性质、原因、责任要做到心中有数，拿捏有度。

（四）要深刻

分析原因要有深度。最大的困难是在"明快"的要求下，如何达到深度？这里也不妨说一点不成熟的意见。我分析了很多问政类节目曝光的问题，发现产生的原因固然很多，但不外乎如下两种：

1. 与问政责任人及其所代表的单位部门无关的原因：它们包括自然方面的原因、物质方面的原因、技术方面的原因、社会方面的原因等等。这些原因在大多数情况下可以不问。

2. 与问政责任人及其所代表的单位部门有关的原因：它们包括水平能力方面的原因、态度行为方面的原因、体制机制方面的原因、思想观念方面的原因等等，这四个方面的原因的深度是层层递进的。现在很多问政类节目，在分析原因是，往往是就事论事，再就是把时间精力用于问作风（态度行为）方面，这样就显得很肤浅，应该更多地在体制机制、思想观念上找原因。

四、提升问题解决能力

发现问题、提出问题、分析问题，最终的落脚点是为了解决问题，能否推动问题解决？在多大范围、程度上解决？是检验问政类节目社会效果的重要标准。当然，解决问题绝不仅仅是一个电视节目的责任，但既然是以解决问题为终极目标的节目，就要形成一股解决问题推动力。敏锐、及时、准确地发现重大问题，客观、真实、恰当、巧妙地表现问题，诚恳、精到、深刻地分析问题，都是解决问题的强大推力。在提升问题解决能力上，节目主创人员要特别注意如下几个方面：

（一）把问题的可解决性、可整改性自始至终作为问题研判与节目策划的重要尺度

根本不可能解决、近期整改难以到位的问题，坚决"忍痛割爱"，不上问政。在呈现问题、分析问题的时候，要请权威人士、接受问政的责任人就问题能否解决、如何解决进行真诚、理性的探讨，为有关单位解决问题集思广益，提出切实可行的思路与对策。最后，要请接受问政的责任人就问题解决的思路、措施、期限进行再承诺，以便问政结束以后，媒体进行跟踪报道。

（二）在推动查处、解决问题的过程中，要有法治意识、程序意识

要积极稳妥地依靠党委、政府及其有关部门查处、解决问题。要依法依规，按照规定程序查处、解决问题。不能跨越法规、跨越程序，逼迫乃至"绑架"有关责任单位部门查处、解决问题。电视问政曝光的问题，都必须由法定机构依法查实之后，才能处理，经过查实的问题，才能依法依规解决。

（三）要注意通过"一件事"推动"一类事"的解决

问政类节目提出的问题越典型，越具有普遍性、代表性，问题的承载力与概

括力就越强，解决问题的推动面就越大。提出的问题越深刻，越能够触及体制机制层面，就越容易推动人大、政府建章立制，达到从根本上解决问题的目的。

（四）要通过不断提高节目的实效性赢得党委政府的支持，提升节目的权威性

现在，许多问政类节目曝光的问题，已由党委、政府亲自督办，有的由纪检、监察机关亲自督办。有的地方还将电视问政满意度测评数据纳入目标管理考评体系，这将大大提升问政类节目的问题解决能力。

（五）在推动线上问题解决能力的同时，要千方百计提高线下问题解决能力

即使上问政的问题能够100%解决，每次问政能够解决的问题数量也是极其有限的。长而久之，随着不能解决的问题越积越多，人民群众就会对电视问政失去信赖度与关注度。一些地方问政类节目的成功做法值得借鉴，就是在办栏目的同时，与纪检监察机关一起开办网站。市民群众反映的各种问题，能上问政节目，上问政节目，不能上问政的，全部上网站，由纪检监察机关监督，问题涉及单位部门限时调查处理解决。调查处理解决的进程在网上动态全程公布，并将问题涉及单位部门的办复率、市民满意度纳入目标管理考评。

（作者分别为：武汉广播电视台高级编辑、编辑）

文化自信语境下城市电视台开办文化栏目初探

张榕容

党的十八大以来，习近平总书记曾在多个场合提到文化自信，习总书记指出："没有高度的文化自信，没有文化的繁荣兴盛，就没有中华民族伟大复兴。""中华优秀传统文化是我们最深厚的文化软实力，也是中国特色社会主义植根的文化沃土。"在这样的语境下，国家新闻出版广电总局发出了《关于积极开办原创文化节目，弘扬和传承优秀传统文化的通知》，央视及各大卫视纷纷推出了一批原创文化类节目，一时间国学竞赛类的有央视的《中国汉字听写大会》《中国成语大会》《中国诗词大会》；河南卫视的《汉字英雄》《成语英雄》；四川卫视的《诗歌之王》；陕西卫视的《唐诗风云会》；东方卫视的《诗书中华》等，朗诵欣赏类的有央视的《朗读者》；黑龙江卫视的《见字如面》；江苏卫视的《阅读·阅美》等，文物知识类的有央视的《国家宝藏》；北京卫视的《上新了·故宫》等。这些实力雄厚的上星媒体用文化牌打起了火爆的荧屏战，文化类节目成了屏幕热点和新宠。实力和覆盖率都大大不如上星台的城市电视台，要想赶上这波热潮，挤上这趟快车，仅仅靠简单的东施效颦，用同质化的节目模式，想要在残酷的市场竞争中分得一杯羹，在热热闹闹里求得夹缝中的生存，显然是不现实也不理智的。那么作为地方主流媒体的城市电视台，就不能开办原创的、有品质的文化类栏目了吗？笔者作为桂林电视台《文化桂林》栏目的开创者之一，对这个问题作了一些行之有效的思考和探索。

一、在"内容为王"的前提下，让"文化"落地

目前我们在荧屏上看到的大多数文化类原创节目，都是以综艺节目的"壳"来装文化的"核"，大部分都是借助竞赛、表演、访谈、朗诵、演唱等综合艺术手段，在大型演播室内录制的文化综艺节目，先放下开发这类知识性的真人秀节目模式，所需要的策划人员这样的软实力不说，单就录制综艺节目的大型演播室而论，这样的硬件设施，是很多城市电视台望尘莫及的，无论是明星真人秀还是素人真人秀节目，对城市电视台的人力、物力、财力都是一个极大的考验，也可

以说是一件费力不讨好之事。城市电视台开发自己原创的电视产品一定要量力而行，要充分考虑投入和产出比。一档节目投放屏幕以后，要想有收视好评，得到观众的激赏，一定是内容与形式的完美结合，那么"内容为王"就是前提，就是核心竞争力。作为地方电视台，要开办文化节目，和观众息息相关，就在观众身边的地方历史文化就是我们的表现主体。观众对他们生于斯，长于斯的城市的历史文化不一定有透彻地系统化地了解，很多观众往往都是只知其一，不知其二。把经过细致严谨地辨析、梳理和考证的地方历史文化，借助视听手段搬上荧屏，"让抽象的文化落地变成具象可感的艺术表达"①，是城市电视台的责任和担当。贺州电视台的《贺州发现》和桂林电视台的《文化桂林》就实践了这样的文化担当。"对于文化而言，失去了特色就失去了魅力，失去了'唯一性'，也就失去了'大众性'。"②，桂林电视台所在的桂林市，是1982年2月国务院首批公布的24个历史文化名城之一，它有着2130年的建城史，文化积淀深厚，其文化资源和旅游资源同样丰富，这两者往往相互交融，难分彼此。因为桂林文化，在很大程度上体现为山水文化，所谓的"看山如观画，游山如读史"就是它的真实写照。但作为地方主流媒体，桂林电视台很长一段时间以来，对桂林的旅游资源宣传得多，对文化资源关注得少，系统呈现几乎没有，仅仅是就旅游而论旅游的做表面文章，没有深挖背后的文化内涵。在当今无论是本地观众还是外地游客，其文化素质都普遍提高，文化需求日益旺盛的状态下，桂林电视台推出一档以"寻找桂林文化的力量，挖掘桂林文化的价值"为宗旨的原创文化栏目《文化桂林》，是非常及时的，从栏目播出到至今的收视效果来看，也是经得起市场考验的。因而城市电视台只有避开上星台的规模化，同质化，独辟蹊径地以差异化、接地气的地方文化为表现内容，把得天独厚的文化资源优势，变成节目优势，做出具有鲜明地域特色的文化节目，才能在屏幕上为自己留其声，见其影，以独立的文化个性在激烈的荧屏大战中为自己谋得一席之地。

二、以严谨的学术态度让"文化"可信

说什么仅仅是文化的一个方面，但怎么说才能体现出节目的文化品质，让观众可信呢？"其实，电视播出的节目无外乎两种：一，观众想看的；再，媒介想让观众看的。节目的定位，实质上是在两者之间找到一个合适的度。"③ 这个度，

① 何天平、张榆泽：《上新了·故宫：重构"空间"与"时间"的意义生产》，《当代电视》2019年第1期。

② 王勐、薛晋文：《传承中华文化基因 弘扬传统美学精神—对省级卫视如何打好"文化"牌的思考》，《当代电视》2016年第7期。

③ 高鑫、贾秀清：《中国电视文化生态环境刍议》，《当代电影》2001年第1期。

笔者理解为就是要在创作者和观众之间建立一种信任关系，让观众相信并接受创作者在有限的时长内，向他们传递的信息。从某种程度上说，创作者的严谨程度和史学视野，直接关系着文化栏目的学术价值、可信度和受欢迎度。

今天，我们打开电视机，看到的文化类节目，不是读信、读书，就是背诗词、唱戏曲、猜谜语，节目形态单一、雷同。"文化类节目在规模化发展的同时，该类节目也逐步暴露出发展瓶颈和行业性症候。"[①] "不少电视台匹配节目研发、硬件支持等方面的能力不足，致使文化类节目品质参差不齐、同质化现象严重。"[②]节目是人做的，节目形式的枯竭，节目质量的鱼龙混杂，其原因都在人的身上。创作团队的文化素质和创作态度永远决定着一档节目的生命力，团队成员知识储备的厚度和宽度决定着文化类节目的深度和美誉度，而美誉度在很大程度上是建立在可信度的基础上的。特别是文化历史类节目，观众首先要相信节目内容是客观真实的，他才会关注，而有观众，才有节目的生存价值。因而城市电视台要创办一档有质感、经得起回味、经得起推敲的文化栏目，一定要以审慎的学术态度来对待当地的历史文化，坚决杜绝主观臆造，力求客观真实，在保持文化自豪感的前提下要有敬畏心，一定要在尊重历史的基础上去理解文化，传播文化。用科学严谨的态度来追根溯源，既去伪存真、去粗存精，又深入浅出，强化栏目的学术性、权威性，建立作为地方主流媒体的公信力。毕竟一档以宣传和弘扬地方历史文化为目标的文化栏目，不同于电视剧的戏说，它的严肃性和学术性应该高于娱乐性，绝不能以讹传讹，不负责地随意胡编乱造，有悖我们开办的初衷。同时，作为地方媒体，面对灿烂的地方历史文化也不能夜郎自大，一味违背史实地拔高、追捧、浮夸，盲目仰视。

桂林电视台的《文化桂林》栏目，就是在依托专家学者们编撰的《桂林历史文化大典》为题材线索的前提下，努力找到文字和电视两种叙事方式之间的契合点，打通媒介屏障，把桂林的历史文化从纸质书籍中解放出来，用活用好专家顾问，在对历史文化的解读中找到城市的文化基因和脉络，用声画手段织就一个视听空间和文化历史空间，从一定的学术角度和深度，带给观众多元的文化体验，真正实现用电视手段进行文化普及的初心，用严谨的创作态度一次次走近桂林文化，用一个个雅俗共赏又深入浅出的作品，向桂林文化致敬！真正使《文化桂林》栏目传得开、留得下，为人民群众所喜爱。

---

① 何天平、张榆泽：《上新了·故宫：重构"空间"与"时间"的意义生产》，《当代电视》2019年第1期。

② 何天平、张榆泽：《上新了·故宫：重构"空间"与"时间"的意义生产》，《当代电视》2019年第1期。

三、创新表现手段，突破演播室，让"文化"可触

被框死在演播室的文化综艺真人秀节目，"以诵读、记忆、演绎等单一重复的展演方式进行传统文化传播，长期下来造成观众审美疲劳。同时录影棚的物理空间也局限了文化指涉。"① 另外，演播室的舞美、灯光、以及浓重的表演痕迹等各种人为的时尚元素，严重干扰了观众对文化的接收和记忆。使"节目背离文化传播本义;"② "'文化'的纯粹性备受质疑。"③ 那么城市电视台的文化类栏目，怎样才能找到符合现代观众审美和接受能力的表达方式，来展示优质的地方文化资源，既能避免就文化说文化，从理论到理论的老学究似的枯燥宣讲说教;又可绕开烧钱的、缺乏长效价值的单一文化展演模式呢？答案就是突破演播室，回到历史文化的现场，找准博大精深，辉煌灿烂的传统历史文化的精神基因、核心经纬，捕捉到它独特的文化标识，以讲故事的方式娓娓道出地方历史文化的来龙去脉。既不曲高和寡，让观众觉得不知所云而无法共鸣;又不平庸低俗，使节目缺乏文化作品应有的丰厚蕴藉的内涵而遭到观众的唾弃。创作者要精准把握大众传媒时代，普通观众接受高雅文化的审美心理和收视习惯，将抽象的文化内容和与之精神气质相匹配的表现手段完美结合，激发普通大众主动接近并接受高雅文化，把电视的娱乐性、大众化、形象性与历史文化的严肃性、抽象性协调起来，抓住电视媒体不同于纸质媒体和广播媒体的视听性，找到自己个性化的表达方式，充分调动电视媒体的视听元素，让观众看到纸质书籍所无法传达的更为细腻丰富的文化世界，让视听语言充分发挥其优势，让纸上的历史文化活起来，让观众获得更高层次的精神体验和心灵滋养。

桂林电视台的《文化桂林》栏目，以散文化的叙述方式，把镜头对准观众和游客熟悉的风景名胜、文化遗存，让他们回到历史故事发生的场景当中，走入文化发生地，以实景拍摄的手法，在历史事件发生的自然环境中，让观众很容易地就进入到节目建构的文化语境中，聆听创作者心灵与历史的对话，在对历史人物的精神世界的剖析和描绘中，完成一次连接古今、跨越时空的沟通，并通过专家、学者对历史文化的精准解读，使专家话语与大众视角对接，给字里行间枯燥的文化符号、文化样态注入精神内核，以达成拓展文化空间，诠释文化厚度的大众化传播效果，做到精英文化大众传播。《文化桂林》栏目每周一期，每期十五

---

① 何天平、张榆泽:《上新了·故宫:重构"空间"与"时间"的意义生产》,《当代电视》2019年第 1 期。

② 何天平、张榆泽:《上新了·故宫:重构"空间"与"时间"的意义生产》,《当代电视》2019年第 1 期。

③ 何天平、张榆泽:《上新了·故宫:重构"空间"与"时间"的意义生产》,《当代电视》2019年第 1 期。

分钟讲述一个充满人文情怀的故事。先后推出了《逍遥楼的前世今生》《訾洲烟雨望宗元》《透过隐山、南溪看李渤》《开元佛塔话鉴真》等文化故事，一个个风景名胜与历史文化名人的关系如画卷般展现在观众面前，那些熟悉的文化遗存，不再是冰冷的文化符号，在镜头语言和解说词的引领下，抽象复杂的文化元素，变成了简单清晰、脉络清楚、温润可触的生动、鲜活、立体的人文故事。可以说该栏目的每一期解说词都是一篇精美的文化散文，解说词与画面的关系，不仅仅是解释与依托的关系，其本身也有独特的审美价值，能起到直达观众内心、唤起共鸣的审美作用。散文化的叙事节奏与画面内部的剪辑节奏协调统一，栏目的叙述风格就在流畅的剪辑手法，故事化的叙事手段、生动紧凑的谋篇布局中水到渠成，真实与想象并驾齐驱，深度和可看度有机交融，知识性和趣味性兼而有之，使观众在观赏时很容易产生情感链接，从而找到自己的文化认同。

四、用空灵的意境营造让"文化"可感

城市电视台开办文化栏目，除了正本清源，抽丝剥茧地解析文化密码，还原历史的本来面目，在对历史文化挖掘认知，聚焦呈现的基础上，还应该有更高层次的美学追求。仅仅把观众带入文化故事发生的"场"中，是一个简单再现过程，怎样把"场"上升到"境"，把再现上升到表现的高度，创作者的艺术素养和审美眼光在其中起着决定性作用。在流动的时空中营造一种情景交融的意境美，使观众同频共振地感悟到历史文化的无穷魅力，或许是一个可复制的路径。

所谓意境是一种心理感应的共情作用，是作为接受主体的"心"与表现客体的"象"之间的一种高度契合而产生的情感共鸣。电视是时空的艺术，要把无形的文化内容转化成有形的视听元素，让观众在观赏中从有限的视听空间进入到无限的遐想世界，从而营造出象外之象，言外之意，韵外之致的艺术氛围，使观众收获一次愉悦的审美体验。《文化桂林》栏目，为了传达出桂林山水文化淡雅、飘逸、灵动的人文气质，让观众在真实的文化遗存的现实空间和影视手段营造的想象空间中自由切换，用影像的"实"，和解说词对桂林历史上文化名人的精神世界的探索和发掘的"虚"相对应，一动一静地构筑起一个虚实共生的想象空间，让观众用触景生情的联想去唤起创作者与观赏者共同的生命体验，达到深切的情感共鸣，实现"言有尽，意无穷"的耐人寻味的艺术效果。

比如在《商隐诗情动桂林》这一期节目中，编导深情地讲述了晚唐诗人李商隐与桂林的一段情缘。拨开历史的烟尘，编导把附着在李商隐身上的历史事件，人物的性格特征以及行动走向，命运的转换沉浮都一一铺陈在观众面前，伴随着低沉浑厚的男声解说，观众仿佛穿越到了唐代，感受着李商隐不得志的郁郁寡欢和内心的无奈苦闷与挣扎，片中借助大量的雨景，来渲染出李商隐空有一腔报国之志却壮志难酬的忧伤叹惋之情，再配以略带伤感的音乐，更烘托出了李商

隐的落寞与惆怅，在"无边丝雨细如愁"的雨景中，营造出"雨打梨花深闭门，孤负青春，虚负青春"的意境，一个细腻善感的失意孤独诗人呼之欲出。在对李商隐形象的处理上，本片的编导在避实就虚的原则下，不追求形似，只求神似，用朦胧的形象来强化李商隐的精神长相，只把他作为一个符号植入画面当中。在解说、画面、音乐的相互作用下，桂林文化与桂林山水汇聚融合后的空灵和优雅便飘然而出，萦绕荧屏，观众在观赏当中不禁情由景生，景在情中，情景交融，在无尽的想象中上升到"境"的感悟当中，从而生发出对桂林历史文化的深深眷顾。正如金丹元先生在他的《电影美学导论》中所说："景是情的外化，情是景的内涵，因景而生情，缘情而造景，情景交融，美的意境就产生了。"[1] 这样的审美体验，使观众挣脱了演播室的束缚，获得了用联想和想象参与节目二度创作的更大自由度。

五、结语

城市电视台在人力、物力、财力有限的情况下，要想在央视与省级卫视百花齐放的文化节目中，拓展自己原创的文化栏目的生存空间，找到一条适合城市电视台创办文化栏目的文化自新之路，就必须亮出自己的绝招——那就是树立"'小投入、巧制作、大气象'的节目创新理念，"[2] 立足本地实际，依托人无我有的独家资源，做到文化自觉是前提，文化自知是基础，文化自信是灵魂，文化表达是途径，文化自强是目标。在文化自信的语境下，透过浓浓的人文关怀，努力制作出有思想、有态度、有温度、有情怀、有品质的电视节目，是我们电视人的不懈追求，也是新的传媒时代电视节目应有的文化担当。

（作者系桂林电视台副台长）

① 金丹元：《电影美学导论》，复旦大学出版社 2008 年版，第 312 页。

② 王勐、薛晋文：《传承中华文化基因 弘扬传统美学精神—对省级卫视如何打好"文化"牌的思考》，《当代电视》2016 年第 7 期。

融媒时代电视民生新闻生存对策探析

李少强

电视民生新闻，以市民"身边事、麻烦事、稀奇事、关心事"为报道内容，通过现场调查、跟踪报道、嵌入式体验等方法采编制作，注重新闻的实用价值、娱乐价值和情感价值，与报道领导动向、严肃有余活泼不足的时政新闻形成较大区别，因而具备较高的亲和力、感召力。中山广播电视台的民生新闻栏目《城市零距离》于2007年创办，坚持"平民视角，街坊话题"的宗旨，以"新闻故事化、故事人物化、人物细节化"为报道原则，赢得了市民的认可和追捧。十多年来，栏目先后获得"广东十大先锋媒体""全国百佳电视民生栏目"等荣誉，在当地地面频道电视栏目竞争中，收视率长期保持第一。但盛名之下也存在隐忧，随着融媒体时代到来，受众收视需求变化，电视民生新闻发展遭遇瓶颈。

一、融媒体时代民生新闻的发展困境

融媒体时代为信息传播开辟了新的渠道，媒体间竞争加剧，受众注意力向互联网转移，受众的内容偏好也发生改变，这令民生新闻发展陷入困境。

（一）爆料平台单一，新闻线索减少

如今的新闻栏目基本都有一个报料平台，根据观众提供的新闻线索，分派记者采访报道。报料平台的设立，对记者而言省时省力，减少了"街头扫货"的盲目性，同时让观众参与新闻制作，提高了他们对电视栏目的忠诚度。[①]

由于电视民生新闻记者大多初出茅庐，掌握的新闻线索非常有限，因此在栏目开办初期，报料平台的作用非常明显。但经过几年运作，栏目影响力扩大，记者采访线索扩展和新闻从业经验丰富后，报料平台的作用开始下滑。从统计数据看，《城市零距离》每天收到的电话报料30多条，微信报料100多条，剔除一些虚假和过期信息，真正有效的信息占比不到10%。报料还呈现季节性特点，即平常报料多、节假日少；鸡毛蒜皮小事多、新闻大事件少。随着自媒体的发展

[①] 山已几人的博客《从新大陆到死胡同，民生新闻路在何方》，2009年8月16日。

壮大，观众向电视台报料也呈现逐步减少的趋势。单一依赖报料平台，对电视民生新闻的发展已造成一定负面影响。

（二）从"第一直击"到"马后炮"

速度，一直是新闻竞争的不二法宝。民生新闻诞生之初，就强调"我在现场"，带给观众热辣辣的新闻直击。在网络资讯不发达的过去，依靠电话栏目可以获得第一手信息，派出记者迅速抵达新闻现场。但到了自媒体时代，记者还未到现场，受众自拍的视频及相关评论已经在微信、微博上传得沸沸扬扬。新闻时效性变差，成为媒体人员难以回避的尴尬。

（三）新闻营养不足，人员流失严重

民生新闻能帮助群众解决生活中的问题，因而有一定的支持率。但民生新闻的作用，不能仅仅是满足观众的好奇心、窥视欲，还应有启迪、教化和引导社会舆论的作用。目前报料平台的内容，多是邻里矛盾、猫狗丢失、物业纠纷等琐事。如果电视媒体在黄金档经常播报这样的民生新闻，不仅不能提高受众的认知能力，还会给采编人员带来思路上的偏差，使不具有营养价值的民生新闻泛滥。

刚参加工作的年轻人，往往被派到民生新闻组，一来锻炼业务能力，提高新闻采访水平；二来了解认识社会，增加新闻经验。但从报料平台采制的新闻，其快餐化、世俗化特点让年轻人难有成就感，一有机会就想去专题部、纪录片中心"深造"，导致人员流动频繁，节目质量不稳定。

（四）同行竞争激烈，新闻同质化加剧

目前，借助珠三角发达的高速公路网，省台同行有可能比市台记者更早抵达新闻现场，大大加剧了新闻竞争。而且不少报料人会同时向省台、市台、镇区台站以及报纸等媒体报同一个料，导致新闻同质化现象突出。即便你是第一时间赶到现场，在不同媒体的反复轰炸下，大家得到的信息都差不多，因此具有独家性的报道越来越少。这种新闻竞争造成人力资源的浪费，损害了电视节目的丰富性、多样性，削弱了电视媒体的竞争力。

（五）误入工具陷阱，屡屡被当枪使

民生新闻报道犀利、社会反响大，市民在遇到困难或者个人问题时，都喜欢拨打报料电话。就因为这个善意的出发点，使媒体屡屡陷入被动，沦为部分观众呼来唤去的工具。最突出的表现就是有些人"假借"媒体，对他人、对有关单位、对社会施加压力来寻求私利。这方面题材以房地产、物业管理行业居多。例如记者收到一则报料，个别业主因为家里添丁，为在楼下散步方便，要求物业把特意铺就的石子路铲掉。且不说这个要求合理与否，就从小区规划建设这方面来说，物业就不敢轻举妄动，因为必须得到多数业主的同意才行。但这位业主带着记者去找物业，口气强硬要求必须如此做，记者成了业主谋私利的挡箭牌。

目前房地产领域的法律不完善，关键点的解释也含混不清，造成新闻事实很难表述清楚，矛盾双方貌似谁都有理。本该是解决问题的报道，到头来变成了一盆浆糊，记者也不明就里，深陷其中。

二、民生新闻如何拓宽发展空间

源于民众生活，是地方台新闻节目最生动的组成部分，是提高地方台收视率的重要手段。由于缺乏理论指导，民生新闻在发展到一定阶段后，进入一个比较严峻的"瓶颈期"。如何突破局限，拓宽发展空间，值得业内人士深思与实践。

（一）融合新媒体，拓展报料平台

自微信、微博等新媒体出现后，新闻事件往往会在第一时间，被当事人发布到微信或微博平台上。可以肯定，自媒体已成为最大的信息集中站、中转站。这里面，一是政府部门的政务微信号，往往有权威的信息发布；二是具有影响力的公共微信号，他们对信息的整合和传播能力非常强大；三是个人微信号特别是大V，这些人关注社会现实，有强烈的参与感，一有情况发生，马上会在朋友圈散发，影响甚广。新闻栏目要培养记者利用新媒体迅速获取新闻的能力，提高新闻的时效性和独家性。

民生新闻队伍年轻人多。他们虽然欠缺新闻经验，但观念新、熟悉新媒体，整合新闻的能力强。像中山步行街发生金店遭劫的假新闻，一开始在微信上大肆转载，市民信以为真，人心惶惶，也给公安部门造成压力。记者利用报料平台信息，通过搜索引擎和微信内容的对比分析，判断出这是一条移花接木的假新闻，迅速与基层派出所取得联系，进行澄清和声明，终结了这条假新闻的恶劣影响，这是传统报料平台和新媒体融合的典型事例。像《城市零距离》有的记者，手中的微信号资源多达四五十个，他们对新闻信息的鉴别、整合能力非常强，大大减少了报料平台的虚假信息来源，保证了新闻报道的真实性。

（二）坚持新闻跟踪，保持新闻热度

新闻是易碎品，尤其是比较琐碎的民生新闻。无数个缺乏关联的小事件，很容易被观众马上忘记。要让观众对新闻保持热度，一方面要保证天天有新鲜事、热辣料，另一方面要做好新闻策划，多做连续报道和系列报道。纪录片《零零后》《次郎的孩子》都是利用长达十年用镜头观察儿童的成长，对观众心灵的震撼之大，社会效果之好，远远超出拍摄者的预期。对电视新闻而言，搞这么长时间跨度的报道不太可能，但是几年、几个月的跟踪还是可以的，这期间观众的记忆还有留存，新闻事件的吸引力还在。

《城市零距离》的"小梅珍"就是典型。2005年小梅珍查出患有尿毒症，2007年哥哥因白血病去世，2010年妈妈又患肝癌离世。2011年栏目组接触到小梅珍，由此到2013年年底，先后跟进十几条报道，引起社会的广泛关注。栏目

组还发起了一场户外捐款，大家以各种形式参与捐款，爱心接力拯救小梅珍，并由此催生了"零距离爱心基金"。转眼 6 年过去了，2017 年小梅珍 19 岁，从楚楚可怜的小姑娘长成了亭亭玉立的大姑娘。得知她病情稳定，想找一份工来养活自己，栏目组又进行报道，社会热心人士纷纷出手帮忙，又掀起了一场爱心接力报道。

又如《城市零距离》栏目对烧伤儿童小珊的报道，也是持续数年。从烧伤入院、病情反复、爱心筹款、医疗救治到医学康复、返乡上学，栏目组跟踪报道两年多时间，让中山这座充满爱心的城市再一次被国内外多家媒体报道。跟踪报道彰显媒体的公信力和影响力，让观众相信这是一个负责任、有爱心的栏目，进一步增强了观众对栏目的忠诚度。

（三）加强网络互动，为电视栏目引流

单向传播、强制性收看，是电视的弱点。在新媒体时代，电视的弱点被无情放大，观众流失严重。近几年，电视栏目竞相建立微信号，力图取长补短，扩大自己的受众群体，在此背景下，如何平衡好电视与微信的关系很重要。如果把新闻事无巨细都在公众号上发布，观众就失去了看电视的兴趣和乐趣；如果不做一些推介，又无法引起观众的收视欲望，这就要运用章回小说的一个技巧——"欲知后事（详情）如何，且听下回（电视）分解"。"零距离"微信号经常对当天的新闻提前预告，重视标题制作，吸引关注，透露关键字眼，对核心内容则只字不提，保持神秘感，这种操作手法经常使用。

互动是新媒体最明显的特征。民生新闻可以发挥微信、微博、手机投票的作用，在节目开始前发起预告，节目中继续进行讨论、投票，鼓励观众发表意见，再由主持人将观众的观点及时传播。互动增强了观众对电视节目的参与感，将电视民生新闻平民化的特点进一步放大。像《城市零距离》有关老人摔倒扶不扶的讨论，节目没开始，街坊们就各抒己见；节目刚开始后，投票就已经超过一千人。2017 年 8 月 23 日的投票，更达到 12000 多人次。

（四）举办公益活动，做"有温度"的新闻

举办公益活动，吸引铁杆粉丝的参与，是提高观众对节目的忠诚度，进而带动电视观众回流的有效举措。例如由《城市零距离》栏目发起、主持人牵头的公益活动，包括无偿献血、清理垃圾、衣物捐赠、看望孤寡老人、台风过后清理行动等，每次都能吸引数百到数千名市民参加，再通过媒体的自我宣传，提高了栏目的知名度和美誉度，这些有温度的新闻，是吸引观众的有力法宝。

2012 年 4 月，《城市零距离》启动了爱心帮扶基金，这是中山第一个媒体慈善基金。除了帮助患病的困难街坊渡过难关，"城市零距离爱心帮扶基金"还发起了爱心义卖、公益徒步和清洁山野等公益活动。2016 年年底，"城市零距离爱心帮扶基金"被纳入到推广全民慈善事业项目，成为了 2017 年中山市十项民生实事票选的备选项目之一。

2017 年，"城市零距离"栏目记者在湖南的采访中发现，腊尔山区的图书资源极度匮乏。2018 年年初，栏目就策划为山区的学校建设图书室。凭借栏目的影响力和零距离爱心基金的公信力，短短几个月，"零距离爱心书屋"筹集的善款就超过 10 万元。栏目组用第一笔捐款 4 万元，建成了湖南腊尔山岔河小学零距离爱心书屋，以及凤凰县柳薄乡追屯小学零距离爱心书屋，并于四月份正式开放。在此过程中，建房、购书等所有进出款项向社会公开，接受观众的监督。这次活动让零距离栏目的影响力走出广东，微信公众号更是广受关注。

（五）加大评论力度，发出媒体声音

电视民生新闻平民化的定位并不意味着节目只着眼于热闹好看，否则受众的观看热情不会始终保持。应该站在一定高度上观察社会，以小见大，透过现象看本质，给观众以一定的启发，这就是导向作用。① 导向要"度"有"量"，不引起社会动荡、不造成负面影响是底线。像前几年媒体对广州海珠桥跳桥事件的过度报道，并没有起到告诫的作用，反而引起其他人仿效，值得媒体反思。

媒体是有立场的，没有立场的媒体易患"软骨病"。民生新闻若想提升节目价值，深刻化是必由路径。以受众感兴趣的民生新闻为切入点，通过它引发受众的共鸣，启发深思，进而树立正确的社会观、价值观，这才是节目永葆魅力的源泉。报道加评论的新闻"1+1"，是民生新闻摆脱平面化、浅薄化的有效手段。从 2016 年开始，《城市零距离》启用双主持人，针对报料平台的热点话题，进行主持人讨论与观众互动。栏目抛出自己的意见和看法，吸引观众投票选择，对热点新闻的社会意义和价值进行评析，形成一个小的舆论场，起到了舆论引导的作用。

（六）坚持体验式报道，现场直播常态化

体验式报道作为一种报道形式，不但能使记者融入到事件中，获得最真实的资料和感受，也可以使受众了解到新闻事件背后不为人知的一面。就民生新闻而言，体验式报道不仅包括"隐性采访"，还可应用在正面报道上。《城市零距离》的"中山好人""匠心——手艺人"等系列报道，记者走进报道对象的生活中，亲身体验他们的酸甜苦辣，挖掘行业背后鲜为人知的艰辛与付出，歌颂劳动之美，写出了生动活泼的"活鱼"，为民生新闻的发展提供一定的经验。

优化直播流程，现场直播常态化、互动化，也是民生新闻的发展途径之一。

---

① 刘根勤、卫瑞麒、刘彦：《珠三角地区民生新闻成功的原理与前景》，《科技传播》2010 年第 15 期。

"百姓事""身边事"的定位,要求民生新闻的时效性、真实性是第一位。让观众特别是接受采访的观众,即时看到现场发生的新闻,看到荧屏上的自己,这一点是非常重要的。[①]《城市零距离》每年的给市民送月饼活动,通过策划精心,突然造访,给观众强烈的心理刺激。得益于4G设备的轻量化和机动性,直播连线已成为零距离的常用手段,高峰期甚至一晚上有三条直播连线。全媒体竞争时代,电视直播的优势显而易见。青春靓丽的出像记者,机锋睿智的现场采访,直播信号的实时播出,丰富的信息量,给观众带来无与伦比的视听体验,这些都是其他媒体难以企及的。

结语

全媒体时代,面对微信、微博、视频直播等新媒体应用和平台的挑战,以及来自省级媒体、央视的竞争压力,地方台电视民生新闻要拓展生存空间,吸引年轻受众,除了融合新媒体,增强报料平台的广度和深度外,还应充分利用新闻技巧和传播规律,发挥栏目微博和微信公众号的优势,形成新闻的多维度传播,不断放大新闻的传播力、影响力。同时,要继续保持亲民、为民、接地气的特性,增加新闻的趣味性和关联度,让新闻有厚度、有看点、有嚼头、经得起回味,从市民餐桌上的一道"快餐",转变为有丰富新闻营养的"晚宴",让观众乐意收看并转载。唯有这样,在激烈的媒体竞争环境里,电视民生新闻才不会是一颗"流星",而成为媒体夜空中持久发光的"恒星"。

(作者单位:中山广播电视台)

---

① 赵雅文、曹茜:《电视民生新闻前景空间的立体构建》,《中国广播电视学刊》2009 第 12 期。

地方媒体融合传播同质化表面化模式化问题研究

——以三明地区广电媒体为对象

池生云　张玫芬

一、问题的提出

随着互联网技术发展，新媒体的异军突起，受众市场被日渐瓜分，传统媒体的生存发展空间受到严重挤压，媒体格局与舆论生态也发生了很大的变化。为有效应对舆论生态的变化，党中央及时做出了"推动传统媒体和新兴媒体融合发展"这重大战略部署，2014年8月18日中央全面深化改革领导小组第四次会议审议通过了《关于推动传统媒体和新兴媒体融合发展的指导意见》，自此，媒体融合已然成为传统媒体转型发展的方向，报纸、广播、电视等传统媒体纷纷在媒体融合的大潮中寻求创新发展的机会。

这些年，国内众多地方广电媒体在推动媒体融合发展上主动作为，不断地调整自己的发展定位，也取得了一定成效。但总体上看，地方广电媒体融合发展仍处于探索阶段，还没有实现深度融合。经过几年来的摸索与实践，笔者所处的三明地区的广电媒体也大都实现了多样化传播、分众化互动式服务，推动了传统广电媒体新闻传播的变革和创新。但距离深度融合发展还有一定的差距。这其中，除了存在观念不新、人才缺乏、机制不活等问题外，在融合传播中内容和形态上同质化、表面化、模式化问题也逐步突显。

二、传播同质化、表面化、模式化主要表现

（一）融合传播同质化问题。

其表现在：

1. 不同新闻栏目或者不同广播电视台微信公众号的内容雷同

目前三明台两档主打电视新闻栏目《三明新闻》和《都市全接触》，虽然分设在两个频道，定位不同，但内容雷同的情况时有出现。以今年三明市省"五

一"巾帼标兵和省、市劳模风采展示为例,由于这些报道对象的同一性,采访素材的单调性,可挖掘资源的有限性,虽然分别在《三明新闻》"新时代的奋斗者——劳模风采"和《都市全接触》"劳动最光荣"专栏中不同的时间播出,但是这些人物的报道内容基本是一模一样的。另外不同广播电视台微信公众号发布的信息相同。例如《惊!永安 12 岁女孩吃下 11 枚磁铁 2 枚订书钉 2 颗弹珠!背后的原因令人嘘嘘……》《怎么回事?永安 12 岁女孩吃下 11 枚磁铁 2 枚订书钉 2 颗弹珠》分别是同一天三明台和永安台微信公众号发布的内容,除了标题略有不同,主要内容是完全一样的。

2. 新媒体充当传统媒体的"搬运工"

三明地区大部分广播电视台已经搭建了新媒体矩阵,拓宽了传统媒体的信息传播渠道,但是在不同平台传播内容同质化现象也是屡屡发生。由于极度缺乏优质的原创内容,广播电视台的微信公众号、网站、APP 传播的内容大多数出自传统媒体,有的甚至仅仅是传统媒体的"搬运工"而已,摘编甚至简单地复制传统媒体的内容。例如宁化台的《宁化新闻》的头条不做任何修改地在当天的微信公众号上全文发布。

3. 广播电视节目形态的趋同

广播电视台之间互相交流,借鉴成功经验和做法,在取长补短的同时也经常会带来同质化,以至于一些节目的类型、结构大致相同。比如尤溪台的《尤溪新闻》是由当地新闻＋媒体搜索构成,永安台的《永安新闻》则是由当地新闻＋全媒体热搜榜构成,整组新闻节目的结构相似,尤其是最后的部分都是从各大新闻网站搜索出来的一些新闻资讯。

4. 广播节目是电视节目的翻版,毫无广播特色

这种现象在县级台比较严重,县级广播电视台往往有重电视轻广播的倾向,且由于人才缺乏,同质化现象比较严重。在我市县级台,除了永安、沙县两地的广播有专门的人员制作播出内容丰富的自办节目,多数县级台的本地广播新闻是翻版电视新闻,其余转播上级台节目,以维持本地广播电台的"有声"播出。

(二)融合传播表面化问题

其表现在:

1. 搞简单叠加,没有真正实现媒体融合传播

为满足融媒体时代受众多方位的需求,媒介融合本应带来信息多角度、多层次的发掘。但实际上,有些广播电视台只是在借助"两微一端"平台,草草搭建的新媒体矩阵,还局限在传统广播电视内容的窠臼。无论是在节目中增加网络音视频形式的内容,还是使用新媒体手段发布新闻内容,表面上看是为传统媒体

的新闻报道增加了新的传播渠道和平台。实质上由于对媒介融合思维表面化的认识，导致广电宣传融合传播过程中，只是媒介内容的平台转移，没有实现各种媒介资源、生产要素的有效整合，而非真正意义上的融合发展。

2. 宣传报道流于表面化，深度挖掘不够

有的新闻记者仅仅满足于传统的平面报道，对新闻事实进行简单的、表面化的处理，没有对新闻事件进行挖掘并深入报道。其基本模式，就是仅仅报道什么地方、什么时间、什么人、发生了什么事。只是简单地反映事物的表层现象，虽然它强调时效性，能及时地向人们传播某种消息，但也只是平面地反映事物动态中的某个侧面，只告诉受众是什么，并不说明为什么，因而显得肤浅和一般。

（三）融合传播模式化的问题

其表现在：

1. 在内容上表现出概念化、图解化、文件化

比如报道农事总是遵循"春耕""夏播""秋收""冬藏"等套路，报道春耕种子化肥、夏粮喜获丰收、秋收卖粮、冬天大搞农田基本建设、冬闲变冬忙等，年复一年的四季歌，宣传质量一般化。有的记者缺乏创新意识，牢记着报道的套路，有时候人没到现场稿子已经编出来了，甚至照搬之前的稿子，参照有关单位提供的材料，改改数字、人名、地点等新闻要素就交稿了，内容空洞，没有新意。

2. 从报道形式上看，总是套用固定的模式和语言习惯

尤其是在时政新闻中表现尤为明显。重要会议和领导重要活动的报道，是新闻宣传工作的一项必不可少的重要内容，也是深受受众关注的重要方面，但往往拘泥于程式化的报道，宣传效果大打折扣。以会议新闻为例，其报道的套路是：什么时间在什么地点开了什么会，什么人物讲了话等，实际上整篇消息的结构就是会议的程序安排，内容上大多数是浓缩领导的讲话稿，很少从会场去抓新闻。模式化地宣传党的方针政策，由于报道形式单一，逐步形成了一种僵化模式，进而影响了新闻宣传的实效。

3. 新媒体的新闻标题表述流于模式化

作为一种新兴传播媒介，微信推动了新闻报道的创新，但在信息发布中，标题的表现形式上，包括标题用词的跟风化与标题语式的模式化时常会出现。例如《惊！永安 12 岁女孩吃下 11 枚磁铁 2 枚订书钉 2 颗弹珠！背后的原因令人嘘唏……》《三明多地出现"小学生因带路被拐骗"传言？真相是……》《尤溪两名男子引发山火被拘留！原因竟然是……》等类似的标题都是先陈述新闻背景，然后以省略号的方式隐藏结果，制造悬念，引发受众的兴趣。以上列举的几个标

题的语式可谓如出一辙，已经流于模式化。"当新闻标题过度依赖模式化表述时，不仅失去了个性色彩，而且长此以往令受众产生接受疲劳，失去吸引力。"①

三、优化融合传播的路径选择

在媒介融合的背景之下，传统媒体和新媒体的竞争日益激烈，为了更好地发挥传统主流媒体的固有优势，广播电视台要切实加快媒体融合步伐，坚持内容为王，优化节目生产，以内容优势赢得发展优势，不断地提升媒介融合时代广播电视的舆论引导力。

（一）推进深度融合，提高媒体传播力

市县两级广播电视台担负着"讲好当地故事，传播当地声音"的重要职责。新形势下，市县广播电视台要因地制宜地推动广播电视与新媒体的融合发展，借助新媒体良好的互动功能，充分发挥传统媒体的优势，抢占舆论制高点。

1. 传播分众化

习近平总书记在党的新闻舆论工作座谈会上明确指出："要适应分众化、差异化传播趋势，加快构建舆论引导新格局。要推动融合发展，主动借助新媒体传播优势。"随着社会的发展，受众文化需求变得更加复杂多样化。传统广播电视台在群体多态服务上稍逊优势，市县广播电视台要"积极主动地研究受众心理和需求的变化，从新媒体运作中汲取可资借鉴之处，在节目形态、制作、编排方面时时推陈出新。"②改变"你说我听、你播我看"的传统的交流方式和传播方式。通过微信、微博、APP等渠道与受众形成积极良好的互动，细分传播人群，努力丰富和延展广播电视节目的内涵，实现分众化传播。同时深入开展"走转改"活动，了解受众喜好，紧贴群众生活实际多报道群众关心的热点、难点问题等民生内容，使宣传报道能够触动和感染受众，切实满足受众的心理和信息需求。

2. 节目活动化

作为地方主流媒体，市县广播电视台在舆论宣传上长期以来保持着一定的优势，面对新媒体日益激烈的挑战和冲击，在确保舆论导向正确、新闻宣传阵地夯实的基础上，要充分挖掘基层广播电视媒体的资源优势，立足本地，贴近群众，将活动作为常态化的运作方式，把当地政府部门开展的一些工作，举办成群众喜闻乐见的活动，在宣传活动中引导群众积极参与，这样有利于打造地方媒体的地缘优势。市县广播电视台的节目资源较有限，将广播电视节目活动化，社会活动

---

① 高峰：《警惕新媒体新闻标题同质化趋向》，《中国新闻出版广电报》2018年5月22日。
② 穆青：《媒介融合态势下广播电视媒体面临的挑战及应对策略》，《中国广播电视学刊》2013年第4期。

节目化、营销方式活动化，让活动与节目形成良性循环关系，既解决了节目来源的问题，丰富栏目内容又可以用活动所形成的广泛影响来提升传媒的影响力。

3. 平台联动化

移动互联网时代，用户接触媒介的时间是零散的、碎片化的，手机上网充斥在日常生活的各种场景中。在传统媒体和新兴媒体融合的大背景下，市县广播电视台需要线上线下联动，通过微信、网站等多媒体平台，实现传播效果最大化。举办的每一场活动，从前期策划到活动各阶段不同宣传片的推出，再到活动成功举办、节目播出都可以通过微信公众号、APP 等渠道推送内容，进行多媒体互动。随着媒体融合的不断推进，新媒体联动发声已经成大势所趋，三明地区的市县广播电视台可以借鉴传统媒体之前的联盟，搭建新媒体联盟运行平台，打造广播电视宣传朋友圈，通过切实增强与受众之间的互动交流，构建"采编融合、内容汇聚、多渠道传播"的区域新媒体运营平台，以联动共赢的模式助力区域媒体融合发展。

（二）优化节目内容，提高舆论引导力

优质内容决定了主流媒体的传播力和影响力，广播电视台要坚持内容为王，做优自办节目，讲好当地故事。

1. 精心设置议题，引导舆论热点

新媒体的兴起，人们获取信息的渠道更多了，同时对媒介的要求也更高了。网络空间鱼龙混杂，信息可信度不高。也正因为如此，公众对传统媒体官方微博、微信公众号、APP 等发布的信息更信任，"只有善于提出与受众关心议题吻合的媒体，以及能够在理性追问中体现其见识与价值的媒体，才能获得最佳传播效应。"[1] 作为当地的主流媒体，在热点舆论引导中具有比较优势，市县广播电视台要通过对社会现象和社会问题的深入观察，积极主动地设置议题，争取热点舆论引导的主动权。并大胆借力媒介融合，在巩固传统受众群的基础上不断提升节目的网络影响力，搭建起新媒体与广播电视媒体融会贯通的桥梁，把新媒体的新闻资源、受众等吸引到广播电视媒体上来，推动多种传播平台受众之间的互动，增强受众黏度，促进内容生产的深度融合，真正让地方广播电视台的新闻对本地社会发展起到深度舆论引导的作用。

2. 运用求异思维，寻找新闻落点

在新闻资源高度共享的竞争环境中，同城媒体越来越难做出"独家新闻"，出现同题新闻也是不可避免。"横看成岭侧成峰，远近高低各不同"。"任何事物都有多个角度，多个侧面，媒体人看事物更要善于创新角度，多维思考，想人之

---

[1] 马红樱：《运用网络提高传统媒体的议题设置能力》，《新闻采编》2010 年第 2 期。

所未想，揭开已知事件中的未知领域，抓好"第二落点"报道，丰富、充实新闻内容"。①如果广播电视台的采编人员能够积极运用求异思维，面对同题新闻的时候，思维不"同题"，寻找和挖掘新闻的第二落点，把别的媒体没有报道的内容挖掘出来，满足受众越来越多样化的资讯需求，就会有效避免同质化。一些老生常谈的主题，如经常性的政府工作报告、成就报道以及衣、食、住、行等涉及民生方面的报道，要打破常规，创新新闻表现形式，力求在新闻模式和新闻思想上推陈出新，写出受众真正需求的报道，并且通过不同的传播形态在广播电视和新媒体中发布，就可以避免这样的老主题陷入既定报道模式中。

3. 做好深度报道，挖掘新闻亮点

"现在的受众并不满足于一般资讯的获取，新闻背后的新闻，也就是新闻的内涵和外延同样是吸引眼球的关键。"② 网络新闻存在同质化和碎片化特点，并不能完全满足受众对信息的需求。市县广播电视台在媒体融合中要积极有效地应对和改变，多采制一些深度报道，才能真正提升自己在新闻传播中的影响力、公信度。除了重大和突发性事件，市县广播电视台还可以结合各地独特的地域文化进行精心策划和深度思考。把选题放在老百姓关心的社会问题和社会现象，从深入剖析新闻事件背景入手，挖掘新闻亮点，由点及面地进行深度报道。固然，时政新闻必须讲政治，必须严格遵守程序，丝毫不能出差错。但是新闻事实是客观存在的，时政新闻也同样可以进行持续不断的跟踪报道和全面跟进，从报道的广度上使得新闻事件得到有效的延展。以会议新闻为例，一般化的会议新闻只会陈述会议内容和罗列与会人员名单，而成功的会议新闻报道则是抓住会议的亮点，发掘出会议的新思想，在新闻报道的角度、视野上做出与众不同的选择。

四、结语

在推进媒体融合发展中，市县广播电视台要克服自身不足，强化内容建设，不断提高新闻舆论技巧，发挥好传统媒体在内容生产上的优势，不断提高主流媒体的传播力、公信力、影响力，才能在新的传播格局中占据主动。

（作者分别为：福建三明广播电视台副台长、主任记者）

---

① 陈琳：《广电报做好深度报道的着力点探析》，《视听纵横》2014 年第 3 期。

② 王勇：《触动受众心灵的鼓点——〈从场外官子〉谈体育评论在体育报道中的应用》，《新闻天地（论文版）》2009 年第 Z2 期。

广播电视新闻传播的时效意识

张铁弓

我国广播电视媒体自诞生以来，经历了重重改革，形成了一系列的现代新闻传播理念适用于所有媒体，概括起来以下几个意识最为重要：时效、现场、受众、策划、品牌和互动意识。在此，我们重点谈一下时效意识。

一、时间是新闻的天然属性

新闻是对新近或正在发生的事实的报道，新闻之所以成为新闻，时效性是关键要素。现代新闻传播的时效意识就是要体现在第一时间、第一现场，因此，新闻天生就带有一个时间的维度，时间是新闻的天然属性。西方新闻界有一个普遍共识："凡是适合现场直播报道的新闻绝不采用其他形式报道"，也就是说，对时效性的追求目标就是事件发生与报道的零时差，也就是同步，这种时效意识已经成为西方电视新闻的灵魂和血肉。在西方发达国家，新闻直播是公共危机管理和应急反应机制的重要组成部分，同时也是衡量一个媒体反应速度、考验媒体素质和综合实力的一个重要标准。美国"9·11"事件发生时，美国各大电视新闻网立刻停止播出原定的节目，马上进行现场直播，近90%的受众是通过电视直播在第一时间知道"9·11"事件的，这一切都是通过时效意识指导下的新闻直播完成的。CCTV新闻频道新闻24小时全天候播出，碰到重大突发事件会及时切入现场画面，对正在发生新闻事件进行多角度直播。中央人民广播电台也建立了应急机制，以最快速度对新闻事件尤其是突发新闻进行报道，把广播的时效性优势发挥到最大，彰显出广播的巨大潜力和不可替代性。当下国内媒体除了新华社、中央人民广播电台、中央电视台等国家级新闻媒体之外，许多地方广播电视台也都在新闻时效性上展开激烈竞争。

二、时效意识在融媒体时代更为重要

广播媒体"短、平、快"的特点能够在最短的时间内传递最新的信息，在传播的及时性上比其他传统媒体有一定的优势。报刊需要进行编排、制版、印刷等一系列过程后才能传递到读者手中，新闻传播需要一定的时间才能完成。电视媒体由于从摄制、成像、传输再到发射、播出给观众是一个相对繁琐的过程，对人员、技术、设备、环境等依赖性较高，特别是对于一个市级电视媒体来说，因为受到专技人员配置、软硬件设备、网络覆盖和稳定性等因素的影响，在对重大突发事件的报道中完全实现直播更是难上加难。报刊和电视远不如广播便捷，因为在很多时候，广播的一个记者加一部手机就是一个移动直播间。在融媒体时代，虽然广播媒体在传播的及时性上受到其他媒体的多重挑战，但在一些突发事件中，仍能起到不可替代的作用。重大突发事件报道往往是矿难、火灾、地震、暴风雨雪、飞机失事等自然灾害类突发和灾难事件的报道，这些事件通常伴随着交通、电力、网络中断，受众无法及时收看到电视，一个小小的收音机更容易成为获取信息的来源。广播媒体更能及时传递现场信息，组织有效救援。

2007年6月3日，宁洱县发生6.4级地震，普洱人民广播电台记者迅速赶往宁洱县灾区发回报道，使全国听众在第一时间及时了解到地震灾区的情况，及时将地震造成的灾害情况和全市各族人民特别是宁洱县各族人民在当地党委和政府的领导下积极进行抗震救灾的情况及时报道出来，为稳定灾区各族干部群众的思想发挥广播媒体的特殊功能，信息的传递比电视和报纸提前了近一天的时间，及时有效地与全国媒体网之间的互动，对重要信息的发布效率大大提高。

汶川8.0级强烈地震发生后，普洱台除了及时报道抗震救灾的最新情况外，还制作"捐助汶川地震灾区，普洱在行动"抗震救灾特别节目，联系市红十字会等多家单位进行《爱的天空》赈灾义演，有听众不断打进直播间热线询问活动情况并赶往活动现场，活动现场与直播间形成良好的互动，短短两个小时便募捐到20万多元和价值12万元的物资。更让人感动的是一位普洱的出租车司机代表打进直播间热线，提议联系全城出租车司机为灾区进行捐赠。电台在接到电话后，马上安排节目主持人打破日常节目安排，转为临时特别节目；录制"思茅出租车司机爱心捐赠倡议书"，详细说明活动时间、地点等内容，在各时段节目中滚动播出；赶制印有"思茅出租车爱心车队向灾区人民献爱心"字样的车帖，为赶到现场每一辆爱心车辆粘贴"爱心车帖"；安排记者到活动现场进行多角度采访报道，并采访出租车司机代表和市民，与直播间进行连线播报；安排专人联系市红十字会接受捐款，及时将捐款送往灾区。短短一个小时，80多辆出租车赶到捐赠点现场共捐款8000多元。很多听众打进电话、发来短信表示对此活动的支持，电台直播间再次成为温情汇聚的地方。短短一个小时，无数粘贴了"爱心车帖"的车辆行驶在思茅的大街小巷，在传递着信心和勇气，在传递着众志成城、抗震救灾的坚强信念。因为有了实时互动，温暖的接力和传递变得更为顺畅和迅速。

2014年10月7日21：49景谷发生6.6级地震，普洱人民广播电台记者火速赶赴灾区。地震发生两分钟后，电台记者就与中央人民广播电台"中国之声"和中央电视台新闻频道进行了连线，是普洱市级第一家报道灾情的媒体。到8日凌晨 1：44，普洱广播电台 4 名记者分别与中央人民广播电台、中国国际广播电台、中央电视台、云南广播电视台等中央级及省级媒体连线，共计连线播报 11条。同时，武汉、广州、上海及浙江等 16 家省、市级广播电视台积极与普洱人民广播电台联系，对地震情况给予连线和新闻播报。地震发生以后，广播电台技术人员全部到岗保证节目安全播出，所有新闻记者全天 24 小时开机，电台广播直播车待命，随时准备好奔赴灾区采访。新闻时效性还体现在"国家应急广播·景谷抗震救灾应急电台"的开播，10 月 8 日，中央人民广播电台联合云南广播电视台和普洱人民广播电台，紧急启动了"国家应急广播·景谷抗震救灾应急电台"，并于当日 16 点通过调频 FM100.5 兆赫面向灾区定向广播，这是继四川芦山、云南鲁甸两次地震之后，中央人民广播电台与地方电台第三次在震区联合开办应急电台（第一次在四川芦山、第二次在云南鲁甸）。"国家应急广播·景谷抗震救灾应急电台"帐篷直播间开通后，先后邀请救援部队、交警消防、卫生防疫、移动通信、供电、志愿者等方面的嘉宾做客直播间，定向为灾区群众及时提供天气预报、地质灾害预警等权威信息，同时还提供寻人寻物等求助服务。更重要的是，在灾后心理建设方面提供沟通渠道和心理疏导，覆盖 7 万多名受灾群众。

"传者和受众互动"成为当下我国重大突发事件舆论引导的重要环节，互动时效性在以互动最为便捷的广播电台尤为突出。广播的互动性除了体现在能有效收集受众想要提出的疑问、困惑，为政府及相关部门提供信息，有利于正确决策外，还能及时公开事实真相，制止谎言传播，以正视听否则"当真理还在穿鞋，谣言已走遍天涯"。受众能及时提出关心的问题，有针对性地答疑解惑、有效疏导，传播正确导向。"互动"显得更人性化，对引导社会舆情，稳定社会民心有着积极的作用。比起其他媒体广播更便于受众随时参与，广播的这种互动性可以通过微信、电话、电台网站的聊天室、贴吧、短信互动平台等多种形式迅速实现。人手一手机的时代，微信互动在广播节目的应用中已经非常普遍了，几乎所有的直播节目都有这样的互动，主持人和受访嘉宾通过受众的参与在第一时间了解受众的真实想法，对信息能进行及时筛选，即能筛选听众最合适的表达，让他们觉得有"话语权"，又能最及时地进行沟通和舆论引导。精选一些听众的"真知灼见"与整个听众群来共享以产生共鸣，更具有说服力。及时互动会让媒体更有温度，受众的依赖性和黏合度会更高。

融媒体时代，传统媒体之间、传统媒体与自媒体之间的竞争更加白热化，这种竞争更多体现在新闻时效性和新闻深度上。作为党和人民的喉舌，广播电视只有正确把握新闻的时效性，进一步进行理念革新、技术革新，提升核心竞争力，才能更好地彰显各级广播电视机构的社会责任和历史使命。

（作者系云南普洱广播电视台广播媒体中心主任）

城市电视台如何做好文化类节目

刘谭杏

在当前泛娱乐化的电视时代，社会文化呈现出一种快餐化、低俗化的趋势，加之西方社会文化思潮大量涌入，不仅对我国传统文化的发展产生了一定的冲击，某种程度上还出现了贬低、漠视传统文化的现象。在这种背景下，充分运用电视表现形式，发掘和彰显文化类节目的魅力，重新唤起人们对传统文化的集体记忆和浓厚兴趣，对中华优秀传统文化的传承和发展将起到积极的推动作用。

而说起"高大上"的文化类节目，很多人会习惯性地认为那都是央视和一线卫视的"菜"，因为节目的大投入和高品质似乎都是城市台难以承受的，比如《中国诗词大会》《朗读者》《见字如面》等等，动辄上千万的投入。但是，有品质的文化节目就一定得要大投入吗？城市台没有大手笔，但是，小制作也应该有大情怀。那么作为城市台，在运作资金和制作力量都相对薄弱现实条件下，又该如何立足自我，打造出既有一定水准，又为观众接受和政府看中的文化节目品牌呢？笔者试着结合海口广播电视台近两年来制作文化类节目的实践来谈谈一孔之见。

一、用文化的力量助推政府中心工作，营造氛围凝聚人心

作为城市台，想方设法为所在城市服好务，这既是它的社会责任所在，也是安身立命之本。而服务于城市就得围绕政府的中心工作鼓与呼，让政府的决策落细落小到城市的每个角落，配合各个职能部门打磨城市的点滴，最终让这座城市的人们收获幸福感和获得感。而作为文化节目本身，在立足服务好城市的前提下便可争取政府的各类文化资金的扶持。

2015 年 7 月，海口开启了为期两年的"双创"模式，全市上下都投入到了争创全国文明城市和国家卫生城市的热潮当中，此时的海口正需要媒体的舆论引导，为"双创"注入文化底蕴。在这样的大背景下，海口广播电视台精心策划了一档文化讲坛类节目《海口大讲堂》，它以弘扬传统文化为主题，以海南和海口的文史知识和文化经济建设中的各类故事为传播内容，在深入解读海南、海口

的地域文化的同时，助推海口"双创"和海南文化大省的建设。节目邀请的主讲嘉宾，既有海南本地具有一定影响力的专家学者，也有行业精英和政府部门的学者型领导，更有国内文化界名流大家。中央党校伦理学教授刘余莉、宁夏作协主席郭文斌、《诗刊》社副主编李少君、著名心学作家度阴山、北京大学教授俞孔坚、北京林业大学教授张明祥等名家大家，先后应邀走上《海口大讲堂》激情开讲。

这些主讲者的言论和观点，如俞孔坚教授的《"大脚革命"让城市更美丽》、张明祥教授的《保护和修复湿地：让"地球之肾"造福人类》等等，既有扎实的理论基础和丰富的实践依据，同时蕴藏了丰厚的文化底蕴，具有很强的感染力和说服力；更重要的是，他们的观念无不契合海口全力推动"双创"和城市修复的舆论引导需求，在海口广播电视台及其所属的新媒体平台反复播出后，对全市上下进行了一场深刻的思想洗礼。在人们的观念逐渐转变后，工作思路才变得更清晰，"双创"惠民的理念也更加深入人心，对接下来海口推动"双创"升级，开展城市更新起到了重要的引导和铺垫作用。而《海口大讲堂》也由此成为了政府的一扇重要的文化宣传窗口，连续两年获得了市委宣传部的专项扶持资金。

二、用多元的电视手法让文化节目变得面目可亲，画面感强

如果说《海口大讲堂》因其清晰的文化定位而为政府看中，那么其独特的包装制作风格就是观众热捧的一大理由。通过对《海口大讲堂》节目的多方完善，我们将其包装制作风格定义为对节目的"二次解读"。实践证明，这种讲坛类文化节目，只有通过"二次解读"，才能变枯燥为生动，化单一为多元，多种电视元素的综合运用，辅以制作人员对节目的理解和把握，才能把节目形态相对单一的讲坛节目转变为易懂而有趣的文化盛宴。

那么，何为"二次解读"呢？顾名思义，其包含了两层含义，主讲嘉宾在既定的文化主题下，通过讲坛的形式将自己的研究成果和心得感悟通过电视平台发表出来，这是"第一次解读"。这个层面的解读是以主讲嘉宾的视角，表达其观点，抒发其心声，同时融入主讲者的人生感受，传播文化正能量。这其中，有些主讲者善于以故事引入，娓娓道来；有些主讲者重于说理明事，叙述风格会略显单调。这个时候，就需要节目编导充分运用各种电视元素，包括但不限于音乐、插图、视频、特效、字幕、动画等，在契合主讲嘉宾的本意的前提下，将主讲者的叙述从画面上形象化，从节奏上明快化，辅以短片进行故事化拆分，这就是"第二次解读"。通过"二次解读"，将主讲者的讲课演变成了一种形式独特、富有画面感和趣味性的"课堂剧"，既传播了文史知识和传统文化，又让有些枯燥的文史内容富有了新鲜感和感染力，讲授内容引人入胜，才能起到最佳的传播效果。

三、抓住时机打造文化高地，弘扬国学精品

2017 年 1 月 25 日，中共中央办公厅、国务院办公厅印发了《关于实施中华优秀传统文化传承发展工程的意见》，强调要把优秀传统文化贯穿国民教育始终，让优秀传统文化传承有抓手、发展有路径。作为抓手之一的文化类节目由此迎来了一个难得的发展契机。在这一大背景下，海口广播电视台力邀长期致力于弘扬中华优秀传统文化的学者、中央党校伦理学博士生导师刘余莉教授，围绕治世经典《群书治要》一书，在海口录制了 52 期的《品读〈群书治要〉》大型人文节目。

《群书治要》是唐代名相魏征等政治家、文学家在贞观初年受命于太宗皇帝辑录前人著述所作的资政参考书，为唐太宗开创"贞观之治"起到了巨大的匡政警示作用，被誉为"用之当今，足以鉴览前古；传之来叶，可以贻厥孙谋"的治世宝典。《群书治要》也是习近平总书记热爱的古籍经典之一，2015 年，总书记在发表新年贺词时，他的书架上就摆放着这套"大部头"。

为了推广《品读〈群书治要〉》这一人文节目，2017 年 2 月 28 日，"传承发展中华优秀传统文化理论研讨会暨《品读〈群书治要〉》开播式"在北京中央党校隆重举行，在京城文化界营造了积极而广泛的影响。3 月 5 日，《品读〈群书治要〉》节目在海口广电正式开播，并以每周播出 7 次的频率在三个电视频道轮番播出，引发社会关注；同时通过海广网进行新媒体推广，点击率也屡创新高，截止到 2018 年 10 月，单集点击量已超 70 万人次，节目的总点击量已达 2000 余万人次。而在此基础上，海口台乘势而上，进一步打造海南文化节目新高地，又邀请了长期潜心研究《弟子规》的著名作家、宁夏作协主席郭文斌来台，录制了 52 期的人文节目《郭文斌解读〈弟子规〉》，并已经于 2018 年 4 月开播。节目中，郭教授从打开《弟子规》的六把钥匙——"人生之根""孝顺之门""自性之途""诚信之则""恭敬之心""爱众之道"着手，用独特的观点和风趣的语言阐述了一种对于现代人来说极其重要的人生态度，引导人们向内心寻找安详和幸福。

而随着弘扬优秀传统文化的人文节目一档接一档地推出，海口广播电视台的文化节目品牌逐步树立起来，也聚集了不少岛内外的文化名人，这不仅大大提升了作为城市主流媒体的社会形象和文化影响力，其产生的广泛社会效应也激发了市场的反馈，最终为台里创造了不小的经济效益。一档节目如果能做到社会效益和经济效益兼而顾之，这不正是我们电视人孜孜以求的吗？

四、立足本地文化特色，传递乡愁乡情

"在自己的土地上打一口深井"，城市电视台虽然受限于地域，但也能把地域文化特色挖掘到最大程度，把这口井打得最深。海南是我国的三大侨乡之一，在海外的琼籍华侨华人有 300 多万人，遍布东南亚和欧美，不管走得多远，他们

的心底里的那抹乡愁永远挥之不去，所以，侨乡文化就是海口台的深井。"望得见山，看得见水，记得住乡愁"，习总书记这句话描绘出了很多人记忆中的故乡底色，也透着浓浓的乡情。海口广播电视台的《海南华侨》节目就是这样一档传递乡愁乡情的文化栏目。节目在讲述琼籍华侨华人艰辛创业故事的同时，也对他们的个体形象进行了构建、对其心理层次进行了挖掘，他们每一个走到镜头前的人，无一不是心怀祖国、情系海南。

例如《三代人的乡愁——泰国华侨陈修炳》这期节目，讲述的是泰国海南会馆永远名誉理事长陈修炳先生的人生故事，节目以陈修炳父亲到泰国谋生为切入点，记录了从其父亲艰难打拼到陈修炳助力父亲取得事业发展，再到完成父亲遗愿，带着子女回到海南故乡的几十载心路历程。承载父辈重托，一心向着故乡洄游，节目通过网络传播开后，得到了海内外华人华侨的极大关注。

同时，《海南华侨》节目所传递出的"自立自强""艰苦奋斗""勤劳勇敢""友爱互助"等中华儿女优秀品质，无一不是中华传统文化精髓所在，正是这些共有的文化基因触动了更多的华侨华人，使他们产生了情感上的共鸣。至今，节目组已经赶赴海外专访了50多位琼籍华侨华人，遍布东南亚各国，而他们的乡愁乡情也成就了《海南华侨》节目的人文内涵。在2017年6月，节目组还启动了"一带一路"看海南华侨华人的系列采访活动，联合侨联系统，走访马来西亚、新加坡、泰国、柬埔寨等"一带一路"沿线国家。借助这些面对面的交流活动，《海南华侨》栏目作为"家乡影像"的形象在东南亚华侨华人中越发明晰，影响也日渐深远，双方都真切地感受到心的距离更近，根的情意更浓。

而作为一档地方侨乡文化节目，《海南华侨》的迅速成长也引起了央视《华人世界》的关注，至今《海南华侨》已经有二十余期节目通过《华人世界》的平台传播到海外，双方还达成了长期合作的意向。作为全省侨联的工作抓手和公用平台，海口台主办的《海南华侨》已经成为了整个海南的文化品牌。

"关乎人文，以化正天下"。在国家大力弘扬优秀传统文化的当下，文化类节目的成长方兴未艾，它们为喧嚣的电视荧屏带来了一抹清新的亮色，它们也给了消费主义、快餐文化盛行背景下的受众一个理性思考的精神空间。作为城市电视台，深入挖掘地域文化特色，适时对接政府中心工作，用文化节目彰显城市精神、回应大众情感需求，这在新媒体不断冲击的当下显得尤为重要。也正是因为有了《海南华侨》《海口大讲堂》《余莉开讲》等一批文化节目的成功试水和不俗反响，海口广播电视台的传统文化频道如今已经在酝酿之中。在不久的将来，文化类品牌节目将会成为海口广电角逐当地激烈媒体竞争的重要一极。

（作者单位：海口广播电视台节目制作中心）

突破城市边界　深耕区域合作

——浅谈地方电视媒体的跨区域新闻合作

李　军

地方电视媒体有宣传和服务于地方发展大局的责任担当，故而往往深耕本土，采取新闻立台的策略。深耕本土如何才能持续取得实效？首先，要树立一种理念，深耕本土不是自封边界，而是在与其他区域电视媒体合作，实现新闻资源、节目资源、市场资源优势互补、信息共享的同时，对本土资源做出新的拓展。

镇江广播电视台位于区域化经济发展程度较高的江苏。地域性文化鲜明，区域发展的政策导向也很明确，媒体跨区域合作有较好的基础。作为地市级电视媒体，镇江广播电视台在区域媒体合作宣传上进行了一些尝试。本文试结合实践谈谈地方电视台如何开展跨区域新闻合作。

一、现实困扰：深耕本土不够精准，区域合作囿于边界

在融合发展的背景下，地方电视面对的受众需求越来越高，表现出求新、求快、求多元、求便利、求服务、求体验的复合化特征。但地方电视毕竟覆盖人群少、可消费的媒介产品单一、可利用的技术设备不足、人才资金技术等条件难以支撑创新发展的需要，一些地方的自办节目陷入办了亏、改节目再办、再办又再亏的恶性循环中。地方台需要提高精准度，打破边界，广泛开展区域合作，深层次深耕本土，挖掘出地方资源的潜力。

（一）深耕本土的误区

深耕本土是地方电视的突围路径，一是出于服务地方大局的考虑，承担宣传责任和使命，必须深耕；二是地方电视在央视、卫视以及新媒体的多重压力下，真正的优势体现为本土化。多年来，各地开办服务类栏目，注重接地气，有温度，试图把观众拉回到大屏前，但随着传播渠道的多样化，深耕本土的一些特色栏目陷入困境。当今媒体的边界正在消失，一味固守本土、迈不出跨区域的步伐，就意味着陷入深耕本土的误区。

地方电视台在本土化发展方面往往存在误区，存在狭隘认识，只是着力于立

足本土的报道。其实，在更大区域内找到观众感兴趣的联结点也是一种本土化，如，立足镇江可以观照苏南、长三角，甚至全国。这样的跨区域思考，能使深耕本土的效果真正体现出来。镇江与苏锡常的发展存在差距，为了寻找城市发展的路径，我们每年都与苏南6市举行合作，专派记者团队赴苏锡常、江阴、常熟、昆山、张家港等地，与当地电视媒体合作，共同推出发展互鉴的思辨式报道，深耕本土在跨区域报道中得以深化。

（二）跨区域合作中的囚徒困境

囚徒困境的特征是非零和博弈，个人的选择未必是团体的最佳选择。地方电视台要想打破囚徒困境，必须立足全局来取舍，克服其根深蒂固的边界意识，加强跨区域电视台的合作，牢牢抓住共同利益，真诚互信，理性合作，实现新闻资源、节目资源、市场资源的共享共育。

从实践层面看，节目共享互利，是基本的合作方式。如，镇江台参与了江苏省城市台联盟、长三角媒体协作体等平台合作，各城市台在平台上共享有鲜明地域特色、有较强潜在收视率的节目，不仅丰富了自办节目的节目库，而且很好地推动了城市外宣，让节目更显拓展性。在这个过程中，我们抓队伍，练内功，制精品，区域城市合作突破了囚徒困境，外宣质量和自身节目质量双双提升。镇江台连续多年荣获央视十大优秀通联单位，深层的原因就在于，借区域合作，真正地深耕了本土。

（三）深耕本土的机遇不容错失

在传媒发展逐步打破区域垄断，弱化"边界"的背景下，国家级或省级媒体在跨区域新闻宣传上的成功经验，地方电视可以借鉴。江苏处于长三角发达地区，具备人口多、经济好、实力强、媒体关联度高的优势，仅镇江一个半小时活动圈中，就有1亿的人口覆盖。这一区域的地方电视合作，拥有强大的资源支持依托，有效整合媒介力量优势互补，便能增强竞争力，突显好的传播效果。

一些城市发展薄弱的区域，跨区域媒体合作土壤虽不够丰厚，但新媒体已打破了时空界限，区域间其他城市的新闻，片刻之间就能得到本土观众的关注。地域文化的关联度高，从生活资讯、政策导向、文化共享、人际流动等，区域之间已越来越呈现同城化的特征。如公共交通的一卡通、医疗保险的异地结算、房地产贷款的异地办理等，我们抓住这些区域化新闻素材，地方台之间深度合作采制，收到了很好的收视效果。

二、价值内核：区域合作越深入，深耕本土越精准

跨区域新闻协作的价值在于，以区域合作的深入度，来提高深耕本土的精准度。所谓区域合作的深入度，指的是，不是简单的稿件交换，更在策划、采制过程、传统播报、新媒体方式、人员调配等全方位的合作。深耕本土的精准度，指

的是，不是简单地对本土特色文化、重要事件等作面上的宣传，而是深入本土文化、事件的肌理，立足区域发展的大局，透过区域特色的比较，宣传出区域发展中的"我是谁？我从哪来？我向哪去？"。显然，这样的深耕，就超越了地方电视原先固守的行政边界，运用走出去，延伸触角的方式，在跨区域合作的探索下，更深入精准地实现本土宣传的责任。

（一）1+1深于2，本土特色的深度迭加，实现共赢

地方特色是地市级广电媒体跨区域合作的重要前提。地市级广电媒体节目题材的地域色彩、受众的贴近性，是任何一家上级媒体和外埠媒体都无法比拟的。任何地方，总会在地理、风俗、民情等方面具有不同于全国各地的特色。如果能够很好地把握材料、设置栏目、精心编排，就会赢得本地的受众，占领市场，提高效益。

有鉴于地市一级电视媒体具有先天的劣势——覆盖范围的局限性，本地观众规模的局限性，优质的地域节目，需要通过跨区域的节目交流，赢得更大规模受众的青睐，让城市故事走向更广的天地，让城市的美誉度得到更远的延伸，这让深耕本土的追求，不再是一地一域的一亩三分地，而是形成1+1大于2的效应，实现"共赢"。

（二）1+1快于2，本土资源的时速迭加，实现共赢

加强共时性是区域合作的重要特征。辨证地来看，媒体的"战国时代"，恰恰是媒体的"合作时代"。当区域性的重大宣传机遇来临，N家电视台联合同步制作的大型节目，具有强大的影响力，极快的时效性，非一台之力所成。现在，各省都有区域性的广播电视联盟，一些发达地区还有跨省界的广电城市台联盟，如华东区域，如长江沿线城市等。区域联盟可以找到各种理由，比如今年是渡江战役胜利七十周年，渡江战役的各个参与地，就可以形成一个跨区域报道的联盟。因为传统媒体的内容优势依然存在，每一种联盟的运行，其实就是看准了广电内容的交换中，可以挖掘共赢的机遇和成效。

从实践层面看，娱乐综艺在区域合作中开创了一些先例，像十年前的超女海选，湖南卫视将选秀经济做到了全国的范围，助推了电视娱乐节目在诸多城市达到万人空巷的程度。新闻的跨区域运行，其实同理。如重大主题的报道突发而至，如何及时迅速地形成媒体报道，单个的地方电视没有足够的实力派出庞大的记者群，跨区域合作是必然之选。再加上新媒体的渠道优势，使地方电视间的合作，成为传统手段、新媒体手段的全面合作，小小手机端，就能将区域间的重要新闻囊于屏前，为地方电视及其相应的新媒体平台共享，其事件发布消灭时差，产生同城化的共时性。所以说，跨区域合作，是1+1快于2。

（三）1+1大于2，本土推广愿景迭加，实现共赢

共同的愿景是地市级广电媒体跨区域合作的基础。媒体间如何进行有效沟

通，从而实现共同愿景，确需业界同仁深入细致探究。比如，分析区域城市之间的共同点、互补点，找到双方的契合点、兴奋点，有效的沟通和交流，为媒体的跨区域合作提供强有力保障。

从实践层面看，共同的愿景让跨区域合作如鱼得水，共享共赢。如本台与旅游资源丰富的省内七大城市台，在每年的国庆长假期间，都合作一档旅游栏目，每档栏目都有指向性的赞助商，都宣传推介各城市的旅游资源，而各城市台的联播，让观众群体扩大了几何倍数，实现了共赢。基于共赢，这一合作方式已合作多年，成效颇好。

三、务实探索：精准化深耕本土，全媒体区域合作

抓住区域发展的机遇，做强跨区域电视合作的文章，是深耕本土的拓展和创新，同时，在不同城市电视合作的过程中，是两方面电视节目、新媒体客户端、人才资源等全方位的合作，可以从时、度、效三者的统一，达到深耕本土的新境界。

（一）跨区域合作，资源共享，可达到宣传的"共时性"魅力

重大事件的突发，跨区域合作的共时性，是极其宝贵的。2008 年汶川地震突发，上级宣传部门下发通知，明确宣传纪律，对各城市媒体前往灾区采访进行约束，主要考虑是尽量减少媒体对于救灾工作的影响。作为地方台，如何能够满足本地市民对于突发事件的信息需求？当然，大台名台已经有充分详尽的报道，但具体到市民，他们的要求是更精细的。比如，镇江有个旅游团正在四川，他们失联后家人无比担心；比如本地有一些心理咨询志愿者前往一线，为灾区的幸存者提供服务；比如，本地有一批来自建设、民政等领域的专家和队伍，专门前往灾区送救援物资并复建救灾住所。所有能够用到的资源，我们都迅速对接，让他们作为本城电视媒体的通讯报道员，及时发回一线的消息。这时候，跨区域的资源，就显得无比珍贵。

这种跨区域合作的收获，甚至多年之后仍能显现。去年是汶川地震十周年纪念，我们利用镇江与绵竹两地教育系统对口协作的关系，一直保持着对灾区一线的信息源。有一批灾区伤员对口安置在本城的两家三甲医院治疗，记者及医护人员与他们建立起长期的联系。去年，镇江电视媒体再度回访时，一一看望当初的伤员，反映灾区变化，歌颂救助精神。正因为跨区域的多部门协作，才使一条长达十年的采访线，得以维护，在策划报道的时候，能够如愿实施。

（二）跨区域合作，文化互动，可达到宣传的"深耕式"力度

一方水土育一方文化，根深叶茂的文化，是跨区域合作的内生驱动力。江苏的南京、镇江、扬州三地，简称宁镇扬，目前宁镇扬一体化已成为国家战略。今年初，三地电视台联合推出一档新型栏目，名叫最美宁镇扬。三个地方，地相近，人相亲，在节目设置时，从栏目的布局、采访的主题、串联的形式、播出的

时间和方式等，三地电视台共同成立工作班子，定期协商，共同推进。宁镇扬重要资讯，节目为您"热搜"；宁镇扬发展大事，节目给您"聚焦"；宁镇扬网红美景，节目带您"打卡"。宁镇扬三地的手机 APP，也做成一个个快戳视频，让我们便捷点阅新时代宁镇扬高质量发展步伐。这是一次基于共同区域文化而开展的合作，节目让原本亲近的地缘关系在区域一体化背景下，更显勃勃生机，深耕本土的方略得到了深度实践。

（三）跨区域合作，全媒体共进，可达到宣传的"全景式"成效

跨区域合作与全媒体方式的结合，使得深耕本土的成效，既得内容之利，又有新型渠道之力，与当前媒体融合的趋势高度一致，让区域各电视台深受其益。

改革开放 40 年的宣传，江苏 13 个地市电视台与江苏省台共同合作，在 12 月 18 日这一天，从上午 9 点到下午 6 点，用 9 个多小时的时间，联合推出大型直播《风起东方——致敬改革开放 40 年》。这一天正是党的十一届三中全会的纪念日。直播的依托是，江苏省城市广电联盟。直播由南京台发起，各城市台资源共享，互助合作，融合传播。主直播室在南京，各城市台演播室与南京主演播室连线，分时段呈现各城市的精彩华章。九个多小时的节目，在江苏 13 个市电视台、电台、网络直播平台同步推送，覆盖人群 8000 万。央视新闻、今日头条等均进行网络现场直播。江苏是长江、运河水系交织之地，节目按照长江、运河、海岸的顺序依次介绍，串联节目。从沿江五市，到沿运河四市，再到沿海三市，最后到南京收尾，捧出了一幅江苏改革的恢宏画卷。节目的时效性也很突出，引用习近平同志在当天上午纪念改革开放四十周年大会上的讲话，其中关于改革开放是关键一招的表述，并再次强调了总书记 2014 年调研江苏时提出的强富美高新江苏的要求，前后呼应，让节目具有高站位，鲜明色彩和强烈导向。

当然，跨区域合作的内涵是广泛的。本文涉及的新闻合作是其中的一个部分。像人才资源共育共通、新媒体技术合作开发、内部管理的深层次合作、市场资源的组合挖掘等，都是城市电视台跨区域合作中有待持续深入的命题。深耕本土的方略，将会在跨区域合作的深入推进中，得到更加全面而丰富的实现。

（作者系江苏镇江广播电视台新闻时政频道总监、主任记者）

附录：第四届扬州广电杯"城市广播电视改革发展"征文优秀奖论文目录